Hans Kammerlander

Bergsüchtig

Unter Mitarbeit von Walther Lücker

Mit 141 Abbildungen,
davon 85 in Farbe

MALIK

Fotos: Archiv Hans Kammerlander und Archiv Walther Lücker

Hans Kammerlander, geboren 1956 in Ahornach/Südtirol, ist Bergführer, Skilehrer, Extrembergsteiger und mit inzwischen 13 Achttausendern einer der erfolgreichsten Höhenbergsteiger der Welt. In Sand in Taufers leitet er die Alpinschule Südtirol. In der Serie Piper liegt vor: »Abstieg zum Erfolg« (SP 3052).

Walther Lücker, geboren 1957 in Frankfurt, ist Journalist und Bergsteiger, arbeitete viele Jahre für die »Frankfurter Rundschau«, schreibt und fotografiert u. a. für ALPIN Magazin, lebt als freier Journalist in Südtirol.

ISBN 3-89029-226-7
Unveränderte Sonderausgabe 2002
© Piper Verlag GmbH, München 1999
Umschlaggestaltung: Birgit Kohlhaas, München
Umschlagabbildungen: Archiv Hans Kammerlander
Satz und Litho: Kösel, Kempten
Druck und Bindung: Westermann Druck Zwickau GmbH
Printed in Germany

www.malik.de

Inhalt

Vorwort	....	7
Prolog	....	9
Kapitel I:	Nichtschwimmer – *Heimlich auf den Moosstock* .	15
Kapitel II:	Tausend steile Meter – *In den Nordwänden von Langkofel und Peitlerkofel*	31
Kapitel III:	Freunde – *Murphys Gesetz am Großen Möseler* . .	43
Kapitel IV:	»Nichts wie weg hier« – *Siebenmal 8000 mit Reinhold Messner*	59
Kapitel V:	Bergsüchtig – *Zwischen Cerro Torre und Lhotse-Südwand*	71
Kapitel VI:	Annäherung und doch keine Nähe – *Am höchsten Berg der Erde*	85
Kapitel VII:	Abfahrt Richtung Märchenwiese – *Mit Ski auf den Nanga Parbat*	99
Kapitel VIII:	Gefesselt in Schnee und Sturm – *Mit Freunden zum Manaslu*	115
Kapitel IX:	Eine Tragödie nimmt ihren Lauf – *Krieg am Golf, Chaos im Himalaya*	129
Kapitel X:	Tödliches Inferno – *Der Manaslu fordert ein zweites Opfer*	141

Kapitel XI:	1400 + 247 + 550 = 24 Stunden – *Zwischen Ortler und Drei Zinnen*	151
Kapitel XII:	Ein zweiter Anlauf – *Rückkehr zum Mount Everest*	167
Kapitel XIII:	Auf der Suche nach Grenzen – *Marathon am Matterhorn*	187
Kapitel XIV:	Eine Nabelschnur und andere Seile – *Shivling, das Matterhorn Indiens*	203
Kapitel XV:	Im Netz der Bürokratie – *Broad Peak, der neunte Achttausender*	223
Kapitel XVI:	Alles verloren, alles gewonnen – *Schlemmermenü im Karakorum*	237
Kapitel XVII:	Die Augen des Lama – *Von Mustang zur Shisha Pangma*	253
Kapitel XVIII:	Drama unter dem Dach der Welt – *Wahnsinn am Mount Everest*	275
Kapitel XIX:	Begegnung mit dem Tod – *8846 Meter, der höchste Punkt der Erde*	295
Kapitel XX:	Zurück nach Morgen – *Skiabfahrt vom Everest*	309
Kapitel XXI:	Kalte Füße – *Ein Fehler am Kangchendzönga*	323
Epilog		341
Personenregister		345

Vorwort

*Wo ist der Wind,
wenn er nicht weht?*
(Tibetisches Sprichwort)

Im November 1997 hielt ich im bayerischen Teisendorf einen Diavortrag. Als ich die Leinwand abgebaut und die Projektoren wieder verstaut hatte, saßen wir noch zwei Stunden in einer gemütlichen Runde beisammen. Ich erzählte – ganz ohne Bilder – noch ein paar Geschichten aus den Bergen. Manches stimmte nachdenklich, vieles erregte Heiterkeit. Mir gegenüber saß eine Frau mittleren Alters. Irgendwann beugte sie sich vor und sagte halblaut zu mir: »Ach Hans, schreiben Sie das doch alles mal auf.«

Diesen Satz hatte ich ein halbes Jahr zuvor schon einmal gehört. Damals war es mein Freund Sigi Pircher, der sagte: »Erzähl es nicht immer nur, schreib' es halt einmal auf.« Nun gibt es in meinem prallen Leben Dinge, die ich ohne Zweifel besser kann, als etwas aufschreiben. Dazu gehört zum Beispiel die Fähigkeit, Tasten einer Schreibmaschine zu verwechseln und die Untiefen einer Computer-Festplatte nie begreifen zu wollen. Erzählen ist eine Sache, all die vielen Erlebnisse jedoch zu Papier zu bringen eine andere. Es ist über zehn Jahre her, seit *Abstieg zum Erfolg* erschienen ist. Mein Erstlingswerk, das ich seinerzeit mit Werner Beikircher zur Druckreife brachte, ist längst vergriffen. Schreib's auf – diese Aufforderung verfolgte mich in Südtirol und begleitete mich in den Himalaya.

Im Februar 1998 wählte ich eine Telefonnummer in Salzburg. Ich lud meinen Freund, den Journalisten Walther Lücker, ein, mich im Tauferer Ahrntal zu besuchen. Viel mehr sagte ich nicht. Als wir dann beim Abendessen saßen und ich wieder einmal zu erzählen begann, kam, was kommen mußte. Walther sagte: »Schreib's halt auf.« Und ich antwortete: »Schreib' du es doch auf.« Er schaute mich erstaunt an, dann fragte er: »Wo fangen wir an, bei Adam oder Eva, in den Dolomiten oder am Everest?«

Der Rest bedurfte nur noch vieler Worte und Unmengen an Papier. Walther flog kurzentschlossen im selben Frühjahr mit unserer Expedition zum Kangchendzönga, dem dritthöchsten Berg der Erde. Doch dazu kommen wir gleich. Jedenfalls wurden wir in den folgenden Wochen und Monaten zu einer bemerkenswerten Seilschaft. Wir stiegen zusammen in die randvolle Schublade meiner Erinnerungen, kletterten in die alpine Geschichte und seilten uns ängstlich über schwierige Passagen in meine Gefühlswelt ab. Erzählen und schreiben wurden eines und plötzlich ganz einfach. Ich erinnerte mich an den Schlußsatz eines beeindruckenden Films: »Am Ende fließt alles zusammen und in der Mitte entspringt ein Fluß«.

Ich möchte mich an dieser Stelle bei allen Mitarbeitern des Verlages bedanken, die das Entstehen dieses Buches mit soviel Aufmerksamkeit begleitet haben. Allen voran bei Dr. Klaus Stadler für seine unschätzbare Unterstützung, bei Markus Dockhorn, der in der Produktionsphase so umsichtig wirkte, und bei Wolfgang Gartmann, der uns ein feinfühliger Redakteur war. Aber auch meiner Frau Brigitte und Walthers Partnerin Andrea Karner gilt mein Dank, denn mit ihrer Nachsicht und ihrer Kritik ermöglichten sie diese große Tour und halfen, Fehltritte zu verhindern.

Ahornach, im Februar 1999   Hans Kammerlander

Prolog

Als ich aufwachte, war es dunkel. Ich brauchte ein paar Sekunden, um mich zu orientieren. Wo war ich? Was war das für ein Raum, was für ein Bett, in dem ich da ausgestreckt lag? Als sich der Nebel des Fremden auflöste, begriff ich. Ich lag im Krankenhaus. Neben mir stand auf Rollen ein metallisch blitzender Galgen. An seinem Ende hing an einem halbrund gebogenen Haken eine Flasche. Langsam gewöhnten sich meine Augen an die Dunkelheit, und ich konnte erkennen, daß aus der Flasche, etwa in Fünf-Sekunden-Abständen, Tropfen in einen kleinen Behälter fielen und von dort in einen durchsichtigen Schlauch rannen, der in die Vene meines rechten Armes mündete. Das alles ging völlig geräuschlos vor sich, und doch glaubte ich es hören zu können: plop – plop – plop ...

Ich schaute auf meine Uhr, die gleich neben mir auf einem dieser weißen Nachttische lag, wie es sie nur in Krankenhäusern gibt. Komplett aus Metall, mit einer Schublade, die meist klemmt, darunter eine Ablage ohne Rückwand und eine Klapptür, die nur unter Zuhilfenahme beider Hände zu öffnen ist, weil sonst gleich das ganze Gestell davonrollt. Es war kurz vor Mitternacht. Ein paar Minuten noch, dann würde ein neuer Tag beginnen, der 28. Mai 1998. Gegen sechs Uhr käme eine freundliche Schwester mit einer häßlich dicken Nadel, würde mir freundlich lächelnd Blut abzapfen, dann den Puls messen und sich anschließend freundlich lächelnd verabschieden, weil Schichtwechsel wäre und sie, im Gegensatz zu mir, endlich heimgehen könnte.

Ich war gar nicht müde, und das wunderte mich fast. Den ganzen Tag über hatten sie sich gegenseitig die Klinke meiner Zimmertür in die Hand gegeben. Ein Journalist, dann noch einer, ein Fotograf, ein Kamerateam vom Fernsehen, meine Frau Brigitte, ein paar gute Freunde, Bekannte, Ärzte, Schwestern, die Laborantin, noch ein Journalist, noch zwei Fotografen und später erneut Brigitte. Ich mußte, gemessen an diesem Besucherstrom, der Star im Krankenhaus von Bruneck sein. Und während der ganzen Zeit läutete fast ohne Unterlaß das Telefon. Nicht, daß mir die Besuche und Anrufe lästig gewesen wären. Im Gegenteil, ich freute mich über jeden neuen Gast und über sämtliche Telefonate, die mich aus halb Mitteleuropa erreichten. Aber irgendwann war es genug, denn das alles ging nun schon seit vier Tagen so. Gleich nach dem Abendessen mußte ich dann eingeschlafen sein, und nun kroch der Minutenzeiger meiner Uhr im Schneckentempo um das Rund des Zifferblattes. So eine gute Uhr und doch so langsam. Jetzt war es erst kurz nach Mitternacht, und ich war weiterhin kein bißchen müde.

Mein Blick wanderte langsam durch das Zimmer und blieb schließlich am unteren Ende der Bettdecke hängen. Vorsichtig schob ich meine Beine heraus. Der linke Fuß steckte in einem für meine Begriffe viel zu dicken weißen Verband, am rechten waren sie etwas gnädiger gewesen. Über mir tropfte es aus der Flasche. Sie war nicht einmal halb leer. Am Morgen würde sie ausgetauscht und eine neue an den Galgen gehängt werden. Auch diesen Vorgang kannte ich mittlerweile, denn das ging ebenfalls bereits seit vier Tagen so.

Am 23. Mai hatten mich Brigitte und Werner Beikircher auf dem Franz-Josef-Strauß-Flughafen in München abgeholt und waren mit mir in das Innsbrucker Landeskrankenhaus gefahren. Dr. Werner Beikircher, spezialisiert als Anästhesist, ist ein befreundeter Arzt, der seine Patienten im Krankenhaus von Bruneck in den Tiefschlaf befördert. In Innsbruck hatte er hören wollen, ob die dort ansässigen Fachärzte jene Diagnose bestätigten, die bereits in der nepalesischen Hauptstadt Kathmandu gestellt worden war. Sie hatten sie – leider – bestätigt und einen entsprechenden Behandlungsplan vorgeschlagen. Mit dieser Therapieanweisung in der Tasche waren wir gleich weiter nach Bruneck gefahren, und ich hatte mich ohne Umwege in dieses Bett gelegt. Seither klopfte es ständig an die Tür, tropfte die Flasche und läutete das Telefon.

Die Zehen unter dem dicken Verband an meinem linken Fuß waren schwarz. So schwarz, daß einem beim Anblick fast schlecht werden konnte. Sie waren so dick geschwollen, wie eine Bratwurst auf dem Grill – kurz vorm Platzen. Es sah scheußlich aus, und irgendwie war ich nun doch froh, daß sie den Verband so dick gemacht hatten. Die Zehen rechts sahen nicht ganz so schlimm aus, sie waren nur blau gefärbt. Blau ist besser als schwarz, das wußte ich aus der einschlägigen Literatur. So, wie sich die Sache darstellte, hatte ich mir schwere Erfrierungen zugezogen, und seit ich hier lag, versuchten die Ärzte meine Zehen zu retten und den schlimmsten Fall zu verhindern. Dieser schlimmste Fall würde mir eine Narkose von meinem Freund Dr. Beikircher einbringen und mich, was noch ärger war, meine Zehen kosten. Aber die Mediziner taten alles, um mich zumindest davor zu bewahren.

Durch den Schlauch des Tropfes rannen zunächst Heparin und später Prostavasin. Infusionen, die sonst Herzkranken verabreicht werden, weil sie gefäßöffnend und blutverdünnend wirken. Doch genau das brauchte auch ich. Sagten wenigstens sämtliche Spezialisten, die mit mir hofften, daß ich damit um eine Operation herumkam. Der große Zeh links war bis hinter das erste Glied erfroren, die vier kleinen bis hinter das Nagelbett. Damit war nicht zu spaßen, obwohl ich inzwischen einen Teil meines Humors wiedergefunden hatte. Ich hoffte ganz einfach mit den Ärzten und legte noch eine Schaufel Zuversicht zusätzlich oben drauf.

Mir tat überhaupt nichts weh, einmal abgesehen von den Armen, die inzwischen von den vielen Einstichen schon ganz blau waren und einen dumpfen Schmerz aussandten. Die betroffenen Zehen spürte ich nicht, da hätte einer mit dem Hammer draufschlagen können. Sie waren taub und bamstig, und wenn ich sie anfaßte, glaubte ich einen Fremdkörper zwischen den Fingern zu haben. In diesem Zustand waren sie, seit ich vom Berg heruntergekommen war. Wie ein Stück Holz. Wenigstens zehn Tage und Nächte lang sollte ich am Tropf bleiben, und irgendwann würden, wenn alles gutginge, meine Zehen zu bitzeln und zu kribbeln beginnen. Darauf wartete ich, während sich der Minutenzeiger wieder ein paar Mal um die eigene Achse gedreht hatte. Ich wartete darauf, daß endlich etwas weh tun würde und ich das als Glücksgefühl empfinden könnte. Doch vorerst regte sich unter dem Verband noch gar nichts, und ich hatte reichlich Zeit zum Nachdenken.

Am Kangchendzönga, einem gewaltigen Gletscherberg im Himalaya-Gebirge und mit 8586 Metern Höhe der dritthöchste der Erde, war mir ein Mißgeschick unterlaufen, das dazu geeignet war, mir meinen weiteren Weg erheblich zu verbauen. Wenn ich um eine Operation nicht herumkam, wenn ich einen Teil meiner Zehen verlor und sei es auch nur einen kleinen Teil, würde ich nicht mehr in der Lage sein, ganz schwierige Routen zu klettern. Doch gut und sicher klettern zu können ist in meinem Beruf eine Grundvoraussetzung, denn ich bin Bergführer. Während ich im Brunecker Krankenhaus auf meine Füße starrte, wurde mir zum ersten Mal richtig bewußt, was es bedeutet, ein gesunder Mensch zu sein. Wenn sich daran etwas änderte, würde sich auch mein

Leben ändern. Ich dachte auch intensiv darüber nach, wer so alles in den anderen Zimmern dieses Hospitals lag. Menschen mit schweren Verletzungen nach Verkehrs- oder Arbeitsunfällen, deren Leben sich noch viel radikaler ändern würde, unheilbar Kranke ohne einen Funken Hoffnung und natürlich Menschen, denen, wie vielleicht auch mir, nur eine Kleinigkeit fehlte, wenn sie wieder nach Hause durften. So gesehen, war ich noch gut dran, und ich wollte mich auch nicht beschweren.

Als ich vor vielen Jahren das Bergsteigen zu meinem Beruf gemacht habe, ging ich mit mir selbst eine Vereinbarung ein. Ich erklärte mich damals mit meinem Schicksal einverstanden. Ich war bereit zu akzeptieren, was auch immer käme. Wäre das nicht der Fall gewesen, hätte ich schon lange nicht mehr aufbrechen dürfen, um in lotrechten Wänden zu klettern oder in eisiger Kälte auf Achttausender zu steigen. Das Leben als Bergführer und als Extrembergsteiger ist lebensgefährlich, die Statistiken belegen es deutlich. Aber ist nicht das Leben überhaupt lebensgefährlich? Weit über zwei Jahrzehnte war mir nie etwas Gravierendes passiert, obwohl ich das Schicksal herausgefordert und das Glück reichlich strapaziert hatte.

Und nun lag ich im Krankenhaus, mit ein paar erfrorenen Zehen, und fürchtete mich. Es war wohl nicht weit her mit jener Vereinbarung, die der Hans mit dem Hans getroffen hatte. Meine Freizeit war längst geprägt von Expeditionen zu den höchsten Bergen der Welt, an denen es allerdings zumeist genügte, wenn ich einfach nur gehen konnte. Dennoch war ich immer ein begeisterter Felskletterer geblieben. Es reizte mich immer noch ungemein, in die schweren Wände der Dolomiten oder der Westalpen zu klettern. Würde ich einen Teil meiner Zehen verlieren, könnte ich noch immer auf Expeditionen gehen, denn in Plastikstiefeln war das sicher kein großes Problem. Doch den Tanz in der Vertikalen, mit den leichten, hauchdünnen Kletterschuhen an den Füßen, könnte ich vergessen, denn dort war ich auf meine Zehen angewiesen, weil sie mir auf zentimeterschmalen Leistchen, in winzig kleinen Löchern und an mauerglatten Wänden Halt gaben.

In meinem Kopf nistete sich die Erkenntnis ein, daß ich ins Mittelmaß der Bergsteigerei abkippen würde. Davor hatte ich ganz gewiß keine Angst, aber es war ein ungutes Gefühl, das sich in mir unangenehm breitmachte. Ich war zweiundvierzig Jahre alt und wußte, daß ich irgendwann in den nächsten Jahren ohnehin zurückstecken müßte, weil ich mich nicht noch zehn Jahre am Limit bewegen konnte. Aber doch nicht so, nicht aufgrund einer Dummheit, nicht, weil ich meine Füße in einen etwas zu engen Bergstiefel gezwängt und mir dann die Zehen erfroren hatte. Ich kündigte meinen Teil der Vereinbarung zwischen Hans und Hans auf und beschloß trotzig, daß ich keine Zehen verlieren würde.

Neben mir tropfte es aus der Flasche, meine Zehen waren gut verpackt und immer noch ohne Gefühl. Ich ließ die Gedanken gleiten und tauchte ab in Erinnerungen. Schließlich knipste ich das Licht über meinem Bett an, nahm einen Schreibblock und begann mir Notizen zu machen. Ich arbeitete weiter an meinem Buch, das ich während meiner letzten Expedition zu schreiben begonnen hatte.

29. April 1998. Basislager am Fuß des Kangchendzönga, auf 5100 Metern Meereshöhe. Meine »Trilogie« konnte beginnen. Ich wollte hintereinander drei Achttausender besteigen. Zuerst den Kangchendzönga, dann den Manaslu (8163 m) und schließlich den K 2 (8611 m), den zweithöchsten Berg der Erde. Wir waren mit einer Mini-Expedition unterwegs: Konrad Auer (34) aus Percha bei Bruneck, Bergführer in meiner Alpinschule Südtirol, würde mich am »Kantsch«, wie der dritthöchste Berg der Erde meist kurz genannt wird, und am Manaslu auf die Gipfel begleiten; Werner Tinkhauser (38) aus Niederdorf im Pustertal und ebenfalls Bergführer in der Alpinschule, würde Hartmann Seeber (34) aus Sand in Taufers, von Beruf Hüttenwirt auf der Kassler Hütte in der Rieserfernergruppe und obendrein ein versierter Kameramann, bei den geplanten Filmaufnahmen unterstützen; und mit dem Alpinjournalisten Walther Lücker (41), einem gebürtigen Frankfurter, der seinen Wohnsitz vor ein paar Jahren in die Nähe von Salzburg verlegt hatte, um den Bergen näher zu sein, wollte ich dieses Buch schreiben.

Tags zuvor waren wir nach einem siebzehntägigen Trekking im Basislager angekommen. Schneefälle und Trägerstreiks hatten den Anmarsch erheblich verzögert. Meine Frau Brigitte und Hanna, die Frau von Werner Tinkhauser, die uns bis hierher begleitet hatten, traten nun den Rückweg nach Kathmandu an, und wir begannen uns im Basislager einzurichten, so gut es eben ging. Eine Gletschermoräne bietet keinen allzugroßen Komfort. Konrad und Werner ebneten auf dem steinigen Untergrund Zeltplätze ein, Hartmann versuchte die Akkus seiner Kamera über unsere Solarplatten aufzuladen, und ich sortierte gerade einen Teil unserer Ausrüstung, als Walther ausgiebig zu fluchen begann.

Wir hatten einen dieser kleinen Computer dabei. Er würde meine Gedanken und Erinnerungen an große und kleine Bergtouren auf seiner Festplatte speichern. Denn das Buchmanuskript sollte während der Expedition entstehen, auf 5100 Metern Meereshöhe, so hoch, wie wahrscheinlich noch nie ein Manuskript zuvor. Verschiedene Elektronikspezialisten hatten vor unserer Abreise ihrer »Hoffnung Ausdruck verliehen«, daß dieses Gerät – sie sagten: wahrscheinlich – auch in Höhen um 5000 Meter noch einwandfrei funktionieren dürfte. Wir sorgten uns vor allem um die Leistungsfähigkeit des Akkus, doch der hatte in den Tagen zuvor immer zuverlässig seinen Dienst getan. Walthers Aufschrei mußte also eine andere Ursache haben. Wir eilten alle in das geräumige Eßzelt und versammelten uns um das kleine Notebook. Hinter der Scheibe des Displays hatten sich Eiskristalle gebildet, gut doppelt so groß wie ein Daumennagel und ganz feingliedrig gezackt, wirklich schöne Exemplare, nur völlig deplaziert. Sie ließen sich selbst in der starken Sonne nicht auftauen. Sie waren wie eingebrannt, und ihre Anordnung sollte die Arbeit am Computer in den nächsten Wochen zum Geduldsspiel werden lassen.

Aber das Ding funktionierte noch, und so setzten wir uns am späten Nachmittag des 29. April bei Temperaturen um den Gefrierpunkt und heftigem Schneetreiben auf wacklige Klappstühle, starrten die Schneekristalle auf dem kleinen Bildschirm an und begannen mit der Arbeit. Wir sprachen über meine Kindheit, und Walther schrieb:

Als ich acht Jahre alt war, bestieg ich meinen ersten Berg ...

Kapitel I
Nichtschwimmer – *Heimlich auf den Moosstock*

Als ich acht Jahre alt war, bestieg ich meinen ersten Berg.
Als ich zehn Jahre alt war, starb meine Mutter.
Diese beiden Ereignisse standen ganz gewiß nicht in einem ursächlichen Zusammenhang. Und doch veränderten sie mein Leben nachhaltig.

Ein Leben, das in den ersten Jahren geprägt war von Muff und Enge, vom begrenzten Raum eines Bergbauernhofes und einem stark eingeschränkten Blickfeld. Doch all dies, das spürte ich damals unbewußt schon genau, mußte ich ändern. In meinem jungen Geist und vor allem in meinem Körper regte sich ein Drang nach Bewegung, der mich unruhig machte. Eine Erklärung dafür hatte ich nicht. Ich spürte nur, irgend etwas rumorte da in mir. Etwas, das nach mehr drängte, das mich am Tage und immer öfter auch in der Nacht nicht in Ruhe ließ.

Wir hatten ein karges Abendmahl eingenommen. Schmalhans war meist bei uns Küchenmeister. Fleisch war ein Luxus. Gemüse, Kartoffeln, Salat aus dem eigenen Garten, goldgelbe Polenta, eine Art Maisbrei, der heute zu den köstlichen Spezialitäten der Südtiroler Küche gehört, füllten unsere Teller. Mißmutig schob ich den Löffel in den Mund, und was drauf war, kaute ich anschließend lange zwischen den Zähnen. Ich war müde, und nichts hätte mich aufheitern können. Gelacht wurde ohnehin nur wenig. Drei meiner Geschwister waren bereits aus dem Haus. Mit meiner Schwester Sabine und meinem Bruder Seppl lebte ich auf dem Bergbauernhof meiner Eltern. Als Nesthäkchen, als Nachzügler von sechs Kindern. Meine Mutter war schon Mitte vierzig, als sie mich zur Welt brachte.

Ich verkroch mich an diesem Abend schnell in mein Bett. Es bedurfte nicht einmal einer Ausrede. Früh unter die Decke zu schlüpfen war völlig normal. Die Tage waren angefüllt mit Arbeiten, die hart waren und von denen ich viele nicht mochte. Auf einmal erhellte der Mond die düstere Nacht in meinem Zimmer. Er schob sich leise hinter den Wolken hervor. Er färbte meine kleine Welt silbern und tauchte sie in ein wun-

derbares, geheimnisvolles Licht. Ich bekam Herzklopfen. Wieder einmal schien diese unsichtbare Hand nach meinem Hals zu greifen. Eine Schlinge schien sich zuzuziehen, die mir den Atem nahm.

Also stand ich auf, ging zum Fenster, stützte mich mit den Ellbogen auf das derbe Brett und starrte hinaus. Was sich mir dort draußen bot, ließ mein Herz höher schlagen. Der Mond rang mit den Wolken. Wie Fetzen schnellten sie an ihm vorbei. Die Konturen der umliegenden Berge und Hügel begannen sich immer deutlicher abzuzeichnen. Sterne blinkten. Hunderte, Tausende, Abertausende. Die Gipfel verloren in dieser Beleuchtung ein wenig ihr Düsteres, nicht aber das Geheimnisvolle.

Ich wußte damals nicht, was ein Fernseher ist. Und ich kannte auch kein Kino. Aber in dieser Nacht hatte ich Kino und Fernsehen am Fenster meines Zimmers. Ich war überrascht, was meine kleine Welt, dieser Mikrokosmos am nördlichen Rand von Südtirol, alles zu bieten hatte.

Bergdorf: Ahornach im Tauferer Ahrntal, gegen den Großen Moosstock (links) und die Rieserfernergruppe

Selbst so eine Nacht, eine Zeit, die den allermeisten Kindern nichts als Furcht und Angst einflößt, war voller Leben. Und, mehr noch, voller Überraschungen und Abenteuer. Ich bekam Fernweh. Ich wollte wissen, was hinter den Bergen liegt.

Um wenigstens Lesen, Schreiben und Rechnen zu lernen, mußte natürlich auch ich zur Schule gehen. Doch dort gefiel es mir kein bißchen. Wieder ein enger Kasten, in den wir eingezwängt wurden und uns Stunden um Stunden – zu allem Übel auch noch die schönsten des Tages – Dinge anhören mußten, die wir eigentlich nicht hören wollten, die wir nur schwer begreifen konnten und die noch schwerer zu behalten waren.

Nein, diese Schule hatte absolut nichts Spannendes. Keinen Hauch von Abenteuern. Die aber suchte ich. Mehr jedenfalls, als ABC und kleines Einmaleins. Die Schule jedoch, so trichterte man uns ein, mußte sein, »damit einmal etwas aus dir wird«. Was aber sollte aus mir schon werden? Ich hatte keinerlei Vorstellung davon, was es bedeutete, »etwas zu werden«.

Woher auch. Ich war acht Jahre alt und lebte in einer Welt, die Erwachsene mir vorgaben, in der ich nichts zu sagen hatte und in der ich auch gar nichts sagen wollte. Es war alles geregelt. Meine Mutter sagte, was ich zu tun und, mehr noch, was ich zu unterlassen hatte. Kam sie mit ihrem Willen nicht durch, genügte ein Ruf nach meinem Vater, und die Dinge waren schnell, bisweilen auch handfest geregelt.

Die Schule also langweilte mich endlos. Oft starrte ich aus dem Fenster. Dort stand ein Baum, in dem im Frühling Vögel ihr Nest bauten. Manchmal schnellte gewandt, von ihren scharfen Krallen getragen, eine Katze hinauf. Meist hatte ein Hund sie dorthin gejagt. Wenn der dann unten mit gesträubtem Nackenfell vor lauter Zorn an den Baum pinkelte, mußte ich lachen. Es bedurfte nicht selten eines scharfen Zurufs, um mich in die bittere Wirklichkeit zurückzuholen. Die Stunden schleppten sich dahin, zäh wie ein überstrapazierter Kaugummi.

Meine kleinen Abenteuer und die meiner Freunde lagen am Rand des Weges. Sie waren ganz einfach zu finden. Dazu brauchte man keine Schule. Ein Stück Seil, ein paar Steine, einen Bach, ein Stück Holz, eine alte Scheune, eine kleine Höhle – perfekt. Wir hatten, wie die Kinder überall auf der Welt, kein Problem, uns eine eigene Welt zu schaffen. Eine Welt, die kein Erwachsener verstehen kann. Eine Welt, die verbunden war mit Schmutz und zerrissenen Hosen, manchmal auch mit Tränen und Wut. Aber eine Welt, die uns selbstlos einließ, in die wir eintauchen konnten und in der die Zeit wie im Flug verging.

Birkenbiegen war unser größter Spaß. Nicht ganz ungefährlich, aber unvergleichlich spannend. Wir wetteiferten darin, wer am höchsten hinaufsteigen konnte. Zunächst mit den Händen und nach innen gebogenen nackten Füßen am glatten, weißen Stamm hinauf. Oft genug wurde da schon die Spreu vom Weizen getrennt, wenn die Konkurrenz reihenweise abrutschte und auf den Hosenboden plumpste. Nur die Guten kamen durch. Über die starken Äste den weiteren Weg nach oben zu finden war nicht schwer. Doch oben, im Wipfel, wo die Triebe der Birken immer dünner wurden, wo Mut gefragt war, da begann die Spannung erst richtig. Es galt nun, in der Krone des Baumes das Gewicht so zu verlagern, daß der Stamm sich zu biegen begann. Die wahren Könner haben es geschafft, auf den Boden zurückzukehren, ohne abspringen zu müssen. Das, das und nichts anderes, waren Abenteuer der ganz großen Art. Daß es der Birke eigen ist, selbst unter extremer Belastung zumeist nicht zu brechen, bewahrte uns glücklicherweise vor dem Zorn der erwachsenen Birkeneigentümer.

Irgendwann in dieser Nacht des vollen Mondes über Ahornach wurden meine Füße dann empfindlich kalt. Ich kroch unter die Decke und schlief augenblicklich ein. Ich hatte eine traumlose Nacht. Nicht ahnend, daß am nächsten Tag ein wirkliches Abenteuer auf mich warten sollte, lag ich zusammengerollt unter der Decke und mußte am Morgen zweimal geweckt werden.

Ich besuchte die örtliche Grundschule. Mehr war nicht drin. Ich wurde einerseits auf dem Hof gebraucht, andererseits war es mir nur recht, diese lästige Lernerei möglichst bald abzuschließen. Ich hatte also nur ein paar Minuten bis zur Schule und brauchte doch an manchen Tagen Stunden, bis ich wieder daheim war. Die Birken. Sie standen so dicht am Weg, daß ich einfach nicht daran vorbeikam.

Nachdem meine Mutter mich zweimal zum Aufstehen gemahnt hatte, begann der Tag wie alle anderen auch. Ich war nie, eigentlich bis heute nicht, für ein großes Frühstück zu begeistern. Eine Schale Milch, mehr brauche ich nicht. So war es auch damals. Fast nüchtern verließ ich an diesem strahlend schönen Tag Ende September, nach einer noch schöneren Mondnacht, unseren Bergbauernhof. Die Luft war von einer betörenden Klarheit. Der Mond hatte offenbar erfolgreich die Wolken bekämpft.

Die Sonne des jungen Tages hauchte den Wiesen Atem ein – überall stieg dampfend die Feuchtigkeit auf. Auf den Weiden taten die wenigen Milchkühe, die den Sommer über nicht auf den Almen waren, laut muhend ihren Lebenshunger kund. Durch den kleinen Durchschlupf in der Bretterwand unserer Scheune drängte eine Katze. Die Beute trug sie mit stolz erhobenem Kopf quer im Maul. Ein schöner Morgen. Den alten Lederranzen auf dem Rücken, überlegte ich, wie der Schultag möglichst schnell über die Bühne gehen und neue Abenteuer die vielen Stunden danach ausfüllen könnten.

Inmitten dieser sehr wichtigen Denkarbeit wurde ich von zwei Leuten angesprochen.»Sind wir hier auf dem richtigen Weg zum Moosstock?« Mein Herz pochte so laut, daß ich Angst hatte, die beiden könnten es hören. Mich hatten zwei Fremde angesprochen, offenkundig zwei Bergsteiger. Richtige Bergsteiger. Zwei von der Sorte, die uns Ahornacher

Kindern mächtig Respekt abnötigten. Kein Zweifel, diese beiden Menschen, eine eher kleine Frau und ein großer kräftiger Mann, mußten Bergsteiger sein. Sie trugen Kniebundhosen und rote Strümpfe, karierte Hemden und riesige Rucksäcke.

»He, Kleiner, ich habe dich etwas gefragt, hast du mich nicht verstanden«, sagte der Mann in einem Dialekt, der mir sehr fremd vorkam. Wahrscheinlich kamen die beiden aus Deutschland und machten bei uns Urlaub. »Schon, schon«, stammelte ich. Diese abgewandelte Form für »Jawohl« hatte ich bei den Alten gehört. Eine gute Gelegenheit, gesammeltes Wissen anzuwenden.

»Schon, schon«, preßte ich noch einmal hervor und begann mit einer gleichermaßen umfangreichen wie komplizierten Erklärung, um die nächsten 150 Meter des Weges zu beschreiben. Mit jedem meiner Worte wuchs auch meine Begeisterung, etwas zur Besteigung des Moosstocks und für die gesunde Rückkehr der beiden Fremden beitragen zu können. Dabei hatten sie unweit unseres Hauses nicht einmal ein Achtel des Hinwegs hinter sich.

»Danke, mein Junge«, unterbrach der große Fremde höflich, aber bestimmt meinen ungehemmten Redefluß. Der Mann und die Frau kehrten mir die Rücken zu, und fasziniert starrte ich auf die beeindruckend ausgebildeten Wadenmuskeln dieses Riesen. Die beiden waren sicherlich schon fast 200 Meter entfernt, als ich ihnen immer noch hinterherschaute. Die gehen falsch, schoß es mir durch den Kopf, das ist nicht richtig, das ist der falsche Weg.

Meine Erklärung mußte derart dumm, umständlich und vielleicht in einem so harten Dialekt erfolgt sein, daß sie nur falsch gehen konnten. Ich war nicht einmal in der Lage, hundertfünfzig Meter Weg richtig zu erklären. Du Dummkopf, dachte ich. Wie peinlich für einen, der glaubt, die Welt längst begriffen zu haben. Vielleicht bestand sie ja doch aus mehr als ein paar umgebogenen Birken, aus aufgestauten Bächen und dem Versteckspiel auf dem Scheuerboden. Vielleicht war diese Schule ja doch zu irgend etwas nutze.

Aber die Schule, kaum hundertfünfzig Meter in die andere Richtung gelegen, war mir in diesem Moment so einerlei wie die mahnenden Worte der Mutter, die drohende Tracht Prügel des Vaters und alles, was aus dem Entschluß, den ich augenblicklich faßte, sonst noch erwachsen konnte. Ich sauste hinter den beiden her, erklärte den Weg diesmal richtig und wurde für meine Aufmerksamkeit abermals gelobt. Doch dann nahm etwas seinen Lauf, was ich heute, so viele Jahre danach, nur als einen Wink des Schicksals bezeichnen kann. Es geschah in den folgenden Stunden etwas, das mich mit einem Mal von den Fesseln befreite, das diesen Würgegriff um meinen Hals löste. An diesem Tag veränderte sich mein Leben.

Mit zwei schnellen Schritten sprang ich hinter den nächsten Zaun. Die beiden Bergsteiger konnten mich nun nicht mehr sehen. Gebückt schlich ich an dem Zaun entlang. Die Neugier trieb mich voran. Weiter, immer weiter. Ich vergaß alles um mich herum. Meine Schultasche hatte ich hinter einen Busch geworfen. Was war schon der Inhalt eines alten Ranzens gegen die Verfolgung von zwei echten Bergsteigern? Ich lief hinter den beiden her, Meter um Meter, Schritt für Schritt. Manchmal mußte ich mich hinter einem Baum, einem Strauch, einer Hecke, einem Weidezaun oder einem Felsbrocken verstecken. Sie durften mich auf keinen Fall entdecken, dann wären der Spaß und das Abenteuer vorbei. Den Weg bis hinauf zur Baumgrenze und über die Almen kannte ich. Als Hüterbuben mußten wir im Sommer dort oben auf das Vieh achtgeben. Wir nutzten dann zwar jede sich bietende Gelegenheit, in neue Höhen vorzustoßen, aber die Berge rundum flößten uns im Grunde mehr Angst, Respekt und Ehrfurcht als wirkliche Freude ein.

An den steilen Hängen der Berge rangen die Bauern mühselig dem Boden einen kargen Lohn ab. Die Berge waren für die Menschen, die hier lebten, eher ein notwendiges Übel. Und alle, die auch noch auf diese Berge hinaufstiegen, wurden mehr belächelt als ernstgenommen.

Die beiden Fremden vor mir gingen langsam. Sehr langsam sogar. Zumindest für meine Verhältnisse. Mein Leben bestand aus Laufen, Rennen und Springen. Wir Bergbauernbuben waren flink, denn wir hatten einen ausgeprägten Bewegungsdrang. Die Spannung in mir war unbeschreiblich groß. Oberhalb der letzten Bäume wurde es immer geheimnisvoller. In mir knisterte es förmlich.

Schritt für Schritt brachten mich meine dünnen Beine nach oben. Die Flügel der Begeisterung trugen mich weiter und weiter. Nie zuvor hatte ich eine solche Aufregung gespürt. Ich schwitzte und fror zugleich. Ich war angespannt bis in die letzten Fasern meiner sehnigen Muskeln. Keine Freunde in der Nähe, mit denen ich meine Angst, meine Befürchtungen und meine Freude hätte teilen können. Ich war allein. Und vielleicht war das auch gut so. Die beiden Wanderer entdeckten mich nicht. Sie sahen mich nicht in Ahornach und nicht auf den Almen, nicht im

Wald und nicht oberhalb der Bewuchsgrenze. Sie entdeckten mich zum ersten Mal auf dem Gipfel. Es war mir tatsächlich gelungen, den beiden zu folgen, ohne bemerkt zu werden.

Wäre ich von den beiden fremden Bergsteigern gesehen worden, sie hätten mich ganz sicher sofort zurückgeschickt, heim nach Ahornach, direkt in die Schule. Doch es kam eben anders. Vielleicht sollte es so sein. Denn dieser Tag, diese heimliche Besteigung des Moosstocks, des »Hausbergs« von Ahornach, dessen Gipfel 3059 Meter über dem Meer liegt, war der Anfang.

Nach diesem Tag war nichts mehr wie vorher. Nicht, daß mir die Birken einerlei gewesen wären, nicht, daß wir keine waghalsigen Abfahrten mit dem Heuschlitten mehr riskiert hätten, nicht, daß ich dem Vater nun den Gruß verweigerte, nicht, daß ich die Faszination von Mondnächten künftig mißachtet hätte. Nein, die Dinge bekamen nur auf einmal eine andere Bedeutung. Ich hatte die Berge und die Natur für mich entdeckt.

Natürlich begriff ich all das nicht schon an jenem Sonnentag unter dem Gipfelkreuz des Moosstocks, als mir die kleine Frau mit den roten Strümpfen und dem verschwitzten karierten Hemd einen rotbackigen Apfel hinhielt. Es sollte Jahre dauern, bis ich wirklich verstand, was an diesem Tag mit mir geschehen war und was mich seither so magisch anzieht.

Fürs erste stand ich einmal, eine Hand in der Tasche meiner verdreckten Hose, unter dem Gipfelkreuz und biß herzhaft in den roten, saftigen Apfel. Eigentlich mochte ich Äpfel gar nicht so gern. Doch nach einer Bergtour schmecken viele Sachen anders, oft viel besser als unten im Tal. Ich war weit nach oben gelangt in diesen vergangenen drei Stunden. Nun stand ich da, zwischen zwei richtigen Bergsteigern. Und ich fühlte mich selbst wie einer, denn immerhin hatte ich die gleiche Leistung vollbracht wie sie.

Ich hatte mich nicht besonders anstrengen müssen. Auf meine zaundürren, aber muskulösen Beine konnte ich mich verlassen. Sie hatten mich sicher das Steiglein hinauf und später über unschwieriges Blockwerk getragen. Ich hätte schneller sein können als die Fremden, aber ich mußte gezwungenermaßen hinter ihnen bleiben. Doch hintenzubleiben, das war meine Sache nicht, künftig wollte ich vornweg gehen.

Vor meinen Augen breitete sich an diesen Tag eine neue Welt aus: die Rieserfernergruppe, die Gletscher der Zillertaler Alpen, im Süden die bleichen Felstürme der Dolomiten. Gleißend lagen ganz weit draußen die Eisgipfel der Ötztaler Alpen. Der Moosstock, der später zu meinem Trainingsberg wurde, steht fast völlig frei, und an schönen Tagen reicht der Blick vom Gipfel rund 200 Kilometer weit.

Ich war überrascht. Bisher hatte ich immer geglaubt, die Welt sei hinter den Rieserfernern, hinter Sand in Taufers wohl bald zu Ende. Spätestens jedoch hinter der wuchtigen Gestalt des Peitlerkofels. Bis Bruneck aber reichte sie wohl ganz sicher. Das wußte ich genau, denn dorthin kamen wir einmal, manchmal sogar zweimal im Jahr. Auf dem »Stegener Markt« durften wir dann das wenige Geld ausgeben, das wir uns im Sommer mit dem Sammeln von Beeren, Pilzen und Kräutern verdient hatten. Auf diesem Vieh- und Krämermarkt, dem einstmals größten in Südtirol, gab es alles, was Kinderherzen höher schlagen läßt: Zuckerwatte, Karussells, Schießbuden, Spielzeug. Mit großen Augen standen wir vor all diesen wunderbaren Dingen, und doch war ich froh, wenn ich den Trubel wieder verlassen und heimgehen konnte nach Ahornach.

Auf dem Gipfel des Moosstocks war alles anders. Da war es so still, da regte sich in dieser Stunde nicht einmal ein Lüftchen. Drüben, schon leicht im Dunst des Nachmittags, das mußten die Drei Zinnen sein, diese steil aufragenden Felstürme, die ich bislang nur auf Postkarten gesehen hatte. Und dort die Marmolada, die von den Südtirolern ehrfürchtig die »Königin der Dolomiten« genannt wird. Ich erkannte den wuchtigen Gebirgsstock der Sella, die von den Einheimischen als die »Gralsburg der Ladiner« angesehen wird, und natürlich auch den Peitlerkofel. Gipfel reihte sich an Gipfel. Von den meisten kannte ich damals nicht einmal die Namen. Tief drunten lag Ahornach. Und unser Haus. Ganz klein war alles geworden. Bislang hatten mir die Berge den Blick verstellt, doch nun begriff ich: Man muß nur ein Stück hinaufsteigen, und schon sieht man mehr. War es das, was die fremden Menschen mit den roten Strümpfen und den karierten Hemden hier hinauftrieb?

Ich stieg damals mit einem sehr unguten Gefühl wieder hinunter in unser Dorf, denn ich bekam auf einmal ein schlechtes Gewissen. Ich hatte bis dahin noch nie die Schule geschwänzt. Und ich wollte nicht, daß jemand von diesem für mich so besonderen Tag erfährt. Ich wollte dieses fremde, neue Gefühl für mich behalten. Also schlich ich zurück, so wie ich gekommen war, in aller Heimlichkeit und sehr vorsichtig. Ich holte meine Schultasche aus dem Busch und ging heim. Niemand merkte etwas. Für meine geplagte Mutter war es längst normal, daß ich oft Stunden brauchte, um den Weg zu unserem Hof zu finden. Und es

Elternhaus: ein kleiner Bergbauernhof auf knapp 1500 m in Ahornach

war auch normal, daß wir meist aussahen wie die Dreckspatzen. Kein Mensch konnte ahnen, daß der Schmutz an meinen Schuhen und meinen Hosen diesmal nicht vom Birkenklettern, sondern vom Gipfel des Moosstocks stammte.

Meine Mutter empfing mich, als sei nichts geschehen. Sie war eine mittelgroße, schlanke, fast zierliche Frau, streng und immer ein wenig kränklich. Sie hatte es gewiß nicht leicht in dieser Familie, denn wir waren keine einfachen Kinder. Oft waren die Kleider zerrissen, oder sie standen vor Dreck. Unsere Mutter saß abends da, flickte und nähte, stopfte und strickte. Drei meiner Geschwister waren schon aus dem Haus. Meinen ältesten Bruder Alois hatte es Richtung Bozen gezogen, er suchte sein Glück bei einem Obstbauern. Meine Schwestern Ida und Berta arbeiteten unten im Tal im Gastgewerbe. Das erleichterte meiner Mutter zwar die Arbeit ein wenig, verringerte jedoch nicht ihre Sorge um uns alle.

Wir lebten überwiegend von dem, was unser kleiner Hof abwarf, und von dem wenigen Geld, das mein Vater mit heimbrachte. Er war Schuster. Ein überaus geschickter Mann, der sein Handwerk verstand. Er ging »auf die Stern«. Das heißt, er schnürte sein Bündel und wanderte

Heimarbeit: Bis heute wird das Brot auf dem heimatlichen Hof gebacken.

von Hof zu Hof. Oft war er wochenlang nicht daheim. Er reparierte in den Häusern fremder Leute deren Schuhe oder machte ihnen ein Paar neue. Viel verdiente er damit nicht. Und der Hof warf auch nicht viel ab. Fleisch kam bei uns fast nie auf den Tisch. Aber im Stall standen drei, manchmal auch vier oder fünf Kühe. Die Milch verkauften wir literweise an unsere Nachbarn, oder wir machten selbst Käse und Butter.

Bald nach meinem zehnten Geburtstag starb meine Mutter. Ich habe nur eine sehr schwache Erinnerung an diesen Tag. Ich weiß noch, daß sie mit einem schwarzen Wagen zurück in unser Dorf gebracht worden ist. Die letzten Tage hatte sie im Krankenhaus gelegen. Und nun kam sie mit einem Auto die Straße herauf. Eine Straße, die gerade fertig geworden war. Mutter hatte den Abzug der Bauarbeiter nicht mehr erlebt. Diese neue Straße, die sich von Sand in Taufers heraufschlängelte, überwand nun jene 700 Höhenmeter nach Ahornach, die wir früher immer zu Fuß gehen mußten. Sie reichte jetzt genau bis zur Kirche. Und dort schoben sie einen dunklen Sarg aus dem großen schwarzen Wagen.

Meine Mutter war eine ängstliche Frau. Ständig lebte sie in Sorge um uns Kinder. Ich habe ihr nie von meiner Besteigung des Moosstocks

Schwerarbeit: In der Landwirtschaft und am Heuschlitten kam die Grundkondition.

erzählt. Sie hätte sich nur unnötig aufgeregt. Sie hätte mir auch niemals erlaubt, auf einen Berg zu steigen, denn sie ängstigte sich schon, wenn wir Kinder nur auf die Ofenbank kletterten. Kopfschüttelnd wandte sie sich dann ab. Sie konnte einfach nicht zusehen. Der Vater hingegen beobachtete uns seelenruhig. Er hatte keine Angst. Mutters ständige Mahnungen aber klingen mir noch heute manchmal im Ohr.

Ratlos stand ich vor dem Sarg meiner Mutter. Um ihren Tod wirklich zu begreifen, war ich zu jung. Was fängt ein Zehnjähriger mit der Endgültigkeit dieses Wortes an? Sie war nicht mehr da, verschwunden aus meinem Leben. Eines aber spürte ich ganz deutlich. Und das war, so kurios es klingen mag, durchaus angenehm. Am Tag nach der Beerdigung nämlich übernahm meine Schwester Sabine den Haushalt. Und das brachte mir einige Vorteile. Zwar kümmerten sich nun alle sehr intensiv um mich. Aber die mütterliche Strenge war nicht mehr da. Die Zügel wurden lockergelassen, ich hing nicht mehr so im Geschirr.

Jetzt konnte ich öfter auf Birken und – inzwischen viel wichtiger noch – auf Berge und Gipfel steigen. Die drei Monate im Sommer, während der Ferien, waren noch immer die schönsten. Da waren wir frei wie die

Vögel. Wir haben das frisch gemähte Heu ausgebreitet, wir durften es zusammenfahren und später selbst mähen lernen. Wir haben die Kraxen beladen und uns abgemüht, die Sense zu dengeln. Das ist eine schwierige Aufgabe. Ich glaube, kaum jemand konnte das besser als mein Vater, und ich habe bei ihm reichlich Lehrgeld gezahlt. Wenn die Sense nicht gut gedengelt war, dann schnitt sie nicht, und die Arbeit an den Hängen wurde zur Quälerei. Noch anstrengender allerdings empfand ich das tägliche Melken unserer Kühe. Doch damals hatte ich sicher die stärksten Muskeln meines Lebens. Niemals später, auch nicht nach unzähligen schweren Klettertouren, hatte ich je wieder so viel Kraft in den Armen.

Nein, uns wurde zu keiner Jahreszeit langweilig. Im Winter holten wir das Heu und auch das eingeschlagene Holz, das wir im Sommer auf den Almen eingelagert hatten, mit großen Schlitten herunter. Das war eine aufregende, spannende, aber auch sehr gefährliche Sache. Der Schlitten war rund drei Meter lang und wog leer etwa 30 Kilogramm. Doch wenn er beladen war, kamen leicht 200 Kilo auf die Kufen.

Mit diesem Gewicht fuhren wir dann durch den Wald und über die Almen. Oft waren die Wege und unsere Spuren vom Vortag vereist. Dann war der Schlitten fast nicht mehr zu bremsen und nur noch schwer zu lenken. Wenn die Not am größten wurde, warfen wir im allerletzten Moment schwere Stahlketten unter die Kufen. Meist half aber auch das nichts mehr. Dann schleuderten wir unkontrolliert aus den Ziehwegen heraus, flogen im hohen Bogen ins Unterholz oder landeten im meterhohen Schnee. Es war Schwerstarbeit, den Schlitten wieder in die Spur zu hieven. Damals holte ich mir eine Grundkondition, die mir später, bei den vielen großen Bergtouren, immer wieder zugute gekommen ist.

Ich war der jüngste und der schwächste in der Familie. Deshalb war für mich die Anstrengung bei all den Arbeiten auf dem Hof besonders groß. Und doch war sie offenbar nicht groß genug. Denn an den Wochenenden, wenn wir weniger arbeiten mußten, bestieg ich nacheinander sämtliche erreichbaren Berge. Entweder war ich mit Freunden aus meiner Schulklasse oder ganz einfach allein unterwegs. Die Furcht hatte ich längst verloren.

Mit den Nachbarbuben Robert und Ernst ging ich eines Tages im Spätherbst wieder einmal auf den Moosstock. Auf etwa 2900 Meter Höhe liegt still und klar ein sehr schöner Bergsee. Es war ein kalter, aber sonniger Vormittag. Der See liegt in einer Senke und sieht aus wie eine

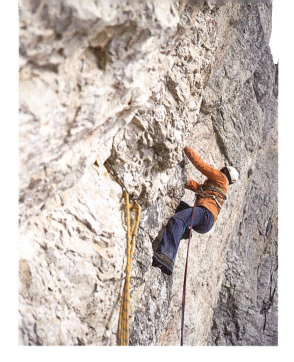

Leichtsinn: mit mangelhafter Ausrüstung und bei jedem Wetter

gewaltige Suppenschüssel aus Stein, sicher 50 Meter im Durchmesser. Am Rand dieses Sees balancierten wir über große Felsplatten, die teilweise von Wasser überronnen und etwas wacklig waren. Auf einmal hatte ich Eis unter meinen Schuhen. Fast nicht erkennbar und nur hauchdünn war das Wasser auf den Platten gefroren. Ich rutschte natürlich sofort weg und stürzte in den See – mitsamt dem alten Rucksack, in dem meine erste billige Kamera verstaut war.

Der Rucksack und auch der Fotoapparat waren mir ziemlich egal. Viel schlimmer war, daß ich nicht schwimmen konnte. Ich hatte keine Ahnung, wie ich mich über Wasser halten sollte. Niemand hatte mir das je beigebracht. Wie wild schlug ich um mich. Ich planschte und ruderte um mein Leben. Ich schluckte Wasser, das mir in den offenen Mund lief, und mußte husten, was meine verzweifelte Lage noch verschlimmerte.

Es war reiner Zufall, daß ich nach ein paar Metern einen Felsen im Wasser erreichte und mich dort hinaufziehen konnte. Da saß ich nun, kreidebleich, prustend und Wasser spuckend. Mir war hundeelend, aber ich war vorerst gerettet, auch wenn ich keine Ahnung hatte, wie ich zurück ans Ufer gelangen sollte. Die beiden Freunde, froh darüber, daß ich nicht untergegangen und ertrunken war, zogen ihre Jacken, Hemden und Hosen aus.

Mit festen Knoten banden sie die Kleidungsstücke aneinander und standen nun in Unterhosen da. Dann versuchten sie mir diese dicke Wurst von handgeknüpftem Seil zuzuwerfen. Es dauerte, bis ich endlich den Zipfel von Roberts Jacke zu fassen bekam. Mit Todesverachtung und aller Überwindung, zu der ich fähig war, sprang ich schließlich zurück ins Wasser, und die beiden Freunde zogen mich zu sich hinüber.

Ich sah aus wie eine nasse Ratte, aber ich war gerettet und froh über den Ausgang. Wir trockneten unsere Sachen in der Sonne und blödelten bald schon wieder herum. Aber an diesem Tag wurde mir die Bedeutung eines Seiles bewußt. Ich hatte fast schon die Hoffnung aufgegeben gehabt, noch heil aus dem See herauszukommen. In der kleinen Ewigkeit, bis mir die Freunde den rettenden »Notstrick« zuwarfen, lähmte mich die Ausweglosigkeit meiner Situation. Meine Arme waren zu kurz, um das rettende Ufer oder wenigstens die Hand eines Freundes zu erreichen. Schwimmen konnte ich nicht, und Angst hatte ich obendrein. Ich war auf »technische« Hilfe und eine Sicherung angewiesen.

Von den Normalwegen, den leichtesten Anstiegen auf einen Berg, kam ich sehr bald ab. Das langweilige Dahinstapfen auf ausgetrampelten Pfaden war mir zu wenig, vor allem zu wenig gefährlich und zu wenig abenteuerlich. Ich wollte mehr. Mir sollte es nur recht sein, wenn die Berge höher und die Wände steiler würden. Mit meinem Jugendfreund Sepp Volgger steckte ich die Ziele ein wenig weiter. Wir legten uns sogar ein richtiges Seil zu. Echte Bergsteiger besitzen ein Seil, sagten wir uns, und stopften einen langen Strick in den Rucksack. Am endlos langen Granitgrat der Rieserfernergruppe gelang uns schließlich eine Gesamtüberschreitung. Es wurde eine Erstbegehung daraus. Meine erste.

Wenn ich diese Tour heute wiederhole, wird mir angst und bange, wenn ich daran denke, wie leichtsinnig wir damals unterwegs waren. Unser Schuhwerk war nicht gerade für dieses Gelände geeignet, wir besaßen keinen richtigen Wetterschutz und hatten eigentlich von nichts Ahnung. Der langgestreckte Kamm zeichnet sich über weite Strecken durch brüchiges Gestein aus und weist an vielen Stellen den fünften Grad in der alpinen Kletterskala auf. Anspruchsvolles Gelände also. Unser neues Seil trugen wir voll Stolz mit uns herum – allerdings im Rucksack. Keiner, weder Sepp noch ich, wollte sich eine Blöße geben. Um nichts in der Welt hätte einer gesagt: »Seilen wir uns besser an.«

Wahrscheinlich war dieser falsche Ehrgeiz aber auch unser Glück. Denn wir konnten ohnehin nicht mit dem Seil umgehen. Von Seil- und Sicherungstechnik hatte ich nämlich noch weniger Ahnung als vom Schwimmen. Nicht auszuschließen, daß wir uns gegenseitig aufgehängt hätten, wenn dieser Strick in einer kritischen Situation zum Einsatz gekommen wäre. Er lag schon recht gut dort, tief unten im Rucksack.

Kapitel II
Tausend steile Meter – *In den Nordwänden von Langkofel und Peitlerkofel*

Je älter ich wurde, um so schneller verflogen die Tage, Monate und Jahre daheim in Ahornach. In den Sechzigern, noch bevor ich erstmals auf den Moosstock wanderte, hatte der Alpinismus zu neuen Höhepunkten gefunden. Es war die Zeit der »Direttissima« und der »Superdirettissima«.

Die allermeisten Wände der Alpen waren durchstiegen. Die junge Generation der Kletterer aber war auf der Suche nach neuen, spektakulären Herausforderungen wieder fündig geworden. Sie wählten jetzt die Linien des fallenden Tropfens, den direkten, kerzengeraden Weg vom Fuß der Wand zum Gipfel. Diese Entwicklung machte natürlich auch vor den Dolomiten nicht halt. Und als Sommerdirettissime nicht mehr für das große Aufsehen sorgten, ging man sie im Winter, möglichst bei klirrender Kälte.

Im Januar 1963, ich war gerade sieben Jahre alt geworden, und es sollte nur noch gut eineinhalb Jahre dauern, bis ich hinter den beiden Fremden her auf die Spitze des Moosstocks steigen würde, bahnte sich an der Großen Zinne eine Sensation an. Peter Siegert, Reiner Kauschke und Gerd Uhner, drei furchtlose Sachsen, die die hohe Kunst des Kletterns im Elbsandsteingebirge gelernt hatten, waren in die schreckenerregende, 550 Meter hohe Nordwand eingestiegen. Ihr Ziel – eine Superdirettissima, geradliniger als alles bisher Dagewesene.

Jeden Abend saß ich damals mit der ganzen Familie vor dem Radio und wartete voller Spannung auf die neuesten Nachrichten von der Großen Zinne. Wir fieberten der Stimme des Rundfunksprechers förmlich entgegen. Der teilte einer breiten Öffentlichkeit mit, wieviele Meter die Kletterer an diesem Tag zurückgelegt hatten. Stunde um Stunde »nagelten« sich die drei die senkrechte, im unteren Teil stark überhängende Wand hinauf. In Abständen von meist nur dreißig, vierzig Zentimetern hämmerten sie zur Sicherung ihre Eisenhaken in Felsspalten, Ritzen und Löcher.

Meist kamen sie an einem Tag nicht viel höher als fünfzehn, zwanzig Meter. Mit Hilfe einer dünnen Reepschnur zerrten sie täglich ihr »Material« hinter sich her – Schlafsäcke, Nachtkleidung, Verpflegung und Kletterausrüstung. Versorgt wurden sie vom Wandfuß aus, und dorthin ließen sie auch die neuesten Nachrichten hinunter. Die Zeitungen brachten täglich auf ganzen Seiten »Bulletins« über das Wohlbefinden der drei Sachsen. Wenn das Wetter schön war, versammelten sich tagsüber viele Neugierige an den Zinnen.

Siebzehn Tage blieben sie in der Wand und kamen oft mit der Lieferung spektakulärer Fotos für die Zeitungen kaum nach. Die Bilder faszinierten mich fast noch mehr als die Radioübertragungen. Wie Spinnen klebten die Kletterer in den Überhängen und unter den Dächern. Das italienische Fernsehen, so erzählte man sich im Dorf, sollte den drei jungen Männern eine Million Lire für die »Bezwingung« der »Superdirettissima« versprochen haben. Wir erfuhren aus dem Radio, was die Sachsen zu Abend aßen, wann sie sich in ihren Hängematten schlafen legten, ob es kalt war und was sie für den nächsten Tag planten. Spannender ging es nicht mehr.

Wie enttäuscht war ich schließlich, als Uhner, Kauschke und Siegert – ihre Namen gingen uns mittlerweile ganz leicht über die Lippen – am 17. Tag ihrer Kletterei ganze fünfzig Meter auf einmal zurücklegten und den Gipfel erreichten. Das Spektakel war vorbei, und in meiner kleinen Welt kehrte wieder Stille ein. Der Rest der imponierenden Geschichte wurde auch nicht verschwiegen, interessierte mich aber nur noch am Rande. Kaum waren die drei wieder abgestiegen und hatten sicheren Boden unter den Füßen, prägte man Goldmedaillen mit ihren Köpfen. Sie wurden auf zahllosen Empfängen, Pressekonferenzen, Interviews und Ehrungen herumgereicht. Die gierige Öffentlichkeit machte die wackeren Sachsen zu Helden. Dabei, so urteilte damals bissig der bekannte Alpinist und Autor Toni Hiebeler, sei die Sache nicht gefährlicher gewesen »als die Überquerung einer belebten Großstadtkreuzung«.

Nach dem Tod meiner Mutter nutzte ich meine ganze Freizeit, um die Berge meiner näheren Umgebung zu besteigen. Ich unternahm waghalsige, nicht selten halsbrecherische Touren. Und doch war das alles nicht einmal annähernd mit der Leistung der Sachsen an der Großen Zinne zu vergleichen. Aber ich wollte gern so werden wie sie, wollte so gut klettern lernen und vielleicht auch ein bißchen bewundert werden. Manchmal saß ich hundert Meter von unserem Haus entfernt in der Wiese, kaute auf einem saftigen Grashalm und starrte mit dem Fernglas meines Vaters wie gebannt hinüber in die Nordwand des Peitlerkofels. Doch alles schien so unendlich weit entfernt, und ich glaubte auf einmal wieder: Dort muß die Welt zu Ende sein. Es sollte noch lange dauern, bis ich endgültig eines Besseren belehrt wurde, bis ich begreifen sollte, daß die düstere Peitlerkofel-Nordwand für mich nur der Anfang der Welt sein würde.

Bald nach meinem sechzehnten Geburtstag holte mich ein Nachbar von unserem Hof. Er kam eines Tages und brachte mich auf eine Baustelle. Ich war nicht mehr schulpflichtig, und in ganz Südtirol wurde damals sehr viel gebaut. Es entstanden immer neue Pensionen und Hotels, Einfamilienhäuser und Gewerbegebiete. Der Tourismus und die Wirtschaft boomten auch in Südtirol, und überall wurden deshalb Arbeitskräfte gesucht. Ich war jung, kräftig, willig und wurde für geeignet erklärt.

Ich arbeitete nicht das ganze Jahr über auf dem Bau, denn ich wurde auch auf unserem Bergbauernhof gebraucht. Aber bei einer Baufirma in Sand in Taufers verdiente ich als Maurer mein erstes »richtiges« Geld. Daß ich ständig zwischen dem Hof und irgendwelchen Baustellen pendeln mußte, störte mich nicht. Das taten damals viele. Geld in den Händen zu halten aber war für mich etwas Besonderes und völlig ungewohnt. Natürlich steckte ich es sofort in eine Bergausrüstung. Und ich kaufte mir ein kleines, uraltes Motorrad – eine feuerrote Benelli. Der Kauf, den ich voller Stolz im Tal tätigte und bar beglich, war zwar günstig, erwies sich aber sehr schnell als Fehlinvestition. Auf flachen Strecken tat die Benelli tadellos ihre Dienste. Doch für unsere steil ansteigenden Bergstraßen war die Übersetzung des kleinen Getriebes viel zu groß.

So lief ich nicht selten, mit einer Hand am Gashebel, neben meiner Benelli her. Das schwächelnde Maschinchen hatte bei starken Steigungen gerade die Kraft, das Eigengewicht vorwärts zu bringen, nicht aber auch noch meine knapp 55 Kilo. An einem heißen Sommertag rief mir einmal ein Nachbar belustigt hinterher: »Hans, du machst es richtig, wer sein Motorradl liebt, der schiebt.«

Und doch ermöglichte mir dieses Gefährt meine ersten Tage in den anderen, den entfernten Bergen. Ich hatte inzwischen viele Gipfel der näheren Umgebung bestiegen, und es zog mich unaufhaltsam weiter fort. Ich wollte unbedingt in die Dolomiten, in das Reich der »bleichen

Berge«, zu den lotrechten, schweren Wänden. Immer häufiger fuhr ich jetzt von Ahornach hinunter nach Sand, die breite Straße hinaus nach Bruneck, ein Stück die Pustertaler Bundesstraße entlang, bis links das Gadertal abzweigt. Durch die enge Schlucht knatterte ich hinauf, bis ich linkerhand die mächtige Felsmauer des Kreuzkofels bestaunen konnte und wenig später, kurz vor Corvara, der mächtige Sellastock vor mir stand. Nein, die Welt war nicht am Peitlerkofel zu Ende, sie fing dort erst richtig an.

Die Strecke von Corvara hinauf zum Grödner Joch kannte ich bald sehr gut. Am Fuß des Sass Ciampac, oberhalb von Colfuschg, gegenüber den Sellawänden, arbeitete ich einen ganzen Sommer lang mit beim Bau der Forcelles-Hütte. Am Abend, wenn wir nicht mehr mauerten, Wände hochzogen oder Holzbalken einsetzten, bestaunte ich die mächtigen Türme des Langkofels und der Sella, schaute sehnsüchtig zur Tofana di Rozes und hing im Geiste mitten in der senkrechten Wand der Cima Scotoni. Bergsteigen und Skifahren – das waren meine Hobbys, und bald hatte ich nichts anderes mehr im Sinn.

Schon als Elf-, Zwölfjähriger hatte ich das wenige Geld, das ich damals noch mit Beerensammeln verdiente, meist ohne Umwege ins nächste Sportgeschäft getragen und dort auch mein erstes Paar Ski erstanden. Lange, bockige Latten aus Holz, mit Kipphebelbindung und ohne Belag. Die Unterseite war mit blauer Farbe gestrichen, und die geschraubte Stahlkante maß einen für heutige Verhältnisse unglaublichen halben Zentimeter. Doch mit diesem Paar Ski verbesserte ich meine Bestzeiten im Minutentakt. Die rauschenden Abfahrten, das Spiel mit der Geschwindigkeit waren für mich nicht weniger faszinierend als das Bergsteigen.

Später, mit dem ersten Geld vom Bau, perfektionierte ich meine Ausrüstung. Die Ski waren jetzt schon aus Kunststoff, Holz und einer Metallplatte gefertigt und verfügten über schmale, rasant schnelle Rennkanten. Das mühselige Bearbeiten der alten Schraubkanten fand damit glücklicherweise ein Ende. Ich gewann bei den Ahrntaler Rennen am Wochenende erste Pokale und Auszeichnungen. Sie bekamen in unserer Bauernstube die besten Plätze und erfüllten mich mit Stolz und Genugtuung. Denn die Erfolge, meine Ausrüstung und die Leistung waren selbst und hart erarbeitet.

Zum Skifahren war ich von ganz allein gekommen. Ich konnte mich dem gar nicht verschließen, weil unsere Hauswiese das »Skizentrum«

von Ahornach war. Ein Hang mit hinreichend starker Neigung und für unsere Verhältnisse geradezu steil. Seine Vorzüge waren die gute Lage und mehr noch die Schneesicherheit. Entsprechend turbulent und fröhlich ging es dort zu. An schönen Tagen wimmelte es geradezu von Skifahrern. Die Piste war etwa 250 bis 300 Meter lang, je nachdem, wieviel wir »präparierten«. Es gab dort natürlich weder einen Lift noch eine Pistenraupe, sondern nur unsere Muskelkraft.

Im »Schuß« dauerte eine Abfahrt kaum zwanzig Sekunden. Wenn wir ein paar Bögen fuhren, konnten wir das Vergnügen bis auf eine sagenhafte Dreiviertelminute ausdehnen. Die meisten Abfahrten legten wir deshalb sehr konzentriert und voller Ehrgeiz Kurven fahrend zurück. Jeder Meter war kostbar, denn bis wir wieder hinaufgestapft waren, vergingen gut zehn Minuten. Richtungsänderungen auf der Piste wurden nicht mit Stangen angezeigt, sondern mit Fichtenzweigen. Und wenn es bei einem Rennen ganz genau zugehen mußte, markierten wir den Kurs mit den schlanken Ästen der Haselnußsträucher.

Mein Bruder Alois, der schon vor Jahren von daheim weggegangen war und seinen Weg in den Diensten eines Obstbauern in Bozen suchte, hatte sich nebenher zu einem sehr guten Kletterer entwickelt und sich der Hochgebirgsgruppe Bozen angeschlossen. Meist kam er einmal im Monat heim nach Ahornach und brachte dann einen Kletterkollegen für gemeinsame Unternehmungen in unseren Bergen mit.

Alois fotografierte gern und viel. Ich sah mir immer wieder die faszinierenden Bilder an, bestaunte die spektakulären Dolomitenwände. Alois wußte, daß auch ich in die Berge ging. Doch er ahnte lange Zeit nicht, welche Schwierigkeitsgrade ich bereits kletterte und in welche Gefahren ich mich begab, nachdem ich nichts von Sicherungstechnik verstand. Als er erfuhr, wie waghalsig unsere Touren waren, verlor er schlagartig seine Freude an meinem Treiben.

Und nun stand er vor mir, braungebrannt, die Haut gegerbt von den vielen Unternehmungen des Sommers, und machte ganz auf größeren Bruder. »Hans, so geht das nicht. Du stürzt dich noch zu Tode. Klettern hat auch etwas mit Sicherheit und Sichern zu tun.« Er schwieg für einen kurzen Moment, als wollte er dem Gesagten Nachdruck verleihen. Doch als ich Luft holte, um ihm zu antworten, sprach er schon weiter: »Du hast keine Ahnung – von nichts. Ich werde dich für einen Kletterkurs anmelden, da kannst du den Umgang mit dem Seil lernen.« Mein Herz schlug höher. In einem Kletterkurs, unter Anleitung eines erfahrenen Bergführers, in alle Geheimnisse eingeweiht zu werden wäre eine Möglichkeit, mich weiterzuentwickeln. Ein Traum schien in Erfüllung zu gehen, und ich hätte am liebsten die ganze Welt umarmt.

Schon eine Woche später fuhr ich mit Alois hinauf Richtung Sellajoch. Er brachte mich am Samstagmorgen hin, und am Sonntagabend holte er mich wieder ab. So ging das drei Wochenenden lang. Während ich meinen Kurs absolvierte, ging er irgendwo in der Nähe schwere Touren klettern. Wir lernten unterdessen die wichtigsten Knoten zu knüpfen, versuchten uns beim Einschlagen von Haken und wurden ermahnt, wenn das Seil nicht richtig lief, wir lernten steigen und abseilen, Klettertechnik und viel über Wetterkunde. Die Bergführer waren sehr geduldig, korrigierten aber unnachgiebig jeden Fehler. Sie bleuten uns ein, daß wir keine Fehler machen durften, denn der erste könnte bereits der letzte sein.

Im Schneidersitz saßen wir im Kreis um die Bergführer herum und lauschten gebannt ihren aufregenden Geschichten, wenn sie von großen Touren erzählten oder von Steinschlag und Wetterstürzen, Gewittern und Schneefall. Diese sogenannten objektiven Gefahren des Bergsteigens hatten bis dahin für mich nicht existiert. Doch weil die Bergführer sich nicht in graue Theorie ergossen, sondern spannend erzählten, blieben ihre Erlebnisse und Mahnungen haften, und wir jungen Burschen nahmen das alles auf einmal sehr ernst. Gierig sog ich das theoretische Wissen ein und freute mich noch mehr auf die Stunden, in denen ich alles in die Praxis umsetzen konnte. Ich bedauerte es, wenn die Sonne unterging, und sehnte in der Nacht den ersten Lichtstrahl herbei. Mein Hunger, Hand an den Fels zu legen, schien unstillbar.

Am zweiten Wochenende des Kletterkurses schenkte mir mein Bruder ein Seil. Ich wog es in der Hand und ließ das Ende durch die Finger gleiten. Es fühlte sich gut an. Und es war zudem ein ganz besonderes Seil. Alois hatte es von einem Freund bekommen. Dieser Freund war ein Jahr zuvor Mitglied einer Aconcagua-Expedition von Reinhold Messner in Südamerika gewesen und hatte das Seil von dort mitgebracht. Ich hielt also ein Seil in meinen Händen, mit dem schon Reinhold Messner

Ausblick: der Peitlerkofel über dem Würzjoch,
zuerst Traumberg, dann Prüfstein

geklettert war. Für mich war das ein kostbarer Schatz, denn Reinhold Messner war damals der Inbegriff der europäischen Bergsteigerszene. Ein Freikletterer der ersten Garnitur, Erstbegeher ganz schwieriger Routen, glühender Verfechter des sauberen Stils in einer Zeit, in der sich andere die Wände hinaufnagelten, kiloweise Eisen verbrauchten und mit langen Strickleitern extreme Stellen bewältigten.

Der Kletterlehrling aus Ahornach besaß auf einmal ein Seil dieses Könners. Wir kletterten noch im Kurs damit an den Sellatürmen, in der Steinernen Stadt am Fuß des Langkofels und an den Geislerspitzen hoch droben über dem Villnößtal, der Heimat von Reinhold Messner. Und ich hatte damals keinerlei Ahnung, wie nachhaltig dieser Reinhold Messner noch mein bergsteigerisches Tun beeinflussen würde.

Am letzten Wochenende des Kurses durfte ich im fünften Schwierigkeitsgrad vorausklettern. Meine Brust schwoll an vor Stolz. Denn die Tatsache, in so schwierigem Gelände im Vorstieg, also am »scharfen Ende des Seils«, hinaufsteigen zu dürfen, war ein großer Vertrauensbeweis. Ein paar Jahre später wurde ich selbst Bergführer, und heute weiß ich, daß es Zeit braucht, bis man einem Kletterschüler den Vorstieg zutraut. An meinem Klettergurt klapperten die Karabiner, ich spreizte und klemmte, ließ mein Seil geschickt durch die Finger gleiten, rief Kommandos nach unten und genoß die Stunden in der Steilheit des Dolomitenfelses.

Das war meine Welt. Jetzt wußte ich endgültig, wo ich hingehörte. Von meinem nächtlichen Würger hatte ich mich ein für alle Mal befreit. Es schien, als hätte ich auf ihn eingedroschen, während ich in der Südwand des Sass des Mesdi in der Geislergruppe den ersten Haken meines Lebens einschlug. Den Umgang mit dem Hammer war ich als Handwerker gewöhnt, doch die Wucht, mit der ich das Stück Metall in der Wand versenkte, hatte fast etwas Symbolhaftes. Ich klinkte den Karabiner ein und hängte mein Leben daran. Für immer.

Wenn mein Bruder mich am Sonntagabend am Sellajoch abholte, erkundigte er sich eingehend bei den Bergführern nach meinen Fortschritten. Ich stand abseits und sah nur ihr anerkennendes Nicken. Das genügte mir, so schlecht stellte ich mich offenbar nicht an.

Als alles vorbei war und ich wußte, um was es geht, war das Vertrauen von Alois in meine Fähigkeiten so sehr gewachsen, daß er mich immer mal wieder zum Klettern mitnahm. Die erste richtig große Tour

Sellagruppe, Cima Pisciadu, Holzerkante

Rieserfernergruppe, Gipfelglück am Wildgall

im Dolomitenfels war die Langkofel-Nordwand. Still gingen wir zum Einstieg, warfen die Rucksäcke auf den Boden und schauten nach oben. Ich mußte den Nacken weit zurücklegen, um den Himmel sehen zu können. Ein heilloses Gewirr aus Türmen und Kaminen, Rissen und Absätzen baute sich über mir auf. »Es sind tausend Meter«, raunte mir Alois zu. Ich schwieg und versuchte mir einen Kilometer ebene Straße vorzustellen und sie dann in die Senkrechte aufzurichten. Unvorstellbar. Ich verwarf den Gedanken. Die Route war im Buch mit dem vierten Schwierigkeitsgrad angegeben. Damit konnte ich schon eher etwas anfangen.

Ich war voller Eifer und begann mit den Füßen zu scharren, während sich mein Bruder in einer für mich unbegreiflichen Seelenruhe fertigmachte. Er stopfte umständlich sein Hemd in die Hose. Dann trank er einen Schluck aus der Flasche, legte gemütlich den Klettergürtel an und setzte den Helm auf. Erst dann gingen wir rasch über den Wandvorbau hinauf. Das Seil blieb, in gleichmäßigen Schlaufen aufgenommen und am Körper festgebunden, auf meinem Rücken. Wir stiegen immer weiter hinauf, und das Seil blieb, wo es war. Wir kletterten völlig frei und

Gipfelbuch: am höchsten Punkt des Langkofel

ungesichert. Ich begann mich zu wundern, sagte aber kein Wort. Ich konnte mir nicht erklären, wo mein Bruder, der noch vor wenigen Wochen nicht den Hauch von Vertrauen in meine Fähigkeiten gehabt hatte, auf einmal die Sicherheit hernahm. Aber er legte an diesem Tag all seine Ängste ab und stärkte damit mein Selbstvertrauen. Fast wortlos gelangten wir so auf den Gipfel. Oben drückte er mir die Hand und sagte nur: »Gratuliere, gut gemacht.«

Wir saßen auf einem Felsbrocken und genossen die warme Sonne. Schließlich ging ich ein paar Schritte und holte das Gipfelbuch. Ich blätterte lange darin. Dort standen Namen und gereimte Sprüche, Aufstiegszeiten und ein paar blödsinnige Bemerkungen. Aber es hatten sich nur ganz wenige Bergsteiger eingetragen, die den höchsten Punkt auf anderen Routen als dem Normalweg erreicht hatten. Ich nahm den Bleistift und schrieb: »Alois und Hans Kammerlander – durch die Nordwand.« Meine Brust blähte sich, und ich wünschte, daß mich jetzt hundert Leute hätten sehen könnten.

Damals habe ich viel für ein lobendes Wort oder einen anerkennenden Blick getan. Mein Tun war mit Stolz erfüllt. Auch das war eine Antriebsfeder. Ich genoß es, bewundert zu werden. Wenn mir etwas gelang, bin ich gern ins Gasthaus gegangen und habe mich ansprechen lassen. Und wenn ich irgendwo nicht hinaufgekommen war oder bei einem Skirennen nicht gewonnen hatte, dann blieb ich keine Ausrede schuldig, warum das so war. Mir fiel immer etwas ein.

In jungen Jahren fand ich Pokale schön. Und ich gewann eine Menge davon, vor allem beim Skifahren und Berglaufen. Ich pflegte und polierte sie, wie andere Leute ihr Tafelsilber, jede dieser Trophäen hatte ihren festen Platz. Heute sind mir Ehrungen und Auszeichnungen zuwider. Ich freue mich über das Telegramm und den Glückwunsch eines guten Freundes, der etwas von dem versteht, was ich gemacht habe. Über die standardisierten Texte von Politikern und Funktionären kann ich oft nur den Kopf schütteln. Irgendein Sekretär formuliert den Text mit ewig gleichen Phrasen – großartig, außergewöhnlich und herzliche Gratulation. Der Polit-Profi setzt seinen Namen darunter, und ab geht die Post.

Wenn ich von unserem Bergbauernhof nur ein paar Meter hinausging in die Wiesen, konnte ich den Peitlerkofel sehen. Das Fernglas meines Vaters war manchmal wochenlang auf diesen Berg scharfgestellt. Wie eine riesige Nase reckt er sich am Würzjoch in den Himmel über den nördlichen Dolomiten. Seine außergewöhnliche Gestalt, seine Exponiertheit und vor allem die Nordwand faszinierten mich immer wieder aufs neue: 600 Meter hoch, Kletterei im oberen fünften Grad, Wandfluchten, Kamine, Kanten, feine Risse und Querungen auf höchstem Niveau.

Problemlos stiegen Alois und ich auch durch diese Wand. Und als wir auf dem Gipfel saßen, schaute ich ganz bewußt zurück. Ich konnte unser Dorf und sogar unseren Hof sehen. Von dort hatte ich mich in den vergangenen Jahren Stück für Stück entfernt. Mit jedem Berg, den ich bestieg, erweiterte sich mein Blickfeld. Meine kindlichen Befürchtungen vom Ende der Welt hinter dem Peitlerkofel hatten sich in nichts aufgelöst. Die Welt war groß, und ich erkannte mehr und mehr, was sie alles zu bieten hat. Aber im zunehmenden Drang nach vorn war es gut zu wissen, daß es eben auch diesen Blick zurück gab.

Unter uns lag die Paßstraße des Würzjochs. Wie Spielzeuge fuhren dort ein paar Autos. Ein Touristenbus spuckte seine Menschenfracht aus. Sie strömte ins Gasthaus, dem Küchenbuffet und dampfenden Kaffee entgegen. Belustigt beobachtete ich das Treiben. Auch so konnte man sich den Bergen nähern. Wir aber saßen ganz oben und genossen den

Tag. Mein Bruder redete nicht viel. Er ließ mich allein mit meinen Gefühlen, mit meinen kleinen, bescheidenen Vor- und Rückblicken.

Am Gipfel lagen einige frisch ausgesprengte Steinschollen herum. Sie rührten von Blitzeinschlägen her. Nicht erst seit meinem Kletterkurs hatte ich einen höllischen Respekt vor Blitzschlag. Schon als Bub war ich daheim auf dem Hof von einem Blitz zu Boden geworfen worden und von dem Schlag, den ich erhalten hatte, minutenlang benommen gewesen. Die Wucht, mit der er in die Stromleitung gefahren war, hatte einige Kühe im Stall unserer Nachbarn das Leben gekostet und mir einen gehörigen Schreck eingejagt. Ein Jahr später zündete ein Blitz in Ahornach einen Bauernhof an, der danach bis auf die Grundmauern niederbrannte. Auch am Gipfel des Peitlerkofels hatte ein Gewitter mit der Macht einer Riesenfaust seine Spuren hinterlassen. Und ein Blitzschlag sollte mir viele Jahre später einen der schrecklichsten Tage meines Lebens bringen.

Als wir an den Fuß des Berges zurückkehrten, unsere Helme und das Seil baumelten immer noch sichtbar auf dem Rucksack, fragte uns ein Südtiroler Bauer mit blauer Schürze, ob wir das gewesen seien, die er da in der Nordwand beobachtet hatte. Ich sog tief die frische Luft in die Lungen, blähte meinen Brustkorb und sagte: »Ja, das waren wir da in der Nordwand.« Sein anerkennendes Nicken war eine einzige Wohltat.

Kapitel III
Freunde – *Murphys Gesetz am Großen Möseler*

Mein Bruder war weit weg in Bozen. Er »managte« dort inzwischen mit großem Erfolg den gesamten Betrieb eines Obstbauern. Ich saß daheim in Ahornach, und weil mir ständig die Kletterpartner fehlten, zog ich wieder häufig allein los. Doch daß ich oft zum Klettern ging, sprach sich in der Bergsteigerszene von Sand in Taufers rasch herum. So wurde eines Tages Werner Beikircher auf mich aufmerksam. Er war vier Jahre älter als ich und verfügte schon über mehr Erfahrung. Im Klettergarten, gleich bei der Pfarrkirche in Sand, beobachtete er mich mehr als eine Stunde, wie ich dort allein herumstieg und immer größere Schwierigkeiten anpackte. Ich war 17 Jahre alt, und mein Tatendrang war ungebremst. Als Werner Beikircher seine Beobachtungen und ich mein Training abgeschlossen hatte, sprach er mich an. Er redete nicht lange drumherum: »Hast du Lust, am nächsten Sonntag eine Eistour mit mir zu klettern?«

Das war ein anderes, ein größeres Kaliber als meine bisherigen Touren. Vor allem aber war meine Eiserfahrung stark begrenzt. Ich hatte zwar in den Zillertaler Alpen die Dreiherrenspitze, den Hochgall und den Hochfeiler bestiegen. Allerdings über die Gletscherwege. In einer richtigen Eiswand war ich noch nicht gewesen. Dennoch kostete es mich keine Sekunde Überlegung, eine Antwort zu finden. Ich nahm die Herausforderung an und fragte nur: »Wann treffen wir uns?« Damit war die Sache ausgemacht.

Zwei Nächte vor unserer Tour schreckte ich aus einem wüsten Traum hoch. Ich stand am Fuß der Hochfeiler-Nordwand und konnte mich nicht rühren. So sehr ich mich auch mühte, ich war wie gelähmt. Die 500 Meter hohe Eismauer, diese haltlos erscheinenden Eisflanken faszinierten mich, ich spürte das Prickeln und den Drang zu gehen in mir und war doch unfähig, etwas zu tun, wie gelähmt bekam ich keinen Fuß vor den anderen. Als ich erwachte, wischte ich mir den Schweiß von der Stirn, rappelte mich mühsam hoch, ging ins Bad, drehte den Wasserhahn auf und spülte meine ausgetrocknete Kehle. Alpträume und Lampenfieber, das geht ja gut los, dachte ich und kroch wieder unter die Bettdecke.

Am Abend vor unserer Eistour verbrachten wir einige feuchtfröhliche Stunden auf dem Wiesenfest in Sand in Taufers. Besser gesagt, es wurde fast eine feuchtfröhliche Nacht, denn wir schliefen überhaupt nicht. Direkt vom Fest aus stiegen wir noch in der Dunkelheit hinauf zur Möseler-Scharte, blieben dort hocken, bis es hell wurde, und kletterten dann in Richtung Österreich ab. Ein paar Stunden später standen wir unter dem gewaltigen Firndreieck des Großen Möselers. Diese Tour ist heute fast völlig ausgeapert. Der Firn und das Eis sind im Laufe der Jahre so weit zurückgegangen, daß die Route, wenn überhaupt, nur noch als Winterbegehung möglich ist. In den folgenden Stunden sollte dann so ziemlich alles schiefgehen, was bei einer Bergtour überhaupt nur danebengehen kann.

Eigens für dieses Unternehmen hatte ich mir ein paar Tage zuvor neue Steigeisen gekauft. Weil für mehr mein Geld nicht reichte, nahm ich einen Pickel mit, den ich daheim in der Scheune gefunden hatte. Es war nur ein einfaches Arbeitsgerät, und die Spitze war nicht spitz, sondern rund wie die Kuppe meines Zeigefingers. Eigentlich völlig ungeeignet für Bergtouren, aber ich hatte nichts anderes. Werner machte seine Witze, und ich schaute ihn verzweifelt an. »Ach was, wird schon gehen«, sagte Michl Aichner, unser dritter Mann, und wir stiegen ein. Dreißig Meter oberhalb der Randspalte rutschte mir unvermittelt das Steigeisen weg, mit dem stumpfen Pickel fand ich natürlich keinen Halt, und so stürzte ich ungebremst das Wandstück wieder hinunter, das ich gerade erst hinaufgestiegen war. Im Fallen stieß ich mit einem der Steigeisen gegen meine Wade, eine der Spitzen bohrte sich tief ins Fleisch und riß eine drei Zentimeter lange Wunde auf. Es blutete so stark, daß auch ein notdürftiger Verband gleich rot wurde und mir das Blut die Wade hinunter in den Schuh rann. Wir pappten noch eine Lage obendrauf und kletterten die ganze nächste Seillänge wundersamerweise ohne Zwischenfälle.

Werner, als der Erfahrenste, übernahm den kompletten Vorstieg, denn alles andere wäre wahrscheinlich Selbstmord gewesen. Als er in der zweiten Seillänge mit seinem Pickel große Eisschollen herausschlug, schaute ich ihm fasziniert, aber wohl nicht ganz aufmerksam zu. Jedenfalls traf mich einer der Eisbrocken am Arm. Er schlug genau auf die Uhr. Das Glas zerbarst, und das Zifferblatt zerbrach, oben schauten die

Federn und kleine Zahnrädchen heraus. Da wir alle drei keine Uhr besaßen, hatte ich mir am Abend zuvor auf dem Wiesenfest von einem Freund eine ausgeliehen. Meine Stimmung war nun bereits auf dem Nullpunkt, denn meine Wade schmerzte bei jedem Schritt, und jetzt stopfte ich zerknirscht das Wrack einer Uhr in den Rucksack.

Es war kaum zu glauben, aber wir gelangten ohne weitere Probleme zum Gipfel. Dort genehmigten wir uns nur eine kurze Rast und machten uns gleich auf den langen, aber einfachen Abstieg. Die einzige Schwierigkeit war dabei die Überquerung eines reißenden Gebirgsbaches. Als Werner auf einen schlüpfrigen Stein trat, rutschte er aus und flog kopfüber in das eiskalte Wasser. Klatschnaß entstieg er dem unfreiwilligen Bad und schimpfte laut. Doch das war nicht das schlimmste, schwerer wog der Verlust seiner Windjacke, die er wie auf einen Kleiderbügel locker über seinen Rucksack gehängt hatte. Nun trug sie der Bach davon – mitsamt dem Geld und den Autoschlüsseln. Werner hatte sich ein paar Tage zuvor einen funkelnagelneuen silbergrauen Fiat 127 gekauft, doch für den holprigen Anfahrtsweg hatte er diesmal noch einen uralten Kleinbus genommen.

Verzagt über soviel Pech, stapften wir mißmutig hinaus zum Neves-Stausee. Vom ersten Telefon aus riefen wir Werners Vater an und baten ihn, uns doch den Autoschlüssel zu bringen. »Kein Problem«, sagt Werners Vater, nahm den Ersatzschlüssel vom Brett und stieg in Werners neuen Fiat. Er fuhr zum Stausee und holte seinen Sohn ab, um ihn zu dem Kleinbus zu bringen. Michl und ich warteten derweil bei einem Glas Bier auf die Rückkehr der beiden. Doch es dauerte, bis sie wiederkamen. Werner hatte nun eine Trauermiene aufgesetzt, und sein Vater schüttelte fassungslos den Kopf. Während die beiden den alten Bus aufgesperrt hatten, war eine Herde Kühe vorbeigezogen, und zwei dieser Rindviecher waren in eine Rangelei geraten. Mit den Hörnern hatte die eine die andere weggedrückt und sie gegen Werners neuen Fiat geschoben. Nun war die ganze Seite eingedrückt und der Lack zerkratzt. Es war genug für diesen Tag, wir hatten die Nase gestrichen voll. Das Auto mußte in die Werkstatt, die Uhr zum Uhrmacher und ich ins Krankenhaus, um meine Wade nähen zu lassen. Als Werner mich heimbrachte sagte ich: »Ich habe die Schnauze voll vom Eisklettern, da kommt nichts Gutes dabei raus.«

Doch in diesen Stunden hatte sich eine Freundschaft entwickelt, die viele Jahre andauerte und Werner Beikircher und mich in viele große

Alpenwände führen sollte. Unter anderem stiegen wir gemeinsam durch die drei großen Nordwand-Klassiker am Eiger, am Matterhorn und an den Grandes Jorasses. Von Werner lernte ich fast alles, was man im großen kombinierten Fels-Eis-Gelände beachten muß. Er wurde zu meinem Lehrmeister der frühen Jahre. Diese außergewöhnliche Partnerschaft dauerte an, bis er sich verstärkt seinem Beruf als Mediziner widmete und ich hinauszog zu den großen Bergen der Welt.

Werner war ein ideenreicher Tüftler, und weil wir beide gern Neues ausprobierten, hat er Eisschrauben umgebaut und Eispickel weiterentwickelt, die wir dann testeten. Er war im Eis daheim. Es schien fast, als sei er im Gefrierfach eines Kühlschranks auf die Welt gekommen. Stundenlang beschäftigte er sich in der Maschinenschlosserei seiner Eltern in Sand mit Neuerungen, die sein kaltes Hobby sicherer machen konnten. Und wenn er nicht gerade an einer Eisschraube herumfeilte, bastelte er an seinem Schlitten. Im Laufe der Jahre entwickelte er sich zu einem der besten Naturbahnrodler. Unter anderem wurde er Europameister, zog sich danach aber bei einem Sturz im Training schwere Verletzungen zu und mußte fast ein Jahr lang pausieren. Dann setzte er sich wieder auf den Schlitten und wurde bei den Weltmeisterschaften auf Anhieb Siebter. Doch von dieser Plazierung war er dermaßen enttäuscht, daß er noch im Zielraum seinen Schlitten verkaufte und seine Karriere beendete. Werner wurde anschließend ein Pionier an den Eisfällen; auch dort entwickelte er sich rasch zu einem großen Könner.

Wir zogen kreuz und quer durch die Berge, grasten die Eiswände der Ost- und Westalpen ab und genossen in vollen Zügen unsere Erfolge. Er liebte das Eis, denn dieser feinfühlige, sensible Mensch suchte das Zerbrechliche und Vergängliche am Berg. Für Felstouren in den Dolomiten konnte ich ihn nur sehr selten begeistern, die bleichen Wände mochte er nicht besonders. Und wenn er einmal irgendwo hineinstieg, dann waren es abgelegene, brüchige und einsame Routen.

Werner verdankte ich es schließlich auch, daß ich meine Bergführerprüfung ablegte. Eines Tages, nach einer harten Tour, sprachen wir lange über dieses Thema. Ich wußte nicht so recht, ob ich dafür geeignet war, mit wildfremden Menschen klettern zu gehen. Doch er sagte: »Mensch, Hans, du hast es doch drauf. Damit könntest du dir in Zukunft dein Geld verdienen.« Mit seiner einfühlsamen Art hatte er sehr wohl herausgehört, wie ich über meine Zukunft am Bau dachte.

Also meldete ich mich für den allerersten Ausbildungskurs an, der damals überhaupt in Südtirol veranstaltet wurde. Ich zog diese drei Jahre durch, obwohl mir die Theorie die Schweißperlen auf die Stirn trieb. Als ich 21 Jahre alt war, legte ich die Prüfung ab, früher ließen mich die Ausbilder nicht zu. Und meine staatliche Prüfung zum Skilehrer machte ich gleich in einem Aufwasch mit. Während dieser Zeit lernte ich Hans-Peter Eisendle und Friedl Mutschlechner kennen, die beide noch wichtige Rollen in meinem Leben spielen sollten.

Nun war der Weg zu den Bergen endgültig frei und das Hobby zum Beruf geworden. Ich mußte mir keine Zeit mehr für meine Touren herausschinden, jetzt konnte ich klettern, wann immer ich Lust dazu hatte. An dem Tag, als ich das Zertifikat in den Händen hielt, fühlte ich mich vollkommen frei. Aber die Flügel wurden mir schnell gestutzt. Denn es erwies sich als gewaltiger Trugschluß zu glauben, daß der Laden von allein laufen würde.

Ich eilte hinunter nach Bruneck und ließ mir Visitenkarten drucken: »Hans Kammerlander, staatlich geprüfter Bergführer, Ahornach«. Mit Wonne verteilte ich die kleinen Kärtchen in meinem Bekanntenkreis, doch bald wußte ich nicht mehr, wem ich noch welche geben sollte. Und der Effekt war gleich Null. Es wollte einfach niemand von mir geführt werden. Woher sollten mögliche Kunden auch wissen, daß da oben am steilen Hang von Ahornach, völlig abgelegen auf einem kleinen Bergbauernhof, einer sitzt, der gerade die Prüfung zum Bergführer abgelegt hatte und dringend Geld brauchte. Wer konnte schon ahnen, daß meine Visitenkarten immer griffbereit im Hemd steckten.

Im Juni hatte ich die Prüfung bestanden. Ich war zwar Bergführer, aber einer ohne Arbeit. Enttäuscht kehrte ich für einen weiteren Sommer zurück auf den Bau. Ein staatlich geprüfter Alpinguide am Bau, was für ein Hohn, dachte ich immer wieder. Am Wochenende fand ich ab und zu einen Gast, den ich dazu überreden konnte, sich von mir in die Zillertaler Alpen führen zu lassen. Im folgenden Winter unterrichtete ich im Skigebiet Speikboden im Ahrntal als Skilehrer und sorgte mich ersthaft um meine Zukunft.

Als der Schnee schmolz und der Frühling kam, als ich die Nase in den Wind steckte und förmlich roch, daß bald die neue Klettersaison beginnen würde und ich dann wieder auf den Bau müßte, erreichte mich ein Anruf von Reinhold Messner. Er war zu dieser Zeit mit seinen gewagten Aktionen längst in aller Munde. Im Mai 1978 hatte er den Mount Everest ohne Sauerstoff bestiegen, und im gleichen Jahr war er allein auf

Führungstour: mit einem Kletterkurs in der Tofanagruppe

den Gipfel des Nanga Parbat geklettert. Bis zu diesem Zeitpunkt hatte er bereits auf fünf von vierzehn Achttausendern gestanden.

Reinhold hatte sich alle Namen der Kursteilnehmer dieser ersten Südtiroler Bergführerausbildung besorgt. Nun rief er bei mir an und veränderte mit einem Schlag mein Leben. Er fragte mich, ob ich Interesse, Lust und Zeit hätte, in seiner Alpinschule Südtirol zu arbeiten. Sie hatte ihren Sitz damals noch in St. Magdalena im Villnößtal, und es eilte ihr der Ruf voraus, eine zwar kleine, aber eine der wenigen gut organisierten Bergschulen unserer Heimat zu sein. Reinhold rief auch Hans-Peter Eisendle an, und Friedl Mutschlechner arbeitete dort bereits seit drei Jahren. Nun waren wir alle drei in der gleichen Alpinschule untergekommen. Vor Freude rannte ich im Laufschritt hinauf auf den Moosstock. Ich setzte mich unter das Gipfelkreuz und dachte darüber nach, daß mein ganzes Leben wohl ein einziger Glücksfall und eine Verkettung der verrücktesten Zufälle sei.

Hans-Peter Eisendle war mir im Bergführerkurs auf Anhieb sympathisch gewesen. Neben seiner kühn geschwungenen Nase, dem lustigen Zucken in seinen Mundwinkeln und seiner scharfsinnigen Denkweise beeindruckten mich vor allem seine Qualitäten im senkrechten Fels. Mit

Schräglage: technische Kletterei im Riesendach der Westlichen Zinne

ihm zog ich durch die Dolomiten, und was mir Werner Beikircher im Eis war, wurde mir nun Hans-Peter Eisendle im Fels – ein echter Freund und Partner.

Wir flogen später in die Anden, nach Patagonien und in den Himalaya. Aber zuerst verewigten wir uns daheim. Mit Hans-Peter stieg ich in alle großen Dolomiten-Klassiker. In unserer ungestümen Sturm- und Drangzeit suchten wir die Wände auch nach neuen Routen ab. Wir stillten unseren Hunger nach Erstbegehungen unter anderem in der »Fata Morgana« am zweiten Sellaturm, im »Feitstanz« in der Goldkappl-Südwand der Tribulaungruppe oder in der »Shit Hubert« am Ciavazes. Und wir ließen dem Hang, neuen Kletterrouten die verrücktesten Namen zu geben, freien Lauf. Stundenlang konnten wir dasitzen und herzhaft lachen, wenn es darum ging, eine Tour zu taufen. Die Disziplin des Sportkletterns steckte damals noch in den Kinderschuhen. Doch überall wurde immer schwieriger und anspruchsvoller geklettert. Zum ersten Mal bewältigten junge Burschen den siebten Grad. Die alpine Bewertungsskala war gesprengt. Und wir waren mittendrin. Als wir hörten, daß die berühmten Pumprisse durchstiegen worden waren, die erste Route überhaupt im siebten Grad, eilten Hans-Peter und ich

zum Wilden Kaiser und gehörten, als wir wieder wegfuhren, zu den ersten Wiederholern.

In der Alpinschule Südtirol, bei Reinhold Messner, lernte ich auch Friedl Mutschlechner noch besser kennen. Wir hatten zwar früher gelegentlich zusammen auf einer Baustelle gearbeitet, er als Hydrauliker und ich als Maurer, doch einen wirklichen gemeinsamen Berührungspunkt hatten wir nie so recht gefunden. Nun aber sprach er mich an, ob ich Lust hätte, etwas mit ihm zu unternehmen. Werner im Eis, Hans-Peter bei den verrückten Geschichten und jetzt Friedl, der zu meinem Lehrmeister im Fels wurde und mir dort den letzten Schliff gab. Vor allem seine Ruhe, Ausgeglichenheit und große Erfahrung imponierten mir, er war der perfekte Kletterer, einer der besten, die Südtirol je hatte. Mir wurde klar, es geht in den Bergen nicht ohne Freunde, wenigstens nicht ständig. Es geht nicht ohne Partner, nicht ohne Menschen, denen man blind vertrauen kann. Freundschaften, die in den Bergen geboren werden, sind meist von langer Dauer. Ich hatte und habe das Glück, Freunde zu kennen, auf die ich zählen konnte und weiterhin zählen kann.

Schon mit 19 Jahren, zwei Jahre nachdem ich Werner im Klettergarten kennengelernt hatte, war ich auf Erich Seeber getroffen. Er stammte aus dem Mühlwalder Tal, nicht weit von mir daheim entfernt, war ein begeisterter Bergsteiger und arbeitete wie ich auf dem Bau. Es bedurfte keiner großen Überredungskunst, ihn für meine wahnwitzigen Dolomiten-Ideen zu gewinnen. Ohne lange nachzudenken, stieg er mit mir in schwere Routen, und wenn er irgendwo runterflog, rappelte er sich wieder hoch, schüttelte den Kopf, als würde er gar nicht verstehen, wie das passieren konnte, und stieg wieder hinauf.

Freunde: Werner Beikircher, Hans-Peter Eisendle, Friedl Mutschlechner, Reinhold Messner, Erich Seeber (von links nach rechts)

Wenn ich in den späteren Jahren zurückblickte, konnte ich die Touren mit Erich nicht anders als verantwortungslos, ja fast als kriminell bezeichnen. Unsere Ausrüstung war katastrophal schlecht, aber dafür waren unsere Ziele um so größer. Haarscharf an der Absturzgrenze und mit gefährlichen Sicherungsmanövern mogelten wir uns die Gelbe Kante an der Kleinen Zinne, die Comici-Route durch die Nordwand der Großen Zinne, die Tofanapfeiler oder die lotrechte Südwand der Marmolada auf den Spuren der großen Könner Solda und Vinatzer hoch.

Wir hatten keine Kletterpatschen mit hochmoderner Reibungssohle, wie man sie heute benutzt. Wir trugen stattdessen unsere schweren Bergstiefel mit den versteiften Sohlen. In ihnen kletterten wir ungelenk wie tapsige Bären und hatten in den kleinen Tritten oder auf den schmalen Leistchen kaum eine Chance, sauber zu gehen. Unsere selbstgemachten Klettergürtel waren aus geflochtener Reepschnur selbstgemacht. Sitzgurte, wie sie heute jeder Kletterer verwendet, waren damals noch nicht entwickelt. Meine erste Brust-Sitz-Kombination kaufte ich mir zur Bergführerprüfung.

Doch mit unserer mangelhaften und keineswegs sicheren Ausrüstung stiegen wir sogar auf der berühmten Route der Sachsen Dietrich Hasse und Lothar Brandler durch die Nordwand der Großen Zinne. Die Erstbegeher hatten 1958 fünf Tage und fünf Nächte in der stark überhängenden Wand verbracht. Wir kamen, knapp zwanzig Jahre danach, an einem Tag hinauf.

Die Weiterentwicklung der Ausrüstung, revolutionäre Neuerungen wie die Reibungskletterschuhe hatten und haben entscheidend zu den besseren Leistungen der Kletterer beigetragen. Routen, die vor 40 Jah-

ren nur mit großem technischem Aufwand, mit Strickleitern und endlosen Hakenreihen eröffnet wurden, sind heute längst frei, also ohne Tricks zu machen.

Mit Erich Seeber kletterte ich in wenigen Sommern fast 200 Dolomitentouren. Viele harte Stunden waren dabei, denn wir mußten uns alles selbst aneignen und vor allem die meist verwickelten Routen allein finden. Die einschlägige Literatur war uns zu teuer oder noch gar nicht in dem Umfang wie heute auf dem Markt. Doch all diese Probleme waren lösbar, es ging immer irgendwie. Viel schwieriger war es hingegen, meinen uralten Fiat 600 zum Berg zu bringen. Ich hatte ihn gekauft, als ich achtzehn Jahre alt geworden war, gleich nachdem ich den Führerschein bestanden hatte. Ich zahlte zweihunderttausend Lire für ein Vehikel, das erheblich mehr als hunderttausend Kilometer auf dem Tacho hatte und gewaltig zum Himmel stank. Die Heizung funktionierte im Winter eher selten, dafür aber im Sommer um so besser.

Nicht selten saßen wir in diesem Gefährt wie in einer Rauchkammer und mußten alle Fenster herunterkurbeln, weil auf verschlungenen Pfaden die Abgase direkt und ungefiltert ins Wageninnere gelangten. An den Reifen schaute das Drahtgeflecht gefährlich aus der Karkasse, aber neue konnte ich mir nicht leisten. Alles Geld, das ich zur Verfügung hatte, steckte ich in das bißchen Ausrüstung, die wir dringender benötigten, oder investierte es nach unseren Touren in ein schäumendes, köstliches Bier. So manches Mal blieben Erich und ich irgendwo auf der Strecke liegen und mußten per Autostop zurücktrampen. Ein befreundeter Automechaniker holte dann mein Auto am nächsten Tag ab und reparierte es notdürftig.

Erich Seeber war ein wirklich treuer Partner. Er fragte nicht viel nach den Schwierigkeiten einer Tour, er ging sie einfach. Allerdings hatte er immer ein bißchen Bammel vorauszusteigen. Er konnte es zwar, tat es aber nicht gern. Und so wurde aus der Not eine Tugend. Ich kletterte voraus, und er entwickelte sich zu einem begeisterten und vor allem versierten Partner im Nachstieg, der mich auch in schwierigen Situationen sichern konnte. Und Erich verstand damals von Autos genausowenig wie ich. Wir ergänzten uns einfach perfekt.

*Kraftakt: schwierige Kletterei in der
Südwand der Cinque Torri*

Obwohl sich mein Freundeskreis in der Kletterszene erweiterte und ich für jede Spielart des Alpinismus jemanden kannte, mit dem ich gehen konnte, hatte mich mein einsames Erlebnis als Achtjähriger am Moosstock doch stark geprägt. Ich wollte auch als Solist etwas erleben. Mich faszinierten Bergsteiger wie Walter Bonatti oder Reinhold Messner, die auch, vielleicht gerade mit ihren Alleingängen, auf sich aufmerksam gemacht hatten.

An einem Sommertag 1976 war ich auf einer Baustelle mit dem Baukran beschäftigt, und meine Gedanken kursierten irgendwo. Die Sonne schien, es war angenehm warm, und ich war wie mit Ketten an den Rohbau eines Einfamilienhauses in Reischach bei Bruneck gefesselt. Ich hatte selten Probleme mit der Einstellung zu meiner Arbeit, ganz gleich ob auf dem Hof oder auf dem Bau. Doch Mitte der siebziger Jahre war ich schon zu sehr Kletterer und viel zu vernarrt in meinen Sport, um nicht zu fühlen, worauf ich mich wirklich konzentrieren wollte. Es zog mich mit aller Macht hinaus in die Natur, in die lotrechten Wände der Dolomiten; die Baustellen, auf denen ich arbeitete, betrachtete ich längst als notwendiges Übel, mit dem ich meinen Lebensunterhalt verdiente.

Ich saß auf einem kleinen Hocker direkt auf dem tonnenschweren Betongewicht des Krans und war damit beschäftigt, Ziegelsteine von einem Lastwagen abzuladen. Direkt über meinem Kopf war ein kleines verleimtes Holzdach angebracht. Die Ziegel hingen am Haken, und der Elektromotor summte beruhigend. In Gedanken hing ich in einer Dolomitenwand und registrierte nur unterbewußt, daß die Holzpalette über mir nicht stabil war. Beim Transport waren die Ziegel wohl etwas verrutscht. Ich konnte das zwar sehen, aber ich realisierte überhaupt nicht die Gefahr. Meine Unaufmerksamkeit ging so weit, daß ich die Ladung am Kranturm anschlagen ließ. Dann passierte das Unvermeidliche: Die Packung brach auseinander, die Ziegel flogen herunter und durchschlugen krachend das dünne Holzdach über mir. Ich hatte Glück im Unglück. Nur einer der Ziegelsteine traf mich. Er schlug auf meinen Fuß, und ich dachte, er sei zerschmettert.

Ein Kollege fuhr mich ins Krankenhaus nach Bruneck. Als die Röntgenaufnahmen gemacht waren, diagnostizierte der Arzt in der Notaufnahme eine Quetschung und schwere Prellungen. Er verordnete mir drei Wochen absolute Ruhe. Ich hatte ein geradezu unverschämtes Glück gehabt, daß mich die Ziegel nicht erschlagen hatten, doch ich sah nur den blauen Himmel und ärgerte mich darüber, daß ich eine Zeitlang nicht klettern gehen konnte.

Ich war nie ein wehleidiger Mensch. Ich hatte gelernt, Schmerz zu ertragen. Vier Tage nach meinem Unfall machte ich mit einem Freund aus der Nachbarschaft einen Ausflug zu den Drei Zinnen. Ich wollte ihm zeigen, wie schön es dort ist. Wir fuhren hinauf zur Auronzo-Hütte, spazierten langsam hinüber zum Rifugio Lavaredo und wanderten gemütlich zum Paternsattel, wo man einen atemberaubenden Blick in die Nordwände der Drei Zinnen hat. Ich kam mir auf diesem Spaziergang wie ein Invalide vor. Mein Fuß schmerzte ein bißchen, und ich humpelte leicht. Wir machten es uns auf einem Stein gemütlich und beobachteten mit dem Fernglas die Seilschaften in den verschiedenen Routen. Mein Freund sah sich das Treiben fassungslos an. Er verstand nicht, wie man sich dort oben festhalten kann.

Nachdem ich eine Stunde still dagesessen hatte, übermannte mich auf einmal das Gefühl, unbedingt zum Fels gehen zu müssen. Ich wollte ausprobieren, ob mein Fuß auch dann schmerzen würde, wenn ich ihn auf eine schmale Felsleiste setzte und belastete. Ich humpelte hinüber zur sogenannten Kleinsten Zinne, einem kühnen Felsturm, der der Punta di Frida vorgelagert und besser unter der Bezeichnung Preußturm bekannt ist. Dort untersuchte ich die Leistungsfähigkeit meines Fußes. Ich spürte, daß sich der Schmerz gerade auf ganz kleinen Tritten in Grenzen hielt. Es tat viel weniger weh als beim normalen Gehen auf ebenen Wegen. Und so begann ich zu klettern, stieg höher und immer weiter hinauf. Bis ich auf einmal beim ersten Standplatz der Cassin-Route ankam. Ich wußte plötzlich nicht mehr, was in mich gefahren war. Dieser alpine Klassiker erreicht immerhin den oberen sechsten Grad, und ich war mit einem verletzten Fuß und krankgeschrieben unterwegs. Aber das war mir völlig einerlei, und ich stieg weiter hinauf. Das Luftige und Ausgesetzte in dieser Route gefiel mir. Es faszinierte mich wie immer, mich in der Vertikalen zu bewegen. Daß ich nur einen Trainingsanzug am Leib trug und ein paar leichte Turnschuhe an den Füßen, war so unwichtig geworden wie mein Freund, der inzwischen hundert Meter unter mir aufgesprungen war und laut rief, ich solle zurückkommen, das sei doch alles viel zu gefährlich. Ich ignorierte diese Stimme der Vernunft und kletterte immer weiter.

Eine Stunde später saß ich auf dem Gipfel. Ich genoß meinen Ausbruch aus dem Krankenstand und den Ausblick. Doch schon eine

Minute später landete ich knallhart auf dem Boden der Realität. Ich hockte auf der Spitze eines Turms, und es gab dort natürlich keinen einfachen Abstiegsweg, auf dem ich locker wieder hinunterspazieren konnte. An allen Seiten ging es fast lotrecht abwärts, und weil ich zum ersten Mal auf dem Preußturm war, hatte ich keine Ahnung, wie ich da wieder runterkommen sollte. Ich schaute mich um und entdeckte schließlich einen großen Abseilring. Dort mußte es gehen, das könnte eine Abstiegsmöglichkeit sein.

Inzwischen war der Himmel düster geworden, dicke, schwarze Regenwolken hatten sich über den Zinnen zusammengebraut. Gewitter an den Zinnen aber sind gefährlich, gefährlicher vielleicht noch als anderswo. Die Rinne, in der ich nun hastig meinen Abstieg begann, wird in der einschlägigen Literatur auch als Nervenschlucht bezeichnet. Diesen Namen bekam sie nicht von ungefähr, denn wenn dort der Regen eines Wolkenbruchs hineinschießt, verwandelt sich die Rinne in einen Sturzbach, in dem es kaum noch ein Halten gibt.

Schon nach ein paar Metern saß ich wie in einer Falle fest. Obwohl es noch nicht regnete, war es überall naß und glitschig, und es wurde immer schwieriger, über die schmierigen Felsen abzuklettern. Meine schlechte Ausrüstung machte mir außerdem Probleme, denn mit den Turnschuhen war ich unsicher und dadurch noch mehr gefährdet. Ich gelangte an senkrechte Abseilstellen, die mit einem Seil ganz leicht zu überwinden gewesen wären. Aber ich hatte kein Seil, ich mußte Schritt für Schritt, Meter um Meter abklettern, wenn ich dort raus wollte. Ich bot meine ganze Konzentration auf. Ein paarmal hing ich nur noch mit den Händen an einer schmalen Leiste, weil mir unten die Fußspitzen weggerutscht waren. Mir trat der Angstschweiß auf die Stirn, ich querte nach links und nach rechts, stieg wieder ein Stück hinauf und setzte neu an. Ich bekam Krämpfe in den Unterarmen, und Panik packte mich. Mein Herz war längst unter die Gürtellinie, tief in die Hose gerutscht. Aber ich war zu stolz, laut um Hilfe zu rufen.

Als ich nach Stunden schließlich schweißüberströmt, kreidebleich und fix und fertig unten ankam, stand mein Freund vor mir. Er sah nicht viel besser aus. Er hatte mich beim Aufstieg beobachtet, bis er mich schließlich im Gipfelbereich für lange, lange Zeit aus den Augen verlor. Seine Angst, daß ich abstürzen könnte, war mindestens genauso groß wie meine gewesen. Als wir unser Auto erreichten, fielen die ersten dicken Regentropfen auf den staubigen Schotterweg. Eine Minute später öffnete der Himmel seine Schleusen und ergoß eine wahre Regenflut über die Drei Zinnen. In der Nervenschlucht mußte nun ein Inferno herrschen.

Wir fuhren heim nach Ahornach, und während meines restlichen Krankenstandes bin ich immer mal wieder klettern gegangen. Aber der Tag an der Kleinsten Zinne war mir eine Lehre. Aus der puren Freude an der Bewegung im Fels hatte ich mich in eine brenzlige Situation manövriert. Ich hatte nur an den Aufstieg, nicht aber an den Abstieg gedacht. Während ich darüber nachdachte, fiel mir der Name des großen Freikletterers Paul Preuß ein. Die Kleinste Zinne trägt seinen Namen, seit er dort am 6. September 1911 Außergewöhnliches leistete. Doch man muß auch vom Tag zuvor erzählen, um das Können des eher kleingewachsenen Österreichers aus Altaussee im Salzkammergut richtig einordnen zu können.

Preuß, ein Intellektueller mit einer geradezu leidenschaftlichen Vorliebe für schärfste Auseinandersetzungen mit dem Berg, überschritt an jenem 5. September in weniger als acht Stunden die Kleine Zinne kreuzweise. Durch den luftigen Fehrmann-Kamin hinauf, frei abkletternd durch die Ostwand hinunter, durch die Nordwand wieder auf den Gipfel und über die Normalroute wieder zurück. Die anwesende Klettergilde in der Drei-Zinnen-Hütte staunte.

Tags darauf, Preuß und sein Partner Paul Relly, ebenfalls ein Österreicher, wollten eigentlich einen Ruhetag einlegen, juckten den beiden wieder die Finger. Es war schon weit nach 15 Uhr, als sie von der Hütte aufbrachen. Am Paternsattel stiegen sie an den Fuß der Kleinsten Zinne auf. Sie turnten über den Vorbau und kletterten durch eine kleingriffige gelbe Wand. Ein Kamin, der von unten wie ein schmaler Riß aussieht, nahm sie auf und leitete sie schließlich bis auf den Gipfel. In der bis dahin noch unbestiegenen Nervenschlucht wurden Preuß und Relly von der Nacht überrascht. Sie mußten biwakieren. Am anderen Morgen erreichten sie abkletternd, ohne sich abzuseilen, das Geröllfeld am Ende der Schlucht. Preuß hatte weder im Auf- noch im Abstieg auch nur einen einzigen Haken verwendet. Auch die Schlüsselstelle des gelben »Preußwandls« war Preuß bei seiner Erstbegehung frei geklettert. Doch damit nicht genug. Anstatt seinen Partner Paul Relly zu sichern und gleich nachsteigen zu lassen, kletterte er über die schwierige Passage wieder ab und bewältigte sie dann ein zweites Mal.

Am 15. Dezember 1911 veröffentlichte Paul Preuß in den *Mitteilungen des Deutschen und Österreichischen Alpenvereins*, Band 37, einen

Artikel. Dort schreibt er kampflustig: »Das Maß der Schwierigkeiten, die ein Kletterer im Abstieg mit Sicherheit zu überwinden imstande ist und sich auch mit ruhigem Gewissen zutraut, muß die oberste Grenze dessen darstellen, was er im Aufstieg begeht.« Diesem Grundsatz des Frei-Kletterns hatte ich offenkundig am Preußturm sträflich zuwider gehandelt, denn ich war dort allenfalls mit einer großen Portion Glück wieder hinuntergekommen. Doch die Schwierigkeiten bei vielen modernen Kletterrouten, die heute durch verbesserte Ausrüstung und spezielles Training im Aufstieg bewältigt werden, sind praktisch nicht mehr abkletterbar. Seit Paul Preuß haben sich die Zeiten gewaltig verändert. Und doch hat seine These immer noch ihre Bedeutung und im alpinen Gelände durchaus ihre Berechtigung. Denn Preuß war der erste Bergsteiger, der öffentlich um einen sauberen Stil, um das Klettern »by fair means«, kämpfte.

In seinem Artikel von 1911 schrieb er weiter: »Die Berechtigung für den Gebrauch künstlicher Hilfsmittel entsteht daher nur im Falle einer unmittelbaren, drohenden Gefahr. Der Mauerhaken ist eine Notreserve und die Grundlage einer Arbeitsweise. Das Seil darf ein erleichterndes, niemals aber das alleinseligmachende Mittel sein, das die Besteigung der Berge ermöglicht.«

Kapitel IV
»Nichts wie weg hier« –
Siebenmal 8000 mit Reinhold Messner

Der Mann kam barfüßig herauf. Mit kräftigen und doch fließenden Bewegungen überwand er geschickt die letzten Klettermeter. Flirrend lag die heiße Sommerluft über dem Land. Die Menschen schwitzten in den Tälern, und selbst in der Höhe schienen die Glieder rasch müde zu werden. Um so mehr erstaunte mich, was ich da sah.

Mitte 1980 war ich als Bergführer am zweiten Sellaturm unterwegs. Als ich nach dem Ausstieg an einem Steinmann lehnte, die Aussicht genoß und mich mit meinem Gast unterhielt, kam ein braungebrannter Bursche allein über die Nordkante (fünfter Grad) zum Gipfel herauf. Ein Gruß, ein breites Lachen, und schon waren wir im Gespräch. Er stellte sich als Norbert Joos vor. Wo er herstammte, war nicht zu überhören. Beim besten Willen und auch mit Anstrengung hätte er seine Schweizer Heimat nicht verleugnen können. Er hatte gerade eine blitzsaubere Alleinbegehung am zweiten Sellaturm hingelegt. Die Souveränität, mit der er heraufgeklettert war, faszinierte mich. Seine Füße allerdings begeisterten mich noch mehr. Er trug nämlich keine Schuhe, und um am rauhen Dolomitenfels barfüßig zu klettern, bedurfte es schon einer Portion Leidensfähigkeit oder einer besonders dicken Hornhaut. Norbert Joos, schon damals kein Unbekannter mehr, verfügte offenbar über beides.

Joos gehörte zu den Schweizer Spitzenbergsteigern. Er war fast vier Jahre jünger als ich und hatte schon Beachtliches geleistet. Auch später sollte immer wieder sein Name auftauchen, wenn es um Berichte über Bergabenteuer im Himalaya ging. Mit seinem Landsmann Erhard Loretan gelangen ihm in den folgenden Jahren einige sehr kühne Begehungen. Im Juni 1982 bestieg Norbert, gerade 22jährig, unter widrigen Umständen den Nanga Parbat. Zwei Jahre später stand er im Mai auf dem Gipfel des Manaslu und im Oktober desselben Jahres mit Loretan auf der Annapurna. Im Juni 1985 bezwang er schließlich den K 2. Doch von all dem ahnte er wohl selbst noch nichts, als er da auf dem Zweiten Sellaturm vor mir stand, ohne Schuhe, ohne Rucksack, ohne Seil.

Es entwickelte sich ein fröhliches und dabei auch interessantes Gespräch. Es zog sich den ganzen Abstieg hin, bis wir auf der Valentini-Hütte ankamen. Am Sellajoch tauschten wir beim fünften Glas Wein die Adressen aus. Wir nahmen uns in seliger Laune fest vor, an einem großen Berg einmal etwas gemeinsam zu machen. Solche Pläne werden im Gebirge oft geschmiedet, und genauso oft zerplatzen sie wie Seifenblasen. Norbert Joos und ich aber blieben in Kontakt. Wir telefonierten viel miteinander, und jeder wußte vom anderen fast ständig, was angesagt war. Und doch wollten unsere großen und kleinen Vorhaben nie zeitlich zusammentreffen. Wenn Norbert in der Schweiz unterwegs war, kletterte ich in den Dolomiten, weilte ich in Frankreich, hatte er einen Termin in Arco, kam ich von einer Expedition zurück, startete er gerade.

Es sollte noch dauern, bis ich schließlich doch mit Norbert aufbrechen würde. Wir hatten zu der Zeit, als wir uns kennenlernten, beide unsere festen Kletterpartner, unsere bevorzugten Gebiete und jeder natürlich auch seinen Beruf. Ich war zu dieser Zeit viel mit Reinhold Messner unterwegs – als ein eingespieltes Team, das sich von Expedition zu Expedition, von Tour zu Tour immer sehr stark auf das Wesentliche konzentrieren konnte, weil die Basis schon längst aufgebaut war. Mit Reinhold Messner bestieg ich zwischen 1982 und 1986 sieben Achttausender. Wir waren sehr schnell ein außergewöhnliches Team geworden. Ich wußte um seine große Erfahrung, die beim Höhenbergsteigen eine gewichtige Rolle spielt, wenn es darum geht, eine erfolgversprechende Taktik auszutüfteln. Immer wieder profitierte ich in unseren gemeinsamen Jahren von seinem geradezu phänomenalen Instinkt. Und Reinhold war der perfekte Organisator. Er verfügte über Verbindungen, die mich immer wieder in Erstaunen versetzten. Er konnte potenten Sponsoren seine Ideen »verkaufen« wie kein zweiter und trieb so immer wieder das notwendige Geld für ein Projekt auf. Sein Führungsstil war straff, und doch ließ er jedem, der ihn begleitete, seine Freiheit.

Mitte 1982, ich war längst regelmäßig als Bergführer in Messners Alpinschule Südtirol tätig, nahm mich Reinhold zur Seite. Völlig überraschend lud er mich zu seiner Cho-Oyu-Expedition ein. Ich war 26 Jahre alt und natürlich sehr stolz über dieses einmalige Angebot. Die Möglichkeit, mich am achthöchsten Berg (8201 m) der Erde versuchen zu können und dabei von einem der besten und erfolgreichsten Expeditionsbergsteiger der Welt unterstützt zu werden, erfüllte mich mit großer Zufriedenheit.

Gescheitert bei der ersten Expedition:
Südwand des Cho Oyu im Winter

Gleichzeitig packte mich die Aufregung, denn Reinhold plante eine spektakuläre Winterbesteigung über die Südostflanke des Berges.

Wir hatten keinen Erfolg am Cho Oyu. Die ungeheure Macht des Windes und schließlich die Angst, unser Leben zu riskieren, ließen die Vernunft siegen. Wir brachen die Besteigung ab, und ich kehrte einigermaßen ernüchtert nach Hause zurück; ich war gleich an meinem ersten Achttausender auf die Nase gefallen, obwohl ich alles gegeben hatte. Da half auch der vorsichtige Trost von Reinhold nichts. Es ging mir erst dann wieder schlagartig besser, als mich Reinhold wenige Wochen später anrief und mich bat, ihn bei einem zweiten Versuch zu begleiten. Auch Michl Dacher aus dem bayerischen Peiting, mit dem Reinhold 1979 schon den K2 bestiegen hatte, kam in die Mannschaft.

Im Frühling 1983 flogen wir wieder nach Kathmandu. Diesmal hatten wir eine Genehmigung für die Südwestseite des Cho Oyu in der Tasche, und ich fühlte mich viel ruhiger als beim ersten Mal. Ich stellte an mir ein Phänomen fest, von dem ich später immer wieder auch von anderen hörte: Nepal war mir nach nur einem Besuch so vertraut geworden, als sei ich bereits zwanzig Mal dort gewesen. Dieses wunderbare Land hatte mich verzaubert und restlos in seinen Bann gezogen. Als unser Flugzeug in Kathmandu landete, als ich aus dem Flughafen hinausging und die vielen Einheimischen sah, die uns mit dem Gepäck helfen wollten und sich dabei ein paar Rupien verdienten, als die Taxis hupten und ich in die Gesichter der lachenden Menschen blickte, hatte ich ein Gefühl, als käme ich nach Hause.

Nepal gehört heute mit einem Pro-Kopf-Einkommen von rund 180 Dollar im Jahr noch immer zu den zehn ärmsten Ländern der Erde. Die Königsfamilie jedoch, deren Macht und Einfluß zwar weitgehend geschrumpft sind, zählt zu den reichsten Familien der Welt. Nepals Fläche dehnt sich über 141000 Quadratkilometer aus und erstreckt sich über eine Länge von etwa 900 Kilometern mit Höhenunterschieden zwischen 200 und weit über 8000 Metern. Nepal ist etwa dreimal so groß wie die Schweiz – und liegt fast doppelt so hoch. Kennzeichnend für die grandiose Landschaft sind parallel verlaufende Gebirgszüge, die das Land in drei große Lebensräume gliedern. Im Süden das Tiefland des Terai an der indischen Grenze, das etwa ein Fünftel der Fläche ausmacht, das mittlere Bergland (bis 4500 m) mit 60 Prozent Anteil an der Grundfläche und schließlich die rauhe, abweisende Hochgebirgsregion im Norden.

In Nepal befinden sich die höchsten Pässe der Erde. Mehr als ein Viertel der Landesfläche liegt jenseits der 3000-Meter-Grenze. Auf nepalesischem Gebiet stehen acht der insgesamt vierzehn Achttausender; der Mount Everest, der Kangchendzönga, der Lhotse, der Makalu, der Cho Oyu, der Manaslu, die Annapurna und der Dhaulagiri. Diese nüchternen Reiseführerfakten mögen die Besonderheit Nepals verdeutlichen, doch sie drücken nicht annähernd den Reiz des Landes aus. Der liegt vielmehr im Zusammenwirken der Menschen und der Landschaft, in der Kultur, im friedlichen Miteinander von Hindus, Buddhisten und Muslimen und im einsamen Gebirge. In der Altstadt von Kathmandu leben mehr als 12000 Menschen auf einem Quadratkilometer, das ist mehr als in New York mit seinen Wolkenkratzern. Für die Hauptstadt Nepals bedeutet das auf engstem Raum ein quirliges, buntes Treiben vom frühen Morgen bis zum Sonnenuntergang. Doch schon ein paar Kilometer außerhalb der Stadt wird es still.

Nepal ist die einzige Hindu-Monarchie der Welt. In Nepal werden fast 40 verschiedene Sprachen und Dialekte gesprochen. Gautama Buddha, der Begründer des Buddhismus, wurde 543 v. Chr. in dem kleinen Ort

Erfolgreich bei der zweiten Expedition: am Gipfel des Cho Oyu

Lumbini nahe der indischen Grenze geboren. Es heißt, daß der Buddhismus von Nepal aus seinen Weg in die Welt genommen hat. Buddha sind allein im Kathmandutal fast 11000 Heiligtümer gewidmet. In Bodhnath befindet sich der größte Stupa der Welt. Und noch heute wird der Zeitpunkt einer Hochzeit in Nepal nach dem astrologisch günstigsten Zeitpunkt errechnet. Kinderhochzeiten sind zwar längst verboten, aber dennoch werden in den Bergen Zwölfjährige miteinander verheiratet.

Der Reiz Nepals schien mir schon damals unerschöpflich zu sein. Und jedesmal, wenn ich zurückkehre, empfinde ich das für mich als ein Glücksmoment. Im Frühling 1983 machten wir uns von Namche Bazaar aus auf und zogen im Solo Khumbu Richtung Thame und schließlich das Tal hinauf zum Nangpa-La. Über diesen Paß, so ist es überliefert, kam zu Beginn des 17. Jahrhunderts das Volk der Sherpa von Tibet nach Nepal.

Unsere Besteigung des Cho Oyu entwickelte sich zu einer Hau-ruck-Angelegenheit. Wir nahmen uns gerade ausreichend Zeit zur Akklimatisierung und stiegen dann in nur drei Tagen auf den Gipfel. Am 5. Mai, um die Mittagsstunde, stand ich oben. Zum ersten Mal auf einem Achttausender. Schwer zu beschreiben, was in diesem Moment in mir vorging. Ich war müde, und alles an mir fühlte sich schwer an. Ich war mir

Rückkehr ins Basislager: mit Reinhold Messner nach der Gasherbrum-Überschreitung

nicht sicher, ob ich mir so eine brutale Schinderei noch einmal antun sollte. Doch als ich wieder unten war und die Strapazen vergessen hatte, wuchs eine Begeisterung für das Höhenbergsteigen. Da wußte ich, das würde nicht meine letzte Expedition gewesen sein. Es war mir auf einmal einerlei, daß die Vertreter dieser Form des Alpinismus geringschätzig als Schneestapfer abgetan wurden und ihr Tun, wie mir nun endgültig klar wurde, tatsächlich eine unendliche Quälerei ist, die abertausendmal die Frage nach dem Warum fordert und doch nie eine befriedigende Antwort findet. Es verging von nun an kaum ein Jahr, in dem ich nicht nach Nepal oder Pakistan flog.

1984 gelang Reinhold und mir die bis heute nicht wiederholte erste Überschreitung zweier Achttausender. Wir gingen im Karakorum in einer direkten Linie vom Hidden Peak zum Gasherbrum II, ohne zwischendurch wieder abzusteigen und ohne vorher Depots mit Ausrüstung anzulegen. Wir benötigten acht Tage. Es wurde eine harte Aktion, bei der wir wohl beide das Letzte aus unseren Körpern herausholten und uns neben Können auch eine große Portion Glück das Überleben sicherte.

Schon ein Jahr später erreichten wir am 24. April 1985 über die bis dahin unbestiegene Nordwestwand den Gipfel der Annapurna und nur 19 Tage später den höchsten Punkt des Dhaulagiri über den Nordostgrat. Kein Zweifel, Reinhold Messner verstand es, mit spektakulären Taten Aufsehen zu erregen. Ein Aufsehen, das er längst nicht nur für sich selbst und sein Ego brauchte, sondern auch, um sein nächstes Unternehmen zu finanzieren.

Bereits im Frühjahr 1981 hatte Reinhold zusammen mit dem großen englischen Bergsteiger Doug Scott den Makalu im Winter besteigen wollen. Doch Reinhold reiste damals vorzeitig ab, als in Kathmandu seine Tochter Layla geboren wurde. Im Winter 1985/86 gelang Reinhold und mir die Winterbesteigung des Makalu ebenfalls nicht. Mörderische Stürme zwangen uns zum Rückzug. Zu diesem Zeitpunkt jedoch hatte Reinhold bereits zwölf der vierzehn Achttausender bestiegen. Noch zwei, und er wäre der erste Bergsteiger der Welt, der die imponierende Sammlung komplett im Tourenbuch haben würde. Doch es gab noch andere Anwärter – den Polen Jerzy Kukuczka und die Schweizer Erhard Loretan und Marcel Ruedi. Das Wort vom Wettlauf geisterte durch die Medien. Und so sehr sich Reinhold auch mühte, er konnte sich dem Sog kaum entziehen, in den er da geraten war.

Es mehrten sich in dieser Zeit die Kritiker, die sich nachdrücklich mühten, Reinholds Tun an den Rand des Wahnsinns zu stellen. Denn es sah ganz danach aus, daß er nicht nur der erste sein könnte, der alle vierzehn Achttausender besteigt, sondern die Gipfel auch sämtlich ohne Unterstützung mit künstlichem Sauerstoff erreichen würde. Das Wort von der Todeszone machte weltweit die Runde, und die meisten Menschen konnten nicht begreifen, warum man sich freiwillig dorthin begibt. Die »Eroberung des Sinnlosen« traf in einer Zeit, in der noch nicht jeder Freizeitsportler nach dem ultimativen Kick suchte, auf herzlich wenig Verständnis.

Es kam zu merkwürdigen, fast schon grotesken Situationen. Wenn Reinhold seine Pläne für eine neue Expedition offenlegte, erntete er Kopfschütteln, und hinter vorgehaltener Hand flüsterten die selbsternannten Experten: »Diesmal kommt er nicht wieder zurück.« Aber er kam zurück. Jedesmal. Und dann stürmten sie zu Tausenden seine Vorträge, rissen ihm seine Bücher aus den Händen und stimmten die Jubelarie an – allen voran die Kritiker und jene mit der vorgehaltenen Hand.

In der Szene der Bergsteiger überzeugte Messner unterdessen durch seine geradlinige Konsequenz. Es war die Art, mit der er sich dem Berg näherte, die ihm Respekt in der alpinen Szene einbrachte. Seine Hochachtung vor den Erstbegehern schien nahezu unantastbar, und doch hatte er längst bewiesen, daß es anders geht. Es bedurfte keiner gigantischen Expeditionen und nicht Hunderter von Trägern, nicht kilometerlanger Fixseile und schon gar nicht künstlichen Sauerstoffs, um einen Achttausender zu besteigen. Und es mußten auch keine Sherpa in den Tod geschickt werden, nur um einem Europäer den kühnen Traum von einem hohen Berg zu verwirklichen.

Reinhold Messner wurde zum wagemutigen Vorreiter einer neuen Himalaya-Generation, zum Vorboten einer neuen Zeit. Er suchte nach neuen Wegen an den hohen Bergen und nach neuen Möglichkeiten, sie zu besteigen. Nicht mehr allein der Gipfel zählte, sondern auch und gerade das Erlebnis, das dorthin führte. Das wurde zum wichtigsten gemeinsamen Berührungspunkt zwischen Reinhold und mir. Wir wollten beide hinauf, kein Zweifel, aber das Wie war genauso wichtig. Sicher auch deshalb rief Reinhold 1986 wieder bei mir an, und erneut kostete es mich keine Sekunde Überlegung, ihm zuzusagen. Er hatte sich längst die Freiheit erkämpft, aufzubrechen, wohin er wollte. Und ich war gerade dabei, mir diesen Weg zu ebnen. Wie schon zuvor beim Winterversuch am Cho Oyu kam auch Friedl Mutschlechner, dieser außergewöhnliche Bergsteiger und Gemütsmensch, wieder mit in das Team. Wir wollten binnen zwei Monaten zwei Achttausender, den Makalu und den Lhotse, besteigen. Das hatten Reinhold und ich bereits mit Erfolg bei der Überschreitung von Hidden Peak und Gasherbrum praktiziert. Wir wußten also, daß es möglich war, in einer Saison gleich zwei ganz hohe Berge zu schaffen.

Am 26. September erreichten wir den Gipfel des Makalu. Wir hatten drei Anläufe benötigt, um endlich hinaufzugelangen. Zweimal blieben wir in grundlosen Neuschneemassen stecken und kehrten wieder um. Beim dritten Versuch hatten wir Erfolg. Wir waren sehr gut akklimatisiert und strotzten geradezu vor Kraft. Ausgelassen wie Lausbuben standen wir am höchsten Punkt auf 8481 Meter. Wir schüttelten einander tapsig die Hände, die in dicken Daunenhandschuhen steckten. Wir lachten, fotografierten uns gegenseitig und freuten uns über die außergewöhnliche Freundschaft dreier Männer, deren Leben von den Bergen bestimmt wurde. Mit großer Vorsicht kehrten wir über die lawinenschwangeren Hänge in unser letztes Lager zurück. Dort nahm ich meine Ski, schnallte sie an und fuhr hinunter ins Basislager, das ich gegen

Zeltleben: Lagebesprechung mit Friedl Mutschlechner im Makalu-Basislager

Kameramann: Wolfi Thomaseth

Abend erreichte. Für mich hatte das Achttausender-Bergsteigen damit eine neue Note bekommen. Die Kombination mit Ski wurde meine große Herausforderung.

Vom Gipfel des Makalu aus hatten wir hinübergeschaut zum Everest und zum Lhotse. Reinhold fehlte jetzt nur noch einer der großen Vierzehn. Die Genehmigung der nepalesischen Regierung für den Lhotse steckte in seinem Rucksack. Aber wir hatten durch die drei aufreibenden Versuche am Makalu viel Substanz verloren. Unsere Muskeln fühlten sich an wie Gummi, und auf den abgemagerten Rippen hätten wir Klavier spielen können. Wir mußten uns erholen. Unbedingt. Dabei waren wir alle begeistert von Reinholds ursprünglichem Plan, vom Basislager des Makalu direkt hinüber in das Basislager des Lhotse zu wandern. So wäre es eine absolut saubere Sache geworden. Doch dazu hätten wir zwei fast sechstausend Meter hohe Pässe überwinden müssen. Außerdem wurde das Wetter immer unbeständiger. Wir beratschlagten eine Stunde lang und beschlossen dann, ins Tal abzusteigen. Von einem kleinen Dorf am Arun-Fluß aus flogen wir mit dem Hubschrauber hinauf nach Lukla und stiegen von dort aus rasch ins Basislager auf. Dadurch sparten wir einerseits Zeit und konnten uns andererseits die dringend notwendige Erholung gönnen.

Reinholds innere Anspannung war deutlich spürbar. Er stand unmittelbar vor einem grandiosen Triumph. Dieser eine Gipfel noch, und schon würde die Nachricht, daß er als erster alle Achttausender bestiegen hatte, binnen weniger Stunden um die ganze Welt gehen. Wir waren

*Im Wind: tibetische Gebetsfahnen im Basislager
unter der Makalu-Westwand*

an eine große internationale Expedition angehängt. An den Flanken von Everest und Lhotse herrschte reger Verkehr, als wir ankamen. Denn auch Belgier, Kanadier, Franzosen, Argentinier und Schweizer werkelten dort bereits seit Wochen. An den Gipfeln von Lhotse und Everest wüteten bereits die Herbststürme als untrügliche Vorboten des nahenden Winters. Sie bildeten in der Höhe Schneefahnen von wenigstens einem Kilometer Länge. Wir warteten ab und hofften auf eine Beruhigung der Lage. Friedl Mutschlechner klagte in diesen Tagen verstärkt über Zahnschmerzen. Als sich der Wind ein wenig zu legen schien, begannen wir den Aufstieg. Wolfi Thomaseth, unser Kameramann aus der Nähe von Bozen, begleitete uns.

Wir kamen gut voran. Auch sicherlich deshalb, weil wir vereinbart hatten, daß wir einen Teil der Ausrüstung der Schweizer mitbenutzen durften. In unserem Lager I auf 6200 Meter tat Friedl die ganze Nacht kein Auge zu. Seine Zahnschmerzen wurden unerträglich, und er stieg schließlich zerknirscht ins Basislager ab. Nur noch zu dritt gelangten wir ins Lager II auf 7100 Meter. Dort blieb Wolfi zurück, um den weiteren Weg vom Zelt aus zu filmen. In der Nacht kam wieder ein brutaler

*Majestätisch: der Mount Everest links, davor
der Nuptse und rechts Lhotse und Lhotse Shar*

Sturm auf, und der besorgte tags darauf für Reinhold und mich den Rest. Die ungeheure Wucht der Natur trug uns förmlich zum Gipfel hinauf. Im oberen Teil der Lhotse-Rinne packte uns der Wind von hinten und schob uns wie ein fauchender Drache vor sich her. Wir mußten kaum mehr tun, als einfach einen Fuß vor den anderen zu setzen. Manchmal hatte ich das Gefühl, ich würde fliegen oder in einem Skilift sitzen. Abwechselnd stieg jeder von uns immer ein Stück voraus. Es ging wie von selbst. Wenn wir uns verständigen wollten, mußten wir uns allerdings anbrüllen. Der Sturm heulte und toste, daß einem angst und bange werden konnte.

Um die linke der beiden Gipfelpyramiden zu besteigen, mußten wir aus der Rinne heraus. Dort hatten wir uns bis dahin einigermaßen sicher gefühlt, weil uns der Sturm nicht wirklich etwas anhaben konnte. Doch nun klebten wir wie zwei Ameisen, frei und völlig ungeschützt, am Grat des Berges, und der Wind erwischte uns mit voller Wucht. Ich war nun nicht mehr unbedingt von der Richtigkeit unseres Tuns überzeugt. Reinhold sagte längst kein Wort mehr. Wir schauten uns an. Sein Blick wirkte besorgt. Ich deutete fragend mit dem Kopf Richtung Gipfel.

Reinhold hob die Schultern. Dann nickte er zum Zeichen der Zustimmung. Und so krochen wir, überwiegend auf allen vieren, wie zwei Gestrandete bis ganz hinauf.

Es war der 16. Oktober 1986, und um uns herum bliesen die Fanfaren des Windes ein gewaltiges Konzert. Gerade zwanzig Tage waren seit unserer Besteigung des Makalu vergangen, und nun standen wir auf dem Lhotse. Reinhold hatte es tatsächlich geschafft. Schon ein paar Stunden später ging die Neuigkeit um. Wie ein Lauffeuer wurde sie von Dorf zu Dorf getragen, denn auch in Nepal war Reinhold längst ein bekannter Mann.

Schließlich verbreiteten die Nachrichtenagenturen die Meldung, daß der Südtiroler Extrembergsteiger Reinhold Messner als erster Mensch alle vierzehn Achttausender bestiegen hatte.

Was hinter dieser Nachricht jedoch wirklich steckte, konnten nur einige wenige wirklich beurteilen. Es blieb einem engen Kreis vorbehalten, richtig einzuordnen, daß Reinhold nie künstlichen Sauerstoff benutzt hatte, um sich damit den Berg kleiner zu machen. Daß er schon bei der ersten Expedition seinen Bruder Günther verloren hatte. Daß er den Nanga Parbat, den Hidden Peak, den Gasherbrum II und den Everest jeweils zweimal bestiegen hatte. Daß er 26 zum Teil sehr riskante Expeditionen unternehmen, finanzieren und organisieren mußte, ehe er auch diesen 16. Oktober 1986 überlebte. An diesem Tag konnte ich auf dem Gipfel des Lhotse fast keine Gefühlsregung in Reinholds Gesicht ausmachen. Ein kurzes Lächeln huschte über sein Gesicht, mehr nicht.

Irgendwann schrie er in den heulenden Sturm: »Nichts wie weg hier.« Da war mir klar, daß er nicht mehr zu den Achttausendern zurückkehren würde, um sie selbst zu besteigen. Ich würde künftig auf mich allein gestellt sein, wenn ich weitermachen wollte. In dieser Sekunde, als Reinholds Stimme mein Ohr erreichte, nabelte ich mich endgültig von ihm ab. Ich spürte, wie etwas in mir zu Ende ging. Ein Abschnitt meines Lebens, ein Stück gemeinsamer Weg. Es schmerzte ein wenig. Denn ich verlor einen außergewöhnlichen Partner.

Kapitel V
Bergsüchtig – *Zwischen Cerro Torre und Lhotse-Südwand*

Wir kehrten gesund und bester Dinge vom Lhotse zurück. Reinhold hastete von einem Fernsehauftritt zum nächsten Interview. Die Medien feierten ihn als einen der größten Alpinisten des Jahrhunderts. Er hatte nicht nur nahezu alle großen Wände der Alpen durchstiegen, er hatte überdies seine Außergewöhnlichkeit auch an den vierzehn höchsten Bergen der Erde nachdrücklich unter Beweis gestellt. Doch Reinhold war noch lange nicht am Ende. Er fiel eben nicht in ein großes schwarzes Loch, wie viele mutmaßten. Es fehlte ihm nicht an Motivation und Ehrgeiz, im Gegenteil, er sprühte Funken und schmiedete Plan um Plan.

Er schrieb wieder ein Buch, füllte bei seinen Diavorträgen riesige Säle und äußerte sich immer kritischer. Damit machte er sich allerdings nicht nur Freunde. Seine Haltung bei öffentlichen Auftritten wurde immer starrer und er selbst regelrecht aggressiv, wenn er auf Widerstände stieß. Längst wurde offen die Frage diskutiert, ob Reinholds unnachgiebiger Kampf um den Erhalt der Natur und die Ruhe in den Gebirgen der Welt überhaupt mit dem eigenen Tun und mit seiner Einstellung zur kommerziellen Vermarktung seines Handelns vereinbar sei.

Es besteht sicher kein Zweifel daran, daß gerade wir Profibergsteiger durch die Publikation unserer Expeditionen in Wort und Bild bei vielen Menschen Sehnsüchte wecken. Ist erst einmal eine neue Kletterroute eröffnet oder ein Berg bestiegen, lockt dies in einem Prozeß des Selbstlaufs Wiederholer an. Auch andere wollen sich dann am scheinbar Unmöglichen versuchen. Und wenn erst einmal Interesse geschürt ist, wird es schwer, wenn nicht gänzlich unmöglich, Nachahmer zurückzuhalten.

Vor diesem Hintergrund bekamen auch die Himalaya-Berge ihren Tourismus. Durch die Beschreibung der beeindruckenden Naturschönheiten und der Kultur, garniert mit Film- und Bildmaterial, wurden die Reiseveranstalter geradezu provoziert, auch diese entlegenen Plätze in ihre Kataloge aufzunehmen. Sir Edmund Hillary hat bei seiner Erstbesteigung des Mount Everest sicherlich nicht im Ansatz geahnt, wieviele abenteuerbesessene Nachahmer er anziehen würde und in wievielen Menschen der Wunsch aufkeimen würde, den höchsten Berg der Erde aus der Nähe sehen zu wollen.

Seitdem reisen Jahr für Jahr Abertausende nach Nepal, begeben sich auf Trekkingtouren oder Expeditionen und hinterlassen rücksichtslos ihren Zivilisationsmüll in einer Gegend, die keinerlei Entsorgung kennt und die, wenn es so weitergeht, in spätestens zehn Jahren vor einer ökologischen Katastrophe steht. Auf den großen Trekkingpfaden sind die Spuren des Tourismus inzwischen mehr als deutlich erkennbar, und der Südsattel des Everest ist längst zur höchstgelegenen Müllkippe der Welt verkommen.

Wir alle, die wir unser Geld unter anderem auch damit verdienen, daß wir von unseren Abenteuern erzählen, unsere Erlebnisse niederschreiben und beeindruckende Fotos herzeigen, tragen ohne Zweifel ein gerüttelt Maß Schuld an dieser Entwicklung. Denn wir bereiten die Wege, die andere dann beschreiten. Wer einen Steig begehbar macht, wer eine neue Kletterroute bekanntmacht oder wer auf einen Achttausender steigt, muß damit rechnen, daß andere ihm nachfolgen wollen. Etwas anderes zu hoffen ist Augenwischerei. Den rücksichtsvollen Umgang mit der Natur anzumahnen ist eine Sache. Sich aber hinzustellen und mit dem Anspruch, »es genügt, wenn ich auf dem Everest gewesen bin«, andere Bergsteiger fernhalten zu wollen, ist der falsche Ansatz.

Bereits Januar 1984, nach der Gasherbrum-Überschreitung, war ich mit Reinhold nach Südamerika in die Anden geflogen. Immer wieder hatten wir von Patagonien und vom Land der Winde gehört. Zwischen all den Expeditionen in den Himalaya-Bergen wollten wir auch noch etwas anderes, Neues kennenlernen. Die Klettersaison in Patagonien fällt in eine Jahreszeit, in der man in Nepal, Tibet und Pakistan wegen der starken Winterstürme nur sehr schwer Expedition durchführen kann. Daß wir das eine tun konnten und das andere nicht lassen mußten, war der glücklichen Fügung der Natur und den modernen schnellen Reisemöglichkeiten zu verdanken.

Wir wußten sehr wohl um die wilden Höhenstürme und das anhaltend schlechte Wetter in den Anden, die nur an ganz wenigen Tagen eine erfolgreiche Besteigung eines Berges möglich machen. Die Gipfel in Patagonien überschreiten zwar nur knapp die 3000-Meter-Grenze, und doch gehören sie aufgrund der extremen Witterungsbedingungen zu den schwierigsten Bergen der Welt. Die Wände sind bis zu 2000 Meter hoch, und die Gletscher reichen bis knapp auf Meereshöhe. Die Gipfel sind oft mehr als 300 Tage im Jahr von Wolken eingehüllt. Ganz selten gibt es einmal drei zusammenhängend schöne Tage. Doch genau dort wollten wir unbedingt hin.

Der Fiz Roy ist sicher nicht der schwierigste, aber der höchste Berg in Patagonien. Wir wollten schauen, ob wir dort hinaufkämen. Wir fühlten uns sicher, denn nach all den Erlebnissen an den Achttausendern, nach sturmumtosten Biwaknächten, gefährlichen Rückzügen und erfolgreichen Besteigungen glaubten wir uns den Verhältnissen in Patagonien allemal gewachsen. Doch statt eines Gipfels bekamen wir eine südamerikanische Lehrstunde. Wir wollten die klassische »Amerikaner-Route« klettern, eine schöne, direkte Linie auf den Fiz Roy. Aber wir mußten schnell erkennen, daß unsere Ausrüstung nicht optimal gewählt war. Zu sehr waren wir gedanklich noch immer in den Himalaya-Bergen. Dort ist vor allem Bekleidung gegen Sturm und Kälte nötig. In Patagonien klettert man hingegen mit leichten Sachen, die Schutz gegen Nässe und Wind bieten.

Wir waren viel zu plump ausgerüstet. Unsere bockigen Plastikstiefel erwiesen sich als gänzlich ungeeignet für das filigrane, feinstrukturierte Gelände. Unser Material war zu schwer, das Wetter zu launisch. Wir machten taktische Fehler, daß uns selbst die Haare zu Berge standen, und wir erreichten den Gipfel des Fiz Roy nicht. Unser erster Versuch, den Bergen Südamerikas näherzukommen, war voll in die Hose gegangen. Und doch blieb mir eine sehr schöne Expedition in Erinnerung. Reinhold und ich sammelten ganz neue, ganz andere Erfahrungen. Wir lernten, daß man in Patagonien wie in den Alpen unterwegs sein kann, aber mit Stürmen wie im Himalaya rechnen muß. Mich faszinierten vor allem die üppige Flora und Fauna in diesem vom Wind zerfressenen Land. Das habe ich kaum irgendwo anders intensiver erlebt. Aber ich vermißte die Kultur von Nepal und Tibet. Mir fehlten das Ruhige, Besonnene und die bescheidene Fröhlichkeit der Menschen dort. Südamerika kam mir vergleichsweise hektisch vor.

Und dennoch flog ich 1988, vier Jahre nach unserem Reinfall am Fiz Roy, wieder nach Patagonien. Mit mir hatte der Münchner Spitzenkletterer Wolfi Müller seinen Rucksack gepackt. Unser Ziel war der Cerro

Torre, der oft als der schwierigste Berg der Welt bezeichnet wird. Doch diese Einstufung stammt wohl von Bergsteigern, die nie in den ganz großen Höhen unterwegs gewesen sind. Ich halte den K 2 für einen viel härteren Brocken.

Mit Wolfi wanderte ich zum Fuß des Cerro Torre. Wie ein riesiger Obelisk wächst dieser Spitz aus dem Boden. Mit seinen gelben Wänden und messerscharfen Graten gehört der Cerro Torre zu den schönsten Massiven der Erde. Er steht auf einer Stufe mit dem Matterhorn in der Schweiz, dem K 2 im Karakorum, der Ama Dablam im Everest-Gebiet und dem Machapuchare in der Annapurna-Region. Tagelang saßen wir am Fuß des Cerro Torre und warteten. Wir hockten im Zelt, wenn es in Strömen goß, und beobachteten das Spiel der tiefhängenden Wolken. Es war unmöglich, sich darauf einen Reim zu machen; das Wetter war praktisch nicht kalkulierbar, man konnte nicht von einem auf den anderen Tag schließen. Während dieser nervtötenden Warterei beschäftigten wir uns intensiv mit dem Berg. Immer wieder studierten wir die einschlägige Literatur, und stets aufs neue faszinierte mich die Geschichte der ersten Begehung. Lange galt dieser Berg als unbesteigbar. Zu abweisend, zu steil, zu weit überhängend, zu sehr dem Sturm ausgesetzt, einfach als viel zu gefährlich wurden die Probleme eingestuft.

Bis 1959 Toni Egger und Cesare Maestri nach Patagonien kamen. Egger stammte aus Osttirol und hatte sich als Eisspezialist ersten Ranges einen Namen gemacht. Maestri war gebürtiger Italiener und ein Felsakrobat, der nicht nur extreme Schwierigkeiten klettern konnte, sondern auch äußerst risikobereit war. Die beiden studierten lange die Nordwand des Cerro Torre und stiegen schließlich am 30. Januar ein. Beim Abstieg wurde Toni Egger von einer Eislawine gepackt und in die Tiefe gerissen. Er war sofort tot. Maestri kehrte mit der Gipfelmeldung allein zurück. Aber seine Erzählung, er sei mit Toni Egger bis auf die Spitze vorgedrungen, wurde sofort angezweifelt. Und Maestri hatte keinen Beweis, um den Erfolg zu belegen, denn die beiden hatten kein Gipfelfoto gemacht.

Sämtliche Wiederholungsversuche anderer Kletterer auf dieser Route scheiterten hoffnungslos. Der Cerro Torre und die Nordwand erhielten wieder das Prädikat »unbesteigbar«. Maestri beteuerte zwar immer wieder verzweifelt die Richtigkeit seiner Angaben, allein es hörte ihm niemand mehr zu. Alle Welt war felsenfest davon überzeugt, daß der Italiener die Unwahrheit sagte.

Elf Jahre später kehrte Maestri, immer noch voller Enttäuschung und Wut über so viel geballtes Mißtrauen, zum Cerro Torre zurück. Nun wählte er eine andere Route und stieg in die Südostwand ein. Er hatte eine schwere Bohrmaschine mitgebracht. Um sie betreiben zu können, wuchtete Maestri auch noch einen Kompressor die Wand hoch. Fünfundvierzig Tage lang arbeitete er sich die schwere Route hinauf und gelangte so auf den Gipfel. Beim Rückzug schlug er in der letzten Seillänge auf 30 Meter mit dem Hammer sämtlichen Bohrhaken den Kopf ab. Diesmal wollte er nicht den geringsten Zweifel aufkommen lassen. Wiederholer würden schon sehen, wie weit er gekommen war. Doch ohne die kleinen Haken war die Gipfelwand, eine fast spiegelglatte Platte mit einem winzigen Riß, wieder ohne Absicherung. Damit wollte Maestri beweisen, daß es keine andere Besteigungsmöglichkeit gab, als diesem Berg mit einem Bohrer zu Leibe zu rücken. Den Kompressor ließ er dreißig Meter unter dem Gipfeleispilz hängen – als zorniges Symbol dafür, daß er oben war. Das vierzig Kilogramm schwere Gerät hängt noch heute dort.

Die Route, die Maestri mit Egger begangen haben wollte, wurde indes nie mehr geklettert. Und es dauerte auch, ehe Maestris Solo in der Südostwand wiederholt wurde. Es mußte schon der US-Amerikaner Jim Bridwell antreten, um das Problem ein zweites Mal zu knacken. Bridwell, ein wahrer Künstler und Akrobat im Fels, stieg ebenfalls allein ein, schaffte die zweite Begehung aber nur, weil er sämtliche Tricks des erfahrenen Yosemite-Kletterers auspackte. Cesare Maestri hat den Cerro Torre mit seiner Bohrmaschine vergewaltigt. Der Stil gefällt mir nicht, und der Sinn seiner Aktion ist nur schwer nachvollziehbar. Was mich an diesem Mann jedoch wirklich beeindruckt, ist die Willensstärke, mit der er zu diesem Berg zurückkehrte und ihn doch noch oder vielleicht gar ein zweites Mal bestieg.

Diese Maestri-Route, einst geringschätzig als »Bohrhaken-Orgie« abgetan, war auch das Ziel von Wolfi Müller und mir. Mit unseren Büchern und Routenkopien saßen wir inmitten eines dichten Laubwaldes in dem Camp, das Maestris Namen trägt. Wir saßen im Regen, starrten in die Wand und versuchten während der kurzen Unterbrechungen unsere Klamotten zu trocknen. Wir taten tagelang praktisch nichts und mußten dennoch stets startbereit sein. Unsere Rucksäcke standen immer fertig gepackt im Vorzelt. Doch die Barometernadel flatterte fast wie ein Blatt

im Wind. Sie zeigte Hoch und Tief, kündigte Besserung an, um sofort wieder in den Keller abzusacken.

Wir starteten ein paar Mal, kehrten aber schon wenige Stunden später wieder völlig durchnäßt in die Zelte zurück. Dies alles war eine eigenartige Situation. Wir standen ständig wie unter Strom und mußten diese Hochspannung auch dauernd erhalten, damit Motivation und Leistungsbereitschaft nur ja nicht abfielen. Wenn wir nur einmal zögerten und eine gute Witterungsphase nicht sofort ausnutzten, würden wir vielleicht die einzige Chance vertun und am folgenden Tag garantiert in die nächste Schlechtwetterfront rennen.

Als wir nach einigen dieser zermürbenden Fehlstarts wieder einmal in der Dunkelheit aufbrachen, hatten wir nur noch geringe Hoffnung, dem Gipfel tatsächlich nahezukommen. Schon nach kurzer Zeit tanzten im Schein unserer Stirnlampen erste leichte Schneeflocken. Aber wir kletterten. Und wir wollten es weiter tun, bis wirklich nichts mehr ging. Am Cerro Torre ist wegen der Witterungskapriolen wie an kaum einem anderen Berg der Erde eine enorme Geschwindigkeit gefordert. Es kann durchaus vorkommen, daß es einmal zwei Tage zusammenhängend schön ist, drei solcher Tage grenzen fast schon an ein patagonisches Wunder. Ein guter Tag ist eher die Regel. Wir eilten also in einem Höllentempo Meter um Meter hinauf und mußten doch sehr konzentriert sein. Es gelang uns kaum, die herrlichen Granitplatten und die Eleganz der gewagten Kletterei zu genießen. Wir liefen eigentlich nur mit der nächsten Schlechtwetterfront um die Wette.

Als um uns herum der Morgen graute, standen wir im Nebel. Diese Waschküche ermöglichte uns kaum einmal einen Blick nach oben. Mir fiel die Aufgabe zu, die vereisten Wandteile mit Steigeisen zu klettern, Wolfi hingegen löste die schwierigen Felsprobleme. An den Standplätzen lauschten wir gespannt, ob Sturm aufkäme, denn orkanartige Böen haben am Cerro Torre schon einige Seilschaften in die Katastrophe getrieben. Und wenn der Wind mit Macht in die Wand bläst, wird auch das Abseilen beim Rückzug fast unmöglich. Dann hilft es oft nur, in den Biwaksack zu steigen und eine Beruhigung der Lage abzuwarten. Noch nie zuvor hatte ich mich bei einer schweren Kletterei so sehr beeilt wie damals am Cerro Torre.

Formgewaltig: die eindrucksvolle Felsnadel des Cerro Torre

Alles geboten: Am Cerro Torre ist am mauerglatten Fels und in den schwierigen Eispassagen kombiniertes Können gefragt.

Über uns baute sich eindrucksvoll die Gipfelwand, ein 150 Meter hoher Granitschild, auf. Wir konnten bereits Maestris Bohrhaken-Reihe sehen. Es war um die Mittagszeit, als Wolfi und ich zum ersten Mal wirklich an unsere Chance glaubten, den Gipfel zu erreichen. Wir kletterten, was die Arme, Waden und Oberschenkel noch hergaben, und zwei Stunden später saßen wir auf der Spitze. Am Gipfeleispilz war ein kleines Glöckchen befestigt, das Symbol der norditalienischen Stadt Bergamo. Der Alpinist Maurizio Giordani hatte es drei Wochen zuvor dort aufgehängt, als er mit seiner Freundin Rosanna Manfrini die Spitze des Cerro Torre erreichte.

Wir fanden auch einen Wimpel der Catores. Das ist die Klettergilde aus Gröden in Südtirol. Ein Karabiner und ein Felshaken machen ihr Emblem unverkennbar. Diesen Wimpel hatten Stefan Stuflesser und Carlo Großrubatscher dort oben gelassen. Ich ahnte damals noch nicht, daß Carlo Großrubatscher mich drei Jahre später zum Manaslu begleiten und dort in eine Katastrophe geraten sollte. Wir ließen als Beweis der Besteigung eine unserer Eisschrauben zurück und nahmen dafür den Catores-Wimpel mit. Dann begaben wir uns auf die schier endlos schei-

Luftig: messerscharfe Gratquerung im Mittelteil des Cerro Torre und steile Abseilstelle im Abstieg

nende Abseilfahrt durch Eisrinnen, über steile Wände und mauerglatte Platten. Dicke, schwere Schneeflocken fielen vom Himmel. Die Seile vereisten und wurden durch die Nässe immer schwerer. Das Wetter hatte nicht einmal einen ganzen Tag lang gehalten. Siebzehn Stunden nach unserem Aufbruch kehrten wir, naß bis auf die Knochen, zum Lagerplatz zurück. Von den Zacken meiner Steigeisen, die ich während der ganzen Kletterei auch im eisenharten Granit nicht abgenommen hatte, waren nur noch kleine, stumpfe Stummel übrig geblieben. Ich kroch in den Schlafsack und fiel augenblicklich in einen tiefen, traumlosen Schlaf. Als ich wieder wach wurde, prasselte der Regen auf mein Zelt.

Patagonien übte eine gewisse Faszination auf mich aus. Es waren wohl vor allem die bizarren Felsformationen, die lotrechten Türme und Zacken, die mich dort anzogen. Zu ihren Gunsten hatte ich sogar zwei Jahre auf die Himalaya-Berge verzichtet. Ein drittes Jahr wollte ich das nicht. Südamerika jedoch ganz aufgeben mochte ich auch nicht. Der gescheiterte Versuch mit Reinhold Messner am Fiz Roy wurmte mich. Ich mußte es einfach noch einmal probieren. Und so stieg ich im Januar

Patagonische Klassiker: die Spitzen von Fiz Roy und Aguja Poincenot

1989 mit Wolfi Müller, Hans-Peter Eisendle und dem Sterzinger Bergführer Oswald Santin ins Flugzeug und flog erneut nach Patagonien. Wir wollten dem Fiz Roy über die Casarotto-Pfeiler zu Leibe rücken. Mit dem Ergebnis, daß wir es wieder nicht schafften. So sehr wir uns auch mühten. Nach einigen mißglückten Versuchen schwanden zusehends die Kräfte, und der Heimreisetermin rückte stetig näher. So nutzten wir schließlich eine klitzekleine Chance, die das Wetter uns bot, und stiegen auf den etwas über 3000 Meter hohen Aguja Poincenot. Der erwies sich als nicht allzu schwer, und wir erwischten vor allem einen wunderbaren Tag. Da sah ich Patagonien zum ersten Mal von oben, denn für ein paar Stunden gaben die Wolken sämtliche umliegenden Gipfel frei. Lange genug hatte es gedauert. Der Anblick dieser feingliedrigen Bauwerke der Natur war überwältigend. Und doch spürte ich in diesem Moment deutlicher noch als in den vergangenen Monaten meine Sehnsucht nach den Achttausendern. Ich wollte, ich mußte endlich dorthin zurück.

Reinhold Messner hatte sich vom großen Höhenbergsteigen im Prinzip verabschiedet. Er hatte seiner Mutter daheim in Villnöß versprochen, keinen Achttausender mehr zu besteigen. Er hatte seinen Bruder Günther am Nanga Parbat verloren. Sein Bruder Siegfried war an den Vajolett-Türmen im Rosengarten tödlich abgestürzt. Reinhold war sich der Gefahr bewußt, in die er sich immer wieder begeben hatte, aber er konnte anderen, ganz besonders seiner Mutter, nicht schlüssig vermitteln, warum er das tat. Reinhold hatte dieses Versprechen gegeben, und er hielt sich daran. Doch das war freilich nicht verbunden mit dem Ende seiner Abenteuerlust.

Mein weiterer Weg war ungewiß. Die Ausflüge nach Südamerika hatten zwar meinen Horizont erweitert und erwiesen sich als wesentliche Bereicherung. Aber ich kam mir vor, als würde ich in einer trüben Suppe schwimmen. Ich war Bergführer und Skilehrer, Expeditionsbergsteiger und von einer unbändigen Lust besessen, etwas Eigenes auf die Beine zu stellen. Aber ich fand zu dieser Zeit den Weg nicht, der mich einem Ziel, das ich nicht einmal genau definieren konnte, einen wirklich entscheidenden Schritt näher gebracht hätte. Durch meinen Kopf geisterten die verschiedensten Überlegungen. Ich könnte versuchen, in den Alpen ein paar ganz spektakuläre Sachen zu machen. Ich könnte aber auch im Himalaya einen anderen Weg einschlagen, indem ich mich verstärkt auf neue Routen begab. Ich könnte ebenfalls versuchen, alle vierzehn Achttausender zu besteigen. Oder ich könnte an den hohen Bergen die Ski konsequent zum Einsatz bringen. Ich schwankte wie ein Grashalm im Wind.

Im Frühjahr 1975 hatte eine sehr starke italienische Expedition, die von Riccardo Cassin geleitet wurde und der auch Reinhold Messner angehörte, versucht, einen Durchstieg in der Südwand des Lhotse zu finden. Das Unternehmen scheiterte tausend Meter unter dem Gipfel. Danach wurde diese mächtige Wand immer wieder probiert, und sie galt als eines der letzten großen Probleme im Himalaya. Das war auch noch so, als Reinhold 1989 eine neue Expedition auf die Beine stellte. Reinhold wollte unbedingt zurück zum Lhotse und zur Südwand. Aber er wollte nicht mehr selbst aufsteigen. Er finanzierte die Expedition und stellte sein unschätzbares Know-how zur Verfügung. Er lud Top-Bergsteiger aus halb Europa ein: Krzysztof Wielicki und Artur Hajzer aus Polen, die Franzosen Christophe Profit, Michel Arizzi, Bruno Cormier und Sylviane Travernier (die einzige Frau im Team), den Spanier Enric Lucas und den Südtiroler Roland Losso. Und Reinhold holte auch mich.

Er war der Meinung, die Probleme in dieser äußerst schwierigen und 3500 Meter hohen Wand könnten nur in einer gemeinsamen Anstrengung gelöst werden. Er wollte die europäischen Kräfte bündeln und dieser Wand endlich einen Stempel aufdrücken. Reinhold setzte auf den Ehrgeiz eines jeden einzelnen und glaubte, er könne die Fäden so spinnen, daß im entscheidenden Moment die gemeinsame Leistung in einen gemeinsamen Erfolg mündete. Er ahnte nicht, daß dies alles einem Turmbau zu Babel gleichkommen sollte.

Statt gemeinsam am Berg zu arbeiten, belauerten und kontrollierten sich die Mitglieder der Expedition mit jedem Tag mehr. Keiner wollte sich bei den Vorarbeiten in der Wand zu sehr verausgaben, denn jeder hoffte, daß er zum Gipfelgang ausgewählt würde, und dort hätten dann nur die Stärksten mit den größten Reserven eine wirkliche Chance. Reinhold gab jedem die Freiheit, am Berg so zu agieren, wie er es für richtig hielt. Vielleicht auch deshalb kam dieses Unternehmen nie wirklich auf Touren. Es gab zu viele verschiedene Charaktere, während die Sprachprobleme ein übriges taten.

Unser Hochlager stand in 7200 Meter Höhe. Soweit immerhin waren wir schon hinaufgelangt. Aber die Großwetterlage, die uns vier Wochen lang alle Möglichkeiten eingeräumt hatte, wurde zusehends instabil. Neben mir im Hochlagerzelt lag Christophe Profit, der unwiderstehliche Franzose. Er atmete ruhig und gleichmäßig, schlief aber nicht wirklich. Er döste nur vor sich hin und suchte wie ich nach innerer Ruhe. Christophe eilte der Ruf eines wirklich außergewöhnlichen Bergsteigers voraus. Innerhalb von nur 24 Stunden bestieg er die drei klassischen Nordwände des Eiger, des Matterhorns und den Walkerpfeiler an den Grandes Jorasses. Diese imponierende und im europäischen Alpinismus herausragende Leistung ist nie wiederholt worden.

Wir hatten ein kleines Biwakzelt am Fuß einer fast senkrechten Felswand aufgebaut. Am nächsten Tag, so war es mit Reinhold besprochen, sollten wir weiter hinaufsteigen und bei guten Verhältnissen versuchen, den Gipfel zu erreichen. Wir fühlten uns gut. Die Lhotse-Südwand hatte uns bis dahin keine wirklich großen oder ernsthaften Probleme bereitet. Dieser Platz unter der Wand sollte uns nun in der Nacht einen guten Schutz gegen Lawinen und Steinschlag bieten. Dachten wir, hofften wir.

Um 21 Uhr begann es zu schneien, und es wurde immer heftiger. Nach nur dreißig Minuten lag schon fast ein halber Meter Schnee. Keine

Stunde später schossen Staublawinen rechts und links an uns vorbei. Wir spürten im Zelt die Vibrationen und den Luftzug so deutlich, als würde draußen eine Eisenbahn vorbeifahren. Gegen 23 Uhr wurde uns das Ganze zu gefährlich. Immer häufiger kamen ganze Lastwagenladungen Schnee von oben herunter. Würde eine davon unser Zelt auch nur streifen, wären wir verloren. Verschüttet unter meterhohen Schneemassen, ohne Chance, uns dort wieder herauszuwühlen. Wahrscheinlicher noch wäre, daß uns eine Lawine einfach aus der Wand katapultieren würde – wie eine Streichholzschachtel. Fluchtartig verließen wir das Zelt und flohen in die Randspalte des nahen Gletschers. Hier fanden wir Schutz.

Gegen Mitternacht ließ der Schneefall allmählich nach und hörte schließlich ganz auf. Die Wand begann sich wieder zu beruhigen. Als keine Lawinen mehr abgingen, krochen Christophe und ich aus der Spalte heraus und wieder zurück in unser Zelt. Wir wühlten uns in die wärmenden Schlafsäcke und lauschten immer noch ängstlich in die Nacht. Wir waren gerade zehn Minuten zurück, und unsere durchgefrorenen Körper begannen sich langsam wieder zu erholen, als etwas auf unser Zeltdach prasselte. Es hörte sich in den ersten Sekunden an wie Hagelkörner. Wir fuhren erschrocken hoch und hielten instinktiv die Arme über die Köpfe. Im selben Augenblick schlugen drei Felsbrocken, so groß wie Handbälle, durch das Dach. Mühelos wie ein Rasiermesser hatten sie den Stoff durchtrennt. Zwei dieser Steine gingen genau dort nieder, wo Sekunden zuvor noch unsere Oberkörper gelegen hatten. Der dritte schlug zwischen uns ein. Er traf den Kochtopf mit einer solchen Wucht, daß er ihn mitsamt dem Kocher im Zeltboden versenkte.

Wir taten beide in dieser Nacht kein Auge mehr zu. Um Haaresbreite waren wir dem Tod entronnen. Wir hatten ein derart unglaubliches Glück gehabt, das wir nichts weiter herausfordern wollten. Immer noch völlig schockiert, begannen wir im Morgengrauen den Rückzug. Als wir ins Basislager zurückkehrten, begann es wieder zu schneien. Und es schneite noch tagelang. Beim Abstieg hatte ich mir den Fuß verdreht und konnte nun kaum noch gehen. Die Lhotse-Südwand war indes noch immer unbestiegen. Schließlich packten wir unsere Siebensachen zusammen, das europäische Unternehmen wurde beendet. Wir kehrten verzagt nach Kathmandu zurück und flogen nach Europa. Jeder ging wieder seiner Wege, und das war gut so.

Ein Jahr später verunglückte fast an der gleichen Stelle, an der Christophe Profit und mich nur um Haaresbreite der Steinschlag verfehlt hatte, der polnische Bergsteiger Jerzy Kukuczka, der wenige Stunden zuvor seinen vierzehnten Achttausender bestiegen hatte, durch den Riß eines Fixseiles tödlich.

In der Lhotse-Südwand hatte ich wieder etwas dazugelernt: Es war einfach nicht möglich, sämtliche Risiken, mit denen ein Achttausender aufwarten kann, zu kalkulieren. Doch das Leben selbst war und ist ja nicht anders. Der vermeintlich sicherste Fleck auf der Erde kann zur tödlichen Falle werden, wenn die äußeren Umstände es so wollen. Nie und nimmer hätten wir gedacht, daß uns an diesem Biwakplatz ein Steinschlag treffen könnte. Die Fassungslosigkeit, mit der wir nach dem Einschlag minutenlang wie gelähmt im Zelt gesessen hatten, war der schlagende Beweis dafür: Sicherheit war nur zu einem gewissen Maß selbst zu schaffen, der Rest blieb der Natur überlassen.

Ob man in den Himalaya-Bergen Anfänger, fortgeschritten oder erfahren ist, hat nur bedingten Einfluß darauf, wie ein Unternehmen endet. Die Achttausender sind nicht berechenbar wie Verkehr an einer ampelgeregelten Kreuzung. Es gibt keine Pläne für Wetterstürze und keine Zeitangaben für Lawinenabgänge. Der Erfahrene wird mit geschultem Blick einen lawinenschwangeren Hang zweifellos besser einschätzen können als ein Neuling. Doch den Beweis für die Richtigkeit dieser Einschätzung bekommt der Bergsteiger erst, wenn er sich nach dem Abwägen tatsächlich in das stets verbleibende Restrisiko hineinwagt. Doch auch dies macht das Abenteuer aus.

Kapitel VI
Annäherung und doch keine Nähe –
Am höchsten Berg der Erde

Was wir am Lhotse erlebt hatten, stärkte mich zwar im Umgang mit Angst und Schrecken, doch es minderte nicht im geringsten meinen Drang zu den hohen Bergen. Ich wollte endlich eine eigene Expedition auf die Beine stellen. Ich hatte etwas angefangen, von dem ich nicht genau wußte, wie es weitergehen sollte. Aber ich wollte es zu Ende bringen, was auch immer es war. Das Besteigen ganz hoher Berge war zu einem Rausch geworden. Ich erlebte auf den Gipfeln der Achttausender einen ganz kurzen Moment des Glücks, der sehr schnell in eine Art von Verwirrung überging und schließlich in ein tiefes Gefühl der Zufriedenheit mündete.

Die Verwirrung resultierte wohl daraus, daß ich nach den Sekunden überwältigenden Glücks sofort in ein schwarzes Loch der Orientierungslosigkeit fiel. Ich stand auf einem Gipfel und versuchte schon an den nächsten zu denken. Doch das gelang mir einfach nicht. Nicht dort oben. Zu nah waren da die Gedanken an die bisweilen unerträglich erscheinenden Schindereien, an den körperlichen Schmerz in großen Höhen und an die Überwindung, die mich oft jeder Schritt kostete. Ich hätte allzugern weitergedacht, aber ich konnte es nicht. Das Gefühl der tiefen Zufriedenheit stellte sich meist während des Abstiegs ein. Spätestens aber bei der Rückkehr zu den Zelten. Dann schaute ich hinauf zu meinem Berg, und die Strapazen fielen langsam von mir ab. Der Geist beruhigte sich im Gleichklang mit dem Puls und dem Kreislauf. Es war vorbei. Ich hatte es geschafft, wieder einmal. Selbst nach gescheiterten Versuchen wurde ich irgendwann ganz still und ruhte in mir.

Daheim in Südtirol wurde der Große Moosstock (3060 m), mein erster Gipfel überhaupt, zu meinem Trainingsberg. Von meinem Elternhaus in Ahornach aus joggte ich dort hinauf. 1650 Höhenmeter, für die ich an guten Tagen nur etwas mehr als eine Stunde benötigte. Oben unter dem Gipfelkreuz, wenn der Körper restlos ausgepumpt war, wenn die Lunge zu platzen und der Kopf zu zerspringen drohte, wenn der Puls mit fast zweihundert Schlägen in der Minute raste, wenn ich den Kopf in die Hände legte und mich zusammenkrümmte, wenn schließlich die Phase der Beruhigung begann, dann spürte ich ebenfalls dieses berauschende Gefühl. Man sagt, das sei die Ausschüttung von Endorphinen, von körpereigenen Eiweißstoffen mit schmerzstillender Wirkung, die Glücksgefühle hervorrufen. Danach kann man, so heißt es, süchtig werden. Wenn dem so ist, dann bin ich irgendwann in diesen Jahren zwischen Alpen und den Himalaya-Gipfeln süchtig geworden – bergsüchtig.

Drei Jahre, nachdem ich mit Reinhold Messner den Lhotse und damit meinen siebten Achttausender bestiegen hatte, und nur wenige Wochen, nachdem wir in der Südwand des Lhotse gescheitert und nur knapp dem Tod entgangen waren, begann ich tatsächlich meine erste eigene Expedition zu organisieren. Längst war in mir die Idee gewachsen, zum Everest zu gehen und mich auch am höchsten Berg der Erde zu versuchen. Reinhold würde nicht mehr mitgehen, und nun endlich rief ich Norbert Joos an, um ernst zu machen mit dem Versprechen, etwas gemeinsam anzupacken. Immer noch sah ich den Schweizer ohne Schuhe, ohne Seil, ohne Rucksack und ganz allein zur Spitze des Zweiten Sellaturmes hinaufsteigen. Auch er hatte inzwischen viel Erfahrung an den hohen Bergen gesammelt. Seine Erfolge am Nanga Parbat, an der Annapurna und schließlich am K 2, dem zweithöchsten Berg der Welt, hatten in der Schweiz und über die Grenzen hinaus für Aufsehen gesorgt, weil Norbert erst Anfang zwanzig war, als er diese Leistungen vollbrachte.

1989 feierte er seinen 29. Geburtstag. Ich traute ihm mittlerweile vieles, wenn nicht alles zu und wählte zuversichtlich seine Telefonnummer. »Norbert, ich will zum Everest«, sagte ich. Es wurde still am anderen Ende. »Hast du Lust mitzukommen?« Es blieb für ein paar Sekunden still. Dann sagte er: »Ich habe den Everest auch geplant, willst du nicht mit mir kommen?« Es war völlig einerlei, wer mit wem ging, das Wichtigste war, wir würden zusammen gehen, und damit war die Welt für mich in Ordnung. Und für Norbert ebenfalls. Wir würden versuchen, uns dort einen gemeinsamen Traum zu erfüllen. Unsere gegenseitige Zusage war gleichsam die stillschweigende Übereinkunft, daß wir alles geben und uns gegenseitig unterstützen wollten.

Wir begannen mit der Organisation. Nach zwei Wochen rief Norbert abends bei mir an und fragte mich, ob wir einen dritten Mann mitnehmen könnten. »Diego ist ein idealer Partner«, schwärmte Norbert,

Partner für die Zukunft: die Schweizer Norbert Joos (links) und Diego Wellig

»Berg- und Skiführer wie wir. Schweizer. Ein harter Hund in großen Höhen und einer, auf den wir uns tausendprozentig verlassen können. Er war voriges Jahr auf der Shisha Pangma. Er ist ein lustiger Kerl und wirklich ein phantastischer Kletterer.«

Norberts Stimme überschlug sich förmlich.

Ich fragte: »Wie heißt er?«

»Diego. Diego Wellig.«

Diesen Namen hatte ich nie zuvor gehört. Und trotzdem sagte ich ohne weitere Überlegung: »Ok. Nehmen wir ihn mit.«

Wenn Norbert sagte, der paßt zu uns, dann paßte er zu uns, und es bedurfte keiner weiteren Diskussion mehr. So sehr hatte sich im Laufe der Jahre unser gegenseitiges Vertrauen aufgebaut, obwohl wir eigentlich nie etwas Großes miteinander unternommen hatten. Kurios, denn sonst war ich in der Auswahl meiner Partner überaus vorsichtig und kritisch geworden. Vor allem für die großen Unternehmungen. Norberts Freundin Elsie wollte uns ins Basislager begleiten. Nun waren wir zu viert, und dabei sollte es eigentlich bleiben. Doch nach und nach kamen wir darauf, daß es gerade am Everest vielleicht ganz sinnvoll wäre, einen Mediziner dabeizuhaben. So gesellten sich noch der Saarbrücker Arzt Pavel Doleczek und dessen Frau Neri, eine gebürtige Philippinin, zu uns. Daß die beiden später am Everest Hals über Kopf und ohne nähere Angabe von Gründen die Expedition verließen und abreisten, gehörte lange zu meinen größten menschlichen Enttäuschungen.

Norbert, Diego und ich telefonierten während der Vorbereitungen viel miteinander. Persönlich lernte ich Diego Wellig jedoch erst am Flughafen in Frankfurt kennen. Ein schlanker, mittelgroßer, drahtiger lustiger

Typ mit einem markanten schwarzen Schnauzbart. Er verfügte über große Westalpenerfahrung, war Skilehrer und hatte viele Rennen gefahren. Wir warfen unsere Erfahrungen in einen Topf und zogen das Beste heraus. Ich hatte bei Reinhold in den vergangenen Jahren sehr viel gelernt. Aber die Vorbereitung, selbst einer nur ganz kleinen Expedition, war mir zuwider. Der ganze Papierkram, die endlosen Telefonate, das ewige Warten auf irgendwelche Zusagen, das Verhandeln um Geld, das alles hinderte mich am Training und der mentalen Auseinandersetzung mit dem Berg. Ich war froh, daß Norbert einen Großteil dieser Dinge übernahm.

Mir wurde in diesen Wochen mit einem Schlag noch einmal schmerzlich bewußt, welche Bedeutung Reinhold immer gehabt hatte. Sein organisatorisches Know-how schien fast unersetzlich. Und ich fürchtete auf einmal, daß er mir auch am Berg fehlen könnte. Im Laufe der vielen gemeinsamen Unternehmungen hatte sich ein tiefes Gefühl der Vertrautheit aufgebaut. Nicht, daß ich Norbert und Diego nicht traute. Aber zwischen trauen und vertrauen liegt eben doch ein erheblicher Unterschied. Ich wurde unsicher, obwohl ich zwei höhenerfahrene Partner an meiner Seite haben würde.

Unser Plan war, den Mount Everest ohne künstlichen Sauerstoff und überwiegend im alpinen Stil zu besteigen. Das heißt, wir wollten ohne große technische Vorbereitungen auskommen. Wir wollten nur mit dem, was wir zum Überleben brauchten, direkt vom Basislager aus hinaufgehen. Mit dem Rucksack und der notwendigen Ausrüstung auf dem Buckel sollte es Tag für Tag ohne Hochträger, ohne vorher eingerichtete Hochlager und ohne Fixseile Etappe für Etappe aufwärtsgehen. Wir planten eine blitzsaubere Sache. Ich wollte den neuen Stil, den Reinhold Messner zusammen mit dem Zillertaler Peter Habeler am Hidden Peak und später am Everest begonnen hatte, konsequent fortsetzen. Als Reinhold später mit mir bei unserer Gasherbrum-Überschreitung ein zweites Mal auf den Hidden Peak stieg, hatten wir das auch so praktiziert. Mit Erfolg. Ich wollte kein Sicherheitsseil zum Basislager. Ich wollte auf die Nabelschnur verzichten. Darüber waren Norbert, Diego und ich uns einig. Unser Vorteil lag klar auf der Hand. Wenn wir unterwegs waren wie Schnecken, nicht ganz so langsam vielleicht, aber mit unserem »Haus« und allen Habseligkeiten auf dem Rücken, dann konnten wir schneller sein als alle anderen Expeditionen jemals zuvor. Jede Stunde, die wir nicht in großen Höhen verbringen mußten, würde die Aussichten, heil wieder herunterzukommen, vergrößern. Und wir würden individuelle Entscheidungen binnen kürzester Zeit treffen können. Schnelligkeit war die Trumpfkarte, die ich immer wieder in den vergangenen Jahren ausgespielt hatte, meist mit Erfolg.

Aber wir waren uns auch darüber im klaren, daß die Größe des Berges von einem bestimmten Punkt an, ab einer gewissen Höhe, ein psychologisches Problem werden könnte. Eine Route, die mit Fixseilen gesichert ist, gibt ein relatives Gefühl der Sicherheit. Wenn Probleme auftreten, kann man an ihnen sehr schnell und vergleichsweise gefahrlos den Rückzug antreten. Mit einer Hand am Stiegengeländer geht es sich nun einmal leichter eine wacklige Treppe hinunter als ohne. Es war uns bewußt, daß es, wenn wir so vorgingen, irgendwann nur noch ein Vorwärts und nur schwerlich ein Zurück geben würde, wenn etwas passierte.

Die Gedanken an dieses Kein-Zurück-mehr beschäftigen jeden Alpinisten. Vor allem, wenn er an einer für seine Verhältnisse sehr schwierigen Stelle angelangt ist. Sie im Aufstieg zu überwinden ist vielleicht nicht einmal unbedingt das ganz große Problem. Doch was ist, wenn man dort wieder hinunter muß? Was, wenn es weiter oben nicht mehr vorwärts geht? Solche Gedankengänge stellen sich vor allem dann ein, wenn es sich um eine Erstbegehung handelt. In einer noch unberührten Wand ist selten von unten einsehbar, welche Schwierigkeiten tatsächlich zu erwarten sind. Der Kletterer wird zwar von unten eine entweder logisch erscheinende oder gedachte Route wählen, aber die Probleme werden erst dann wirklich erkennbar, wenn er mittendrin steht. Genau diese Ungewißheit macht jedoch den Reiz einer Erstbegehung aus und ist für alle Extremkletterer die Herausforderung schlechthin, sich in unbekanntes Terrain zu begeben. Aber je größer die Schwierigkeiten dort sind, desto problematischer kann ein Rückzug werden.

Über eine schwere Route auf dem Gipfel angelangt, wechseln Kletterer normalerweise auf eine andere Seite des Berges und steigen über den Normalweg, also die leichtere Route, wieder ab. Es ist noch nicht vorgekommen, daß eine Seilschaft nach der Durchsteigung der Eiger-Nordwand sich dort auch wieder abgeseilt hat. Für den Abstieg wählen die Bergsteiger die Westflanke. Wer aus der Matterhorn-Nordwand kommt, steigt für gewöhnlich über den Hörnli-Grat ab, wer durch die Pordoi-Nordwestwand klettert, wird am Ende durch die lange Schotterreise zum Pordoijoch abfahren, und an der auf allen Seiten lotrechten Kleinen

Zinne zum Beispiel ist an der Westseite eine Abseilpiste mit gebohrten Haken eingerichtet. Das ist der schnellste, sicherste und bequemste Weg vom Gipfel zurück ins Tal. Wir wollten den Everest nicht überschreiten, sondern auf der Nordseite auch wieder hinuntersteigen, doch wir wollten unseren Weg ohne endlose Fixseile gehen.

Im Herbst 1989 flogen wir zu sechst nach Kathmandu. Beim Landeanflug sah ich auf der linken Seite die mächtigen Riesen des Himalaya, aufgereiht wie an einer Perlenschnur. Es tat gut zurückzukommen. Ich hatte inzwischen längst viele Freunde unter den Nepali, und wir genossen es, Gäste sein zu dürfen. Vor Ort organisierten wir nun, was wir daheim nicht hatten erledigen können. Kathmandu nahm uns auf, als seien wir gute alte Bekannte. Wir tauchten ab im Sog dieser Stadt, deren offizielle Einwohnerzahl mit 480000 angegeben, deren tatsächliche Bevölkerung aber auf weit über eine Million Menschen geschätzt wird. Täglich, so heißt es, kommen mehr als tausend Menschen in dieser Stadt an, während nur etwa siebenhundert sie wieder verlassen. Bald einmal wird sie aus allen Nähten platzen.

In den frühen Morgenstunden ist die Luft über Kathmandu klar und sauber. Bis das Leben erwacht. Für vierzehn bis fünfzehn Stunden wälzt sich dann ein stinkender Moloch durch die Straßen und Gassen. Busse und Taxis, Lastwagen und kleine dreirädrige Tuck-tucks blasen aus verölten Motoren blau-graue, ungefilterte Abgaswolken durch die verrosteten Auspuffrohre. Und binnen zwei Stunden liegt eine Dunstglocke über der Stadt, unter der alles Leben zu ersticken droht. Die Menschen husten und krächzen, und sie spucken ungehemmt ihren gelb-grünen Schleim auf die braune Erde. Tuberkulose ist eine weitverbreitete Krankheit in Nepal, und immer noch sterben viele daran. Kaum aber geht die Sonne unter und legt sich die Dunkelheit über Kathmandu, ist der Spuk ebenso schnell vorbei, wie er am Morgen danach wieder beginnt.

Wir fuhren zum Durbar Square und in den Palastbezirk, wo Hunderte von fliegenden Händlern für Stimmung sorgen. Wir streiften durch das Touristenviertel Thamel, wo die vielen Hotels, unzählige Trekking-Agenturen und Souvenirläden angesiedelt sind. Wir fuhren aus der Stadt hinaus und hinauf nach Swayambunath. Die große Tempelanlage ist eines der Wahrzeichen von Kathmandu. Dort stiegen wir die 365 Stufen auf den Hügel und beobachteten beeindruckt die stillen buddhistischen Mönche. Wir besuchten den Tempelbezirk von Pashupatinath. Selbst aus

Indien pilgern die hinduistischen Gläubigen zu dieser uralten Gedenkstätte des Gottes Shiva. Bemerkenswerterweise verehren auch die tibetischen Buddhisten diesen Ort als einen der 24 bedeutenden Plätze religiöser Ausstrahlung. Fassungslos zunächst und dann überwältigt von dem für uns unbegreiflichen Umgang mit dem Tod, sahen wir die Leichenverbrennungen am Bagmati-Fluß.

Dann umrundeten wir den Stupa von Bodnath, den größten in Nepal, vierzig Meter hoch und fast 2000 Jahre alt. Eine buddhistische Legende besagt, daß die Prostituierte Jadzimo ihn allein mit der Hilfe ihrer vier Söhne errichtet habe. Bei der Einweihung wurde der Stupa mit der Kraft von einhundert Millionen Buddhas beseelt, so daß nach buddhistischem Glauben jeder Wunsch der Betenden in Erfüllung geht. Um dieses gewaltige Bauwerk herum sind 108 Buddha-Statuen und 147 Nischen mit Gebetsmühlen angeordnet, die mit der rechten Hand in Uhrzeigerrichtung gedreht werden. Jeder dieser kupfernen Zylinder ist mit Gebetsformeln beschriftet. Am häufigsten findet man das weltbekannt gewordene »Om Mani padme Hum«, was in der Übersetzung soviel heißt wie »o du Juwel in der Lotusblüte«.

Wir tauchten tief in die reiche Kultur Nepals ein. Wir saßen auf den Plätzen und schlenderten durch die belebten Gassen der Stadt. Manchmal gingen wir in ein Geschäft und kamen nur sehr schwer wieder hinaus. Besonders die Thankas, die buddhistischen Meditationsmalereien, hatten es mir angetan. Sie sind aus Seide oder anderen sehr feinen Stoffen gefertigt und in leuchtenden Farben im Miniaturstil mit heiligen Bildern bemalt. Die Thankas werden grundsätzlich in zwei Arten unterschieden. Zum einen der Pata, bei dem eine Gottheit im Zentrum von vielen niedrigeren Göttern umgeben ist. Und zum anderen der Mandala, bei dem sich im Zentrum der Mandalakreis befindet und um ihn herum die Götter und Glückssymbole angeordnet sind. Mandala symbolisiert den Kosmos und dient auch als Konzentrationsübung. Ganz besonders wertvoll, so habe ich im Laufe der Jahre gelernt, sind die Thankas mit der »Versammlung der tausend Buddhas«. Hier sitzt der Buddha in der Mitte auf dem Lotusthron und in Goldmalerei um ihn herum viele kleine Buddhas. Die Kunst, Thankas zu malen, wird in den Klöstern gelehrt und nach strengen Vorschriften und Regeln ausgeführt. Mit einem besonders aufwendigen Thanka sind die Maler monatelang beschäftigt.

Das Leben ist bunt und vielfältig in Kathmandu. Am Straßenrand sitzen die Frauen und spinnen Wolle. Es gibt kaum ein Haus, in dem sich

Größter Stupa der Welt: Heiligtum in Bodnath

Ritual: Leichenverbrennung im Tempelbezirk Pashupatinath

Kultur: kunstvolle Buddha-Statue im Tempelbezirk von Bodnath

Angebot: Straßenhändler mit duftenden Gewürzen in Patan

nicht ein Geschäft befindet. Auf dem Durbar Square in Richtung Thamel entdeckten wir eine Zahnarztpraxis. Wenn der alte Mann einem Patienten einen Zahn aufbohren mußte, holte er sich einen kräftigen Jungen von der Straße. Der nahm dann auf dem Sattel eines uralten Fahrradrahmens Platz und strampelte, was die Muskeln hergaben. Die Kraft des Antriebs wurde auf einen Lederriemen und von dort auf den Bohrer übertragen. Diese doch etwas veraltete Behandlungsmethode war für den Patienten hörbar schmerzhaft. Dieser Zahnarzt verfügte indes auch noch über eine bemerkenswerte Auslage vor seiner Praxis. Links und rechts der Eingangstür gab es zur Straße hin zwei große Schaufenster. Dort waren mehr als zweihundert Gebisse ausgestellt, und die wenigsten davon waren neu.

Kopfschüttelnd standen wir vor dem, was man in Nepal eine Metzgerei nennt und bei uns allenfalls als schrägen Verhau bezeichnen würde. Als wir näher herantraten, zog eine hagere Frau mühsam einen erbärmlich quietschenden Rolladen hoch, der dringend eine Kanne Öl benötigt hätte. Auf einer schmutzigen Theke schwamm in dunklem Blut der noch dunkler Klumpen einer undefinierbaren Masse. Die Frau strahlte über das ganze Gesicht und war durchaus bereit, das Geheimnis zu lüften. Sie schlug die Hände fest zusammen, und summend-brummend erhoben sich zwei Hundertschaften schwarzer Fliegen. Nun erst, wenn auch nur für kurze Zeit, wurde das Fleisch als solches erkennbar.

Wir genossen die dämmrigen Stunden zwischen Tag und anbrechender Nacht, wenn in Kathmandu die Frauen den täglichen Einkauf für den Abend erledigen. Das ist fast wie ein Ritual. Die meisten Menschen leben von der Hand in den Mund und nur von einem auf den anderen Tag. Wenn Geld da ist, wird es ausgegeben. Obst, Gemüse, Kartoffeln, Reis, Gewürze liegen offen auf der Straße. Die Menschen gehen und schauen, sie vergleichen Preise und feilschen um jede Rupie. Dazwischen lachen und toben die Kinder, sitzen die Alten am Straßenrand und rauchen. Laut klingelnd schlängeln sich die Rikschas durch das heillose Gewirr von Menschenleibern und knattern die Motorräder, auf denen die Frauen im Damenreitsitz gefahren werden. Mit Pauken, Trompeten und einer Melodie, die offenbar keine Noten kennt, lädt eine Musikkapelle schräg aufspielend zu einer Hochzeit ein. Mittendrin steht eine magere Kuh mit dürrem Euter und verliert platschend einen dampfenden Fladen.

Kathmandu ist heute noch so, wie es gestern war und morgen sein wird. Es ist zwar nicht zu übersehen, daß die Moderne ihren Einzug hält, daß Jeans und Coca-Cola, Transistorradios und westliche Zigaretten längst zum Alltag gehören. Den wirklichen Reiz dieser Stadt aber machen die Menschen aus, und die scheinen sich nur ganz langsam zu verändern. Die Armut ist groß in Nepal und in Kathmandu, die Säuglingssterblichkeit enorm, das Analphabetentum immer noch weit verbreitet und der technische Fortschritt gering. Doch darunter leidet nicht die Fröhlichkeit der Menschen. Die Nepali mögen dem westlichen Touristen arm vorkommen. Arm an dem, was wir unter Wohlstand, Reichtum und Bequemlichkeit verstehen. Doch sie sind reich an dem, was bei uns immer mehr verkümmert. Reich an Glauben und Hilfsbereitschaft, Freundlichkeit und Herzenswärme.

Doch Kathmandu steht kurz vor dem Kollaps. Der ständige Zuzug von immer neuen Menschen, die vor der Armut in den Bergen flüchten und in der Stadt noch viel ärmer dran sind, füllt die Metropole bis zum Bersten. Und der ökologische Overkill hat eigentlich schon längst stattgefunden. Fast krampfhaft wird versucht, wenigstens das Touristenviertel Thamel sauberzuhalten. Doch derweil türmt sich fast überall sonst an den Straßenrändern meterhoch der Müll. Die Flüsse sind zu stinkenden Kloaken verkommen, es gibt kein Abwassersystem und keine Kläranlagen, abertausende Zweitaktmotoren verpesten die Luft. Es grenzt an ein Wunder, daß der Verkehr in den engen Gassen überhaupt noch in Fluß kommt.

Mehr als zweihunderttausend Touristen kommen jährlich in Kathmandu an. Die meisten stehen angewidert und fasziniert zugleich im Chaos dieser Stadt. Doch Nepal und vor allem seine Hauptstadt sind schick, weil arm und zerbrechlich. Am Rande der Stadt werden Fünf-Sterne-Hotels gebaut, und in der Nähe des Flughafens ist ein Golfplatz entstanden, auf dem sich hustende Kinder als Caddies ein paar Rupien verdienen. Das Geld aber, das die Reisenden ins Land und in die Stadt bringen, verschwindet überwiegend in jenen Kanälen, in die es schon immer floß. Selbst die Straßenverkäufer mit Tigerbalsam sind inzwischen organisiert. Vor allem reiche Inder haben Nepal längst im Griff.

Nach einer knappen Woche beluden wir den Bus. Unsere Expeditionssäcke und die blauen Hartplastiktonnen wurden auf dem Dach verstaut, die Rucksäcke behielten wir bei uns. Wir fuhren über staubige Straßen und holprige Schotterpisten durch die Berge zur chinesisch-tibetischen Grenze. Dort stiegen wir in Jeeps um und ratterten durch Tibet zur

Nordseite des Mount Everest. Mit Yaks transportierten wir unser Gepäck in das Basislager.

Fünf Wochen später kehrten wir nach Europa zurück. Wir waren am höchsten Berg der Welt gescheitert. Meine erste Achttausender-Expedition ohne Reinhold blieb erfolglos. Gewaltige Schneemassen, ständige Lawinengefahr und unbeständiges Wetter ermöglichten uns nur ein paar zaghafte, eher halbherzige Versuche für einen Aufstieg. Über vier Wochen beschäftigten wir uns mit der Wand, kamen zwar bis knapp auf achttausend Meter hinauf, gaben aber schließlich enttäuscht auf. Wir hatten uns dem Berg genähert und waren ihm doch nicht nahe gekommen.

Ich war enttäuscht, als wir heimflogen, und setzte mich demonstrativ auf die Seite im Flugzeug, von der aus man die Berge nicht sehen konnte. Norbert, Diego und ich hatten alles gegeben und doch nichts

Augenblicke: Everest-Basislager auf dem Rongbuk-Gletscher (großes Bild)

Eingeschneit: Die Hochlager mußten jeden Morgen nach dem Schneetreiben mühsam wieder ausgegraben werden (Bilder oben).

Großer Berg, kleiner Mensch: Aufstieg zum Nordcol des Mount Everest erreicht. Es waren nicht die technischen Schwierigkeiten, die uns zurückgehalten hatten, es waren die Naturgewalten. Schnee und Sturm sind schlechte Weggefährten am Everest. Aber ich wußte ganz genau, ich würde wiederkommen. Aufgeben kam nicht in Frage. Ich hatte das Gefühl, als hätte ich das Objektiv an einer Fotokamera scharfgestellt. Nun wollte ich auch den Auslöser drücken. Ich würde zurückkehren, vielleicht nicht schon im nächsten Jahr, spätestens aber im übernächsten. Und dann würde ich knipsen ...

Kapitel VII
Abfahrt Richtung Märchenwiese –
Mit Ski auf den Nanga Parbat

Die Märchenwiese liegt auf knapp 4000 Metern Meereshöhe im Karakorum. Dieser Platz trägt seinen Namen gewiß nicht umsonst. Es ist sicher der schönste Fleck für ein Basislager unter einem Achttausender, den man sich überhaupt vorstellen kann – wie im Märchen eben. Fast einen halben Meter hoch stehen dort die Blumen. Es blüht in allen Farben, und das Gras ist von einem so saftigen Grün wie daheim in den Alpen die Almwiesen. In gleich mehreren Bächen fließt ständig gutes, sauberes Wasser und nicht nur eine milchig-trübe Gletscherbrühe wie sonst an den Bergriesen.

Wir kamen im späten Frühjahr 1990 bei der Märchenwiese an. Auch das traumatische Erlebnis in der Lhotse-Wand und meine gescheiterte Expedition am Everest hatten mich nicht abhalten können. Ein paar Mal noch war ich nach der Lhotse-Geschichte nachts hochgeschreckt. In meinen wüsten Träumen schlugen die Felsbrocken erneut neben Christophe und mir ein, oder es betonierte uns eine gewaltige Lawine in der Randspalte ein, und ich erwachte mit dem Gefühl, jeden Moment zu ersticken. Von der Everest-Expedition träumte ich nicht. Da hatte es nichts gegeben, was mich hätte schrecken können.

Aber schon bald, ich konnte inzwischen fast die Uhr danach stellen, packte mich wieder dieser unbändige Drang nach den Bergen des Himalaya. Ich saß daheim und schaute mir Dias an, studierte meine Unterlagen, las in Büchern und heckte neue, verwegene Pläne aus. Während des Winters arbeitete ich als Skilehrer am Speikboden und unternahm allein, mit Freunden oder Gästen viele Skitouren. Meine Abfahrten in extrem steilem Gelände gestaltete ich immer verwegener. Dafür gab es einen guten Grund.

Ich hatte längst die Idee im Kopf, irgendwann einmal nicht nur auf den Gipfel des Mount Everest zu steigen, sondern dann auch die Ski mitzunehmen. Ich wurde immer besessener von diesem Vorhaben. Der Gedanke, von der Spitze des Everest bis ins Basislager auf Ski zu stehen, ließ mich nicht mehr los. Inzwischen war ich 34 Jahre alt. Schon oder erst? Gleichwie, manchmal hatte ich jedenfalls das Gefühl, die Zeit würde mir davonrennen. Dann dachte ich: schon 34. Und: War das die Krise in der Mitte des Bergsteigerlebens? Manchmal glaubte ich, noch alle Zeit der Welt zu haben. Dann dachte ich: erst 34.

Diego Wellig, den unbeugsamen Schweizer, den Norbert Joos mit zum Everest gebracht hatte, wußte ich inzwischen überaus zu schätzen. Er hatte Mut, Ausdauer und Stehvermögen. Er erwies sich als lebenslustiger Mensch, mit dem ich mich auf Anhieb verstanden hatte. Mit ihm reiste ich 1990 in den Nordosten Pakistans. Wir wollten den Nanga Parbat besteigen. Und ihn mit Ski abfahren. Wolfgang Thomaseth, Kameramann und Bergführer aus Südtirol, und Stefan Jossen, Assistent an der Kamera und ebenfalls Bergführer, sollten von dem Unternehmen einen Film drehen.

Der Nanga Parbat gehört zu den begehrtesten Bergen des Himalaya. Er ist der am weitesten westlich gelegene Achttausender. Sein Massiv hat ungeheure Ausmaße und überragt die gewaltige Schlucht des Indus-Flusses derart eindrucksvoll, daß ich minutenlang still stehenblieb, als ich diese Wucht der Natur zum ersten Mal sah. Ganz gleich, von welcher Seite man den Nanga Parbat auch angeht, es sind immer über viertausend Höhenmeter bis zum Gipfel zu überwinden. Das ist mehr als beispielsweise bei der Besteigung des Mount Everest.

Mit 8125 Metern liegt der Nanga Parbat zwar erst auf Rang neun der Höhenliste, doch das nimmt ihm nichts von seiner Gefährlichkeit. Zwischen 1895, als der Brite Alfred Mummery beim ersten Besteigungsversuch bis auf siebentausend Meter kam, und dem späteren Gipfelerfolg des Österreichers Hermann Buhl im Jahr 1953 kamen einunddreißig Bergsteiger ums Leben. Nach der Annapurna und dem Mount Everest war der Nanga Parbat der dritte Achttausender, der überhaupt bestiegen wurde. Bei allen weiteren Versuchen bis heute erreichte weniger als ein Drittel der Expeditionen ihr Ziel.

Die Sonne schien, es war angenehm warm, und über uns breitete sich wolkenlos der tiefblaue Himmel aus, als wir nach einer tagelangen Wan-

Blumenmeer: Märchenwiese am Fuß des Nanga Parbat.
Viel schöner kann sich ein Berg kaum präsentieren.

derung die Märchenwiese erreichten. Diese Umgebung, das spürte ich sofort, gab mir viel mehr Auftrieb als ein Lager auf einer kalten, steinigen und abweisenden Gletschermoräne. Dieser Flecken Erde hatte etwas Beruhigendes. Vor uns baute sich die zweithöchste Wand der Welt, die Diamir-Flanke, auf. Wie entrückt stand ich da, unfähig, den Rucksack abzustellen oder mich hinzusetzen. Noch nie zuvor und nie mehr danach habe ich unter einer Wand gestanden, die mich derart beeindruckt hat.

Von der Märchenwiese bis zum Einstieg in diese riesige Mauer aus Eis und Schnee ist es eine gute Stunde Fußmarsch. Wir waren also noch in gebührender Entfernung. Doch jeden Tag stürzen oft mehr als dreißig Lawinen die Wand hinunter. Das jagt jedem noch so erfahrenen Bergsteiger am Anfang immer wieder aufs neue einen gewaltigen Schrecken ein. Aber irgendwann gewöhnt man sich auch an dieses tosende und donnernde Naturschauspiel. Es kam der Zeitpunkt, an dem wir nicht einmal mehr neugierig oder erschrocken aus den Zelten stürzten, um zu schauen, was da zu Tal krachte. Wir begannen unsere Späße zu machen und beruhigten uns mit dem Satz: »Es ist ja nur ein Hutvoll.«

Neben uns campierten eine deutsche, eine koreanische und eine jugoslawische Expedition. Die Koreaner blieben noch, die anderen waren bereits beim Zusammenpacken, als wir ankamen. Niemand hatte bislang in diesem Jahr den Gipfel erreicht. Wir bauten unsere Zelte auf, richteten uns gemütlich ein und lagen stundenlang im Gras. Es herrschte eine gelöste und gute Atmosphäre. Wir alberten herum, badeten im Bach, ließen uns von unserem Koch verwöhnen und starrten immer wieder hinauf zu unserem Berg. Die gewaltige weiße Wand zog uns ganz in ihren Bann.

Nach ein paar Tagen begannen wir unser Material zu sortieren. Das bedurfte nicht einmal einer Absprache, es geschah wie von selbst. Wir fingen alle fast zum gleichen Zeitpunkt damit an. Als hätte jedem eine innere Uhr gesagt, daß es an der Zeit sei, ein Stück hinaufzusteigen, um uns zu akklimatisieren. Wir wählten Seile aus, feilten die Eisgeräte nach und testeten noch einmal die Skibindungen. Währenddessen baute sich in mir eine starke innere Spannung auf. Bei einer Tasse Tee sprachen wir noch einmal ganz genau unsere Taktik durch.

Wir stiegen am ersten Tag bis 4500 Meter auf, verbrachten in einem kleinen Zelt die Nacht und gelangten tags darauf bis auf 6100 Meter. Ursprünglich hatten wir die noch immer unbestiegene Mummery-Rippe ins Auge gefaßt. Doch diesen Plan schlugen wir uns augenblicklich aus dem Kopf, als wir die gewaltigen Lawinen sahen, die dort täglich hinunterstürzten und die gesamte Rippe mit Schnee- und Eismassen überfluteten. Wir waren leichten Herzens in die klassische Kinshofer-Route ausgewichen, die überwiegend in Schnee und Eis und nur in wenigen Passagen durch Fels verläuft. Wir schliefen zwei Nächte auf 6100 Meter, legten ein Depot an und kehrten ins Basislager zurück, um uns auf den Gipfelgang vorzubereiten.

Die Besteigungsgeschichte des Nanga Parbat liest sich gleichermaßen dramatisch wie tragisch. Doch es lohnt sich, ein wenig auszuholen, um besser zu verstehen, was in dieser Zeit rund um die hohen Berge der Welt geschah. Nach dem Zweiten Weltkrieg entbrannte ein wahres Wettrennen um die höchsten Gipfel im Himalaya. Sportlicher Ehrgeiz, aber natürlich auch nationaler Stolz waren die Hauptantriebskräfte für immer neue Besteigungsversuche. Die europäischen Alpen waren bereits erschlossen, die Himalaya-Gipfel indessen erst vermessen. Der Alpinismus schien an seine Grenzen zu stoßen, die Abenteurer suchten nach neuen Herausforderungen und fanden sie in Asien.

Gute diplomatische Beziehungen spielten eine große, oft sogar entscheidende Rolle, denn die Gipfel der Achttausender lagen und liegen sämtlich in Gebieten, die auch heute noch ohne entsprechende Genehmigung nicht betreten werden dürfen. Die Expeditionen bekamen einen nationalen Anstrich. Die besten Bergsteiger eines Landes formierten sich, kratzten mühselig Geld zusammen und bedienten sich politischer Kräfte, um die komplizierten Einreiseformalitäten zu beschleunigen.

Es wurde damals in den großen Himalaya-Jahren schnell zur Vorschrift, daß auch eine Erlaubnis des Gastlandes nötig war, um einen Berg besteigen zu dürfen. Die Permits, die Genehmigungen, wurden erfunden. So unvernünftig war diese Regelung allerdings nicht einmal, verhinderte sie doch, was heute nicht nur lästige, sondern teilweise sogar katastrophale Auswirkungen hat. Es wurde damals nicht zugelassen, daß sich mehrere Expeditionen gleichzeitig am Berg befanden. Es wurden Lizenzgebühren verlangt, ganz gleich, ob ein Unternehmen erfolgreich war oder nicht

Mit diesem Verfahren sicherten sich vor allem Nepal und Pakistan die Kontrolle darüber, was in ihren Bergen geschah. Für die Menschen, die dort leben, haben die allermeisten Gipfel bis heute einen heiligen Status. Im Glauben der Hindus und Buddhisten ist tief verwurzelt, daß auf den

Gipfeln der Berge die Götter wohnen. Doch auf einmal ließ sich mit diesen wilden Gesellen, die von weither kamen, um die Throne der Götter zu besteigen, auch noch Geld verdienen.

Für manche Achttausender gab es richtige Wartelisten. Doch so sehr sich die Bergsteiger auch mühten, ein Versuch nach dem anderen scheiterte. Und je mehr Expeditionen enttäuscht und ohne wirklichen Erfolg zurückkehrten, um so größer wurde die Zahl derer, die es nun auch probieren wollten. Es gab insgesamt mehr als 50 Versuche an verschiedenen Achttausendern, ehe am 3. Juni 1950 die Franzosen Maurice Herzog und Luis Lachenal an der Annapurna den Bann brachen.

Danach purzelten die Gipfel fast im Jahrestakt. Am 29. Mai 1953 bestiegen der Neuseeländer Edmund Hillary und der Sherpa Tensing Norgay im Rahmen der bis dahin zehnten britischen Expedition den Mount Everest. Am 3. Juli des gleichen Jahres erreichte der Österreicher Hermann Buhl im Alleingang die Spitze des Nanga Parbat. Am 31. Juli 1954 standen die Italiener Lino Lacedelli und Achille Compagnoni auf dem K 2. Noch im selben Jahr, am 19. Oktober 1954, gelang den Österreichern Herbert Tichy und Sepp Jöchler zusammen mit Sherpa Psan Dawa Lama ohne Verwendung von künstlichem Sauerstoff die Besteigung des Cho Oyu.

Am 15. Mai 1955 stieg Jean Franco auf den Makalu. Acht weitere Mitglieder der französischen Expedition erreichten ebenfalls den Gipfel. Zehn Tage später bestiegen im Rahmen eines britischen Unternehmens G. Band und J. Brown den Kangchendzönga. Am 9. Mai 1956 hatten auch die Japaner Erfolg: T. Imanishi und der Sherpa Gyaltsen Norbu erreichten den höchsten Punkt des Manaslu. Neun Tage später verlor der Lhotse seine Jungfräulichkeit, als F. Luchsinger und E. Reiß den Schweizern einen Jubeltag bescherten. Im gleichen Jahr, am 7. Juli, gelangten die Österreicher Sepp Larch, Hans Willenpart und Fritz Moravec auf den Gipfel des Gasherbrum II.

Am 9. Juni 1957 machte Hermann Buhl abermals von sich reden. Zusammen mit den Österreichern Markus Schmuck, Kurt Diemberger und Fritz Wintersteller bezwang er den Broad Peak. 1958, am 4. Juli, stiegen die US-Amerikaner P. Schoening und A. Kaufmann mit Schneeschuhen und Kurzski auf den Hidden Peak. Und am 13. Mai 1960 schließlich standen die Österreicher Kurt Diemberger und A. Schelbert zusammen mit dem Sherpa Nawang Dorje im Rahmen einer Schweizer Expedition auf dem Dhaulagiri.

Nun war nur noch die Shisha Pangma unbestiegen. Doch sie lag auf chinesischem Hoheitsgebiet in Tibet, und keine ausländische Expedition erhielt eine Einreisegenehmigung. Am 2. Mai 1964 stiegen zehn Bergsteiger auf den Gipfel. Die Chinesen hatten selbst eine Expedition organisiert und gaben die Namen derer nicht bekannt, die oben standen – das Volk habe gesiegt, hieß es. Mehr als alle anderen Unternehmen an den Achttausendern zuvor wurde dieser Erfolg für politische Zwecke ausgeschlachtet.

Die intensiven Bemühungen eines halben Jahrhunderts hatten so in einer erstaunlich kurzen Zeitspanne von nur vierzehn Jahren alle Träume der Bergsteiger erfüllt. Im Rückblick gesehen, gibt es dafür eine sachliche Erklärung. Die Technik des Bergsteigens und die Qualität der Ausrüstung waren binnen weniger Jahre ganz entscheidend verbessert worden. Neue Materialien bei der Bekleidung schützten die Körper der Bergsteiger besser gegen Kälte und Höhenstürme. Künstlicher Sauerstoff, den die Sherpa nicht »Oxygen«, sondern schlicht »englische Luft« nannten, ebnete in den großen Höhen den Weg.

Der Nanga Parbat bekam den Beinamen »Mörderberg«. Dort scheiterten acht Expeditionen, und viele Menschen starben, ehe Hermann Buhl schließlich den Gipfel betrat. Es waren besonders viele Deutsche unter den Opfern, was dem Nanga Parbat auch den wenig schmeichelhaften Titel »Schicksalsberg der Deutschen« einbrachte. Seine Besteigung, so ist es im prallen Buch der alpinen Geschichte vermerkt, soll auf die deutsche Bergsteigerszene wie eine »Erlösung von einem Alptraum« gewirkt haben.

Hermann Buhls Leistung ist bis heute bewundernswert. Seinen grandiosen Alleingang zum Gipfel unternahm er entgegen der ausdrücklichen Forderung des Expeditionsleiters Karl M. Herrligkoffer, der angeordnet hatte, das Unternehmen sofort abzubrechen. Buhl war das einerlei, er bestieg den Gipfel, mußte dann aber im Abstieg in 8000 Metern Höhe die letzte Nacht stehend verbringen, weil die abschüssigen Platten ein Lager im Liegen nicht zuließen. Buhl hatte keinen ausreichenden Kälteschutz und schien mit seinen Kräften fast am Ende. In dieser Nacht erlitt er schwere Erfrierungen.

Als einzigen Beweis seines Erfolges konnte Buhl eine Gipfelaufnahme vorweisen, die er mit Selbstauslöser gemacht hatte. Obwohl man seinen Angaben nicht wirklich ernsthaft mißtraute, wurde die Aufnahme dennoch einem wissenschaftlichen Institut zur genauen Prüfung vorgelegt. Es ging darum, ob die Länge der Schatten und andere optische Einzelheiten der Umgebung die Aussage Buhls, daß er den Gipfel erreicht habe, bestätigten. Auch der letzte Zweifel wurde so schließlich ausgeräumt. Und ein Schweizer Bergsteiger klagte damals lautstark: »Eine herrliche Welt, in der das Wort des Mannes dem Diktum der Optik untergeordnet wird.«

Nachdem wir uns drei Tage lang ausgeruht hatten, starteten wir erneut. Stefan Jossen kam nicht mit, er wälzte sich mit einer schweren Magen- und Darmgrippe in seinem Zelt im Basislager. Wolfi, Diego und ich stiegen hinauf in unser Lager I und am nächsten Tag zu unserem Depot in Lager II. Ein ganz entscheidender Augenblick unserer Expedition war der dritte Tag, als wir von 6100 auf 7000 Meter hinaufstiegen und unser Zelt auf ein großes Plateau stellten. Wir hatten Isomatten dabei, aber keine Schlafsäcke. Die waren uns neben der üblichen Kletterausrüstung mit den Haken, Seilen und Klettergurten zu schwer, zumal wir auch noch den Kocher, Lebensmittel für ein paar Tage und unsere sperrigen, 1,80 Meter langen Ski zu schleppen hatten.

Wir wollten vom Gipfel des Nanga Parbat mit Ski abfahren und dem Achttausender-Bergsteigen damit einen weiteren Reiz abgewinnen. Skifahren an Achttausendern war schon damals nicht mehr ganz neu. Das war bereits an der Shisha Pangma und am Manaslu erfolgreich praktiziert worden. Doch direkt vom Gipfel und über eine extreme Steilwand war noch niemand abgefahren. Skifahren oberhalb von 8000 Metern ist eine unglaublich kraftraubende Angelegenheit, und um uns nicht unnötig mit Gepäck zu belasten, ließen wir uns also auf ein gewagtes Biwak ohne jeglichen Komfort ein.

Gegen Abend begann es auf einmal zu schneien. Schlagartig sanken unsere Hoffnungen. Bei den nun drohenden Verhältnissen schien unserem Plan wenig Aussicht auf Erfolg zu winken. Bei grundlos tiefem Neuschnee würden wir nicht den Hauch einer Chance haben, überhaupt auf den Gipfel zu gelangen, geschweige denn mit Ski abzufahren. Doch so schnell sich die Wolken zusammengezogen hatten, so schnell war auch wieder der Himmel zu sehen.

Als wir unser Biwak herrichteten und die Rucksäcke auspackten, begann Diego lautstark zu fluchen: »So ein Mist. Verdammt, wo sind die Dinger nur?« Ich schaute ihn fragend an: »Was ist los?« Diego schüttelte verzweifelt den Kopf: »Ich blöder Depp.« Er hatte seine

Eiskaltes Hochlager: Auf dem Plateau in der Diamir-Flanke liegt die dritte Station des Anstieges. Von hier aus sollte Wolfi Thomaseth unseren Aufstieg und die Skiabfahrt filmen.

Steigfelle für die Ski im Basislager vergessen. Doch wir mußten am nächsten Tag von unserem Lager aus einen 500 Meter breiten, zwar nur leicht ansteigenden Hang queren, in dem allerdings hüfttief Schnee lag. Nur auf diesem kleinen Teilstück wären uns die Tourenski beim Aufstieg eine wirkliche Hilfe gewesen, ansonsten würden wir sie nur für den Rückweg benutzen können. Ich mußte grinsen. Während Diego immer noch vor sich hinbrummte, sagte ich: »Du bist herzlich in meine Alpinschule eingeladen. Dort lernen unsere Kunden schon am ersten Tag des Skitouren-Kurses, wie man einen Rucksack richtig packt und was man besser nicht vergessen sollte.« Diego knurrte mich an. Ihm war der Sinn für derlei Späße vergangen.

Wir verkrochen uns ins Zelt und setzten den Kocher in Gang. Doch noch bevor das erste Wasser im Topf kochte, war die blaue Campinggas-Kartusche leer. Ich zog unseren letzten vollen Behälter aus dem Rucksack und wollte ihn anschließen. Dazu mußte ich mit einem Metallstift des Kochers die Dosenöffnung der Kartusche durchstechen. Ein Routinevorgang. Normalerweise. Doch ich rutschte mit dem Stift ein wenig

Ballast: Diego Wellig im unteren Teil der Diamir-Flanke auf dem Weg zum Lager II am Nanga Parbat

ab und brachte ihn nicht richtig in die Öffnung hinein. Die Kartusche war zwar angestochen, aber sie ließ sich nicht mehr mit dem Kocher zusammenklemmen. Zischend entwich das Gas. Es stank fürchterlich, und ich mußte husten. Nach weiterem, allerdings vergeblichem Herumhantieren war ich schließlich gezwungen, die Kartusche mitsamt dem Kocher in hohem Bogen aus dem Zelt zu werfen, sonst wären wir womöglich noch erstickt. Draußen zischte noch eine ganze Zeitlang das Gas aus der Dose, und drinnen wurde uns klar, daß wir die ganze Nacht über und auch am Gipfeltag ohne Flüssigkeit auskommen mußten.

Trotz der massiven Bedrohung unseres Gipfelgangs am Nanga Parbat grinste nun Diego: »Komm doch mal zu uns ins Wallis in die Kletterschule. Ich lade dich gern zu einem Anfängerkurs ein. Bei dem lernen die Leute schon in der ersten Stunde, wie man mit einem Gaskocher umgeht.« Mir war gar nicht zum Lachen zumute, denn ich wußte, wie entscheidend Flüssigkeit in dieser Höhe ist, und glaubte, unser Unternehmen könnte durch mein Mißgeschick ernsthaft gefährdet werden. Auch Wolfi fand es nicht mehr lustig, was sich Diego und ich für Schnitzer an einem Achttausender leisteten. Es hatte inzwischen aufgehört zu schneien, aber nun wurde es bitterkalt, und wir bibberten ohne Schlafsäcke dem Morgen entgegen.

Bereits um sieben Uhr verließen wir das Zelt. Wolfi blieb mit seiner Kamera zurück und filmte mit einem starken Teleobjektiv unseren weiteren Aufstieg. Mit ganz dünnen Reepschnüren umwickelten wir notdürftig Diegos Ski. Dieser Trick sollte ihm wenigstens ein bißchen die fehlenden Felle ersetzen. Doch dem war nicht so. Es war unmöglich für ihn, in einen Steigrhythmus zu kommen. Ständig rutschte er mit einem Bein zurück und verlor so auf jedem Meter, den er sich voranmühte, wertvolle Kraft. Die sollte ihm in der Gipfelwand fehlen. Immer wieder fiel er hin und mußte sich im tiefen Schnee mühsam hochrappeln.

Die direkte, sehr steile Flanke der klassischen Kinshofer-Route schien uns wegen des vielen Neuschnees zu lawinengefährdet. Wir wählten einen anderen Weg, der uns in eine etwa 50 Grad steile Rinne leitete und direkt zum Südgipfel führte. Es gab keinerlei Hinweise, daß dort jemals ein Mensch aufgestiegen war. Diego wurde zunehmend langsamer. Immer wieder mußte er stehenbleiben, um sich von den Anstrengungen zu erholen. Ohne Felle hatte er sich weiter unten fast völlig verausgabt. Nun ging ihm langsam der Saft aus. Er entschloß sich, direkt zum Südgipfel hochzusteigen, der nur wenige Meter niedriger ist als der Hauptgipfel. Ich hingegen begann unter dem Gipfelkamm eine schier endlos erscheinende Querung über Schneebänder hinüber zum höchsten Punkt, den ich zwei Stunden später, gegen 13 Uhr, erreichte.

Oben gönnte ich mir nur ein paar Minuten Rast. Ich machte ein paar Fotos mit dem Selbstauslöser und schaute mich um. Wie gerne hätte ich jetzt etwas getrunken. Die Zunge klebte am Gaumen, und mein Hals war trocken wie eine Dörrpflaume. Das Schlucken tat bereits weh. Die gewohnte Erleichterung, den höchsten Punkt erreicht zu haben, wollte

Halbzeit: Der Gipfel war nur der Ausgangspunkt für das eigentliche Abenteuer.

sich nicht einstellen. Mir wurde nun richtig bewußt, daß ich erst den Ausgangspunkt für mein eigentliches Unternehmen erreicht hatte. Für mich war es das erste Mal, daß ich eine Steilwand im Himalaya mit Ski versuchen wollte. Das wirklich Spannende lag also noch vor mir. Die langen Bretter jedoch hatten mich beim Aufstieg nur behindert, denn sie ragten hoch über meinen Rucksack hinaus, und ständig hatten sich die Spitzen in den steilen Hang gebohrt, während ich hochstieg. Aber ich wollte sie partout nicht liegenlassen und hatte sie schließlich wirklich bis zum Gipfel hochgetragen. Nun wandte ich mich um und stieg von der kombinierten Gipfelpyramide hinunter. Dann begann die lange Querung zurück zum Südgipfel, die ich schon großteils mit Ski befahren konnte. Bis dahin war alles Routine.

Unterhalb des Südgipfels traf ich auf Diego, der gerade von der Südspitze herunterkam. Unter uns lag eine tausend Meter tiefe, sehr steile Rinne. Das war der Auftakt und gleichzeitig das Schlüsselstück unserer Steilabfahrt. Auch Diego schnallte jetzt seine Bretter an. Wir redeten über mögliche Gefahren und versuchten uns gegenseitig zu beruhigen. Es herrschten tiefe Temperaturen, die Schneeauflage schien stabil zu sein. Diego hatte große Erfahrung mit Lawinengefahr. Er führte als Bergführer jedes Jahr fast hundert Skitouren kreuz und quer in den Alpen, und auch in diesem Jahr war er bis in den späten Frühling in den Westalpen unterwegs gewesen.

Ich war zwar wild entschlossen, die Rinne abzufahren, und dennoch traute ich mich nicht, in diese Höllenröhre hineinzuspringen. In mir wuchs die Verärgerung über mich selbst. Die Rinne war fünfzig Grad steil, und ich wußte genau, daß ich in diesem Gelände fahren konnte. Aber nach der tausend Meter tiefen Rinne weitere fast dreitausend Meter hinunterzublicken war ich nicht gewöhnt, und es jagte mir Schauer über den Rücken. Ich hatte Angst. Ganz langsam, fast unmerklich kroch sie in mir hoch und zerrte an meinen Nerven.

Im oberen Teil war die Rinne keine zehn Meter breit. Ich begann auf den Kanten der Ski vorsichtig abzurutschen. Vorwärts, bis ich mit den Spitzen fast an den Fels anstieß. Dann verlagerte ich das Gewicht und rutschte rückwärts, bis ich auf der anderen Seite der Rinne anstieß. Ich zögerte und zauderte. Ich versuchte mir einzureden, daß ich gleich einen Sprung versuchen würde, und wartete doch wieder ab. Über mir stand Diego, auch er traute sich nicht recht. Mir trat der Schweiß auf die Stirn.

Das alles dauerte eine halbe Ewigkeit. Ich ging in die Knie, nur um mich sofort wieder stocksteif aufzurichten. Mir ging die gewohnte Lockerheit ab. Die Muskeln waren verkrampft und mein Hirn ebenfalls. Nach dem x-ten Versuch sprang ich schließlich doch. Ich sprang mit dem Mut der Verzweiflung. Und sofort noch einmal. Es ging ganz leicht, völlig problemlos. Der Knoten in meinem Kopf hatte sich gelöst. Ein dritter Sprung noch, dann wollte ich verschnaufen und tief Luft holen.

Extremes Skifahren in dieser Höhe ist fast noch anstrengender als ein Aufstieg. Es raubt einem nach wenigen Sprüngen oder Schwüngen den Atem. Durch die Anstrengung scheinen sich die Muskeln in den Oberschenkeln aufzublasen wie Ballons. Es ist so kaum möglich, eine längere Strecke am Stück zu fahren. Außerdem zwingt das Gelände dazu, ständig stehenzubleiben und alles neu zu beurteilen.

Als ich nach meinem dritten Drehsprung landete, gab es einen dumpfen Knall, der mir durch Mark und Bein ging. Ich erschrak heftig, denn dieses Geräusch kannte ich nur zu gut. Genau auf der Höhe meiner Landung war der Schnee in der vollen Breite der Rinne gebrochen. Es sah aus, als würde sich direkt vor meinen Augen eine riesige Spalte öffnen. Oberhalb der Abrißstelle blieb alles fest, aber unterhalb kamen die Schneemassen augenblicklich in Bewegung. Mein Talski rutschte über die Kante ab. Es gelang mir jedoch, ihn sofort wieder hochzuziehen und damit zu vermeiden, daß ich das Gleichgewicht verlor und stürzte.

In den folgenden Minuten spielte sich unter uns ein Inferno ab, das gleichermaßen beängstigend und beeindruckend war. Einen Meter tief und auf einer Breite von gut zehn Metern war die Schneedecke eingerissen. Die Schneemassen begannen zu fließen und nahmen den einzig möglichen Weg. Den Weg nach unten. Unseren Weg. Meter für Meter geriet mehr und mehr Schnee in Bewegung, und mit immer höherer Geschwindigkeit jagte die Lawine die enge Halbröhre hinunter. Bald konnte die Rinne die Schneemassen nicht mehr aufnehmen, rechts und links schossen sie über die Felsen hinaus, und es entstand eine gewaltige weiße Wolke. Aus dem anfänglich leisen Zischen wurde ein gefährliches Grollen und schließlich ein bedrohliches Donnern. Wie in einer riesigen Wanne sammelte sich der Schnee unten auf dem Plateau, das wir am Morgen so mühsam gequert hatten. Dann sah es für ein paar Momente so aus, als würde die Natur noch einmal Luft holen. Die Lawine schien kurz langsamer zu werden, doch dann jagte sie wieder mit unverminderter Wucht weiter, über den Rand des Plateaus hinaus und noch einmal dreitausend Meter in die Tiefe Richtung Wandfuß.

Dieses Schauspiel dauerte zehn Minuten. Diego stand über mir. Ich schaute kurz hinauf und sah, daß er kreidebleich geworden war. Mir selbst schlotterten die Knie, und die Hände, mit denen ich die Stöcke umklammert hielt, zitterten fast schon unkontrollierbar. Diego stammelte: »Das gibt es doch nicht, das kann doch einfach nicht sein.« Ich war unfähig, ihm zu antworten. Auf einmal wurde es still. Ich schaute hinunter. Noch immer stand ich wie erstarrt genau auf der Abrißkante. Ich hatte mich keinen Millimeter bewegt. So etwas hatte ich noch nie gesehen.

Kurz nachdem es still geworden war, stiegen von unten Schneewolken herauf. Blendend weiß wirbelte der frische Pulverschnee in rasender Geschwindigkeit zu uns hoch. Es sah fast so aus, als habe die Lawine kehrtgemacht und würde uns nun von unten nach oben erwischen wollen. Selbst eine Viertelstunde danach waren wir immer noch eingehüllt. Wir sahen aus wie Schneemänner. Ich kam zu mir, als der Schnee in meinem Kragen schmolz und mir als eiskaltes Wasser den Rücken hinunterlief.

Nach den dramatischen Minuten wurde uns erst jetzt richtig bewußt, wieviel Glück wir gehabt hatten. Dieser Lawinenabgang hatte allerdings auch einen großen Vorteil. Nachdem nun der Neuschnee wie mit einem riesigen Besen aus der Rinne herausgefegt worden war, hatten wir eine griffige Unterlage, die fast schon die Verhältnisse einer gewalzten Piste bot. Wir rutschten und sprangen auf den Ski hinunter bis hin zu unserem Biwakplatz. Dort hockte zusammengekauert Wolfi Thomaseth mit seiner Kamera vor dem Zelt. Als wir dahergefahren kamen, lief er uns erleichtert entgegen. Auch er hatte bange Minuten zu überstehen gehabt, denn als er von unten sah, wie die Riesenfaust der Natur zuschlug, war er absolut sicher, daß uns die Lawine mitgerissen hatte. Für ihn stand fest, daß wir tot sein mußten, bis er uns endlich die Rinne herunterfahren sah.

Wir mußten erneut auf 6100 Metern biwakieren. Die Nacht hatte uns eingeholt. Wieder verschluckte die Dunkelheit unseren kleinen Lagerplatz. Wir litten unbändigen Durst, und ich verfluchte immer wieder meine Dummheit mit dem Kocher. Nach einer weiteren kalten Nacht fuhren wir am nächsten Tag auf den Ski bis ins Basislager hinunter. Dort

Abgefahren: Extremes Skifahren an den hohen Bergen der Welt wurde zunehmend zur Besessenheit.

hatte ich nur noch einen Gedanken: trinken, trinken, trinken. Gierig wollte ich den Tee in mich hineinschütten, den uns der Koch brachte. Ich setzte die Tasse an und verbrannte mir fürchterlich Lippen und Zunge. In den folgenden Tagen war es eine Qual, etwas zu mir zu nehmen. Mit geschwollenem Mund saß ich vor dem Zelt, und wir sahen hinauf in die Gipfelrinne. Mit bloßem Auge konnten wir die messerscharfe Abrißkante der Lawine erkennen und die Bahn, die die Schneemassen genommen hatten.

Am folgenden Tag erreichten zwei Koreaner die Gipfelflanke. Dort blieben sie für ein paar Stunden. Um vier Uhr nachts verließen sie ihr Biwak und stiegen entgegen unseren Warnungen in die sehr anspruchsvolle Gipfelwand ein. Die beiden hatten uns schon im Basislager erklärt, daß sie eigentlich Schwierigkeiten in großem, kombiniertem Gelände hätten. Mit dem Fernglas beobachteten wir nun, wie erschreckend langsam sie vorankamen. Sie hielten ständigen Funkkontakt mit ihrem Expeditionsleiter, der immer wieder zu uns gelaufen kam und uns um Tips bat. Ich sagte ihm mehrmals: »Die beiden müssen umkehren, sie haben nicht den Hauch einer Chance, den Gipfel zu erreichen.« Sie würden in die Nacht kommen und hätten außerdem keine Biwakausrüstung dabei.

Gegen 16 Uhr wurde schließlich die Entscheidung zur Umkehr getroffen. Es war spät, aber noch nicht zu spät. Langsam drehten die beiden um und begannen zögernd den Abstieg. In der Gipfelwand zog Bewölkung auf, und im Basislager machte sich unter den Asiaten große Enttäuschung breit. Dies hätte die erste koreanische Expedition zum Gipfel des Nanga Parbat werden sollen, nun mündete sie in eine Katastrophe. Eine Stunde, nachdem die beiden den Rückzug angetreten hatten, verlor einer den Halt und stürzte vor den Augen seines Partners kopfüber achthundert Meter in die Tiefe. Erschüttert funkte der andere Koreaner die Nachricht ins Basislager.

Wir hatten einen Traumerfolg in der Tasche und mußten nun diese tragischen Ereignisse verfolgen. Unser eigener Schock, ausgelöst durch die Lawine, saß noch tief, da kam schon der nächste. Der abgestürzte Koreaner wurde nie gefunden. Es schien, als hätte ihn der Nanga Parbat verschluckt – wie so viele andere vor ihm.

Kapitel VIII
Gefesselt in Schnee und Sturm –
Mit Freunden zum Manaslu

Mein Bruder Alois, Werner Beikircher, Erich Seeber, Friedl Mutschlechner, Hans-Peter Eisendle, Reinhold Messner, Norbert Joos, Diego Wellig – allesamt Begleiter auf meinen Wegen durch die Berge. Partner am Seil und hilfreiche Freunde in schwierigen Stunden. Jeder mit Stärken und Schwächen, aber alle paßten sie zu mir oder ich zu ihnen. Wir waren durch Zufälle aufeinander getroffen oder hatten uns gesucht. Egal wie, wir hatten uns gefunden. Und immer waren es außergewöhnliche Begegnungen, die uns dann zu außergewöhnlichen Zielen führten.

Bergkameradschaft. Was für ein Wort. Abgedroschen, ausgelutscht und überstrapaziert. Vielleicht am Ende auch noch negativ belegt und mißbraucht in der deutschen Sprache, die soviel Raum für Mißverständnisse läßt und doch gewisse Zusammenhänge nur unzureichend beschreiben kann. Nein, Bergkameradschaft ist kein Wort für mich und auch keine nähere Bezeichnung für einen Zustand. Aber braucht jedes Gefühl auch ein passendes Wort, eine Vokabel, eine Hülse?

Das Seil, das zwei Kletterer miteinander verbindet, hat, aus einem anderen Blickwinkel gesehen, etwas von einer Nabelschnur. Nur neun Millimeter stark und fünfzig Meter lang, verbindet es zwei Leben miteinander. Für ein paar Stunden ist es Bindeglied zweier Menschen mit demselben Ziel. Es ist Sicherungsmittel in einer schweren Wand, und man muß sich darauf verlassen können, was der andere mit dem Seil macht. Das setzt eine große Portion Vertrauen in den Partner am anderen Ende voraus.

Die Zeiten von Luis Trenker sind vorbei, und damit hat auch die heroische, vielbeschworene Bergkameradschaft an Bedeutung verloren. Heute wird im Wettkampfstil bei gleißendem Scheinwerferlicht an künstlichen Griffen in weit ausladenden Dächern bizarrer Wände in Hallen geklettert. Expeditionsbergsteiger sind Einzelkämpfer. Und Seilschaften beim Fels- und Eisklettern finden sich nicht selten auf der Basis des Zufalls zusammen. Das alles hat mit Kameradschaft nichts mehr zu tun. Und doch sind es am Ende nur die engsten Freunde, denen man sich bei den großen Unternehmungen anvertraut.

Als ich vom Nanga Parbat ins Ahrntal zurückkehrte, dachte ich viel über Freunde und Freundschaften nach. Es gab einige sehr gute Alpinisten in Europa. Polen, Franzosen, Schweizer, Briten, Italiener, Deutsche. Doch was bei internationalen Expeditionen herauskam, hatte ich am Fuß der Lhotse-Südwand schmerzlich lernen müssen. Ich hatte gute Freunde in Südtirol. Aber sie waren alle eingespannt in ihren Berufen und als Bergführer. Sie verdienten ihr Geld auf ganz andere Weise als ich. Für sie war es eine Frage der Zeit und oft mit großen wirtschaftlichen Entbehrungen verbunden, wenn sie mich begleiten wollten.

Ich erinnerte mich zurück, wie für mich alles begonnen hatte. Ich dachte an 1982, als mir Reinhold Messner bei seiner Expedition zum Cho Oyu die Chance gegeben hatte, ihn zu begleiten, und mir damit die Möglichkeit eröffnete, andere Länder, andere Kulturen und vor allem andere Berge kennenzulernen. Auch nach acht Achttausendern fühlte ich Dankbarkeit für diese Chance. Reinholds Einladung hat damals und in den Jahren danach mein Leben nachhaltig verändert und meinen bergsteigerischen Zielen eine ganz neue Richtung verliehen.

Ich konnte mich zwar der Faszination des Mount Everest nicht entziehen, doch zuerst wollte ich etwas anderes versuchen. Ich entschloß mich, jene Möglichkeit, die mir Reinhold eröffnet hatte, nun an andere weiterzugeben. Den Plan hatte ich schon 1989 geschmiedet. Jetzt, im Frühjahr 1991, war es Zeit, ihn zu realisieren. Ich wollte mit einer Südtiroler Expedition zum Manaslu gehen und jungen, ambitionierten Bergsteigern die Chance bieten, sich an einem Achttausender zu versuchen.

Ich streute ein paar Hinweise in meinem näheren Bekanntenkreis und veröffentlichte eine kurze Notiz im Veranstaltungskatalog der Alpinschule Südtirol, die ich inzwischen von Reinhold Messner übernommen hatte. Die Bezeichnung »Südtiroler Expedition zum Manaslu« hatte eine phänomenale Wirkung. Das Echo war beeindruckend. In meinem Hinterkopf nistete natürlich der Gedanke, daß ich vielleicht bei diesem Unternehmen auf einen Bergsteiger treffen würde, der in den folgenden Jahren mein ständiger Begleiter werden könnte, daß sich ein Verhältnis aufbauen würde, wie ich es zu Reinhold hatte.

Als Reinhold begann, auf die hohen Berge zu steigen, war es für ihn als Südtiroler schwierig, seine Expeditionen zu finanzieren und potente Sponsoren zu finden. Das war für mich nun nicht mehr ganz so problematisch, aber immer noch hindernisreich genug. Mein Bekanntheitsgrad reichte inzwischen zwar aus, um als Zugpferd von Ausrüsterfirmen und mit Diavorträgen oder Filmen mein Leben zu finanzieren, aber um eine zehnköpfige Expedition komplett auszurüsten, bedurfte es größerer Anstrengungen.

Ich wollte den Eigenanteil für die Teilnehmer so gering wie möglich halten. Für Südtiroler Bergsteiger war es sehr schwierig, günstig an großen, finanziell unterstützten Expeditionen teilzunehmen. Vom Italienischen Alpenverein wurden die italienischen Alpinisten bevorzugt, und der Südtiroler Alpenverein war wirtschaftlich nicht potent genug, um ein eigenes Unternehmen auf die Beine zu stellen. Kommerzielle Anbieter gab es damals einige, doch die waren so teuer, daß sich die jungen Bergsteiger das kaum leisten konnten.

Ich verhandelte mit Sponsoren, mit heimischen Firmen und schließlich mit dem Land Südtirol. Es gelang mir, die Idee entsprechend zu verkaufen. Auf einmal floß Geld. Der Quell sprudelte. Mein Ehrgeiz wurde immer größer. Die noch vor wenigen Monaten verhaßte Organisationsarbeit bereitete mir auf einmal Freude. Und wenn mir im Büro die Luft zu dick und das Chaos zu unübersichtlich wurde, rannte ich auf den Großen Moosstock. Oben angelangt, war ich glücklich; was ich vorhatte, funktionierte.

Nur einen Bergsteiger sprach ich persönlich an und bat ihn, an dieser Expedition teilzunehmen – Friedl Mutschlechner. Für ihn hatte ich einen festen Platz reserviert. Seit wir 1986 zusammen mit Reinhold den Makalu bestiegen hatten, war Friedl nicht mehr an einem Achttausender gewesen. 1982, beim Abstieg vom Kangchendzönga, hatte er sich schwere Erfrierungen an Händen und Füßen zugezogen. Nach der Teilamputation einiger Glieder und in der schwierigen Zeit, bis er dann wieder klettern konnte, hatte er die Motivation etwas verloren. Schon zum Makalu hatte er sich durchringen müssen.

Und nun lag ich ihm in den Ohren. Besser gesagt, ich lag ihm schon seit 1989 damit in den Ohren. Und immer wieder sagte Friedl: »Laß nur, ich mag nicht mehr auf die hohen Berge steigen. Irgendwie hab' ich die Schnauze voll.« Aber ich ließ ihn nicht in Ruhe. Und als er schließlich merkte, daß mir ernst war mit einer rein Südtiroler Expedition, daß ich den starken Jungen im Himalaya auf die Beine helfen wollte, als er hörte, daß auch sein Bruder Hans mitgehen würde, faßte er bei einer gemeinsamen Skitour den Entschluß, uns doch zu begleiten.

Nun war ich beruhigt. Das ausgeglichene Wesen von Friedl und seine große Himalaya-Erfahrung würden mir eine wesentliche Erleichterung sein. Friedl war sieben Jahre älter als ich. Wir hatten viele schwere Touren zusammen gemacht, und von ihm hatte ich gelernt, daß in einer brenzligen Situation eine Portion Leichtigkeit, ein guter Humor und vielleicht sogar ein Witz mehr helfen als jedes hektische oder harte Wort. Seine trockene Art, die Dinge beim Namen zu nennen, und seine Fähigkeit, sehr sensibel auf den einzelnen zu reagieren, seine souveräne Vorgehensweise am Berg, all das und vieles mehr machten ihn zu einem überaus beliebten Bergführer und zu einem begehrten Begleiter unter seinen Freunden. Wenn Friedl Mutschlechner sich nur näherte, war gute Stimmung garantiert. Ich war froh und dankbar, daß er mit uns zum Manaslu gehen wollte.

Am 2. April 1991 flogen wir von München aus nach Kathmandu. Die Gruppe konnte sich sehen lassen: die Grödner Berg- und Skiführer Gregor Demetz und Carlo Großrubatscher waren bereits im Himalaya und im Karakorum unterwegs gewesen. Carlo hatte ursprünglich schon bei einer anderen Expedition zugesagt, wechselte aber sofort, als er von unserem Unternehmen hörte. Albert Brugger hatte 1989 auf dem Gipfel des Cho Oyu gestanden. Werner Tinkhauser, Bergführer in der Alpinschule Südtirol, und Hans Mutschlechner verfügten über große Erfahrungen in Fels und Eis. Alle drei stammten aus Bruneck. Erich Seeber aus Mühlwald, mein langjähriger Seilpartner und »Nachsteiger« im Dolomitenfels, konnte inzwischen auf so illustre Gipfel wie den Elbrus, den Kilimandscharo, den Aconcagua und den Mount McKinley zurückblicken. Christian Rier aus Kastelruth kannte die klassischen Alpengipfel von vielen Sommer- und Winterbesteigungen. Roland Losso verdankte seine Himalaya-Erfahrung gemeinsamen Unternehmungen mit Reinhold Messner. Und Stefan Plangger hatte gar Wintererfahrung im Himalaya.

Wir bildeten zwei Gruppen. Ein Mutschlechner- und ein Kammerlander-Team. Ich selbst wollte als letzter auf den Gipfel steigen. Die anderen sollten das Vorrecht haben. Als wir von Samagaon, dem letzten Dorf unter dem Manaslu, zum Basislager hinaufstiegen, war das Wetter bereits schlecht. Und daran sollte sich nicht viel ändern. Es regnete und schneite. Die Sonne sahen wir eher selten. Einer nach dem anderen zog sich eine Erkältung zu, oder wir steckten uns gegenseitig an. Die Gruppen wurden komplett durcheinandergewürfelt. Nichts war mehr so, wie

Südtiroler Expedition, hintere Reihe von links: Carlo Großrubatscher, Erich Seeber, Christian Rier (verdeckt), Hans Mutschlechner, Werner Tinkhauser, Friedl Mutschlechner, Hans Kammerlander; vordere Reihe v. links: Stefan Plangger, Albert Brugger, Gregor Demetz, Roland Losso

Friedl und ich es uns ausgedacht hatten. Daheim im Büro und im Wohnzimmer hatte sich alles so gut angelassen. In der Theorie steigt man ganz locker auf einen Achttausender. Doch die Praxis beginnt im Basislager. Wir hockten in den Zelten, planten und verwarfen, organisierten neu und ließen es am nächsten Tag dann doch bleiben.

Das miese Wetter gab uns zunächst nur die Chance, zwei Hochlager auf 5500 und 6200 Meter Höhe zu errichten. Ich war mir absolut sicher, daß fast alle Teilnehmer die Fähigkeit besaßen, den Gipfel zu erreichen, wenn wir nur ein paar schöne Tage zur Verfügung hätten. Alle waren gut akklimatisiert und die meisten inzwischen wieder gesund. Doch die ständigen Schneefälle zwangen uns zu zermürbender Spurarbeit zwischen den Lagern und wiederholt zum Ausgraben der eingeschneiten Zelte. Es war zum Verrücktwerden. Und die gute Stimmung ließ sich nur noch mühsam aufrechterhalten.

Das Wetter blieb schlecht, während uns die Zeit davonlief. Die Genehmigungen, die die nepalesische Regierung für die Besteigung

eines Achttausenders ausstellt, sind zeitlich eingeschränkt oder zumindest an die klar eingegrenzte Saison gebunden. Ich wollte die Behörden nicht verärgern und damit meine künftigen Pläne gefährden. Deshalb forderten wir schließlich die Träger für den Rückmarsch an.

Am Morgen danach schien die Sonne. Der Himmel war wolkenlos. Ich witterte noch eine letzte Chance. Einer unserer Sherpa bestätigte mich. Auch er war sicher, daß nun ein paar schöne Tage folgen würden. Eine Gruppe von sechs Bergsteigern sollte die Möglichkeit wahrnehmen. Carlo Großrubatscher und Albert Brugger, Gregor Demetz, Hans Mutschlechner, Stefan Plangger, Roland Losso und Werner Tinkhauser sollten abwechselnd spuren, um so die Kräfte zu schonen. Zwanzig Schritte weit einen Graben treten, dann einen Schritt zur Seite gehen und hinten wieder anschließen. Friedl, Christian Rier und ich würden im Basislager bleiben, denn für uns alle reichte der Platz in den Hochlagern

Unverkennbar: die weithin sichtbare Doppelspitze des Manaslu. Diese Aufnahme entstand an einem der wenigen Schönwettertage während der Vormonsunzeit des Jahres 1991.

nicht aus. Per Funk wollten wir Tips geben und der Gruppe beim Abstieg entgegengehen, um beim Abbau der Lager zu helfen.

Als die Gruppe am Morgen aufbrach, winkte Carlo ab. Auch er blieb im Basislager. Die anderen gingen los und erreichten Lager I. Dort blieben sie über Nacht in den Zelten. Ein Anfang war gemacht. Tags darauf, schon ein paar Stunden nach dem erneuten Aufbruch, erhielten wir einen Funkspruch, daß sie aufgeben würden: »Wir kehren alle um.« Der viele Neuschnee machte ihnen zu schaffen. Zudem hatte Albert Brugger schon einige Tage zuvor von daheim die Nachricht erhalten, daß seine Frau das erwartete Kind auf die Welt gebracht hatte, die Geburt aber nicht ganz unproblematisch verlaufen war. Jetzt wurde er doch sehr unruhig. Überdies plagte ihn wieder eine hartnäckige Verletzung am Knöchel. Nun saß er da oben und wollte so schnell wie irgend möglich nach Hause zu Frau und Kind. Er kam gemeinsam mit Roland Losso

bereits vom Berg herunter. Die beiden packten ihre Sachen und stiegen gleich weiter ab.

Friedl Mutschlechner, Christian Rier, Carlo Großrubatscher und ich waren überrascht von dieser plötzlichen Wendung. Wir baten die anderen, vorerst im Lager I zu bleiben, und stiegen zu ihnen hinauf. Wir beratschlagten, was wir tun sollten. Christian war völlig durcheinander. Er stand noch ganz unter dem Eindruck eines merkwürdigen Traums der vergangenen Nacht. Da hatte er eine Gruppe Bergsteiger mit dem weinenden Carlo Großrubatscher an der Spitze beim Abstieg gesehen. Das verunsicherte Christian, und er stieg mit den anderen ins Basislager ab. Friedl und ich blieben. Und auch Carlo.

Er war ein außergewöhnlicher Bergsteiger, dieser Carlo Großrubatscher. Spät erst hatte er mit dem Klettern begonnen. Doch dann entwickelte er sich zum Senkrechtstarter. Der gelernte Automechaniker nahm die Nase plötzlich aus den Motoren und steckte sie in große Felswände. Carlo brauchte nur wenige Touren, dann ging er bereits den sechsten Grad im Vorstieg. Danach ließ ihn sein neuer Sport nie mehr los. Jede freie Minute verbrachte er in der frischen Luft. Er wurde Mitglied der berühmten Grödner Klettergilde Catores und bei der Bergrettung.

Grundlos: Neuschneemassen machten allen Expeditionsteilnehmern zu schaffen (Bild linke Seite).

Eisbruch: in den Seracs zwischen Lager I und Lager II am Manaslu

Carlo war erst 21 Jahre alt, als er sich mit einer Expedition der Catores am Nun Kun im Himalaya versuchte. Die Gruppe, der unter anderen auch Gregor Demetz angehörte, scheiterte nur am schlechten Wetter. Aber damals wurde deutlich: Carlo hatte alle Voraussetzungen für einen sehr starken Höhenbergsteiger. Er war mutig, ausdauernd, ungeheuer zäh, und er verfügte über jene Willensstärke, die auf den letzten Metern an einem hohen Berg über den Erfolg entscheidet. Und dennoch war er kein rücksichtsloser Draufgänger. Sicherheit ging ihm über alles.

Mit Freunden reiste er nach Kalifornien, ins Yosemite-Valley. Ein Steinschlag brach ihm dort das Schien- und Wadenbein, so daß er fast ein Jahr lang nicht richtig klettern konnte. Doch dann war er wieder da. In einer spektakulären Alleinbegehung durchstieg er die gesamte Langkofelgruppe in zehn Stunden: Langkofel, Fünffinger- und Grohmannspitze, Zahn- und Plattkofel. Schließlich flog er 1988 mit dem Südtiroler Stefan Stuflesser nach Patagonien und bestieg in weniger als 48 Stunden ab dem Basislager den Cerro Torre. Am Gipfel fand ich damals kurz danach den Wimpel der Catores, den Carlo und Stefan am Cerro Torre zurückgelassen hatten.

1989 ging er noch einmal mit den Catores auf Himalaya-Expedition, zu den mauerglatten Felsen der Trangotürme im Karakorum. Er gehörte

Zuversicht: Friedl Mutschlechner kurz vor der Ankunft im Lager I

Sonnenaufgang am Manaslu: Noch deutet nichts auf eine nahende Katastrophe hin (Bild nächste Seite).

jener Generation an, die bereits nach neuen Herausforderungen im höchsten Gebirge der Welt suchte. Schwere alpine Routen auch an Bergen, deren Namen nicht jeder kennt. Daheim in Gröden betrieb er inzwischen eine kleine Bar. 1990, kaum ein Jahr nach den Trangotürmen, stieg er mit seiner Freundin Thea auf den Kilimandscharo und erwarb schließlich sein Bergführerdiplom. Sein Ausbilder war Friedl Mutschlechner.

Nun saßen wir zu dritt im Lager I am Manaslu. Friedl, Carlo und ich. Keiner von uns ahnte, was in den nächsten Stunden passieren sollte. Wir waren immer noch guter Dinge. Wir hofften, in einem allerletzten Versuch den Gipfel zu erreichen. Zwei alte Füchse und ein junger Mann mit großer Zukunft. Diese Konstellation war so nie geplant gewesen, und doch einigten wir uns darauf, es zu versuchen. Wir sprachen in dieser Stunde auch über den großartigen Zusammenhalt dieser Expedition. Es war alles so ganz anders als bei dem internationalen Unternehmen in der Lhotse-Südwand. Jeder hatte für jeden alles gegeben. Wenn wir drei doch noch auf den Gipfel gelangen würden, wäre dies ein Erfolg von allen.

Wir stiegen zum Lager II auf und übernachteten dort.

Auch der nächste Tag brachte gutes Wetter. Der Himmel war tiefblau, und bald brannte die Sonne gnadenlos auf uns herunter. Wir mußten nun

die komplette Ausrüstung für das dritte Lager knapp 1000 Höhenmeter hinauftragen. Der Neuschnee hatte sich noch immer nicht gesetzt. Knietief sanken wir ein und wühlten uns einen tiefen Graben in die endlose Flanke. Mir rann der Schweiß in Strömen den Rücken hinunter, an den Beinen entlang und füllte schließlich die Plastikstiefel. Carlo und Friedl ging es nicht besser.

Direkt am Fuß eines mächtigen Seracs, einer senkrechten, im oberen Teil leicht überhängenden Eiswand, auf 7000 Meter Höhe, ebneten wir in der letzten Anstrengung dieses Tages einen Platz für unsere beiden Zelte. Sie standen direkt nebeneinander. Kurze Zeit später brodelte das erste Teewasser auf dem Kocher. Wir mußten dringend den hohen Flüssigkeitsverlust ausgleichen. Am Abend kam Sturm auf. Es wurde eine fürchterliche Nacht. Der Wind packte die Zelte und schüttelte sie durch. Unaufhörlich knatterten die Planen. Mit den Händen versuchten wir dem Gestänge zusätzliche Widerstandskraft zu geben.

Draußen schneite es heftig. Der Sturm wehte den Schnee gegen die Zeltwände und drückte sie immer mehr zusammen. Wir saßen in einem Gefängnis, das immer kleiner wurde. Friedl lag neben mir und atmete ruhig. Wenn der Wind für einen Moment nachließ, hörten wir Carlo nebenan, wie er von innen gegen die Zeltwände schlug, um sie von den

Schneemassen zu befreien. Wir zogen den Reißverschluß am Ausgang so weit wie irgend möglich zu, denn inzwischen war auch drinnen längst alles weiß überzuckert, weil der Wind den Schnee zu uns hereindrückte. Doch das Zelt geschlossen zu halten bedeutete Sauerstoffmangel, und der wiederum bescherte uns Kopfschmerzen. Stechend zunächst hinter den Augen und dann dröhnend unter der Schädeldecke. Wir schliefen in all den Stunden keine zehn Minuten zusammenhängend. Ich fiel manchmal in ein leichtes Dösen, schreckte aber gleich wieder hoch. Friedl wälzte sich unruhig hin und her. Um vier Uhr begannen wir wieder Tee zu kochen. Carlo kam zu uns herüber. Auch er hatte kaum ein Auge zugetan. Der Wind ließ zwar gegen Morgen etwas nach, aber Carlo sagte, es sei unglaublich kalt draußen. Es ging uns aber allen gut, und die Müdigkeit würde schon verfliegen, wenn wir erst einmal unterwegs wären. Das wußten wir genau.

Der Weg auf den Manaslu ist über weite Strecken reines Gehgelände. Er ist vom Basislager aus praktisch komplett einsehbar, solange es nicht Wolken oder Nebel in die Route drückt. Der Manaslu gehört zu den vergleichsweise einfachen Achttausendern. Und doch ist der Gipfel nicht zu unterschätzen. Einige Kilometer östlich von der Annapurna gelegen, ist auch er, wie alle Achttausender, voll und ganz dem Spiel des Wetters ausgesetzt.

Friedl ging kurz hinaus, kam jedoch gleich wieder zurück ins Zelt. Er rieb sich die Hände. Dann zog er die Innenschuhe seiner Plastikstiefel aus und rieb auch die Füße. Die schweren Erfrierungen, die er sich am Kangchendzönga zugezogen hatte, ließen ihn sehr empfindlich auf Kälte reagieren. Und er war durch dieses Erlebnis am Kantsch sehr vorsichtig geworden.

Draußen wurde es langsam hell. Wir schlürften heißen Tee. Die Wolken hatten sich verzogen, der Wind an Macht verloren. Rot zuerst und dann goldgelb ging die Sonne auf. Uns bot sich ein berauschender Anblick. Über der Flamme des Gaskochers wärmten wir die starren Plastikschalen unserer Stiefel, stülpten sie über die Innenschuhe, schnürten sie mit klammen Fingern zu und schnallten die Steigeisen an. Es war sechs Uhr und der 10. Mai 1991.

Friedl hatte Expeditionen zum K 2, der Shisha Pangma, zum Kangchendzönga, zum Cho Oyu, zum Dhaulagiri und zum Makalu unternommen. Er arbeitete seit vielen Jahren hauptberuflich als Bergführer. Unser gemeinsamer Freund Hans-Peter Eisendle hat Friedl einmal den »Nurejew der Senkrechten« genannt. Und tatsächlich, seine Art, sich im Fels fortzubewegen, hatte etwas Tänzerisches, etwas Meisterliches. Wir alle bewunderten seine Anpassungsfähigkeit an das Gelände. Neben vielen anderen Touren hatten Friedl und ich auch die berühmte Lacedelli-Route in der Südwand der Cima Scotoni im Herzen der Dolomiten durchstiegen. Damals war ich Anfang zwanzig und Friedl mein großes Vorbild und Lehrmeister. Mit einer traumwandlerischen Sicherheit fand er die Route, es war faszinierend zuzuschauen, wie er seinen Körper bog und spannte, wie das Spiel der Muskeln ihm Flügel zu verleihen schien.

Ein Blick in sein Tourenbuch, das er selten und ungern herzeigte, wies ihn als einen der stärksten Felskletterer seiner Zeit aus. Monte Agnér, Große Zinne, Rocchetta, Marmolada-Südwand, Torre Venezia, Rosengartenspitze, Torre Trieste, Crozzon di Brenta, Piz Ciavazes, Peitlerkofel, Totenkirchl-Westwand, Piz Badile, Heiligkreuzkofel, Civetta-Nordwestwand, Martinswand, Predigtstuhl, Fleischbank-Ost, Schüsselkarspitze, Königsspitze in der Ortler-Gruppe – nur ein kleiner Auszug aus seinen Ostalpen-Touren und doch genug Beweis, daß Friedl nichts ausließ, was lang und schwer war. Einige Jahre leitete er das Eiszentrum der Alpinschule Südtirol am Ortler, und in unseren Kreisen war er eine geschätzte Persönlichkeit, ein Lehrmeister und ein großes Vorbild. Friedl war im Fels daheim. Und er war selbst ein Fels. Wer sich anlehnen mußte, konnte das nirgendwo besser als bei ihm. Wenn er selbst anlehnungsbedürftig war, ging er heim. Heim zu seiner Marianne und seinem Sohn René.

Ein paar Tage vor unserem letzten Versuch am Manaslu war meine Frau Brigitte im Basislager eingetroffen. Sie saß nun unten und wartete auf unsere Rückkehr. Dann wollten wir gemeinsam das Basislager abbauen und zurückgehen. Als Brigitte angekommen war, hatte sie mir erzählt, daß auch Marianne Mutschlechner kommen würde. Sie wollte ihren Mann überraschen. Noch nie hatte sie bis dahin eine große Reise gemacht.

Marianne war am 7. Mai, über einen Monat nach unserem Aufbruch, ins Flugzeug gestiegen und nach Kathmandu geflogen. Brigitte hatte sie dazu überredet. Marianne verbrachte mit Christine Losso, der Frau von Roland, der sich mit uns am Manaslu befand, deren neunjähriger Tochter Denise und unserem gemeinsamen Freund Paul Christanell einige Tage in Kathmandu. Am 10. Mai schrieb Marianne Mutschlechner in ihr Tagebuch:»... auf der Hotelterrasse habe ich einige Postkarten geschrieben ... Christine hat sich zu mir gesellt. Heute muß ein entscheidender Tag sein, meinte sie, da sei sie sich ganz sicher. Irgend etwas von großer Bedeutung muß geschehen sein. Ich saß nachdenklich da und horchte in mich hinein. Es konnte jedenfalls nichts mit Friedl zu tun haben, da müßte ich auch etwas spüren, dachte ich. Oder trügen mich meine Gefühle?«

Am 11. Mai flog Marianne weiter nach Pokhara. Am 15. Mai brach sie nach Gurkha auf und startete einen Tag später in Richtung Basislager des Manaslu. Zu diesem Zeitpunkt befanden sich sämtliche verbliebenen Mitglieder unserer Südtiroler Expedition bereits im Abstieg Richtung Gurkha. Keiner von uns sprach ein Wort. Wir flohen vor diesem Berg. Am Manaslu hatte sich eine Tragödie von unbeschreiblichem Ausmaß ereignet. Und Marianne kam uns mit vollem Herzen entgegen.

Kapitel IX
Eine Tragödie nimmt ihren Lauf –
Krieg am Golf, Chaos im Himalaya

Sechs Uhr, am 10. Mai 1991. Wir standen in klirrender Kälte vor den Zelten und banden uns in ein dünnes, nur acht Millimeter starkes Seil ein. Es war in den vergangenen Tagen viel Schnee gefallen, und die Gletscherspalten in den Hängen des Manaslu waren zugeschneit. Wir wollten kein zu großes Risiko eingehen. Aber wir waren zu einem ernsthaften Versuch entschlossen. Etwas mehr als 1000 Höhenmeter trennten uns noch vom Gipfel.

Ich ging voraus. Dann folgte Carlo. Friedl bildete das Ende unserer Seilschaft. Wir gingen schnell. Jeder hatte zwei Skistöcke dabei und den Rucksack. Wir waren sicher, die 1000 Höhenmeter schaffen zu können, wenn uns nicht wieder ein Wetterumschwung einen Strich durch die Rechnung machen würde. Doch das Wetter in diesem Frühjahr war absolut unberechenbar. Es schlug Kapriolen, wie ich sie kaum jemals zuvor im Himalaya erlebt hatte. Nach den wenigen Schönwetterphasen hatte sich in den vergangenen Wochen immer wieder binnen kurzer Zeit der Himmel verdüstert, schwarze Wolken zogen dann auf und brachten Unmengen von Schnee und Regen. Und auch Gewitter.

Ein paar tausend Kilometer Luftlinie entfernt tobte zu dieser Zeit der Golfkrieg. Der Irak hatte auf Geheiß seines Präsidenten Saddam Hussein bei der Invasion in Kuwait die Ölfelder in Brand geschossen. Unter Führung der UNO bombardierten nun US-Kampfflugzeuge den Irak. Experten vermuten noch heute, daß die Ursachen für das anhaltend schlechte Wetter in den Bergen des Himalaya auf die Auswirkungen des Golfkrieges zurückzuführen waren. Von den brennenden Ölfeldern stieg die verschmutzte, rußige Luft auf und wurde vom Wind vor allem nach Osten getragen. Meist mußten wir unser Teewasser mehrmals aufkochen. Am Rand der Töpfe und Kessel bildeten sich schmierige schwarze Streifen, und auf dem Wasser schwammen schillernde Öllaugen.

Die Schmutzpartikel in der Luft sorgten für eine außergewöhnlich hohe Erhitzung der Atmosphäre und ermöglichten so die Bildung von Gewittern in Höhen, in denen dies bis dahin fast als unmöglich galt. Auch die Einheimischen in Nepal waren stark verunsichert. Sie sind meist in der Lage, den nahenden Monsun fast auf den Tag genau vorherzusagen. 1991 aber fürchteten sie, er könnte aufgrund der vorangegangenen starken Regen- und Schneefälle ganz ausbleiben.

Wir waren an diesen 10. Mai gerade zwanzig Minuten unterwegs, als Friedl Mutschlechner bat, anzuhalten. Er schloß zu Carlo auf und begann sich aus dem Seil auszubinden. Er sagte: »Ich gehe zurück. Es ist mir zu kalt. Ich habe keine Chance, auf den Gipfel zu kommen.« Wir diskutierten nicht. Wenn Friedl eine Entscheidung am Berg traf, war er nicht davon abzubringen. Und in den allermeisten Fällen lag er damit richtig. Er hatte Angst um seine Hände. Der Wind war wieder aufgekommen, und die Temperaturen lagen sicher bei vierzig Grad unter Null. Friedl ließ sein Ende des Seils in den Schnee fallen und ging langsam, nun mit dem Wind im Rücken zurück.

Carlo und ich stiegen weiter hinauf. Wir verminderten unser hohes Tempo nicht. Dann blieb auch Carlo stehen. Er stützte sich auf seine Stöcke und atmete schwer. »Ich bin zu schnell gestartet. Ich muß langsamer gehen.« Wir reduzierten unsere Schrittfrequenz. Immer wieder hielt Carlo jedoch an. Dann mußte jedesmal auch ich stehenbleiben, weil wir mit dem Seil verbunden waren. So kam auch ich nicht in einen harmonischen Gehrhythmus. Das Gelände wurde steiler, etwas anspruchsvoller und damit anstrengender. Ich versuchte Carlo Mut zu machen, ihn anzuspornen. Doch da hatte er mit dem Gipfel bereits abgeschlossen.

»Bei dem Tempo haben wir keine Chance, ganz hinauf zu kommen«, sagte er, »wenn wir so weiter kriechen, kommen wir in den Schneesturm.« Er atmete tief und sagte schließlich: »Ich gehe zurück. Allein schaffst du es vielleicht. Viel Glück. Sei vorsichtig.« Auch Carlo drehte um und stapfte in unserer Aufstiegsspur zurück.

Es ist bei der Besteigung eines Achttausenders von großer Bedeutung, daß jeder Bergsteiger eigenverantwortlich handeln kann. Friedl hatte seine Entscheidung getroffen und nun Carlo. Jetzt war ich an der Reihe.

Ich stand da und überlegte. Ich hatte ein paar Südtiroler Freunden die Möglichkeit zur Besteigung eines Achttausenders eröffnen wollen, und nun war ich allein übrig geblieben. Siebenhundert Höhenmeter unter dem Gipfel, in einem zunehmenden Sturm und aufkommendem

Verwirrend: Wie viele Achttausender zeichnet sich auch der Manaslu in einigen Passagen durch ein unübersichtliches Spaltenlabyrinth aus.

Schlechtwetter. Ich fühlte mich gut. Stark genug jedenfalls, um die Höhe zu überwinden. Aber ein Alleingang bei diesen Verhältnissen? Das war hart am Rande dessen, was ich bereit war, an Risiko einzugehen. Ich war mir nicht mehr sicher. Zu Carlo hatte ich gesagt: »Ich probiere jetzt blitzschnell zum Gipfelgrat zu kommen. Wenn dort der Wind nicht zu stark bläst, versuche ich bis zum Gipfel weiterzugehen. Egal, was passiert, wir treffen uns bei den Zelten im Lager III.«

Ich stieg weiter hinauf, nun gleichmäßig in meinem Rhythmus. Das Seil hatte Carlo mitgenommen. Wenn ich stehenblieb und mich umdrehte, konnte ich ihn langsam absteigen sehen. Und wenn er sich umdrehte, konnte er mich sehen. Wir hatten auch in der ganzen folgenden Zeit Sichtkontakt. Nur unsere beiden Zelte, am Fuß des Seracs, an dem sanft abfallenden Hang, konnte ich von oben nicht ausmachen.

Ich überwand sehr schnell weitere 400 Höhenmeter und gelangte auf den Grat. Dort tobte der Sturm so stark, daß ich mich kaum aufrecht halten konnte. Ich kroch auf allen vieren noch ein kleines Stück weiter. Dann hockte ich mich hin. Das war sinnlos, völlig sinnlos. Ich hatte nicht den Hauch einer Chance. Der Wind würde mich packen und einfach wegblasen. Ich sah hinunter. Unten hatten sich düstere Wolken zusammengebraut. Sie krochen langsam die Hänge hoch. Es brodelte wie in einem Kochtopf. Die ersten Fetzen erreichten schon die Höhe, wo unser Lager III stand. Ich mußte zurück, ich mußte sofort umkehren, bevor ich hier noch in einen Schneesturm geriet.

Ich holte das Funkgerät aus dem Rucksack und schaltete es ein. Das Basislager meldete sich sofort. Daß Friedl umgekehrt war, hatten sie von unten sehen können. Dann war ihnen die Sicht durch ein dichtes Wolkenband versperrt worden. »Der Carlo ist auch umgedreht, und ich habe hier oben keine Chance mehr gegen diesen Wind«, sagte ich, »wir packen zusammen und kommen runter.« Als die anderen hörten, was sich oben abspielte, waren sie erleichtert, daß auch ich mich zur Umkehr entschlossen hatte. Es war nun längst einerlei, ob diese Expedition noch einen Erfolg verbuchen würde oder nicht. Es sollten nur alle gesund nach Hause zurückkehren.

Ich wälzte mich vom Grat herunter, kam irgendwie wieder auf die Beine und stieg rasch ab. Der ständig drehende Wind trieb mich teilweise vor sich her, so daß ich laufen konnte. Es ging alles sehr schnell. Ruck, zuck war ich wieder unten. Als ich beim Serac ankam, sah ich Friedl, wie er schon damit beschäftigt war, unser Zelt abzubauen. Er tat dies wie immer sehr gewissenhaft und mit großer Aufmerksamkeit.

Ich erzählte ihm von dem starken Sturm, der mich am Grat erwischt hatte. Und er sagte, daß es wirklich besser sei, bei diesen Verhältnissen auf den Gipfel zu verzichten: »Wir können es nicht zwingen, und außerdem fällt dieser Berg ja nicht um, der steht nächstes Jahr bestimmt noch an der gleichen Stelle.« Ich mußte lachen. Dann sagte er, daß Carlo jetzt wohl auch gleich kommen müßte. Ich war überrascht. »Aber Carlo ist bald nach dir umgekehrt, der liegt sicher in seinem Zelt und schläft«, erwiderte ich. Friedl sagte: »Ach, dann war das Carlo, den ich draußen gehört habe. Ich habe mich noch einmal in den Schlafsack verkrochen, als ich zurückkam. Ich habe geglaubt, das sind die Eisschrauben, die ich vor den Zelten klappern hörte.«

Friedl ging drei Schritte auf Carlos Zelt zu und zog den Reißverschluß hoch. »Hey, wir machen uns langsam auf die Socken«, rief er und beugte sich nach unten. Carlo lag nicht in seinem Schlafsack. Das Zelt war leer. Schlagartig bekam ich ein merkwürdiges Gefühl. Mein Magen krampfte sich zusammen, und ich spürte einen Kloß im Hals. Ich verstand das nicht. Ich hatte ihn doch noch absteigen sehen, kurz bevor ich den Grat erreichte. Er mußte doch zu den Zelten gegangen sein. Es gab ja gar keine andere Möglichkeit. Es sei denn, er wäre direkt weiter in Richtung Basislager abgestiegen. Aber diese Möglichkeit verwarfen wir gleich wieder. Das war nicht denkbar. Carlo ließ nicht sein Zelt und seine Ausrüstung hier oben zurück. Und er würde schon gar nicht an den Zelten vorbeigehen, ohne Friedl Bescheid zu sagen, was er beabsichtigte. Dazu war Carlo viel zu verantwortungsbewußt.

Friedl hob ratlos die Schultern. Ich schüttelte den Kopf. »Das gibt's doch nicht.« Wir sahen uns um. Vielleicht sechs, acht Meter entfernt lag ein Eispickel. In der Schlaufe steckte ein Handschuh. Es war Carlos Pickel. Und es war Carlos Handschuh. Mir wurde heiß und dann eiskalt. Friedl schaute mich an. In seinen Augen erkannte ich gleich, daß auch er der Überzeugung war, hier konnte etwas nicht in Ordnung sein. Wir begannen hektisch den Platz bei den Zelten abzusuchen. Ich wollte den Serac hinaufsteigen. Doch Friedl hielt mich zurück. »Hans, bleib hier, was soll er denn da oben?« Wir entfernten uns ein kleines Stück von den Zelten, um vollen Einblick in den Hang Richtung Basislager zu haben.

Etwa hundert Meter unter uns lag etwas. War das ein Mensch? Wir riefen laut Carlos Namen. Keine Antwort. Meine Gedanken jagten und suchten fieberhaft nach einer Erklärung. Ich fand keine. Aber da unten lag ein Mensch. Oder saß er? Nein, er lag. Regungslos und eigenartig verdreht. Wir stürzten zurück zum Zelt, rissen einen Schlafsack heraus, stopften ihn in den Rucksack und rannten zurück bis zu der Stelle, an der sich der Hang leicht abwärts neigte. Dort setzten wir uns auf den Rucksack und rutschten hinunter. Der Wind hatte eine dünne Schneeschicht auf den harten Firn geblasen. Deutlich sahen wir eine Schleifspur. Und ein paar Blutflecken. Nicht viele und ganz schwach nur.

Als wir ankamen, erkannten wir Carlo sofort. Er lag auf einer zur Hälfte eingebrochenen Schneebrücke, die über einer riesigen Gletscherspalte hing. Es sah gefährlich aus, aber das war mir in diesem Moment egal. Ich legte mich flach auf den Bauch und robbte zu Carlo hinüber. Ich rief ihn an, doch er gab keine Antwort. Er hatte zu unserer Verwunderung noch immer das Seil, das wir beim Aufstieg verwendet hatten, an seinem Klettergürtel befestigt. Ich faßte nach dem Seil und warf das Ende hinter mich. Friedl sicherte mich nun, und ich gelangte ganz zu Carlo hin.

Ich sah ihm in die Augen. Sein Blick war gebrochen. Er war tot. Ich hielt meine Lippen an seine Nase und legte dann mein Ohr auf seine Brust. Er atmete nicht, und sein Herz stand still. Carlo war tot. In mir stieg eine unkontrollierbare Ohnmacht auf. Alles um mich herum schien sich zu drehen. Friedl erkannte sofort, was passiert war. Carlo lag so, wie er nach seiner Rutschfahrt zum Halten gekommen war. Es gab nur seine Spur und sonst keinerlei Anzeichen von Bewegung. Sein Kopf war unnatürlich zur Seite gedreht. Carlos Genick war gebrochen.

Wir schleppten ihn aus der gefährlichen Zone am Rand der Spalte. Wir begutachteten die Umgebung. Das war kein Absturzgelände. Friedl und ich rappelten uns hoch. Wir standen uns gegenüber, zwischen uns lag Carlo. Ich schaute den Hang hinauf und dann hinunter. Friedl tat das Gleiche. Wir lamentierten und diskutierten. Was wir taten, war völlig sinnlos. Aber wir suchten nach einem Grund, nach einer Erklärung, wenigstens nach einer Mutmaßung, wie das passiert sein konnte. Vergebens. Das alles machte keinen Sinn, es gab keine Logik, die das alles hätte begreiflich machen können. Abstürzen in einem Gelände, in dem man kaum abrutschen konnte, das war unmöglich. Er hätte in diesem Hang jederzeit anhalten können. Und dann gerade Carlo, einer der besten und talentiertesten Kletterer Südtirols. Das konnte doch nicht sein. Gedanken rasten durch unsere Köpfe. Die meisten sprachen wir laut aus. Aber sie fanden keinen Halt.

In unserer Fassungslosigkeit standen wir schließlich einfach nur noch da. »Schau«, sagte Friedl auf einmal, »Carlo hat nur ein Steigeisen an den Füßen.« Hatte er ein Eisen verloren? Hatte das zum Absturz geführt? Wir verfolgten noch einmal Carlos Rutschspur nach oben, neben der jetzt noch eine zweite, unsere eigene, verlief. Am Ende blieben die Blicke an dem Serac hängen. Er bot die einzige Möglichkeit, in diesem Gelände abstürzen zu können. Wir stiegen wieder hinauf zu den Zelten.

»Carlo muß im Zelt den Pickel geholt haben«, sagte Friedl, »vielleicht war das das Klappern, das ich gehört habe.«

»Vielleicht wollte er von oberhalb des Seracs meinen Aufstieg fotografieren«, sagte ich.

»Dabei muß er ein Steigeisen verloren haben«, sagte Friedl.

»Dann ist er möglicherweise abgestürzt«.

Sichergestellt: Im Schutz eines Seracs standen die beiden Zelte im Lager III auf 7000 Meter.

»Und nach dem Aufprall ist er den Hang hinuntergerutscht.«

Unsere Worte überschlugen sich. Diese unglückselige Verkettung von Ereignissen schien uns auf einmal die einzig mögliche Erklärung für das Geschehene.

Wir sprachen nicht mehr. Wir schauten den Serac hinauf und dann zu den Zelten und schließlich den Hang hinunter. Immer wieder wanderten unsere Blicke hin und her. In die Ohnmacht mischten sich Trauer und Verzweiflung. Die Gedanken glitten plötzlich weg vom Ort des Geschehens. Wie sollte ich das alles den anderen unten im Basislager beibringen? Wie Carlos Freundin Thea? Alle würden uns Fragen stellen, die weder Friedl noch ich mit schlüssiger Endgültigkeit beantworten konnten. Ich war der Expeditionsleiter und trug damit ein Stück Verantwortung. Was sollte nun werden? Dieser verdammte Berg.

Friedl spürte offenbar genau, was in mir vorging. »Es wird jetzt eine schwere Zeit auf uns zukommen. Aber Carlo ist tot. Du brauchst dir deshalb keine Vorwürfe zu machen. Jeder wußte, daß er für sich selbst verantwortlich ist. Niemanden trifft eine Schuld. Es war ein Unglück.« Friedl war auf einmal ganz ruhig. Seine nüchterne Sachlichkeit erschreckte mich nicht einmal. Sie war für den Moment die einzige Möglichkeit, wieder einen klaren Gedanken zu fassen.

Friedls Trost holte mich in die Realität zurück. Das schlechte Wetter war bei uns angekommen. Schneeflocken tanzten vom Himmel. Wolken hüllten uns ein. Wir mußten schnell von diesem Berg herunter. Aber ich konnte doch nicht so einfach weggehen? Ich mußte irgend etwas tun. Wir konnten Carlo nicht mitnehmen. Die Bergung eines Toten ist an einem Achttausender nicht möglich. Mir kam Carlos Goldkette in den Sinn. Die wollte ich holen und mitnehmen. Als Andenken für seine Familie, für Thea, seine Freundin. Friedl hielt mich zurück. Er sagte: »Laß ihm alles. Es ist besser so.« Ich war unendlich froh, daß Friedl bei mir war. Er blieb ruhig und überlegt. Wenigstens erschien es nach außen so. Seine Ruhe begann sich auf mich zu übertragen.

Geistesabwesend packten wir zusammen und begannen langsam abzusteigen. Wir mußten hinunter, denn der Schneefall wurde immer heftiger. Einem inneren Antrieb folgend, stapfte ich mechanisch hinter Friedl her. Meine Gedanken waren bei Carlo. Ich sah wieder, wie er umgekehrt und zurückgegangen war. Und ich konnte mir immer noch nicht erklären, wie das passiert sein konnte. Warum hatte er ein Steigeisen verloren? War er wirklich den Serac hinaufgestiegen. Ich sagte zu Friedl, er solle stehenbleiben. Dann nahm ich den Rucksack herunter und wühlte das Funkgerät heraus. Ich rief das Basislager und übermittelte die schreckliche Nachricht.

Ich weiß nicht mehr, was ich gesagt habe und wie ich es den anderen beibrachte. Aber ich kann mich erinnern, daß ich von unten gefragt wurde: »Was sollen wir tun?« Ich ließ das Gerät sinken und schaute zu Friedl. Er schüttelte wortlos den Kopf. Ich sagte: »Nichts. Ihr könnt gar nichts tun. Wir kommen jetzt runter. Hier oben schneit es wie wild. Wir nehmen Lager II ein Stück mit, dann könnt ihr es vielleicht morgen holen. Alles andere ist sinnlos.« Auch unten im Basislager schneite es bereits stark. Wir beendeten den Funkkontakt.

Erst später erfuhr ich, was sich in diesen Stunden im Basislager abspielte. Die anderen hatten von unten unseren Aufbruch am frühen Morgen beobachten können. Sie sahen, wie sich drei Punkte Richtung Gipfel bewegten, wie einer schon bald zurückging und zwei von uns weiterstiegen. Sie sahen auch Carlos Umkehr. Sie konnten beobachten, wie er bei den Zelten ankam, aber nicht hineinging, sondern sich auf und ab bewegte. Sie nahmen an, er würde fotografieren. Mit dem Fernglas verfolgten sie meinen Aufstieg zum Grat und meine Umkehr. Allen war nun klar, daß die Expedition damit beendet sein würde. Doch es kamen keine Bitterkeit und keine Enttäuschung auf. Nur eine gewisse Erleichterung. Während ich zu den Zelten abstieg, saßen Erich Seeber und Hans Mutschlechner bei Sherpa Tham und lachten über seine Geschichten, die er in Europa erlebt hatte. Gregor Demetz saß im Zelt und schrieb Tagebuch. Stefan Plangger fotografierte, und Werner Tinkhauser ging hinüber zum Bach. Christian Rier lag im Zelt und las ein Buch. Hans Mutschlechner und meine Frau Brigitte beschlossen, daß sie Friedl am Abend sagen würden, daß seine Frau in Ghurka auf ihn wartete. Sie beschlossen am Abend eine Flasche Wein zu köpfen, die Brigitte von daheim mitgebracht hatte. Und sie wollten den Kaviar auftischen, den die russische Expedition uns geschenkt hatte. Über dem Basislager schloß sich, wie so oft in den vergangenen Wochen, der Wolkenvorhang. Bald darauf begann es zu schneien. Gegen 10.30 Uhr erhielten sie über Funk die Nachricht von Carlos Tod.

Diese Botschaft traf alle wie ein Keulenschlag. Die dürre Erklärung, die ich über den möglichen Hergang des Unglücks abgeben konnte, befriedigte niemanden. Gregor Demetz war außer sich. Er stammelte immer wieder:»Carlo, Carlo. Mein bester Freund ist tot.« Die Freunde fragten sich immer wieder, wie das hatte geschehen können. Sie hatten Carlo doch sicher bei den Zelten ankommen sehen. Das Funkgerät blieb eingeschaltet. Alle saßen im großen Eßzelt. Fassungslos. Zu Mittag brachten die Sherpa etwas zu essen. Niemand sagte mehr etwas, niemand aß. Plötzlich begann Gregor zu erzählen. Er sprach von Carlos Bar, von Carlos Freundin Thea und daß die beiden beschlossen hatten, bald zu heiraten. Die anderen ließen Gregor reden. Er erzählte von gemeinsamen Touren und von den Plänen, die sie in den vergangenen Wochen geschmiedet hatten.

Draußen wurde das Wetter immer schlechter und drinnen alle immer nervöser. Sie warteten auf einen weiteren Funkspruch. Doch sie hörten nichts.

Friedl und ich erhöhten das Tempo. Die Sicht wurde immer schlechter. Unten im Lager II lagen zwei Paar Ski. Eines davon gehörte Carlo. Er war ein genauso begeisterter Skifahrer wie ich. Wir hatten zusammen mit Ski abfahren wollen. Nun sollte Friedl Carlos Ski nehmen, dann

könnten wir schneller unten sein, heraus aus diesem Wetter und weg von diesem Berg. Wir stiegen einen Hang hinunter, den wir beim Aufstieg umgangen hatten. Doch dort drohte Lawinengefahr. Friedl mahnte zur Umkehr. Also gingen wir wieder hinauf, zurück in die alte Spur. Dadurch verloren wir wertvolle Zeit.

Als wir beim Lager II ankamen, packten wir schnell alles zusammen, wickelten es in eine Zeltplane und banden es mit Reepschnüren ein. So entstand ein Sack, den wir zwischen uns nahmen wie einen Rettungsschlitten. Ich fuhr voraus und Friedl bremste hinten ab. Die Sicht wurde zunehmend schlechter. Immer wieder mußten wir stehenbleiben und auf eine kurze Aufhellung warten, damit wir die Bambusstecken wiederfanden, mit denen wir beim Aufstieg in mehr oder weniger regelmäßigen Abständen den Weg markiert hatten.

Friedl hatte seine liebe Mühe beim Abfahren. Das war ungewöhnlich, denn er war ein begeisterter und sehr guter Tourengeher. Wir trugen allerdings auch keine Tourenskischuhe, sondern nur normale Plastikbergschuhe, die zum Skifahren nicht unbedingt optimal geeignet sind. Man kann sie nicht so fest schließen, und der Fuß schwimmt im Schuh. Dadurch bringt man viel schwerer den nötigen Druck auf die Ski. Außerdem hatte Friedl Probleme mit der Übergröße seiner Stiefel, die er

Dramatische Wende: Das Wetter und die Bedingungen verschlechterten sich zusehends. (Bild linke Seite)

Inferno: Friedl Mutschlechner wenige Minuten vor dem Blitzschlag

wegen seinen Erfrierungen tragen mußte. Immer wieder fiel er hin und mußte sich mühsam aus dem tiefen Schnee herauswühlen.

Als das Gelände flacher wurde, erreichten wir einen Serac. Dort befestigten wir die Ausrüstung von Lager II mit einer Eisschraube. Wir waren nur noch eine gute halbe Stunde vom Lager I entfernt.

Ohne diesen großen Ballast fuhren wir weiter ab. Der dichte Nebel ließ das Gelände einförmig erscheinen. Alles um uns herum war weiß. Gletscherspalten erkannten wir erst im letzten Moment. Wir banden uns mit einer kurzen Reepschnur zusammen, um wenigstens halbwegs vor einem drohenden Sturz geschützt zu sein. Es war längst nicht mehr möglich, wirklich Ski zu fahren, wir rutschen im Stemmbogen ab. Stück für Stück suchten wir den Weg nach unten. Irgendwann hielt Friedl mich an. Er war fest davon überzeugt, daß wir zu weit nach rechts geraten waren. Ich war nicht sicher. Als es kurz aufriß und wir ein wenig sehen konnten, bestätigte sich Friedls Annahme. Wir querten zurück und stießen schließlich auf eine unserer Bambusmarkierungen. Es war die erste, die wir oberhalb von Lager I gesetzt hatten.

Ein flacher Rücken noch, ein kurzer Gegenanstieg und schließlich eine Steilstufe hinunter, dann wären wir bei den Zelten. Ich war einigermaßen erleichtert und stellte die Ski schon wieder in Fahrtrichtung, als

Friedl mich zurückhielt.»Du hast was verloren«, sagte er und griff in den Schnee. Dort lag das Funkgerät, das mir aus der offenen Deckeltasche gefallen war. Friedl steckte es in seinen Anorak und schloß den Reißverschluß meines Rucksacks:»Das Funkerle können wir sicher noch brauchen.« Wir waren nicht mehr so sehr in Eile. Wenn es zu spät würde, könnten wir auch in Lager I übernachten und am nächsten Tag ins Basislager gehen. Nur jetzt kein Risiko mehr.
Als wir den Gegenanstieg hinter uns hatten, war die Sicht gleich Null. Wie eine weiße Wand stand der Nebel. Es schneite unaufhörlich. Wir sahen absolut nichts mehr. Und über uns war es fast schwarz. Wir wollten warten, bis es wieder ein wenig aufhellen würde. Ich machte ein Foto von Friedl, wie er da im dichten Schneetreiben stand, seine Skibrille auf die Wollmütze geschoben, der Bart vereist, der Kragen des Anoraks hochgestellt. Es war so düster, daß sich der eingebaute Blitz in meiner kleinen Kompaktkamera automatisch zuschaltete. Für Sekundenbruchteile erhellte er Friedls Gesicht, dann war es wieder wie in der späten Dämmerung eines Tages, kurz bevor die Nacht hereinbricht. Es war kurz vor 17 Uhr und der 10. Mai 1991.

Kapitel X
Tödliches Inferno – *Der Manaslu fordert ein zweites Opfer*

Wir standen da und warteten. Als ich das Gefühl hatte, es würde etwas heller, bat ich Friedl, das Seil zu halten und mich ein wenig zu sichern. Ich wollte langsam vorausgehen. Skifahren war in den grundlosen Schneemassen praktisch nicht mehr möglich. Selbst bei dem Versuch, seitlich abzurutschen, schob sich sofort ein Berg Schnee zusammen. Jetzt mußten wir verdammt vorsichtig sein.

Ich glitt langsam auf den Skikanten ein paar Meter nach vorn. Plötzlich spürte ich etwas an meinem Ohr. Es war, als würde mich jemand mit spitzen Fingernägeln zwicken. Immer und immer wieder und in ganz kurzen Abständen. Die Stelle, an der ich meinen kleinen Ohrring trug, war wie elektrisiert. Ich drehte mich halb zu Friedl um und rief: »Die Luft ist voll Strom. Alles ist wie aufgeladen.« Friedl antwortete: »Ja ich spür es auch. Mein Pickel singt.« Die Luft summte und brummte. Auf meiner Wollmütze bitzelte es. Ich schrie: »Wir müssen hier weg, da kommt ein Gewitter.«

Friedl versuchte mich zu beruhigen. »Das ist in dieser Höhe kein Problem. Wir sind nicht auf einem Gipfel. Das ist doch nur ein flach ausgeprägter Hügel. Es wird uns nichts passieren.« Aber ich traute der Situation nicht, und auch Friedl konnte mir meine aufsteigende Angst nicht nehmen. Ich wollte weiter. Aber Friedl ließ das Seil nicht nach. Er rief mir zu: »Wart' ein bissl, es hat ja keinen Sinn, du siehst ja nicht einmal, wo du hintrittst.« Er hatte ja recht, aber dieses ständige Zwicken an meinem Ohr, das unheimliche Summen in der Luft und dieses Knistern auf meiner Mütze machten mich immer nervöser.

Ich dachte, vielleicht kommt das Summen von den Steigeisen, die auf meinen Rucksack geschnallt sind. Vielleicht ziehen sie die Elektrizität an. Ich nahm den Rucksack von den Schultern, bückte mich und legte ihn neben mich. Das Zwicken an meinem Ohr hörte auf. Als ich mich aufrichtete, spürte ich es sofort wieder. Deshalb legte ich mich flach in den Schnee, um meinen Kopf aus dem Spannungsfeld herauszubringen.

Genau in diesem Moment gab es einen dumpfen Schlag. Es war, als hätte jemand mit einem Brett direkt neben mir in den Schnee gehauen, als wäre eine Lawine von einem Dach gerutscht und unten in eine riesige Tonne gedonnert. Eine starke Druckwelle fegte über mich hinweg. Der Stromschlag, der mich durchfuhr, war so stark, daß ich für einen Moment völlig benommen war. Ich lag da und duckte mich flach in den Schnee. Mitten in diesem düsteren Schneesturm war es für Augenblicke taghell geworden. Als hätte jemand einen starken Scheinwerfer direkt vor meinem Gesicht ein- und gleich wieder ausgeschaltet.

Es gelang mir nicht, meine Gedanken zu sortieren. Ich war völlig geschockt. Es schoß mir nur durch den Kopf: Abhauen, wir müssen hier abhauen. Die Situation war verdammt gefährlich. Wir müssen hier weg. Ich rutschte auf dem Bauch weiter. Ein, zwei Meter kam ich noch. Dann spannte sich das Seil. Ich sah überhaupt nichts. Der Wind blies mir den Schnee in die Augen. Ich kniff die Lider zusammen, aber ich konnte nichts erkennen. Warum ließ Friedl das Seil nicht nach? Wir mußten uns aus dieser Gefahrenzone befreien. Ganz egal wie.

Ich gab Friedl das Zeichen, das wir so oft beim Klettern verwendet hatten, wenn der Wind die Kommandos verblasen oder wir keinen Sichtkontakt hatten. Ich ruckte zweimal kräftig am Seil. Nichts rührte sich. Ich schrie: »Friedl, komm, wir müssen schnellstens hier weg.« Nichts. Ich brüllte noch lauter. Aber ich bekam keine Antwort. Ich zerrte am Seil, doch es blieb gespannt. »Friedl, komm endlich.« Nichts. Nur der Sturm heulte und trieb den Schnee vor sich her.

In mir nagte die nackte Angst. Ich sah nichts, ich hörte nichts, ich spürte nichts. Um mich herum nur dieses Inferno der Natur. In Bruchteilen von Sekunden hetzten mich meine Gedanken von einer Katastrophe in die nächste. Ich dachte an Friedls Pickel auf dem Rucksack. War dort vielleicht der Blitz hineingefahren? Hatte ihn die Wucht des Stromschlags umgeworfen? War er möglicherweise bewußtlos geworden? Wann kommt er wieder zu sich? Ich schrie: »Friedl, Friedl, was ist passiert?« Er gab keine Antwort. Ich versuchte ihn am Seil zu mir zu ziehen. Doch da rührte sich nichts.

An den Boden gedrückt, robbte ich am Seil zu ihm hin. Dazwischen schrie ich wieder und lauschte in den Sturm. Als ich ganz nah bei ihm war, als ich bis auf wenige Zentimeter an ihn herangekrochen war, sah ich ihn flach im frischen Schnee liegen. Ich nahm seinen Kopf in beide

Hände und drehte sein Gesicht zu mir. »Friedl«, flüsterte ich nun, »Friedl, was ist mit dir.« Er bewegte sich nicht, und er atmete auch nicht mehr. Er war nicht bewußtlos. Friedl war tot. Seine Augen starrten mich an. Sein Blick war gebrochen.

Ein scharfer, beißender Geruch stieg mir in die Nase. Was war das? Mechanisch sortierte mein Gehirn die Geruchssinne. Es roch nach verbranntem Fleisch. Verbranntes Fleisch! Oh Gott, der Blitz hatte Friedl getroffen.

Die Luft begann wieder zu summen. Und in der Nähe von Friedls Kopf war es besonders stark. Panik packte mich. Ich langte nach seinem Rucksack, weil ich ihn wegwerfen wollte. Aber ich bekam ihn nicht von seinen Schultern. Ich kroch wieder zurück, so weit das Seil reichte. Erneut drückte ich mich tief in den Schnee. Hilf- und wehrlos wie ein krankes Tier lag ich da und wimmerte vor mich hin. Die Ski, ich mußte die Ski von mir wegbringen. Ich langte hinunter und drückte die Bindung auf. Es wurde wieder hell. Gleich darauf ein Donnerschlag. Ich packte die Ski und schleuderte sie weg, so weit ich konnte. Mit den Händen begann ich panisch im Schnee zu wühlen. Wie ein Besessener grub ich mich ein. Ich war schon darauf gefaßt, daß auch mich jeden Moment der Blitz erschlagen konnte.

Um mich herum tobte ein Gewitter von unglaublicher Wucht. Es blitzte und donnerte fast gleichzeitig. Dazwischen jaulte der Sturm eine unheimliche und schaurige Melodie. Ich wühlte mich noch tiefer ein. Es schneite nun in dicken, nassen und schweren Flocken. Im Nu war ich vollkommen zugedeckt. Wieder krachte der Donner. Das Gewitter mußte direkt über uns sein. Selbst im Dunkel meiner Höhle und mit dem Gesicht nach unten sah ich, wie es immer wieder taghell wurde. Dieses Inferno lähmte mich.

Wenn es für einen Moment ruhiger wurde, dachte ich an Friedl. Ich schob den Kopf etwas hoch und schrie wieder seinen Namen. Vielleicht war er gar nicht tot? Möglicherweise konnte ich ihm noch helfen? Mit einer Herzmassage mußte er doch wieder zu sich kommen. Ich kroch aus meinem Loch heraus, wartete den nächsten Blitz ab, um mich zu orientieren, und robbte wieder zu ihm hin. Ich schaute ihn noch einmal ganz genau an. Nein, es gab keinen Zweifel, Friedl war tot.

Ich befand mich in einem unglaublichen Chaos. Oben lag Carlo. Tot. Nur wenige Zentimeter von mir entfernt lag Friedl. Tot. Und ich lebte. Warum? Was war hier eigentlich los? Dieser verdammte Berg. Er sollte endlich aufhören. Ich war mit meinen Nerven am Ende. Mein Gehirn war blockiert. Es konnte wohl diese Vielzahl von Informationen nicht mehr verarbeiten. Ich war unfähig, einen klaren Gedanken zu fassen, geschweige denn einen vernünftigen.

Vieles von dem, was ich danach tat und was ich später langsam in meinem Kopf rekonstruieren mußte, geschah aus einem Instinkt heraus. Ich band Friedl aus dem Seil. Dann suchte ich meine Ski. Ich wollte sie in den Schnee rammen, das Seil daran festbinden und versuchen, mich über die steile Schneestufe vor mir zu den Zelten hinunterzulassen. Das Gewitter hielt unvermindert an. Kaum hielt ich die Ski in der Hand und stellte sie aufrecht, begannen die Stahlkanten Funken zu sprühen. Hellblaue Flammen tanzten auf dem Metall. Es knisterte und summte wieder. Ich warf die Ski erneut in weitem Bogen von mir und kroch verzweifelt zurück in meine Höhle. So ging es nicht.

Aber irgend etwas mußte ich tun, wenn ich überleben wollte. Es wäre mein sicherer Tod gewesen, wenn ich mich hinausgestürzt hätte in dieses Gewitter. Wenn mich der Blitz nicht erschlagen hätte, wäre ich über die Wächte hinabgestürzt oder im Nebel über die Felsen in den Abgrund gelaufen. Ich langte nach meinem Rucksack und nahm den Eispickel ab. Dann befestigte ich das Seil daran und grub den Pickel in meiner Höhle tief in den Schnee. Das Seil warf ich nach draußen. Aber ich traute mich nicht mehr, etwas zu unternehmen. Ich blieb einfach nur liegen, hörte den Donner und sah die Blitze. Das Unwetter ließ nicht nach. Sicherlich zwanzig Minuten, vielleicht auch eine halbe Stunde, blieb ich fast regungslos liegen. Diese Zeit kam mir vor wie eine Ewigkeit. Bei jedem neuen Donner schreckte ich zusammen.

Dann kam mir der Gedanke an das Funkgerät. Ich könnte funken, mit den anderen im Basislager sprechen. Die Einsamkeit war mir auf einmal unerträglich. Wo war das Funkgerät? Mir fiel ein, daß Friedl es in seinen Anorak gesteckt hatte, nachdem es mir aus dem Rucksack gefallen war. Ich kroch wieder aus meiner Höhle und hinauf zu Friedl. Ich hockte da und sah ihn an. Mir stiegen die Tränen in die Augen. Aber ich konnte nicht weinen. »Friedl«, flüsterte ich, »Friedl, was haben wir hier oben zu suchen?« Ich öffnete vorsichtig den Reißverschluß seiner Anoraktasche und nahm das Funkgerät heraus. Dann kroch ich zurück. In der Nähe schlug wieder ein Blitz ein.

Ich hielt das kleine, schwarze Ding in der Hand. Ich schaltete es ein

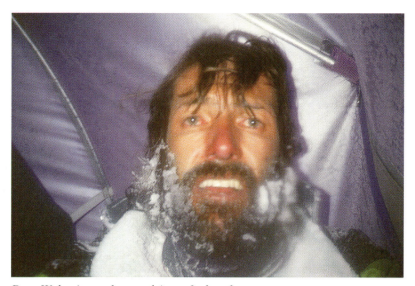

Dem Wahnsinn nahe: zu dritt aufgebrochen und nun allein zurück im Lager I

und sofort wieder aus. Ich konnte nicht. Ich hatte nicht den Mut. Ich traute mich einfach nicht. Ich wollte den Freunden da unten im Basislager sagen, was passiert war, daß ich hier oben lag, daß ich nicht mehr fähig war zu erkennen, wo oben und unten ist, und nicht wußte, ob und wie ich das überleben konnte. Ich wollte, daß sie unten Bescheid wußten. Vielleicht wäre es eine Erleichterung gewesen, wenn ich erfahren hätte, daß jemand in meiner Nähe lebt. Aber ich konnte nicht reden.

Schließlich ließen Blitz und Donner ein wenig nach, es hellte etwas auf. Ich wußte nicht, wie spät es war. Es interessierte mich auch nicht wirklich. Wie in Trance, auf allen vieren kriechend oder mich auf dem Bauch vorwärts schiebend, bewegte ich mich nach unten. In wenigen Minuten war ich beim Lager. Die sicheren Zelte waren so nah. Wir hätten nicht mehr weit gehabt. Ich schlüpfte in das erste Zelt und legte mich hin.

Dann tat ich etwas, was rational nicht zu erklären ist. Als ich mich auf die Seite rollte, drückte mir meine kleine Kamera in die Rippen. Ich nahm sie heraus, hielt sie mit ausgestrecktem Arm vor das Gesicht und drückte ab. Der Blitz flammte auf, der Film transportierte weiter. Auf diesem Foto erkannte ich mich später selbst kaum. Halb dem Wahnsinn nah, war ich nicht mehr ich selbst.

Aber ich lebte. Ich hatte den Auslöser gedrückt, ich hatte das Blitzlicht gesehen, ich hatte den Motor der automatischen Kamera gehört. Ich war nicht tot. Noch war Leben in mir. Und in diesem Zelt war ich halbwegs in Sicherheit. Doch in mir war alles leer. Mein Wille schien gebrochen, meine Energie aufgebraucht. Ich fühlte meinen Körper kaum noch, ich glaubte, nur noch eine Hülle zu sein. Ich lag apathisch da, unfähig, mich zu bewegen oder irgend etwas zu tun, was meine Lage verbessert hätte. In meinem Kopf geisterten Gedanken an Friedl und Carlo herum. Und dann dachte ich wieder an die anderen unten im Basislager.

Ich nahm das Funkgerät heraus, drückte auf den Knopf und sagte: »Hallo Basislager, kommen.« Hans Mutschlechner, Friedls Bruder, meldete sich. Ich übermittelte zum zweiten Mal an diesem Tag eine Todesnachricht. Hans war ganz ruhig. Er fragte, ob er richtig verstanden habe, und wiederholte meine Worte. Ich bestätigte. Und wie schon Stunden zuvor kam aus dem Basislager die Frage: »Hans, was sollen wir tun?« Ich antwortete: »Nichts. Hier oben ist die Hölle los. Ihr könnt gar nichts tun. Ihr müßt unten bleiben. Ein Versuch, mich zu holen, ist sinnlos.« Dann schaltete ich das Gerät wieder aus, denn mir versagte die Stimme. Ich hatte versprochen, mich später wieder zu melden.

Doch jetzt, nachdem ich mit jemandem gesprochen hatte, war es allein nicht mehr auszuhalten. Mir wurde das gesamte Ausmaß dieser Tragödie nun erst richtig bewußt. Ich mußte mit jemandem reden, wenn ich nicht wahnsinnig werden wollte. In regelmäßigen Abständen sprach ich nun mit den Freunden unten im Basislager. Immer nur kurz, um die Batterien zu schonen.

Unten waren sie nicht weniger verzweifelt. Als das Wetter am Nachmittag auch im Basislager immer schlechter geworden war, als Friedl und ich den Abstieg begonnen hatten, war vor allem in Brigitte die Angst hochgestiegen. Sie versuchte sich zu beruhigen. Hans und Friedl, überlegte sie, brauchen doch nur abzusteigen. Das haben beide schon so oft gemacht. Sie sind von Bergen wieder heruntergekommen, die schwerer waren als der Manaslu. Doch Brigittes Angst blieb. Als hätte sie eine düstere Vorahnung gehabt von dem, was dort oben noch passieren sollte. Auch im Basislager schneite es inzwischen heftig. Die Sherpa brachten

Tee, und schon um 15.30 Uhr zog unten das Gewitter auf. Es blitzte und donnerte ununterbrochen. Während Brigittes Anmarsch hatte ihr der Sherpa Tham erzählt, daß er von Friedl und mir geträumt hatte. Brigitte hatte nicht nach dem Inhalt seines Traums gefragt. Doch nun mußte sie dauernd daran denken.

Alle waren besorgt, daß wir uns so lange nicht meldeten. Meine Frau verließ während dieser Zeit ihr Zelt. Als sie ins Freie kam, sah sie, daß die tibetischen Gebetsfahnen, die unsere Sherpa bei der Ankunft im Basislager aufgehängt hatten, gerissen waren. Sie setzte sich zu unseren nepalesischen Freunden ans Feuer und sagte kein Wort über den Vorfall. Niemand sprach darüber: Gerissene Gebetsfahnen bedeuten für die Sherpa ein nahendes großes Unheil.

Als mein Funkspruch mit der zweiten Todesnachricht das Basislager erreichte, brach Brigitte zusammen. Als sie wieder zu sich kam, hielt Werner Tinkhauser, dieser einfühlsame Gefühlsmensch, sie in den Armen. Brigitte weinte und schrie andauernd nach Friedl. Es ist schwer, den Tod eines Freundes zu akzeptieren. Brigitte dachte auch an Marianne, die sie überredet hatte, nach Nepal zu reisen, um ihren Mann abzuholen.

Als ich das zweite Mal nach unten funkte, war Brigitte dran. Ich sagte ihr, daß das Gewitter zurückkäme und daß wieder dieser fürchterliche Sturm tobe, daß ich in dem dichten Nebel die Hand nicht vor Augen sehen könne und daß es immer noch heftig schneie. Brigitte schrie ins Funkgerät: »Hans, komm jetzt endlich von diesem Scheißberg herunter.« Ich verstand sie kaum. Gregor Demetz nahm ihr schließlich das Gerät ab. Es hatte ja alles keinen Sinn, ich mußte über Nacht im Lager I bleiben.

Wir machten einen provisorischen Plan. Wenn es das Wetter zuließe, sollten mir ein paar von den anderen am nächsten Morgen entgegenkommen. Sie sollten Friedl bestatten und das Lager abbauen. Es waren dies die ersten Ansätze zu rationalem Denken. Ich versuchte mich wieder an der Realität zu orientieren. Angst ist in extremen Situationen nicht der schlechteste Begleiter. Sie verhindert, daß man blindlings in noch größere Gefahr tappt.

Das schlimme Wetter hielt unnachgiebig an. Der Sturm tobte weiter und auch das Gewitter. Als es schon lange Nacht war, suchte ich in den Zelten nach Schlaftabletten. Es war mein Glück, daß sie wegen meiner Aufregung nicht wirkten. Denn während dieser Nacht mußte ich mehrmals nach draußen und mein Zelt freischaufeln. Die Schneemassen drohten es einzudrücken. Hätten die Tabletten ihre Wirkung getan, wäre ich möglicherweise unter den Schneemassen erstickt.

Gegen vier Uhr morgens beruhigte sich das Gewitter endlich. Es blitzte nicht mehr, und es hörte auch auf zu schneien. Ich begann Tee zu kochen, um mich zu beschäftigen. Ich fröstelte und wollte nicht nachdenken. Ich funkte wieder ins Basislager und erfuhr, daß Werner Tinkhauser, Christian Rier und Stefan Plangger mit einigen Sherpa bereits auf dem Weg zum Lager I waren. Ich kroch mühsam aus dem Zelt. Ich schaute hinauf zu der Stelle, wo Friedl lag. Der Schnee hatte ihn zugedeckt. Der Manaslu stand friedlich über uns. Ich hatte nicht die Kraft, noch einmal zu Friedl hinaufzusteigen. Ich wandte mich ab, suchte und fand die Ski, die ich am Tag zuvor in die Nähe der Zelte geschleudert hatte. Auf wackligen Beinen fuhr ich in Richtung Basislager. In der Nacht war noch einmal mehr als ein Meter Neuschnee gefallen. Um mich herum war alles friedlich und ganz still.

Als ich schon auf dem halben Weg nach unten war, kamen mir die Freunde entgegen. Sie wirkten erschöpft, das Entsetzen war ihnen in die Gesichter geschrieben. Wir redeten kaum. Ein paar sachliche Worte, die unser weiteres Vorgehen betrafen. Ich beschrieb Werner, Christian und Stefan ganz genau, wo Friedl oberhalb des Lagers I lag. Ich sagte ihnen, daß er von Schnee bedeckt sei. Dann zog ich mein Armband ab und sagte: »Nehmt es mit. Gebt es Friedl, bevor ihr ihn bestattet. Und bringt mir seinen Xi-Stein mit. Für Marianne.«

Ich fuhr hinunter, die anderen stiegen ein letztes Mal die Hänge des Manaslu hinauf. Sie mußten lange im Schnee suchen, ehe sie Friedl fanden. Er war tatsächlich vom Blitz getroffen worden. An seiner Mütze fanden sich drei eingebrannte Löcher. Die Freunde bestatteten ihn im ewigen Eis.

Als die drei nach Stunden zurückkamen, begannen wir unser Basislager langsam abzubauen. Zwei Tage nach meiner Rückkehr kamen die Träger herauf. Wir verteilten die Lasten und brachen auf. Es wurde wei-

Diesen Gedenkstein errichtete die Südtiroler Expedition, kurz bevor sie das Basislager am Manaslu verließ und dem Berg endgültig den Rücken kehrte.

terhin kaum gesprochen. Ab und zu fanden sich einmal zwei Freunde zusammen und redeten leise miteinander. Doch meist hing jeder seinen eigenen Gedanken nach. Wenn ich mich umdrehte, wurde der Berg immer kleiner. Ich haßte den Manaslu, ich haßte den Himalaya, ich haßte alle Berge dieser Erde. Ich gab ihnen die Schuld, daß wir zwei Freunde verloren hatten.

Stunde um Stunde wanderten wir dahin. Ich hatte keinen Blick mehr für die faszinierende Schönheit der Natur. Ich wollte heim und mich irgendwo verkriechen. Doch mit jeder Minute wurde mir bewußter, was mir noch bevorstand. Marianne wartete auf uns, sie wartete auf Friedl. Ich würde ihr gegenübertreten und ihr erklären müssen, was ich selbst nicht begriff. Ich mußte der Frau des Freundes die schreckliche Nachricht überbringen.

Drei Tage lang blieb die Gruppe zusammen, dann eilte ich mit Hans Mutschlechner voraus. In den Dörfern gingen bereits die wildesten Gerüchte um. Als ich am 10. Mai gefunkt hatte, befand sich ein Träger in unserem Basislager, der frische Lebensmittel von Samagaon heraufgebracht hatte. Er mußte von unseren Sherpa etwas erfahren und das dann weitergetragen haben. Der Tod zweier Bergsteiger am Manaslu verbreitete sich wie ein Lauffeuer in den Tälern. Doch Marianne sollte es von uns erfahren.

Wir rannten enge Wege hinunter und keuchten steile Hügel hinauf. Zwei Tage lang. Dann kam uns von unten eine kleine Gruppe Menschen entgegen. Hans und ich blieben stehen. Ich fühlte mich wie angewurzelt. Die anderen kamen näher, aber sie wurden immer langsamer. Ich erkannte Marianne. Sie stieg noch ein Stück herauf. Unsere Blicke trafen sich. Sie schien zu fragen: Warum du, warum nicht Friedl? Ich hatte lange genug Zeit gehabt, mich auf diesen Moment vorzubereiten, und nun steckte mir ein riesiger Kloß im Hals. Auf einmal erschien es mir auch wieder so unbegreiflich, warum ich hier stand und nicht Friedl. Es hätte ganz leicht umgekehrt sein können. Mir war, als würde ich bedauern, daß nicht ich da oben geblieben war. Ich sagte Marianne, was geschehen war. Irgend jemand fing sie auf, als sie zu fallen drohte ...

Kapitel XI
1400 + 247 + 550 = 24 Stunden –
Zwischen Ortler und Drei Zinnen

Wir kehrten zurück nach Europa. Die Expeditionsteilnehmer verstreuten sich in alle Richtungen Südtirols. Alle wollten allein sein. Ich verkroch mich hinauf nach Ahornach. Die Ereignisse am Manaslu hatten teilweise traumatische Auswirkungen. Ich schlief schlecht, träumte wüst und war tagsüber zu kaum etwas zu gebrauchen. War ich schuld? Trug ich die Verantwortung für das alles? Fragen über Fragen türmten sich vor mir auf. Ich stellte sie mir nicht nur selbst, es stellten sie mir auch andere. Wäre das alles zu verhindern gewesen? Ich führte mir immer wieder vor Augen, was jeder vorher gewußt hatte, daß er nämlich für sich selbst verantwortlich war.

Mein Entschluß stand fest. Er war schon in jener furchtbaren Nacht im Lager I herangereift. Ich wollte nie mehr einen Achttausender sehen. Ich würde die Alpinschule an jemand anderen übergeben. Ich wollte zurückkehren auf den Bau, wieder als Maurer arbeiten und nie mehr auf einen Berg steigen. Dort hatte ich zwei Freunde verloren. Der Berg hatte sie mir genommen. Für mich war klar: Der Manaslu war schuld an ihrem Tod.

Wochenlang dümpelte ich vor mich hin. Das Zeitunglesen hatte ich aufgegeben, und irgendwann hörten die Journalisten auf, mich anzurufen und in den offenen Wunden herumzustochern. Wenn ich von Ahornach hinüberschaute in die Rieserfernergruppe oder zum Peitlerkofel, mußte ich den Blick abwenden. Die Berge hatten mein Leben von Kindesbeinen an verändert. Immer wieder wiesen sie mir eine neue Richtung. Doch nun stand ich vor Wänden des Schweigens. Das alles gab mir nichts mehr. Die Berge waren zu Feinden geworden.

Ich begann meinem Bruder auf dem Hof zu helfen. Ich mähte die Wiesen mit der Sense und hackte Holz. Ich begann wieder zu schnitzen wie in meiner Jugendzeit. Ich half, die Kühe zu melken, und reparierte Arbeitsgeräte. Ich ging mit dem Vieh auf die Alm, um endlich Ruhe zu finden. Aber schon nach wenigen Stunden kehrte ich um.

Marianne Mutschlechner arbeitete an einem Buch, das Friedl begonnen hatte. Viele Freunde schrieben auf, was sie mit Friedl im Laufe der vielen Jahre erlebt hatten. Marianne bat auch mich, jene Tage am Manaslu zu Papier zu bringen. Noch einmal kehrte ich das Unterste nach oben, ich zwang mich in die Erinnerung. Auch Marianne und Brigitte arbeiteten ihren Teil auf. Persönliche Blickwinkel, erschütternde Dokumente einer Tragödie. Sie halfen mir ein wenig, die Ereignisse zu verdrängen, aber nicht sehr viel. Tief drinnen fühlte ich mich weiter leer und ausgehöhlt. Ich glaubte, am Manaslu die Reste meiner Kindheit verloren zu haben. Und es führte kein Weg zurück in die Berge. Jedenfalls sah ich keinen.

Im Sommer, als ich endgültig am Nullpunkt angelangt schien, bekam ich Besuch von Daniel. Er ist mein Neffe, der Sohn von Brigittes Schwester Greti. Daniel war damals acht Jahre alt. Seine Eltern bewirtschafteten seit einiger Zeit die kleine Büllelejoch-Hütte in den Sextener Dolomiten. Eingebettet zwischen dem Paternkofel, dem Zwölfer und der Sextener Rotwand gehört dieses schmucke Refugium für mich zu den schönsten Flecken in den Dolomiten. Der Zwölfer war Daniels Traumberg. Er konnte stundenlang auf einer Bank vor der Hütte sitzen und in die lotrechten Wände oder zum Gipfel hinaufschauen.

Schon vor unserer Abreise zum Manaslu hatte Daniel mich gefragt, ob ich mit ihm dort hinaufsteigen könnte. Er wolle doch so gerne einmal dort oben sitzen und herunterschauen auf die Welt. Seit zwei Jahren bereits vertröstete ich ihn immer wieder. Er solle noch warten, bis er ein bißchen größer sei, hatte ich ihm gesagt, dann würde ich schon mit ihm gehen. Und nun, mitten in meiner Verwirrung, stand Daniel erneut vor mir und fragte mich wieder nach dem Zwölfer. Er sah mich mit großen Augen an. Es war unmöglich, dem Kind diese Bitte abzuschlagen.

Zwei Tage später nahm ich zum ersten Mal nach vielen Wochen wieder ein Seil in die Hand. Ich stieg mit dem Buben über den Normalweg auf den Hohen Zwölfer und widmete Daniel all meine Aufmerksamkeit. Dieser Tag tat mir gut. Es bereitete mir Freude, Daniel in seiner ganzen Unbekümmertheit klettern zu sehen. Die Freude, die er hatte, das glühende Leuchten in seinen glücklichen Augen, als wir auf dem Gipfel saßen. Er sprach nicht viel mit mir, denn er war viel zu sehr mit diesem Erlebnis beschäftigt. Oben drückte er mir die Hand und sagte nur: »Danke, Hans.«

Stütze nach der Tragödie: Brigitte Kammerlander

Zurück in die Berge: mit Daniel auf den Hohen Zwölfer

Am Abend auf der Hütte spürte ich, daß sich etwas in mir regte. Ich empfand ein wenig Glück und begann zu erkennen, daß es keine Lösung war, aufzugeben. Das machte die Freunde nicht wieder lebendig und mich nicht glücklich. Die Berge wurden nicht schöner, nicht besser und nicht schlechter, wenn ich nicht mehr hinginge. Sie trugen keine Schuld. Sie waren nur leblose Gebilde der Erdgeschichte. Steinhaufen, die ein Leben nicht nehmen und nicht geben konnten. Es waren die Umstände, die zur Tragödie am Manaslu geführt hatten. Der Berg hatte damit nichts zu tun. Mit meinem Entschluß, auf keinen Gipfel mehr zu steigen, änderte sich nichts an dem, was geschehen war.

Ich begann wieder mit dem Lauftraining. Ich schwitzte dabei und fühlte mich besser. Ich ging in den Klettergarten und langte vorsichtig, fast zaghaft an den Fels. Und auch dabei fühlte ich mich gut. Ich unternahm eine Wanderung und genoß die Freiheit. In mir zog wieder Leben ein. Der Geist regte sich, und ich begann die Krise zu überwinden. Ich war immer noch sehr zurückhaltend, denn die Erinnerung war da. Aber sie belastete mich nicht mehr so sehr. Ich war aus meiner Lethargie erwacht und begann mich wieder zu bewegen.

Der Tag am Zwölfer, die Stunden mit Daniel im Fels hatten so etwas wie die Wende eingeleitet. An diesem Tag war ich aufgestanden, weil ich mich nicht länger in dieser elenden Schneehöhle am Manaslu verkriechen konnte. An diesem Tag erst kam ich wirklich vom Berg herunter. Der eigentliche Schlüsseltag sollte ein paar Wochen später folgen und mir an der Seite eines Freundes die Freude an meinem Tun zurückgeben.

Der Schweiß rann in Strömen. Wir schwitzten trotz der Kälte aus allen Poren im Steileis der Ortler-Nordwand, der höchsten Eiswand der Ostalpen. Wir kletterten einen Eisklassiker, und wir hatten es eilig.

Im August 1991 versuchte ich einen kühnen Plan zu verwirklichen, den ich in langen Überlegungen ausgeklügelt hatte und für durchführbar hielt. Ich wollte mit einem starken Partner eine Kombination aus Eis und Fels bewältigen. Zwei voneinander unabhängige Wände. Die Strecke zwischen diesen beiden Wänden sollte mit dem Rad überwunden werden. Zurück zu den Wurzeln des Bergsteigens, als das Auto noch kein alltägliches Fortbewegungsmittel war.

Mit einer Höhe von knapp 1400 Metern ist die Nordwand des Ortlers nicht nur die höchste Eiswand der Ostalpen, sie ist, was die Schwierigkeiten angeht, auch die anspruchsvollste. Sie sollte Teil eins der Aufgabe sein. Die Nordwand der Großen Zinne ist 550 Meter hoch und gehört zu den steilsten Felsrouten der Dolomiten. Das war der dritte Teil. Der Ortler liegt ganz im Westen von Südtirol, die Obelisken der Drei Zinnen ganz im Osten. Dazwischen erstrecken sich 247 Straßenkilometer von Sulden bis ins Höllensteintal. Das war Teil zwei. Der Reiz lag darin, alle drei Aufgaben zu einer Tour zusammenzufügen und sie binnen vierundzwanzig Stunden zu bewältigen. 1400 Höhenmeter am Ortler, 247 Kilometer auf dem Rad und 550 Höhenmeter an der Großen Zinne sollten vierundzwanzig Stunden ergeben.

Ich hatte diese Idee lange, sicherlich fast zwei Jahre, mit mir herumgetragen und sie gehütet wie einen Schatz. Ich mochte mit niemandem darüber reden. Es ist nicht mehr ganz so einfach, in den Alpen Abenteuer der besonderen Art zu finden. Fast alles ist abgegrast. So kommt es nicht selten vor, daß ausgefallene Ideen gestohlen und von anderen verwirklicht werden. Also machte ich ein Geheimnis aus meinem Plan. Oft dachte ich darüber nach, ob es gehen könnte oder nicht, berechnete Zeiten für die beiden Wände und die Radlstrecke. Das ging länger als zwei Jahre so, wieder und wieder beschäftigte mich dieses Projekt.

Nach einer Führungstour traf ich in der Valentini-Hütte am Sellajoch Hans-Peter Eisendle, meinen langjährigen Seilpartner in den ganz schweren Routen. Ihm erzählte ich schließlich von meiner Vision. Bei ihm hatte ich keine Befürchtungen, daß er mir die Idee klauen könnte, und vor allem wünschte ich mir ihn als Partner für diese Aktion. Er ließ mich reden und sagte zunächst kein Wort. Dann legte er den Kopf zur Seite und überlegte. Auf einmal blitzte es in seinen Augen. Ich kenne Hans-Peter Eisendle schon viele Jahre, aber ich habe ihn selten so spontan begeistert gesehen. Ihm wie mir war klar, daß die Sache zumindest einen Versuch wert war. Nur das gesetzte Zeitlimit von 24 Stunden kam uns dann doch eher unrealistisch vor.

Bald darauf kletterte ich in der Südwand der Tofana di Rozes. Am späten Nachmittag fuhr ich das Gadertal hinauf nach Pederoa. Dort trafen sich in der kleinen Café-Bar Renate immer viele Kletterer, die aus allen Gebieten der zentralen Dolomiten von ihren Touren zurückkamen. An der geselligen Tischrunde stiegen wir bald vom durstlöschenden Radler auf ein gutes Glas Wein um. Die Bergführer und Kletterer erzählten von ihren Touren und von neuen Dingen, die man einmal versuchen müßte. Und schließlich habe auch ich von meinem Ortler-Zinnen-Plan erzählt. Am Tisch wurde es ganz still. Die anderen waren aufmerksam geworden und hörten plötzlich sehr genau hin. Ich spürte, wie die Besten unter ihnen die Ohren spitzten und zu überlegen begannen. Als ich nach Hause fuhr, war mir klar, jetzt müssen wir gehen, sonst würden es andere tun. Ich war mit einem Mal verunsichert und merkte, daß ich einen Fehler gemacht hatte. Es wäre besser gewesen, weiterhin nichts von der Idee zu erzählen.

Noch am selben Abend rief ich Hans-Peter an. Kleinlaut beichtete ich meine Naivität, und er sagte schließlich:»Du hast recht, wir sollten uns beeilen. Aber wir müssen vorher noch auf dem Rad trainieren.« Dieser Teil der Tour machte uns die meisten und größten Sorgen. Bei dem, was wir auf dem Rad drauf hatten, drohten wir nach einigen Kilometern aus dem Sattel zu kippen. Also verbesserten wir zwei Wochen lang Technik und Kondition.

Schließlich fuhren wir nach Sulden am Ortler und stiegen zur Tabaretta-Hütte am Fuß der Nordwand auf. Der Himmel war bewölkt, und dennoch war es recht warm. Das allerdings machte uns Sorgen. Wenn es nicht bald aufklaren würde und die Temperaturen zurückgingen, wäre es nicht zu verantworten, angesichts der großen Steinschlaggefahr in die

Eiswand einzusteigen. Wir brauchten Minusgrade, damit das lose Gestein festfrieren und uns nicht um die Ohren pfeifen würde. Doch die Hoffnung schwand mit jeder Minute. Als wir beim Abendessen saßen, begann es zu regnen. Aus der Traum. Wir stiegen noch in der selben Stunde wieder ab und fuhren nach Hause.

Zwischen der Heimfahrt und dem nächsten Versuch lag gerade ein Tag. Ich nahm nun doch einen sehr wichtigen Termin in Frankfurt wahr und trainierte noch ein paar Stunden auf dem Rad. Als wir wieder bei der Tabaretta-Hütte ankamen, war das Wetter optimal. Voller Zuversicht legten wir uns gegen 21 Uhr für ein paar Stunden hin. Doch an Schlaf war nicht mehr zu denken, dafür waren wir beide viel zu aufgeregt. Auch nach so vielen Jahren in Fels und Eis, nach Hunderten von schweren Touren packte uns beide noch immer so etwas wie Lampenfieber, eine innere Unruhe, die einfach nicht zu bekämpfen ist.

Dreißig Minuten vor Mitternacht war es endlich so weit und die Zeit des Aufbruchs gekommen. Wir tranken noch reichlich Tee, legten die Klettergurte an und setzten die Helme auf. Zur Geisterstunde verließen wir die Hütte. Draußen war es stockdunkel, nur unsere Stirnlampen bohrten Löcher in die Nacht.

Eine halbe Stunde lang querten wir hinüber zum Einstieg direkt am Wandfuß. Wir legten die Steigeisen an und stiegen hintereinander hinauf. Das Seil blieb zunächst im Rucksack. Wir wollten das erste Stück frei gehen, denn jede Seillänge zu sichern hätte uns zuviel Zeit gekostet. Obwohl es diesmal vergleichsweise kalt war, surrten die Steine durch die Stille der Nacht. Es waren keine sonderlich großen Brocken, aber ein Treffer hätte genügt, um einen von uns aus der Wand zu fegen.

Nur Schnelligkeit bedeutete Sicherheit. Auch und gerade in der Ortler-Nordwand. Die Steinschlaggefahr besteht hauptsächlich bis zur Mitte der Route. Diesen unteren Teil bildet eine mächtige Wand, in deren Mitte eine Lawinenbahn verläuft. Da sammelt sich, wie in einem Trichter, alles, was von oben herunterkommt, und dort ist man deshalb der Gefahr am stärksten ausgesetzt, denn ein Ausweichen ist praktisch unmöglich.

Uns war die Steilheit, in der wir uns bewegten, nicht fremd. Aber auf dem Eis klebten immer wieder kleine Schieferplättchen. Wenn wir auf sie drauftraten, rutschten die Zacken der Steigeisen mitsamt diesen Plätt-

Höchste Eiswand der Ostalpen: die Nordwand des Ortler

chen weg. Waren die Schieferteilchen jedoch so dünn, daß man sie durchbohren konnte, blieben sie an den Spitzen der Steigeisen hängen, wie auf einem Papierspieß. Also waren unsere Blicke ständig auf die Frontalzacken der Eisen gerichtet.

In der Wandmitte sperrt ein gut 50 Meter hoher, senkrechter Eiswulst wie ein Riegel den weiteren Weg ab. Die Originalrouten führen links oder rechts an diesem Hindernis vorbei. Aber gerade dort herrschte in dieser Nacht extremer Steinschlag. Wir hatten gar keine andere Wahl. Wir mußten kerzengerade über den Hängegletscher hinweg. Oben wären wir dann sicherer. Bis dahin waren wir alles frei gegangen. Jetzt holten wir das Seil aus dem Rucksack und verbanden uns mit der Nabelschnur. Wir hatten nur vier Eisschrauben bei uns. Zwei davon benötigten wir schon am Fuß des Wulstes für einen soliden und sicheren Standplatz. Blieben noch zwei. Ich rammte die Frontalzacken in das Eis und hieb mit Wucht die Eisgeräte in das hart gefrorene Wasser.

Ich stieg zehn Meter hinauf, setzte eine Eisschraube als Zwischensicherung, hängte einen Karabiner ein, klinkte das Seil ein und stieg noch einmal zehn Meter weiter. Nun war nur noch eine Schraube für einen Standplatz übrig. Meine Unterarme schmerzten bereits. Ich mußte unbedingt rasten und die Muskulatur lockern. Vorsichtig griff ich nach der

Drei Stationen eines kühnen Plans: Aufstieg zum Ortler in den frühen Morgenstunden, 247 Kilometer auf dem Rad, Einstieg in die Nordwand der Großen Zinne

Schraube an meinem Klettergürtel. Als ich sie jedoch mit den groben Handschuhen abnahm, entglitt sie mir und verschwand in der Dunkelheit. Tack, tack, tack, weg war sie. Ich schimpfte wie ein Bierkutscher. Unten stand Hans-Peter und schaute skeptisch zu mir hinauf. Unsere Sicherheit war nun allein von dem abhängig, was mir oben einfiel. Ich drosch beide Eisgeräte fest in das Eis, verband sie mit einer Reepschnur und bastelte so einen fragwürdigen, fragilen Stand, an dem ich Hans-Peter nachsicherte. Als er bei mir war, hatten wir wieder drei Schrauben. Unter uns lagen 600 Meter Luft und über uns weitere 30 Meter senkrechtes Wassereis.

Es war mein Fehler, daß wir eine wichtige Schraube verloren hatten, also stieg ich auch die nächste Länge am scharfen Ende des Seils. Das Eis erwies sich als äußerst spröde. Immer wieder brachen große Schollen heraus und stürzten mit Getöse in die Tiefe. Deutlich konnte ich hören, wie es krachte und knackte, wenn wieder eine Ladung auf Hans-Peters Helm zerschellte. In meinem Kopf machten sich düstere Gedanken breit. Was würde geschehen, wenn jetzt eine Klinge des Eisbeils bräche? So etwas kam immer wieder mal vor. Trotz der Kälte floß mir der Schweiß beißend in die Augen. In Schüben überfielen mich Angstgefühle, aber ich stieg weiter. Endlich legte sich der Eiswulst etwas zurück. Das Gelände wurde weniger steil, und Erleichterung verdrängte

die Angst. Das sind jene Sekunden, die nur schwer zu beschreiben und doch so unvergeßlich sind. Nun konnte uns nichts mehr aufhalten. Die Schlüsselstelle der Wand lag unter uns, und wir hatten mit List und Tücke das Schloß geöffnet.

Die innere Anspannung ließ etwas nach. Doch das sollte nicht lange anhalten. Nach wenigen Metern hing eines meiner Steigeisen freibaumelnd in der Luft, nur noch von einem dünnen Sicherheitsriemen gehalten. Es hatte sich von der Sohle gelöst, als sei es gebrochen. Als ich es näher untersuchte, stellte sich jedoch heraus, daß sich nur die Schraube gelöst hatte, mit der man die Länge verstellen kann. Dieses Paar Steigeisen war neu, und ich hätte nicht im Traum daran gedacht, den festen Sitz der Schrauben zu kontrollieren. Kaum waren wir dem Eiswulst entronnen, befanden wir uns schon wieder in einer prekären Lage. Wenn ich diesen Defekt nicht beheben konnte, müßten wir Stufen in das Eis schlagen, wie damals stundenlang die Erstbegeher in der Pallavicinirinne am Großglockner. Das hätte nicht nur Zeit gekostet und unseren Plan zum Scheitern verurteilt, es wäre obendrein auch noch gefährlich gewesen.

Ich ließ Hans-Peter heraufkommen und erklärte ihm mein neues Malheur. Gut, daß er ein Mensch mit sehr viel Ruhe, Ausgeglichenheit und Erfahrung ist. Er schaute sich das Eisen an. Wir tüftelten lange an einer Lösung. Es gelang uns die beiden Teile mit einer dünnen Reepschnur zu fixieren und so unseren Aufstieg ohne weitere unliebsame Zwischenfälle bis zum höchsten Punkt Südtirols auf 3902 Meter fortzusetzen.

Am Gipfel waren wir dennoch schon eine Stunde hinter unserem Zeitplan. Es war vier Uhr in der Früh. Wir machten schnell ein paar Gipfelfotos und eilten fast im Laufschritt über den Normalweg hinunter zur Payer-Hütte. Ich konnte meine Augen nicht an die Dunkelheit gewöhnen und stolperte mehr talwärts, als daß ich sicher und kontrolliert ging. Am Gipfel hatten wir zwar einen neuen Satz Batterien in die Stirnlampen eingelegt. Als ich meine Lampe jedoch wieder einschaltete und der starke Stromstoß durch das Kabel floß, brannten die Glühdrähte des kleinen Birnchens durch. Mit kalten Fingern fummelte ich die Reservebirne in die Fassung. Aber auch sie schaffte es nicht. Hans-Peter mußte

Obelisk aus Fels: die Große Zinne mit der überhängenden Nordwand, der markanten Dibonakante und der geneigten Ostwand

mit seiner Lampe für uns beide leuchten. Ich war froh, als wir endlich im Morgengrauen nach 2000 Höhenmetern Abstieg und mit wackligen Knien in Sulden ankamen.

Dort erwarteten uns Freunde. Unter ihnen waren auch der Sextener Bergführer Herbert Summerer und Hans Baumgartner aus Pfalzen bei Bruneck, zwei sehr gute Radler. Sie sollten uns den Weg quer durch Südtirol weisen und für Windschatten sorgen. Im Grunde eine gute Idee, doch für uns nicht wirklich nutzbar. Weder Hans-Peter noch ich beherrschten diese Technik und fuhren immer wieder aus dem Sog des Vordermannes heraus. Ich fürchtete mich davor, so dicht am Hinterrad des Vordermannes zu fahren und dabei womöglich zu stürzen. Vor dem Antritt zur Horrorfahrt von Sulden nach Schluderbach ließen wir uns von Rene Maurer, einem befreundeten Masseur, die verspannten Muskeln der Beine locker kneten, aßen ein paar Bananen und tranken viel Tee. Dann ging es ab in Richtung Höllensteintal zwischen Cortina und Toblach.

Zunächst rollten wir lange bergab, und es war noch relativ ruhig auf den Straßen. Doch hinter Meran wurde der Verkehr zwischen Bozen, Brixen und Bruneck an diesem Augusttag immer stärker, und schließlich begann die Straße ziemlich steil anzusteigen. Auf den geraden Strecken versuchte ich es immer mal wieder mit Windschattenfahren. Aber sowie ich den Blick nach vorn verlor und nur noch den krummen Rücken des Vordermannes sah, hielt ich den Lenker nicht mehr ruhig und begann zu eiern; schon war ich wieder draußen. Zwar spornten uns die Freunde mit ihrem vorgelegten Tempo an, aber treten mußten wir immer noch selbst. Während dieser achteinhalb Stunden hielten wir nur einige Male kurz an, um die schweren Beine mit Massagen etwas zu lockern. Die Schultern begannen zu schmerzen, die Handgelenke und der Hintern sowieso.

Hinter Schluderbach, vor dem Hotel Drei-Zinnen-Blick, sahen wir unser letztes Ziel dieses 24-Stunden-Trips: In der Nachmittagssonne leuchteten prachtvoll die Drei Zinnen. Aber um dort hinzukommen, um überhaupt an den Einstieg zu unserer zweiten großen Kletterei zu gelangen, mußten wir noch 900 Höhenmeter Anstieg auf dem Wanderweg bewältigen. Als ich nach 247 Kilometern vom Rad stieg und die ersten Schritte machen wollte, dachte ich, daß diese Beine wohl kaum zu mir gehören könnten. Mir tat nun alles weh, der Hintern, der Rücken, der Nacken und noch mehr die Beine. Neben mir stand Hans-Peter, und auch ihm ging es keinen Deut besser.

Nach einer kurzen Rast begannen wir dennoch den Anstieg. Und wir begannen ihn im Laufschritt. Das hätten wir besser nicht getan. Schon nach einer kurzen Strecke überfiel uns schlagartig eine bleierne Müdigkeit. Ich wollte liegen und ausruhen. Aber die Zeit rannte. Und so mußten auch wir dies tun. Für den Weg unter die Zinnen-Nordwände sind in den Wanderführern eigentlich fast drei Stunden veranschlagt, wir aber keuchten in nur einer Stunde hinauf. Gegen 18.30 Uhr standen wir unter der stark überhängenden Wand der Großen Zinne und beim Einstieg in die berühmte Route, die von Emilio Comici und Angelo Dimai 1933 erstmals geklettert wurde. Würde man in der Großen Zinne an der Stelle, an der die Überhänge am weitesten herausragen, ein langes Seil hinunterlassen, wäre es am Boden mehr als zwanzig Meter von der Wand entfernt. Frei geklettert, also ohne die Haken als Hilfsmittel anzupacken oder daraufzusteigen, erreicht die Comici-Route leicht den siebten Grad.

Wieder erwarteten uns Freunde. Auch Brigitte war da. Sie hatten uns Seile, die leichten Kletterschuhe und die Klettergürtel mitgebracht. Die Nordwände der Zinnen, die ohnehin nur am späten Nachmittag für kurze Zeit von der Sonne bestrahlt werden, lagen schon wieder im Schatten, und es wehte ein kalter Wind. Wir waren schon seit neunzehn Stunden unterwegs, unsere Körper waren ausgezehrt und leer wie ausgequetschte Zitronen. Es war fast nicht mehr möglich, den enormen Flüssigkeitsverlust auszugleichen. Und dennoch tranken wir, aßen Bananen und würgten ein paar Bissen von einem Müsliriegel hinunter. Ich fühlte mich am Tiefpunkt. Hans-Peter sagte: »Ich weiß nicht, ob ich da noch raufkomme.« Wir musterten die Wand. Es würde nur noch für wenige Stunden hell sein, dann müßten wir wieder im Schein der Stirnlampen klettern. Das eigentlich Schöne an dieser Tour, die Kletterei nämlich, hatten wir in die Nacht verlegt.

Es kostete Überwindung, die letzten Kräfte zu mobilisieren und zu bündeln. Ganz vorsichtig stiegen wir die ersten Seillängen hinauf. Ich hatte Angst vor neuen Krämpfen. Anzeichen machten sich bereits wieder bemerkbar. Doch an den Standplätzen versuchte ich locker zu bleiben. Hans-Peter und ich hielten mit unseren Gefühlen nicht zurück. Wir gestanden einander unsere Schwächen ein, unsere Bedenken und unsere Sorgen. Das war durchaus hilfreich. Mit einem übermächtigen Partner hätte ich mich viel schwerer getan. Aber auch Hans-Peter stöhnte, jammerte und klagte, auch ihn hatte es Überwindung gekostet, noch einmal einzusteigen. Es schien in dieser Phase, als würden wir uns gegenseitig wieder hochpushen, als würden aus den wechselseitigen Schwächen neue, gemeinsame Kräfte wachsen.

In der Nordwand der Großen Zinne waren allerdings auch neue Bewegungsabläufe gefordert. Wir beanspruchten nun ganz andere, weniger verbrauchte Muskeln als auf den vielen Kilometern auf den Rädern. Langsam kamen wir in einen Rhythmus. Doch nun begann auch meine Hand zu schmerzen. Sie schwoll immer mehr an. Schon in den vergangenen Stunden war fast unmerklich das Pochen immer stärker geworden und erinnerte mich nachdrücklich an eine Eisscholle, die mich in der Ortlerwand getroffen hatte.

Wir ließen uns nun nicht mehr von der drängenden Zeit des selbstgewählten 24-Stunden-Limits beeinflussen. Es war vielmehr die Angst vor einer kalten Biwaknacht in dieser abweisenden Wand, die uns die Schlagzahl erhöhen ließ. Wie gut, einen Artisten wie Hans-Peter Eisendle dabei zu haben. Es gab für mich schon längst keinen Zweifel mehr, daß ich den einzig richtigen Partner gewählt hatte. Seine souveränen, katzenartigen Kletterbewegungen, die fließendem Wasser glichen, hatten eine beruhigende Wirkung auf mich.

Mit Einbruch der Dunkelheit lag der technisch schwierigste Teil unter uns. Wir hatten 300 Meter überhängenden Fels durchstiegen und befanden uns bereits beim sogenannten Italiener-Biwak. Der Rest war ein raffiniertes System aus Rissen und Kaminen. Im unzureichenden Licht der Stirnlampen konnten wir die Griffe und Tritte nur noch ertasten, und teilweise kletterten wir lange Strecken ohne Zwischensicherungen, weil wir in der Nacht die Haken gar nicht mehr fanden. Aber es ging voran. Stunde um Stunde, Minute um Minute verrann. Wir wußten, wir würden durchkommen, wir müßten nicht biwakieren, nichts könnte uns mehr aufhalten. Doch die Zeit drängte. Um 23 Uhr standen wir auf dem Gipfel. Wir gönnten uns nicht einmal drei Minuten für die Freude. Sofort stiegen wir in die Südwand ab, die stellenweise den dritten Grad aufweist und wegen der vielen Begehungen des Normalweges reichlich abgespeckt ist.

Gerade in Bergsteigerkreisen wird oft heftig über Sinn und Nutzen solcher Aktionen diskutiert. Sie haben weder das eine noch das andere. Sie

Wahrzeichen Südtirols: die Drei Zinnen von Norden her gesehen

sind nicht geeignet, die Bergsteigerei voran zu bringen, aber sie hemmen auch nicht die Entwicklung. Es ist am Ende nicht mehr als die Auseinandersetzung mit dem eigenen Geist und dem eigenen Körper. Jeder Kletterer fragt sich ständig, ob er schon die Grenze des für ihn Machbaren erreicht hat, ob es noch einen Grad weiter geht und was er physisch aushalten kann. Zwischen dem Ortler und den Drei Zinnen haben wir beide unsere Ketten gesprengt. Wieder einmal und nicht zum letzten Mal. Der Drang zur Fortentwicklung, wie er in jedem Menschen verwurzelt ist, trieb uns in diese Tour. Es gab zuvor keinen Beleg dafür, ob es überhaupt möglich sein würde. Diesen, zugegeben, sinnlosen Beweis haben wir erbracht: Viel mehr ist nicht passiert.

Ich kämpfte in dieser letzten Stunde mit aller Macht gegen die nachlassende Konzentration. Seilfrei eilten wir über den gestuften Fels, rannten das lange Geröllfeld hinunter und sprangen um 23.50 Uhr auf den Wanderweg zwischen Rifugio Auronzo und Rifugio Lavaredo. Vier Minuten danach waren wir bei der Hütte.

Eine Stunde später hatte ich einen gewaltigen Rausch.

Kapitel XII
Ein zweiter Anlauf –
Rückkehr zum Mount Everest

Im Jahr nach der Tragödie am Manaslu wollte ich es erneut am Mount Everest versuchen. Die Himalaya-Berge hatten für mich im Laufe der Monate wieder etwas von ihrem Schrecken verloren. Manche nannten mich einen eiskalten Hund, den nicht einmal der Tod der Freunde zurückhalten konnte. Aber ich hatte meinen Frieden mit mir gemacht. Ich hatte eingesehen, daß niemandem damit gedient war, wenn ich den Bergen fernblieb.

Mehr denn je übte der Everest eine geradezu unwiderstehliche Anziehungskraft auf mich aus. Wie ein Klotz stand er in meinem Leben. Ganz still drang er immer wieder in meine Gedanken ein, stumm lockte er mich. Es reichte aus, daß es ihn gab, das war schon Verlockung genug. Die tibetische Seite, also der Anstieg von Norden, faszinierte mich nach wie vor, und dort könnte ich bei günstigen Verhältnissen auch die Ski mitnehmen. Norbert Joos war sofort hellauf begeistert, als er von meinen neuen Expeditionsplänen erfuhr. Er wollte mich, wie schon drei Jahre zuvor, wieder begleiten. Auch ihn ließ der Everest nicht los. Noch im Winter begannen wir mit der Planung.

Aus organisatorischen Gründen schlossen wir uns einer von dem deutschen Spitzenbergsteiger Sigi Hupfauer geleiteten Expedition des Deutschen Alpenvereins (DAV) an. Der »Summit-Club«, das Reiseunternehmen des DAV, übernahm die Buchung der Flüge, organisierte Transfers und das Basislager. Sigi Hupfauer war überaus höhenerfahren und hatte neben dem Manaslu, der Shisha Pangma, dem Hidden Peak und dem Broad Peak bereits 1978 auch den Mount Everest bestiegen. Wir würden das Basislager teilen, aber am Berg selbst völlig getrennt von der DAV-Expedition agieren, so war es ausgemacht.

Norbert und ich wollten es wieder im Alpinstil probieren und selbstverständlich ohne Sauerstoff. Die technischen Vorbereitungen am Berg sollten auf ein Minimum beschränkt bleiben, die Hochlagerzelte wollten wir selbst hinauftragen und keine Fixseile verlegen. Mehr noch als

zuvor war mir der Stil einer Besteigung wichtig. Wenn ich aufstieg, sollte das sauber geschehen, mit fairen Mitteln und ohne den Berg zu vergewaltigen.

Mit Jeeps und Lastwagen, auf denen unsere gesamte Ausrüstung verstaut war, fuhren wir nach Monaten der Vorbereitung schließlich von Kathmandu aus in Richtung nepalesisch-tibetischer Grenze, zu dem kleinen Ort Zangmu. Dort nahmen uns unzählige chinesische Beamte in verschiedenen grünen und schwarzen Uniformen in Empfang. Ich konnte nicht ausmachen, wer da welche Aufgabe hatte, wer Militär und wer Grenzbeamter war. Was diese Männer mit uns aufführten, bezeichnen wir in Südtirol schlicht als »sekkieren«. Das heißt soviel wie jemanden auf unangenehme Weise belästigen, ja quälen. Diese Grenzbeamten stellten stundenlang alles auf dem Kopf. Wir mußten unsere Rucksäcke auspacken. Es gab kein Gepäckstück, in dem sie nicht herumschnüffel-

Die andere Seite: Auch von Norden her, also von der tibetischen Seite, übt der Mount Everest eine unwiderstehliche Faszination auf Bergsteiger aus aller Welt aus.

ten. Sie prüften unsere Papiere und Reiseunterlagen. Brachten sie zurück, nur um sie eine Stunde später wieder zu holen. Die Bürokratie in diesem Nest am Ende der Welt erschien mir völlig undurchsichtig.

Wir waren einer Willkür ausgesetzt, die man sich in unseren Breiten kaum vorstellen kann. Berechnenden, korrupten, selbstherrlichen Uniformträgern, die ihre Macht gnadenlos zu ihren Gunsten ausnützten. Als wären wir eine willkommene Abwechslung in ihrem eintönigen Alltag, widmeten sie sich unserer Gruppe mit einer unbeschreiblichen Genauigkeit. Sie gaben keine Erklärungen ab, stellten Forderungen ohne ersichtliche Gründe, und manchmal schien es, als wollten sie uns nur demonstrieren, daß wir ohne sie unserem Ziel keinen Schritt näherkommen würden. Einem Ziel, das für die Uniformierten offenbar nur deswegen von Interesse war, weil es Menschen gab, deren Sehnsucht, deren Herz daran hing, die großen Berge der Welt zu besteigen. Zu keiner Zeit hatte ich den Eindruck, daß auch nur einem Beamten tatsächlich daran lag, sein Land, die Berge, die Wohnsitze der Götter, die Natur zu beschützen. Sie wollten bestimmen, sie wollten lenken. Sie wollten uns dahergelaufenen Fremden einfach nur Prügel in den Weg werfen. Und das alles unter dem Deckmäntelchen der Verantwortung, die sie für ihr Land trugen. Ich war zwar wieder im Land meiner Träume. Ein zweites Mal in Tibet. Aber ich empfand das alles noch bedrückender als 1989. Damals waren die Dinge neu und aufregend, jetzt fühlte ich ohnmächtige Aggression. Chinesische Beamte übernahmen die Organisation unseres Unternehmens, und wir sahen keine Chance, daran etwas zu ändern. Schließlich wurden uns der Begleitoffizier und sein Dolmetscher vorgestellt. Aber auch mit ihnen ließ sich die Prozedur nicht beschleunigen. Zwei Tage saßen wir fest, mußten uns der Willkür beugen und uns mit einer chaotischen Organisation beschäftigen. Am Höhepunkt des Treibens nahmen mir die Beamten sogar noch meine Bücher ab, blätterten sie Seite für Seite durch und rissen sämtliche Fotografien des Dalai Lama heraus. Bilder des im Exil lebenden religiösen und staatlichen Oberhauptes von Tibet sind in China und damit auch auf tibetischem Gebiet verboten – Begleiterscheinung der »geistigen Säuberung« während der Kulturrevolution.

Doch auch am Rande unseres erzwungenen Aufenthalts ereigneten sich Dinge, die ich nie mehr vergessen werde. Während wir wieder einmal stundenlang auf einen Bescheid warteten, mußten wir uns eine Freizeitbeschäftigung dieser Grenzbeamten und Militärs ansehen. Nur wenige Meter von uns entfernt kam ein Ferkel dahergerannt. Ein chinesischer Offizier trat diesem jungen Schwein mit seinem schweren Stiefel und mit Wucht gegen den Brustkorb. Das Ferkel quiekte erbärmlich und brach zusammen. Sein linkes Vorderbein stand waagerecht vom Körper ab und war gebrochen. Das angst- und schmerzerfüllte Tier schrie laut. Die Beamten fanden das belustigend. Auch ohne daß wir ihre Sprache verstanden, hörten wir, daß es sie amüsierte, wie sich die gequälte Kreatur im Dreck wälzte. Sie deuteten mit Fingern auf das gebrochene Bein und lachten. In mir stiegen Zorn und Übelkeit hoch. Ich konnte mich nur mit Mühe zurückhalten. Am liebsten wäre ich hingegangen und hätte diesen Kerl verprügelt. Aber das hätte für mich wohl jede Chance, dem Berg auch nur einen Meter näherzukommen, zunichte gemacht. Ich ließ die Faust in der Tasche.

Kein Zweifel, mein Eindruck von Tibet, diesem angeblich so friedlichen Land, war nicht der beste. Daran änderte sich auch an den nächsten Tagen nur wenig. Wir ratterten Stunde um Stunde über staubige, verdreckte und mit Schlaglöchern übersäte Schotterpisten dahin. Steile Wege in schlechtem Zustand führten uns über hohe Pässe. Wir fuhren zwei volle Tage und legten dann einen Ruhetag ein, um uns besser zu akklimatisieren. Doch ich fand nur körperliche Ruhe, mein Inneres war in Aufruhr. Die Seele, die gerade in diesem Land in sich selbst ruhen und im Gleichgewicht sein sollte, war arg strapaziert.

An den folgenden Tagen kamen wir an zerstörten tibetischen Tempelanlagen vorbei, die der chinesischen Kulturrevolution zum Opfer gefallen waren. Ich tat arglos und fragte unseren Begleitoffizier: »Was ist da passiert, warum sind diese Gebäude alle zerstört?« Der Chinese schien völlig ungerührt. Sowohl von dem Anblick als auch von meiner Frage. Er schaute mich mit festem Blick an und erklärte, als sei er selbst davon überzeugt: »Hier hat es vor ein paar Jahren ein schweres Erdbeben gegeben.« Es schien sinnlos, sich mit diesem Mann auf eine Diskussion einzulassen.

Als Chinas Diktator Mao Tse-tung und dessen Frau Tschiang Tsching zwischen 1965 und 1969 die »Große Proletarische Kulturrevolution« ausriefen, wurden in Tibet binnen vier Jahren 90 Prozent aller religiösen Stätten zerstört. Heute schätzt man, daß über sechstausend den Göttern geweihte Kulturdenkmäler und Klöster dem Großreinemachen zum Opfer fielen. Wieviel menschliches Leid damit verbunden war, läßt sich kaum ermessen. Und wieviele Tibeter noch heute in den Gefängnissen ihrer neuen Machthaber sitzen, ist selbst von den Menschenrechtsorganisationen nicht genau zu ermitteln. Eines jedoch ist für Amnesty International klar: Die Menschenrechtsverletzungen in Tibet durch die Chinesen gehören zu den schrecklichsten und brutalsten auf der ganzen Welt.

Im Oktober 1950 bereits hatte die damals junge Volksrepublik China mit 30000 Soldaten der Volksbefreiungsarmee den buddhistisch-lamaistischen Gottesstaat Tibet überfallen. Zwar wurde später eine regionale Autonomie versprochen, doch die sollte sich für die Tibeter bald als eine Illusion herausstellen. In den Jahren 1958 und 1959 begehrten sie zwar gegen ihre Knechtschaft auf, doch die Chinesen reagierten mit unglaublicher Gewalt, bombardierten unter anderem die Hauptstadt Lhasa. 1,2 Millionen Tibeter fanden in einem Blitzkrieg den Tod. Mit über 100000 Anhängern floh der Dalai Lama schließlich am 17. März 1959, gerade 24jährig, nach Indien. Das 1935 geborene geistliche und politische Oberhaupt Tibets bildete dort eine Exilregierung und lebt seitdem in Dharamsala. 1989 erhielt der Dalai Lama den Friedensnobelpreis. Er sagt: »Die Macht, die auf Gewehren basiert, ist nur von kurzer Dauer. Am Ende triumphiert die Liebe der Menschheit zu Wahrheit, Gerechtigkeit und Demokratie.«

Heute ist der Dalai Lama fast überall auf der Welt ein gern gesehener Gast. Er wird nicht müde, den Menschen klarzumachen, wie sehr sein Volk leidet. Ich lernte den Dalai Lama 1997 in Brixen kennen. Er war damals zu Besuch in Südtirol und informierte sich eingehend, wie die Autonomie unseres kleinen Landes innerhalb von Italien funktioniert. Einer solchen Unabhängigkeit gilt sein ganzes Streben, seit er erkannt hat, daß die Chinesen Tibet nie mehr freigeben werden.

Der Südtiroler Landeshauptmann Luis Durnwalder hatte zu einem Mittagessen mit dem Dalai Lama eingeladen. Wir saßen in einer der altehrwürdigen Stuben des Finsterwirts in Brixen beisammen. Mit unglaublicher Ruhe erzählte uns der Dalai Lama von Tibet und daß er den Glauben an ein Stück Freiheit und Frieden für sein Volk nicht aus den Augen verlieren wolle. Die Nähe dieses besonnenen Mannes tat mir gut. Seine Ausstrahlung wirkte beruhigend auf mich. Ich erzählte ihm, wie uns die chinesischen Grenzbeamten seine Bilder aus den Reiseführern gerissen hatten. Und auch, wie ich Jahre später auf dem Gipfel des Everest eine Fotografie von ihm fand, die Sherpa dort hinaufgetragen hatten. Der Dalai Lama sah mich mit festen Blick an, dann lächelte er gütig. Mehr nicht. Er schien zu spüren, daß er in mir längst einen weiteren Anhänger seiner Sache gefunden hatte.

Wenn ich heute darüber nachdenke, mit welcher Ruhe uns 1992 der chinesische Begleitoffizier seine Lügen und Beschönigungen auftischte, wie er von einem furchtbaren Erdbeben sprach, das die tibetische Kultur zerstört habe, muß ich unwillkürlich an die Augen des Dalai Lama denken. Sein Land wurde geplündert, ausgeraubt und die Menschen zum Schweigen gebracht. Aber die Hoffnung des Volkes, die Gebete, die tief verwurzelten Traditionen, die verbliebene Fröhlichkeit im Alltag konnte den Menschen bislang niemand nehmen. Und so fordert der Dalai Lama jeden auf, sein Land zu bereisen und die Schönheit der Natur aufzunehmen. Daß alle, die von Tibet zurückkommen, bis in den letzten Winkel der Welt von Ungerechtigkeit und Zerstörung berichten sollen, sagt der Dalai Lama nicht, aber insgeheim hofft er es wohl. 1998 besuchte eine politische Delegation der USA Tibet. Sie verzichtete bewußt darauf, die Gefängnisse in Tibet zu besuchen. Die Häftlinge, die nach West-Kontakten häufig unter Druck gesetzt werden, sollten nicht gefährdet werden ...

Seelisch müde und noch mehr körperlich zerschlagen, erreichten wir das Basislager an der Nordseite des Mount Everest. Die Anreise auf knapp über 5000 Meter Meereshöhe war einfach zu schnell gegangen. Kaum angekommen, litten wir alle unter einem Mangel an Sauerstoff. Unsere Körper waren nicht angepaßt, unser Blutbild hatte sich noch längst nicht verändert, und der Kreislauf rebellierte. Es ist nicht sonderlich gesund, so schnell soviel Höhe zu überwinden. Es fehlte uns die Trekkingtour zum Basislager, die normalerweise einer Achttausenderbesteigung vorangeht und die eine ideale Höhenanpassung ist. Außerdem machte uns die große Hitze zu schaffen. Und dennoch hatte die Ankunft einen Vorteil. Endlich kehrte Ruhe ein. Wir beobachteten die tibetischen Yak-Treiber mit ihren lustigen Zöpfen, die von roten Schleifen zusammengehalten werden. Wir bewunderten die karge Schönheit der reizvollen Landschaft. Wir richteten unser Basislager ein, bauten die Zelte auf, packten unser Material aus und begannen erste Pläne zu schmieden. Die Zeit am Reißbrett, all die theoretischen Überlegungen waren vorbei. Nun hatten wir den Berg vor uns, und unser zweiter Versuch konnte beginnen.

Die Jeeps und Lastwagen holperten davon. Und mit ihnen vorerst auch die schlechten Erinnerungen an die vergangenen Tage. Wir sahen sie im Staub verschwinden und fühlten uns mit einem Schlag befreit. Ein Gefühl von Unterdrücktheit, das uns all die Tage verfolgt hatte, fiel von mir ab. Die Verärgerung wich dem Gefühl, nun endlich selbst für uns verantwortlich zu sein und wieder frei atmen zu können. Nun waren wir nur noch abhängig vom eigenen Können und von der Natur. Die beeindruckende Kulisse der hohen Berge und das große Vorhaben brachten uns auf andere Gedanken. Wir waren weit weg von Hotelkomfort, aber ebenso weit entfernt von den Auswüchsen der Zivilisation. Nur ein Geländewagen blieb uns als Sicherheit zurück. Er war unser Kontakt zur Außenwelt.

Zum ersten Mal jedoch war ich in eine Expedition eingebunden, die klar kommerziell orientiert war. Eine Gruppe von Bergsteigern, die sich größtenteils untereinander nicht zu kennen schien, hatte den Mount Everest »gebucht«. Wir waren in logistischer Hinsicht mit der DAV-Expedi-

Grunzochsen: Die zotteligen Yaks sind auf der tibetischen Hochebene unverzichtbare Nutztiere.

tion verbandelt. Wir lebten miteinander im Basislager, wir waren mit der selben Airline geflogen und aßen nun aus den selben Töpfen. Mehr aber auch nicht. Für den Rest waren wir allein verantwortlich, weil Norbert und ich es so wollten.

Im Basislager auf der tibetischen Seite des Everest spielt sich alles auf engstem Raum ab. Schon bei der Morgentoilette fühlte man sich beobachtet. Die Zelte standen dicht beieinander, und es war kaum möglich, auf Distanz zu gehen. Der Hauch allgemeiner Unruhe wehte schließlich auch bis in unsere Zelte, und wir bekamen schnell zu spüren, daß die Zusammenstellung der DAV-Expedition nicht optimal war. Einige der Bergsteiger schienen überall auf dieser Welt besser aufgehoben als im Basislager des Everest. Sie wollten nach außen hin demonstrieren, den Anstrengungen gewachsen zu sein, die selbst unter optimalen Bedingungen auf sie zukommen würden. Aber das war nur eine schlecht getarnte Unsicherheit, und sie machte es nahezu unmöglich, daß sich die notwendige tiefe, innere Ruhe über die gesamte Gruppe ausbreiten konnte.

Das tibetische Everest-Basislager ist ein flacher Platz, der komplett mit Sand bedeckt ist und aussieht wie ein ausgetrockneter See. Charakteristisch ist die von Wasser zerfressene Oberfläche. Tief haben sich die Bachläufe, Abflüsse des Rongbuk-Gletschers, der sich vom Fuß der Nordwand herabwälzt, eingegraben. Es ist eine karge, öde Landschaft. Nur die genügsamen und zähen Yaks finden hier noch Nahrung. Die großen und kräftigen Tiere werden von den Expeditionen gebraucht, denn nur mit ihnen ist es möglich, Lasten bis in das vorgeschobene Basislager auf einer Höhe von 6400 Metern zu transportieren. Wir verbrachten viel Zeit damit, die Lastentiere zu beobachten. Sie geben Laute von sich wie ein Schwein, was ihnen auch den Beinamen Grunzochsen eingebracht hat. Für die Tibeter sind sie gleichermaßen Weggefährten, Nutztiere und Lebensgrundlage. Die weiblichen Tiere, die Naks, geben täglich zwei bis drei Liter Milch. Daraus wird Butter gemacht, die allerdings wegen der fehlenden Lagermöglichkeiten sehr schnell ranzig wird. Doch an diesen Geschmack sind die Tibeter gewöhnt. Und so ist ranzige Yak-Butter ein wesentlicher Bestandteil des gesalzenen Yak-Buttertees, eines unentbehrlichen Grundnahrungsmittels. Aber auch für die Opferlämpchen in den Klöstern und Gompas wird die Yak-Butter benötigt. Der meist einzige Brennstoff für die Menschen ist getrockneter Yak-Mist. Und aus der Yak-Wolle werden noch heute überwiegend die Kleidungsstücke, Teppiche und Decken gefertigt.

Wir befanden uns inmitten einer urtümlichen Landschaft, aber gleichzeitig mitten in einer Katalogreise. Schon recht bald erkannten Norbert und ich, daß es in dieser Gruppe nicht gutgehen würde. Es gab kein Teamdenken im üblichen Sinn. Die meisten Teilnehmer der DAV-Expedition kannten einander kaum. Das holten sie erst jetzt nach, zu einem Zeitpunkt, da längst andere Dinge wie Vertrautheit, Verständnis und Miteinander wichtig gewesen wären. Einzeln kamen sie zu uns gelaufen, um ihre Sorgen und Probleme loszuwerden.

Von Klage zu Klage, von Gespräch zu Gespräch wurde mir immer klarer, wie verschieden die Ansichten und Ansprüche der einzelnen Expeditionsmitglieder waren. Jeder dachte nur an sich selbst, und jeder war mit seinen eigenen Dingen am meisten beschäftigt. Zu spät wurde ihnen bewußt, daß sie in einer Gruppe agieren mußten. Und daß ein Team nur funktionieren kann, wenn gemeinsam an einer Sache gearbeitet wird. In den Reihen der Teilnehmer regierte hingegen der pure Egoismus. Jeder versuchte seine eigenen Vorstellungen durchzusetzen. Manche kamen zu uns auf ihrer Suche nach Tricks und Kniffen und nach

Ratschlägen, wie ein so hoher Berg am besten zu besteigen wäre. Und das schlimmste war, daß die wenigsten ihrem Expeditionsleiter Sigi Hupfauer, dem wohl besten und erfolgreichsten deutschen Höhenbergsteiger, wirklich vertrauten. Er gab sich alle nur erdenkliche Mühe, wollte jedem helfen und bekam diese teilweise chaotische Situation doch nicht in den Griff. Er wurde überfordert von einer Vielzahl von Wünschen und Vorstellungen. Ich schätzte seine Erfahrung, aber er war in eine Lage geraten, die keinen Expeditionsleiter, sondern eher einen Pädagogen erforderte.

Entscheidend beim Achttausender-Bergsteigen ist, daß alle Mitglieder einer Expedition, die den Anstieg auf den Gipfel versuchen wollen, starke, ausdauernde, höhenerfahrene und vor allem absolut selbständige Alpinisten sind. Der große Nachteil des kommerziellen Bergsteigens ist, daß die Angaben der Kunden zu ihren bisherigen Leistungen und ihrem wahren Können vom Veranstalter und dem Expeditionsleiter kaum einer echten Überprüfung unterzogen werden können. Die Entscheidung darüber, daß der eine mitgehen darf und der andere daheimbleiben muß, ist am Ende eine Vertrauenssache.

Es ist praktisch nicht möglich, einen Kunden im klassischen Sinne der Bergführerei auf einen Achttausender zu bringen. Ab einer gewissen Höhe ist jeder so intensiv mit sich selbst beschäftigt, daß er für einen – möglicherweise auch noch schwächeren – Partner nicht mehr die Verantwortung übernehmen kann. So gesehen ist die Tugend des Teamgeistes an den ganz hohen Bergen ein begrenztes Gut. Bei all meinen Expeditionen ist mir eines immer wieder klar geworden: Es funktioniert nur, wenn am Fuß des Berges alle das Gleiche wollen, aber in der Lage sind, im entscheidenden Moment auch getrennt voneinander zu handeln.

Das Wetter war schlecht in dieser Vormonsunzeit 1992. Der Blick aus dem Zelt zeigte uns endlose Stunden lang einen dichten Vorhang aus Schnee und tiefhängenden Wolken. Es war erdrückend zu wissen, daß dort oben in den Hängen des Everest grundlose Schneemassen auf uns warteten, um unsere Pläne in ernsthafte Gefahr zu bringen. Noch schlimmer jedoch war, daß es den meisten Bergsteigern im Basislager an Ruhe und Gelassenheit fehlte, sich der Natur zu beugen. Sie wollten am liebsten drauflosrennen und unter allen Umständen den Gipfel erreichen. Dafür, so glaubten sie fest, hatten sie bezahlt, und der Gedanke an eine Rückkehr ohne Erfolg in der Tasche schien den meisten unerträglich.

*Immer freundlich: tibetische Yak-Hirten
im Basislager am Mount Everest*

Je näher das Datum rückte, an dem unsere Besteigungsgenehmigung ablief, um so mehr machte sich in der DAV-Gruppe ein fataler Gedanke breit. Zunächst war es nur eine Vorstellung, die dann aber zu einer festen inneren Überzeugung und schließlich zur offen vorgetragenen Forderung wurde: »Warum gehen die Sherpa nicht endlich hinauf? Falls wir schönes Wetter bekommen sollten, können wir nicht aufsteigen, denn es sind weiter oben keine Fixseile verlegt, und der Sauerstoff ist auch nicht deponiert.« Alles Reden half wenig. Gebetsmühlenartig versuchten wir den anderen immer wieder Geduld zu predigen. Wir wollten ihnen klarmachen, daß sie den Erfolg nicht erzwingen können. Schon gar nicht am Everest. Doch das Denken dieser Bergsteiger funktionierte anders, und es war einfach unrealistisch, wie sie die Sache angehen wollten. Die Sherpa sollten den Berg vorher präparieren, Fixseile anbringen und vor allem Sauerstoff nach oben transportieren. Daß jedoch auf dem Weg zu den Hochlagern die gewaltigen Schneemassen für ständige Lawinengefahr sorgten, daß es lebensgefährlich war, bei diesen Verhältnissen in einer großen Gruppe aufzusteigen, ließen die meisten außer acht. Sie fanden, daß die Sherpa für diese Arbeit schließlich bezahlt wurden.

Gedenken: Ang Dorje Sherpa war der vierte Mensch, der den Everest ohne Sauerstoffmaske bestieg.

Solche Situationen sind bei kommerziellen Expeditionen an der Tagesordnung. Die Sherpa und Träger werden benutzt, wie man eine Maschine benutzt, sie werden »verheizt« und gnadenlos in extrem schwierige Situationen gehetzt. Um sie gefügig zu machen, werden sie mit Geld erpreßt oder geködert. Ein Sherpa kann bei einer Expedition soviel verdienen wie ein Landarbeiter in einem ganzen Jahr. Die Sherpa sind zwar im Laufe der vergangenen fünfzig Jahre klüger geworden und rennen nicht mehr blindlings in jede Gefahr. Doch in ihrer grenzenlosen Hilfsbereitschaft, die auch im Glauben begründet ist, sind viele immer noch bereit, sich Situationen auszusetzen, die nicht zu verantworten sind. Allein in den Hängen des Mount Everest starben bislang 46 Sherpa.

Jahre später sollte ich eine Gruppe bayerischer Bergsteiger erleben, die jeden Anstand und jede Menschlichkeit daheim gelassen zu haben schien. Bei einer Besteigung der Ama Dablam im Everest-Gebiet über den Normalweg jedenfalls offenbarte sich die unwürdige Einstellung gegenüber den Sherpa so kraß, wie ich es nie zuvor erlebt hatte. Wie Kolonialherren stand die Gruppe einem sehr eifrigen Sherpa gegenüber, der in den Stunden zuvor außergewöhnlich viel geleistet hatte und nun um einen Ruhetag bat. Den hatte er auch dringend notwendig, denn er war mit seinen Kräften am Ende. Doch um diesen freien Tag gab es wortgewaltige Diskussion, die schließlich in der Aussage einer Expeditionsteilnehmerin gipfelten: »Dieses Arschloch soll gehen, dafür ist er ja hier, und dafür wird er bezahlt.«

Norbert und ich gelangten trotz der widrigen Umstände am Everest nach einigen Anläufen bis auf rund achttausend Meter hinauf. Das war viel und doch nichts. Denn in dieser Höhe beginnt der höchste Berg der Erde eigentlich erst. Nur noch etwas mehr als achthundert Höhenmeter und dennoch ein Lichtjahr vom Gipfel entfernt, gaben wir schließlich in den ungeheueren Schneemassen entnervt, entkräftet und mutlos auf.

Bei einem der ersten Anläufe hatten wir versucht, durch die gefährlichen Seracs bis zum Nordcol auf 7000 Meter Höhe zu kommen. Wir hofften darauf, daß der Wind die ungeheuren Schneemassen am Nordwestgrad vielleicht verblasen haben könnte. Bis zum Bauch im Schnee, teilweise auf den Knien und wie zwei Wühlmäuse, kämpften wir uns hinauf und kamen doch nicht an. Nachdem wir uns schon Stunden im Schnee aufgerieben hatten, sahen wir gegen Mittag im fahlen Licht eine lange Kette Sherpa aus dem Basislager heraufkommen. Das Gewicht der vielen Männer mit dem schweren Gepäck lastete auf den Lawinenhängen des Everest. Und schließlich passierte, was unvermeidlich schien: Eine Lawine packte einen Großteil der Sherpa-Gruppe und riß sie mit sich.

Einer der Männer wurde dabei schwer verletzt, als er über einen dreißig Meter hohen Serac geschleudert wurde und in die Tiefe stürzte. Er verdankte sein Leben allein dem glücklichen Umstand, daß er in einer Mulde in den Schnee fiel. Zwei weitere Sherpa klammerten sich derweil verzweifelt an die Fixseile und wurden dennoch mitgerissen. Die groben Plastikseile gruben sich bis auf die Knochen in ihre Hände, bis sie schließlich hilflos hängenblieben. Diese Sherpa hatten versucht, einen Weg für den Ruhm anderer zu ebnen, die sich später eine Besteigung aus eigener Kraft an ihre Fahnen heften wollten. Sie waren hinaufgeschickt worden, um eine Spur zu legen und Zelte, Verpflegung, Kocher sowie die Sauerstoffflaschen hochzutragen.

Während wir zu zweit und weit abseits der Fixseile in einer Flanke hinaufstiegen, die uns halbwegs sicher erschien, hatten die Sherpa, mit ihren schweren Lasten auf dem Rücken, den für sie vermeintlich leichtesten Weg gewählt. Sie folgten den Fixseilen und waren so direkt in das lawinengefährdete Gebiet geraten. Niemand hatte sie zurückgehalten. Die Sherpa wurden geborgen und die Verletzten unter großer Mühe zurück ins vorgeschobene Basislager gebracht. Mit Yaks transportierte man sie nach Rongbuk. Von da aus sollten sie mit dem Jeep ins Krankenhaus gefahren werden. Doch als die Verletzten im unteren Basislager ankamen, stand dort kein Jeep, um den sofort notwendigen Weitertransport in eine Klinik zu ermöglichen. Den einzig verbliebenen Geländewagen hatten sich die chinesischen Begleitoffiziere »ausgeliehen« und einen Ausflug gemacht. Zwei Tage mußten die Verletzten mit ihren Schmerzen ausharren, bis sich die hohen Herren endlich zurückbequemten und die Sherpa die beschwerliche, zweieinhalb Tage dauernde Reise ins Krankenhaus antreten konnten.

Wir hatten lange Zeit immer wieder leichte Hoffnungen für einen Gipfelversuch gehegt, aber alles, was wir in diesem Frühjahr unternahmen, waren nichts mehr als halbherzige Versuche, die keinerlei Erfolgsaussichten verhießen. Auf 8000 Metern gaben wir auf. Enttäuscht und frustriert packten wir schließlich unsere Sachen zusammen, bauten die Zelte ab und reisten nach Lhasa. Dort gab es noch ein wenig Kulturprogramm, das uns aber auch nicht sonderlich aufheitern konnte. Wir wollten auf dem schnellsten Weg zurück nach Europa. Die Stimmung war am Nullpunkt angelangt.

Sigi Hupfauer ist ein überaus erfahrener Höhenbergsteiger und ein umsichtiger Expeditionsleiter. Doch heute, im Rückblick, muß ich sagen, er hätte vielleicht klarer und wenn nötig auch härter mit seinen Teilnehmern sprechen müssen. Allerdings erscheint es mir persönlich ohnehin unmöglich, eine Gruppe von 16 Personen, die allesamt für eine Expedition bezahlt haben, auf eine Schiene zu bringen. Daran scheiterte auch er, und das war nicht einmal verwunderlich.

Ist das Nichterreichen eines gesteckten Zieles tatsächlich ein Scheitern? Oder ist es eine Erfahrung, die sich auch sehr positiv der Erinnerung einprägen kann? Als ich noch sehr jung war, erfüllt von dem Willen, etwas Besonderes zu leisten, meine Ziele möglichst hoch zu stecken und sie auch bedingungslos zu erreichen, war ich bereit, für den Gipfel ein bisweilen unkalkulierbares Risiko auf mich zu nehmen. Es war für mich wichtig, ganz oben zu stehen und mich selbst für meine Anstrengungen mit einem »Sieg« zu belohnen. Im Laufe der Jahre begann ich die Dinge anders zu sehen, differenzierter, gelassener, ruhiger. Vielleicht lag das auch daran, weil ich schon so oft ganz oben war. Ich kannte die Gefühle, die den Bergsteiger auf seinem Weg begleiten und auf dem Gipfel überfallen. Die guten wie die schlechten; Mut und Zweifel liegen oft so dicht beieinander. Für mich sind heute der Inhalt und der Erlebniswert einer Expedition wichtig, erst dann kommt der Gipfel.

Wenn mir eine Unternehmung ganz spontan ins Gedächtnis kommt, dann ist es oft eine, die nicht geglückt ist, bei der am Ende nicht das Erlebnis »Gipfel« der Höhepunkt war. Diese Expeditionen sind in ihren Wert für mich oft viel intensiver. Das liegt auch an den Gründen, warum eine Tour nicht geglückt ist, und an den Erfahrungen, wie sie bei gelungenen Unternehmungen nicht gemacht werden können. Sämtliche Schattierungen menschlichen Verhaltens, die Bewältigung von Rückschlägen, der Umgang mit der eigenen Unzulänglichkeit, das Akzeptieren der Naturgewalten, die unendliche Freude über glückliche Zufälle – sie prägen die Erinnerung oft viel mehr als Touren, die genau nach Plan verlaufen. Es ist ein Unterschied, ob man im Schneegestöber von einem Berg herunterkommt oder bei Sonnenschein, und ein Sturz ins Seil bleibt länger haften als eine glatt durchstiegene Wand.

Als wir 1992 enttäuscht und doch bereichert an Wissen und Erfahrung vom Mount Everest über Lhasa nach Kathmandu zurückkehrten, mußte ich schon in Nepals Hauptstadt feststellen, daß der Glutherd, der im Basislager innerhalb der DAV-Expedition schwelte, sich zu einem Feuer entfacht hatte und zum Flächenbrand geworden war. Noch von Kathmandu aus telefonierten die ersten Teilnehmer mit ihren Anwälten und leiteten gerichtliche Schritte gegen den Summit-Club und den Deutschen Alpenverein ein.

Die Beschwerden gingen in die unterschiedlichsten Richtungen. Es wurden versprochene Leistungen angemahnt, es gab Kritik am Expeditionsleiter und an der Taktik des gesamten Unternehmens. Was keiner der Teilnehmer berücksichtigte, war das Wetter, das in diesem Frühjahr sämtliche Expeditionen an der Nordseite des Everest scheitern ließ. Und kaum einem schien auch der Gedanke gekommen zu sein, daß eigene Ansprüche und egoistisches Verhalten die Situation noch erschwert hatten. Die Leute wollten ihr Geld zurück, weil sie sich offenbar ihrer Urlaubsfreuden beraubt sahen. Das alles hatte einen Hauch von Gran Canaria, von verbautem Meerblick und schlechter Hotelküche.

Über zwei Jahre wurden Gerichte und Anwälte bemüht. Auch mich bat man damals, als Zeuge aufzutreten. Beide Seiten, sowohl der Summit-Club als auch die verärgerten Teilnehmer, beknieten mich und drängten auf eine Erklärung meinerseits. Doch dazu war ich nicht bereit. Denn im Grunde war ich Außenstehender, obwohl ich einen Teilbereich meiner Expedition über den Summit-Club organisieren ließ. Und weil ich damit sehr zufrieden war, stand ich wohl eher auf Seiten des Veranstalters. Trotzdem lehnte ich eine Aussage als Zeuge ab. Der Grund ist leicht zu erklären: Der DAV und der Summit-Club hatten aus der leidigen Erfahrung offenbar überhaupt nichts gelernt und die gleiche Expedition ein Jahr später schon wieder in ihrem Angebot. Allerdings wurde sie nicht mehr durchgeführt. Danach nahmen sie das Unternehmen Everest endgültig aus dem Programm.

Der Mount Everest ist ein Berg, der in Reisekatalogen absolut nichts verloren hat. Dieser Berg ist trotz Fixseilen, ganzen Zeltstädten in den Hochlagern und auch mit künstlichem Sauerstoff immer noch so gefährlich, daß man es nicht verantworten kann, Menschen in eine derartige Situation zu führen. Die Selbsteinschätzung der Teilnehmer allein kann nicht genügen, eine Gruppe zusammenzuwürfeln, die dann in kritischen Momenten alle Verantwortung auf den Expeditionsleiter abwälzt.

Auch der beste Guide der Welt kann einen Haufen egoistischer und egozentrischer Höhenbergsteiger nicht zusammenhalten. Die Meinungen einzelner Expeditionsteilnehmer und mehr noch ihre Leistungsstärken liegen viel zu weit auseinander. Die Expeditionsmitglieder zahlen enorm hohe Summen für so ein Unternehmen. Sie ringen sich viele Stunden harten Trainings zu Hause ab und können dennoch nicht sicher sein, ob die Vorbereitung für diesen großen Berg ausreicht.

Das schlimmste dabei ist jedoch, daß viele unter ihnen glauben, sie hätten mit Vorlage eines Schecks auch den Gipfel gebucht. Erfahrene Veranstalter können allenfalls eine Infrastruktur zur Verfügung stellen, die zum Gelingen des Unternehmens beiträgt; die Organisation der Anreise, die Trekkingtour hin zum Berg, ein funktionierendes Basislager, die Verpflegung. Viel mehr ist nicht möglich und sollte auch nicht angeboten werden. Wer die Mautstelle zum Everest passiert, wenn er sein Permit bezahlt, muß vom Fuß des Berges weg eigenverantwortlich handeln können. Er sollte über Erfahrung an Sechs- und Siebentausendern und noch besser an einem kleinen Achttausender verfügen können, ehe er sich an den Giganten wagt.

Doch wie es seit in den neunziger Jahren läuft, daß nämlich einige kommerzielle Anbieter speziell in Übersee den Weg auf den Mount Everest als Spaziergang verkaufen, geht es auf Kosten der Sherpa. Sie sollen den Weg bereiten, sie sollen diesen Berg für abenteuergierige Freaks präparieren, die dort oben jedoch absolut nichts verloren haben. Ich leite seit vielen Jahren die Alpinschule Südtirol. Es wäre ein leichtes, den Everest als Tour anzubieten, Interessierte gibt es immer. Doch das verbieten mir mein Verantwortungsbewußtsein und meine Erfahrung an den höchsten Bergen der Welt. Ich weiß, daß ab einer gewissen Höhe jeder auf sich gestellt ist. Daß nur jeder für sich selbst verantwortlich den Gipfel erreichen kann und daß praktisch niemand mehr in der Lage ist, oberhalb von achttausend Metern einem Freund zu helfen. Auch wenn er es noch so gern tun würde.

Das Angebot, das wir 1992 beim Summit-Club annahmen, stammte von einem der wenigen seriösen und erfahrenen Veranstalter, und dennoch ging der Versuch schief. Im Laufe der Jahre aber sollte ich noch ganz andere Dinge zu sehen bekommen. Das damalige Angebot war nur der Anfang einer »Zeit des gebuchten Wahnsinns«, der Jahre später in die Everest-Tragödie von 1996 mündete. Das Abenteuer Everest ist zu einer Ware verkommen, der Berg zu einem Jahrmarkt der Eitelkeiten und der Weg hinauf fast zu einem Klettersteig. Im Basislager sitzen die Helden der modernen Freizeit, ausgestattet mit Kaffeemaschinen, Hochleistungscomputern mit Internetanschluß und Fax. Online servieren sie den Daheimgebliebenen täglich ihre neuesten Höchstleistungen. Doch um die ist es an den Achttausendern inzwischen traurig bestellt. 1998 bestieg ein koreanischer Hobby-Bergsteiger die Annapurna. Sherpa hatten ihm dem Berg mit endlosen Fixseilen abgesichert. Am Gipfeltag gingen zwei Sherpa vor dem Koreaner her und zogen ihn am kurzen Seil den Berg hinauf. Ein dritter Nepali stapfte hinterher. In seinem Rucksack steckten die Sauerstoffflaschen, und der Schlauch führte von dort direkt zur Maske vor dem Gesicht des Koreaners.

Es gibt Bestrebungen, auf der nepalesischen Seite ein fixes Basislager zu errichten. Vor dem Hintergrund, daß in der Vormonsunzeit zwischen März und Mai von der Regierung bis zu zwanzig Genehmigungen erteilt werden und teilweise bis zu fünfhundert Bergsteiger am Fuße des Khumbu-Eisbruchs campieren, müßte dieses Lager die Ausmaße eines großen Hotels bekommen. Es ist auch von vier fixen Hochlagern die Rede. Wenn man jedoch bedenkt, daß sich am Südsattel auf achttausend

Metern Höhe oft fünf Expeditionen gleichzeitig tummeln, müßten diese Hochlager die Größe von Einfamilienhäusern haben. All dies sind Überlegungen von kommerziellen Anbietern, und sie werden unter einem ökologischen Deckmäntelchen angestellt. Doch tatsächlich ist der Everest zur höchstgelegenen Müllhalde der Welt verkommen – ohne Chance auf Entsorgung.

Am Südsattel flattern zerfetzte Zeltplanen im Wind, und Hunderte leerer Sauerstoffflaschen künden von all den erfolgreichen und gescheiterten Versuchen, den Berg kleiner und gefügiger zu machen. Seit Edmund Hillary wurde der Everest mehr als tausendmal bestiegen. Mehr als die Hälfte der Bergsteiger erreichte den Gipfel allein zwischen 1991 und 1998. Doch nur weniger als sechzig Bergsteiger verzichteten auf den künstlichen Sauerstoff. Würden Besteigungen unter Zuhilfenahme von künstlichem Sauerstoff in den fragwürdigen internationalen Statistiken nicht mehr anerkannt oder gar aus umweltpolitischen Gründen verboten, könnte auf dem Rummelplatz Everest sehr schnell wieder Ruhe einkehren. Dann bliebe nur eine unverfälschte Leistung von ernsthaft ambitionierten Höhenbergsteigern, und dem grenzenlosen Leichtsinn und dubiosen Gipfelstürmern könnte ein Riegel vorgeschoben werden.

Massentourismus: Die Besteigungen des Everest mit Sauerstoffflaschen hinterlassen deutliche Spuren.

Wieder nicht oben: nachdenklich zurück nach Südtirol

    Es fällt mir unter den Umständen, unter denen heute Expeditionen zu den hohen Bergen der Welt angeboten werden, äußerst schwer, über das Schicksal von kommerziellen Anbietern wie Rob Hall oder Scott Fischer wirklich ergriffen zu sein. Die Verknüpfung von tragischen und selbstverschuldeten Zusammenhängen im Frühjahr 1996, die diesen beiden professionellen Bergführern und Organisatoren des ultimativen Kicks das Leben kosteten, ist zugegebenermaßen erschütternd. Doch der größere Teil meines Mitleids gilt den Sherpa, den überforderten Klienten und den Familien derer, die am Everest blieben.

    Das mag hart klingen, doch wer für sechzig- bis siebzigtausend Dollar Klienten ins Basislager des Mount Everest lockt und solche Versprechungen macht, wie es Hall und Fischer offenkundig getan haben, dem gebührt mehr Kritik als Mitleid. Kommerziell organisiertes Bergsteigen am Everest anzubieten, halte ich für verantwortungslos. Den Kunden, den Sherpa und schließlich auch sich selbst gegenüber.

    Erschreckenderweise tummeln sich inzwischen viele ebenso unprofessionelle wie unseriöse Anbieter auf diesem Markt. Sie verteilen bedenkenlos ihre bunten Kataloge. Darin sind Lockangebote zu lesen wie zum Beispiel: »Sie müssen kein Extremer sein.« Gegen Zahlung von sechzigtausend Mark gaukeln deutsche Anbieter ihren potentiellen

Kunden vor, daß mit der Überweisung des Geldes der Weg frei ist zum »Top of the World«. So hat es zumindest ein deutscher Anbieter gemacht. Mehr noch, er hat Touren durchgeführt und anschließend weder die Agentur in Kathmandu noch die Träger und Sherpa bezahlt.

Mit derartigen Angeboten jedoch wird kein Spitzen-Expeditionsleiter für ein Unternehmen zu gewinnen sein. Ein wirklich guter Bergführer wird sich weigern und sich nicht für ein derartiges Himmelfahrtsunternehmen engagieren lassen. Den Beruf des Bergführers im klassischen Sinn auszuüben ist am Everest ohnehin praktisch unmöglich. In diesen Höhen ist auch jeder noch so gute und erfahrene Guide so mit sich selbst beschäftigt, daß er sich um einen oder gar mehrere Kunden überhaupt nicht im erforderlichen Maß kümmern kann.

Kommerzielle Anbieter haben Erfahrung in der Organisation von Expeditionen, daran besteht kein Zweifel. Aber sie sollten das nur für geschlossene Gruppen machen, für eine Handvoll Bergsteiger, die sich bereits von anderen Unternehmungen her kennt. Dann ist das Angebot eines kommerziellen Anbieters tatsächlich eine Entlastung in finanzieller wie in organisatorischer Hinsicht.

Aber über einen Katalog einzelne Schäflein zu suchen, die glauben, über den Reiseveranstalter in eine Gruppe zu kommen, mit der die Besteigung eines großen Achttausenders leichter würde, ist nicht seriös. Denn um einen Berg dieser Dimension zu besteigen, bedarf es nicht nur Erfahrung, Kondition und mentaler Stärke, sondern auch einer großen Portion Glück. Und Glück kann man nicht über einen Katalog buchen. Die Achttausender in Nepal, Pakistan und Tibet sind noch immer eine Herausforderung. Sie sind kein Spielplatz und kein Ort für Leichtsinn. Es ist vielmehr immer noch ein gefährliches Abenteuer, sich an diesen Bergen zu bewegen.

Als wir 1992 dem Everest abermals den Rücken kehrten, ohne den Gipfel erreicht zu haben, fühlte ich mich trotz allem in der Richtigkeit meines Handelns bestärkt. Ich wußte, daß ich irgendwann oben ankommen würde. Ich mußte nur Geduld aufbringen und den richtigen Moment erwarten können.

Kapitel XIII
Auf der Suche nach Grenzen –
Marathon am Matterhorn

Es mag sinnlos erscheinen, sich die Frage beantworten zu wollen, was der eigene Körper aushält. Wann ist er am Ende, wann setzt er einen Punkt, ab dem er weitere Belastung einfach verweigert? Doch trotz der Sinnlosigkeit beschäftigte mich diese Frage über Jahre hinweg. Heute weiß ich, daß viele Dinge im Kopf und nicht allein von der körperlichen Konstitution entschieden werden. Zu diesem Wissen hat sicherlich auch die Tour vom Ortler zur Großen Zinne beigetragen. Doch das Vordringen in die Grenzbereiche meiner Leistungsfähigkeit interessierte mich weiterhin.

Das Matterhorn ist sicher der formschönste Obelisk der europäischen Alpen. Wenn man diesen Berg einmal gesehen hat, verliert er nie mehr etwas von seiner Anziehungskraft. Viele Bergsteiger sagen, es gäbe kein schöneres Massiv auf der Welt. Auch wenn man es nicht so absolut sieht, steht das Matterhorn ganz bestimmt auf einer Stufe mit dem Cerro Torre in Patagonien, der Ama Dablam und dem Machapuchare im Himalaya oder dem Shivling in Nordindien. Zermatt ist ein autofreies Dorf tief im Herzen des Schweizer Kantons Wallis. Man muß das Auto stehenlassen und den Zug nehmen, um hinaufzukommen. Und wenn man dann aussteigt und den Bahnhof verläßt, sind es nur noch ein paar Meter nach rechts, bis der Blick das Matterhorn einfängt, das sich majestätisch gegen den Himmel reckt.

Schon als Junge habe ich das Matterhorn auf Postkarten bewundert. Doch dieser Berg erschien mir damals unerreichbar. Für mich lagen die Drei Zinnen in den Dolomiten näher, denn sie standen praktisch direkt vor unserer Haustür. Doch obwohl dort genügend schwere Kletteraufgaben warteten, ließ mich das Matterhorn einfach nicht los. Seine vier Grate, die düstere Nordwand, der kleine Gipfel, all das lockt Jahr für Jahr Tausende Bergsteiger an. Und es lockte natürlich auch mich.

Ich war knapp neunzehn Jahre alt, als ich mit meinem Freund und Seilpartner Werner Beikircher in dessen Auto Richtung Zermatt fuhr. Auch wir kamen damals voller Erwartungen aus dem Bahnhof heraus und blieben wie erstarrt stehen – das Original übertraf sämtliche Postkartenmotive. Wir wollten, wir mußten dort hinauf. Wir waren jung und unerfahren, aber mutig und voller Tatendrang. Der Hörnligrat, der sogenannte Normalweg auf das Matterhorn, eine Kletterei im dritten Grad, war uns nicht genug. Wir hatten viel über die drei klassischen Nordwände gelesen. Die Nordwand am Eiger, die Nordwand der Grandes Jorasses und die Nordwand des Matterhorns. Letztere galt gemeinhin als die einfachste, nicht so wetterlaunisch wie der Eiger, nicht so schwer wie die der Grandes Jorasses. Diese drei Wände waren das Ziel aller ambitionierten Bergsteiger. Die Matterhorn-Nordwand kam uns zum Auftakt gerade recht.

Goldstück: Das Matterhorn gehört zu den formschönsten Bergmassiven der Erde; kein anderer Berg wird aber auch so extrem vermarktet.

    Wir hatten zwar wenig Erfahrung mit den großen kompakten Wänden der Westalpen, und dennoch kamen wir am Matterhorn problemlos durch die schwarze, schattige Mauer. Bis auf einen kleinen, allerdings um ein Haar folgenschweren Zwischenfall. Kurz vor dem Ausstieg zum Gipfel waren wir zu weit links in einen Kamin geraten. Dort hing ein altes Seil. Ich sagte zu Werner: »Wir brauchen keinen Standplatz zu bauen, ich nehme das alte Seil und hangle mich einfach hinauf, dann sind wir draußen.« Als ich oben ankam, gefror mir das Blut in den Adern. Wir waren haarscharf am Absturz vorbeigeschrammt.
    Das Seil, an dem ich mich hochgezogen hatte, war offenbar vom Hörnligrat heruntergefallen. Sein aufgefranstes Ende war höchstens zwanzig Zentimeter tief im harten Schnee eingeeist. Mit einem Ruck konnte ich es herausreißen. Nur wenige Kilo Belastung mehr hätten genügt, um uns beide tausend Meter tief die Nordwand hinunterstürzen

zu lassen. Niemand hätte später erklären können, wie das passiert sein konnte. Seit diesem Tag sind mir Fixseile und alles Material, das ich nicht selbst angebracht habe, ein Horror. Und dennoch sollte ich zwanzig Jahre später am Everest wieder in eine solche Falle tappen.

Als wir auf dem Gipfel des Matterhorns ankamen, war es schon spät, und dennoch genossen wir ausgiebig einen wunderbaren Sonnenuntergang, der die Berge des Wallis in tiefes Abendrot tauchte. Supergescheit, wie wir damals waren, dachten wir natürlich nicht an den Abstieg und gerieten so am Hörnligrat, in unbekanntem Gelände, prompt in die Nacht. Wir stiegen viel zu weit hinüber in die Ostwand, verpaßten das Solvay-Notbiwak, und plötzlich war Abklettern in der Dunkelheit nicht mehr möglich. Bis zum Morgengrauen plagten wir uns entnervt mit schwierigen Abseilmanövern herum.

Dennoch, die Nordwand des Matterhorns war geschafft, und wir waren stolz auf diese Leistung. Für uns war es ein Traumerlebnis und unsere bis dahin größte Tour. Doch das Treiben an diesem formgewaltigen Berg hatte mir schon damals nicht gefallen. Die vielen Menschen, ganze Kolonnen von Kletterern, nervöse Bergführer und das ganze Tamtam, das sie in Zermatt mit ihrem Matterhorn machen. Ich verspürte in den folgenden Jahren nicht mehr die geringste Lust, dorthin zurückzukehren. Zermatt war mir zu hektisch für eine Bergtour, und das Matterhorn selbst kam fast nie zur Ruhe. Wenn es nicht gerade täglich von ganzen Hundertschaften bestiegen wurde, mußte es als Objekt für die Werbung herhalten. Kein anderer Berg der Welt ist so sehr für die verlockenden Botschaften des Konsums mißbraucht worden wie gerade das Matterhorn.

Werner und ich fuhren nach Hause und wandten uns anderen, weniger überlaufenen Bergen zu. Zwei Jahre später legte ich die Prüfung zum Bergführer ab und wurde danach immer wieder angesprochen, ob ich nicht den einen oder anderen Gast auf das Matterhorn führen wolle. Aber das war so ziemlich der einzige Berg, auf den ich partout nicht führen wollte. Für unzählige Kletterer ist er der ganz große Traum, aber viele sind enttäuscht und ernüchtert von dort zurückgekehrt. Das wollte ich meinen Gästen ersparen. Ich überredete sie nicht selten zu einsamen Zielen in den Ostalpen, und die meisten waren zufrieden. Das Matterhorn ist seit seiner Erstbesteigung 1865 zum Mythos mutiert, seine messerscharfen Grate sind zu Trampelpfaden degradiert, und im Tal balgen sich die Bergführer um die Kundschaft.

Kleines Kreuz, großes Glück: nach der Durchsteigung der Matterhorn-Nordwand

Und obwohl mir das alles zuwider war, bin ich 1992 doch noch einmal nach Zermatt und zum Matterhorn zurückgekehrt – auf der Suche nach den eigenen Grenzen.

Zwischen den großen Expeditionen zu den hohen Bergen der Erde, zwischen meinen Abenteuern im Himalaya und in Patagonien wollte ich auch in den Alpen immer wieder spüren, was ich kann. Ich wollte meinen Körper auf die Probe stellen und seine Leistungsfähigkeit ausreizen bis zum Anschlag. Obendrein faszinierte mich immer mehr der Gedanke, wieviele Klettermeter ich in der magischen Zeit von vierundzwanzig Stunden an einem Stück zurücklegen könnte. Ich stellte sogar ernsthafte Überlegungen an, ob es möglich sein könnte, die über sechzig Viertausender der Alpen zu besteigen, ohne zu schlafen, verwarf den Plan jedoch wegen Undurchführbarkeit rasch wieder.

Bei meiner Suche nach dem Außergewöhnlichen tauchte immer wieder die formschöne Pyramide des Matterhorns vor meinem geistigen Auge auf. Die vier Grate, Messerschneiden gleich, müßte doch binnen eines Tages und einer Nacht hintereinander zu besteigen sein. Diesen Gedanken trug ich lange in mir und sprach nur mit den engsten Freunden darüber. Aber es kam nie zu einer Entscheidung, den Plan tatsächlich durchzuführen. Die Zeitrechnung ging einfach nicht auf. Man müßte ein sehr hohes Tempo vorlegen, und die Frage war, ob dieses Tempo über so viele Stunden zu halten war. Immerhin würde die Aktion größteils in Höhen zwischen 3500 und knapp 4500 Metern stattfinden. Es konnte nicht funktionieren, wenn nicht alles zusammenpaßte. Wie ein Puzzle mußten sich die eigene Kraft, die Verhältnisse am Matterhorn, das Wetter, die Motivation und schließlich der Kletterpartner zu einem Ganzen fügen. Während ich die Teile zusammenlegte, spürte ich mehr und mehr, daß es klappen könnte

Die Wahl meines Partners fiel auf Diego Wellig aus Brigg im Wallis, den ich bei meiner ersten Expedition zum Mount Everest 1989 kennengelernt hatte. Mit ihm war ich 1990 am Nanga Parbat mit Ski abgefahren, und spätestens seitdem schätzte ich Diego als entscheidungsfreudigen und außergewöhnlichen Bergsteiger. Er war mir ein guter Freund geworden. Am Matterhorn kannte er sich aus, es war sozusagen sein Hausberg. Er hatte fast schon aufgehört zu zählen, wie oft er auf dem Gipfel gewesen war.

Diego führte zwar oft am Matterhorn, aber er war nicht wie so viele andere Bergführer in Zermatt und Cervinia fast ausschließlich an diesem Berg tätig. Das »Horn« ist für eine ganze Reihe Führer eine ebenso einträgliche wie ausschließliche Einnahmequelle geworden. Eine Besteigung über den Hörnligrat kostet etwa siebenhundert Schweizer Franken, und manche Bergführer bringen es sogar fertig, zweimal am Tag mit Gästen hinaufzugehen. Diego war da eine löbliche Ausnahme, denn er reiste mit seinen Kunden kreuz und quer durch die Alpen und zu den Bergen der Welt.

Vielleicht hätte ich ihn nicht für meinen Plan begeistern können, wenn er ausschließlich Matterhornführer gewesen wäre. Für die mußte unser Vorhaben fast einer Entweihung ihres stolzen Berges gleichkommen, denn wir wollten ihn förmlich von allen Seiten überrennen. So sah es zumindest aus. Die Begeisterung der anderen Bergführer hielt sich jedenfalls dementsprechend in Grenzen, als wir auf der altehrwürdigen Hörnli-Hütte, am Fuß des gleichnamigen Grates, ankamen. Unsere Fragen nach den Verhältnissen wurden nur spärlich und eher demotivierend beantwortet. Auch Diego hatte immer noch seine Zweifel. Er kannte fast jeden Stein am Matterhorn, er wußte um die Schwierigkeiten und konnte genau einschätzen, was wir uns da vorgenommen hatten. Ich hingegen war guter Dinge, denn ich kannte nur den Hörnligrat und den auch nur

Die Faust der Natur: Gewitter am Matterhorn.
Freistehende Berge sind besonders anfällig.

im oberen Teil, nachdem ich dort viele Jahre zuvor mit Werner weit in die Ostwand geraten war.

Mit ein paar Freunden und meiner Frau Brigitte war ich schon zwei Tage vorher angereist, und nun saßen wir noch eine Weile auf der Terrasse der Hütte. Wir hatten schon mal die Verhältnisse am Furggengrat ausgeforscht. Außerdem drehten wir mit dem Berliner Filmproduzenten Hansi Schlegel eine Folge der 26teiligen Fernsehserie »Zwischen Himmel und Erde« für einen deutschen Privatsender. Mit der Amateur-Bergsteigerin Ramona Rech aus Berlin zogen zu dieser Zeit Reinhold Messner, einige befreundete Bergführer und ich kreuz und quer durch die Alpen. Einer der Höhepunkte dieser Serie und für Ramona sollte die Überschreitung des Matterhorns werden.

Nun stieß auch Diego, der noch in Frankreich einen Kunden geführt hatte, zu uns. Während ich bis dahin mehr oder weniger tatenlos herumgesessen hatte, waren in mir zunehmend Ängste wegen drohender Gewitter aufgestiegen. Jetzt hockten wir gemeinsam bis einundzwanzig Uhr auf den Holzbänken und beobachteten das Spiel der Wolken. Es sah deutlich nach schlechtem Wetter aus. In zwei Stunden wollten wir eigentlich die Hütte verlassen und hinüberqueren zum Zmuttgrat. Dort sollte um Mitternacht unser Zeitabenteuer beginnen. Unsicher warteten wir ab bis zur letzten Minute, starteten dann aber doch.

Die Querung am Fuß der Nordwand erwies sich technisch als nicht schwierig. Aber ich war dennoch heilfroh, daß Diego bei mir war. Der Mond versteckte sich hinter den Wolken, und es war dunkel wie in einem Sack. Wäre ich allein gewesen, hätte ich sicher nach spätestens einer halben Stunde den Rückzug angetreten. So aber erreichten wir bald den Einstieg zum Zmuttgrat, der ganz sicher der schönste der vier Matterhorngrate ist. Er bietet im kombinierten Fels-Eis-Gelände Kletterei, die bis an den unteren fünften Grad reicht, und der Tanz auf Messers Schneide gehört zu den großen Grat-Klassikern. Unter normalen Umständen ist die Tour Routine, wenn man die Schwierigkeiten beherrscht. Aber wir hatten es vor allem eilig, denn wir hatten den Berg zum Sportgerät gemacht, um an ihm einen Wettlauf gegen die Zeit zu gewinnen. Ich steckte randvoll mit Motivation. Einzig die Dunkelheit irritierte mich, denn nur ab und zu lugte milchig der Mond hinter den Wolken hervor.

Ich dachte wie meist positiv, aber dieses Wetter dämpfte meinen Auftrieb. Irgendwie lähmte mich der Gedanke, daß nach diesem ersten Anstieg das Unternehmen bereits beendet sein könnte und wir alles verschieben müßten. Wir verloren schon am ersten Grat Zeit, weil uns plötzlich ruckartig starke Windböen packten und wir uns selbst in den einfacheren Passagen nur sehr vorsichtig bewegen konnten. Im Gipfelbereich waren wir nicht mehr sicher, ob es nun auch noch zu schneien begonnen hatte oder ob es nur aufgewirbelter Schneestaub war, der uns in die Gesichter wehte. Oben angekommen, querten wir vom italienischen Gipfel die paar Meter hinüber zur Schweizer Seite. Unter unseren Füßen lag dick der Rauhreif.

Eigentlich hätten sich die Bedenken verstärken müssen. Doch mit einem Mal waren sie aus meinem Kopf verschwunden. Ich hatte einen kühnen Plan entwickelt und ihn in Angriff genommen, nun war ich auch bereit, die Vernunft ein wenig zurückzustellen. Ich knipste den Gedanken, selbst beim letzten Anstieg noch scheitern zu können, einfach aus. Wenn sich jetzt Negatives in meinem Kopf einnisten würde, könnten wir es auch gleich ganz lassen.

Wir stiegen über den Hörnligrat wieder ab, und von unten kam uns schon eine lange Lichterkette entgegen. Noch immer war es stockdunkel, und doch waren die ersten geführten Seilschaften bereits auf dem Weg nach oben. Die Bergführer am Matterhorn starten früh, und sie machen mächtig Druck. Sie nutzen die ausgeputzte, von Steinen weitgehend befreite Route, die sie in- und auswendig kennen, denn neben dem Blitzschlag und Lawinen fürchten Bergführer nichts mehr als Steinschlag, der häufig von anderen Seilschaften ausgelöst wird. Am Matterhorn aber hat das Bergführen im Laufe der Jahre fast schon groteske Züge angenommen. Weil kaum ein anderer Berg in Europa so begehrt ist wie das Wahrzeichen der Eidgenossen, regelt sich der Markt längst nach Angebot und Nachfrage, und die Gäste werden teilweise mit Gewalt und nicht selten unter wüsten Beschimpfungen von ihren Führern auf den Berg getrieben wie Vieh auf eine Alm.

Nach der ersten Überschreitung legten wir eine ausgiebige Teepause ein. Wir durften nicht austrocknen, denn davon hätten wir uns kaum erholen können. Ich aß noch eine halbe Banane, dann starteten wir zur technisch ebenfalls leichten, aber sehr gefährlichen Querung am Fuß der Ostwand. Hinüber zum Furggengrat stellt Eis- und Steinschlag, der über die Wand herunterdonnert, eine ständige Bedrohung dar. Wir stürmten an der Wand entlang, und als wir den Einstieg zum Grat erreichten, wurde es bereits hell. Mit dem ersten Licht näherte sich auch ein Helikopter des italienischen Fernsehens, das von dem Unternehmen erfahren hatte und uns nun in ernsthafte Gefahr brachte.

Dieser Hubschrauber, aus dem sich ein Kameramann weit herausbeugte, verfolgte uns bis fast zum Gipfel. All unsere Zeichen konnten den Piloten nicht zum Abzug bewegen. Teilweise flog er so nahe heran, daß wir fürchteten, vom Grat geblasen zu werden. Die Rotorblätter lösten über uns Steinschlag aus, den wir aufgrund der Turbinengeräusche jedoch nicht mehr hören konnten, was alles noch gefährlicher machte. Ich verfluchte den Piloten als ungeschickten und skrupellosen Idioten, der keinerlei Erfahrung im Gebirge zu besitzen schien.

Etwa in der Mitte des Grates erschreckte uns ein gewaltiges Krachen. Es hörte sich an wie ein mächtiger Donnerschlag. Gleichzeitig zog eine riesige Wolke mit einer Steinlawine über die Ostwand hinunter. Hundertfünfzig Meter über uns war ein ganzer Turm ausgebrochen und stürzte nun zum Wandfuß. Es stank nach Schwefel, und der Felsausbruch hatte die Ausmaße eines halben Einfamilienhauses. Wir befanden uns zwar außerhalb der Gefahrenzone, aber eine knappe Stunde zuvor

Stahlkorsett: Die Grate des Matterhorns wurden mit Ketten und Seilen entschärft. Seitdem herrscht häufig Gegenverkehr.

waren wir direkt in der Fallinie der Brocken am Wandfuß vorbeigeklettert.

Das Matterhorn ist zwar ein sehr schöner Berg und entspricht dem Idealbild eines stolzen Gipfels – zumindest aus der Distanz betrachtet. Bei näherem Hinsehen aber ist das Matterhorn wie so viele andere Massive in den Gebirgsketten der Alpen brüchig und fragil. Dort zu klettern ist auch eine ständige Auseinandersetzung mit losem Gestein. Mir wurde wieder einmal die Vergänglichkeit der Alpen bewußt. Tag für Tag bröselt und bröckelt es, und irgendwann wird dieser mächtige, formgewaltige Zahn nur noch ein unansehnlicher Haufen Schutt sein. Dann wird das Matterhorn seine Pracht und seine Anmut verloren haben.

Das Schlüsselstück am Furggengrat ist die etwa hundertfünfzig Meter hohe, senkrechte Gipfelwand. Dort waren wir auch als Kletterer gefordert. Das Gelände ist nur schwer abzusichern, und ein Sturz kann fatale Folgen haben. Die Wolken mahnten uns weiterhin zur Eile. Ein Gewitter oder ein plötzlicher Wetterumschwung mit Sturm und Schnee sind am freistehenden Matterhorn und seinen exponierten Graten überaus gefährlich. Wir trieben uns gegenseitig an.

Nach dem Zmuttgrat zum Auftakt hatten wir deutlich hinter unserem Zeitplan gelegen. Nun, nach dem Furggengrat, hatten wir nicht nur deutlich aufgeholt, sondern sogar eine Reserve geschaffen, weil wir zum Gipfel weniger als drei Stunden benötigten. Das war gut. Doch immer dichter schoben sich von Südwesten her schwarze Wolken zusammen. Wir legten am Gipfel nicht einmal eine Rast ein, sondern tauschten nur die glatt besohlten Reibungskletterschuhe gegen steigeisenfeste Stiefel mit Profilsohle und stiegen über den technisch vergleichsweise einfachen Liongrat auf der italienischen Seite des Grenzberges Matterhorn wieder ab. Fixseile und Stahlketten entschärfen dort die schwierigsten Passagen. Dementsprechend zieht auch der Liongrat die Massen an. Seit vielen Jahren schon werden dem Matterhorn immer neue Handschellen angelegt. Das vermittelt den Eindruck, der Berg sei leichter zu besteigen, und lockt Bergsteiger, die schlecht trainiert und eigentlich den Problemen am Matterhorn nicht gewachsen sind. Vor diesem Hintergrund wäre es sicher vernünftiger, die Berge in ihrem Urzustand zu belassen und ihnen nicht mit viel Eisen einen Teil der Schwierigkeiten zu nehmen. An schönen Sommertagen kommt es am Matterhorn nicht nur zu Chaos und regelrechten Staus, sondern auch zu Aggressionen und gefährlicher Verwirrung. Ein Gewitter verwandelt die Stahlseile, auf die viele Bergsteiger angewiesen sind, zu reinen Blitzfängern. Auch mit noch so vielen Hilfsmitteln ist das Matterhorn nicht für jedermann zu präparieren. Erfahrung, Wissen und Ausdauer sind immer noch die Grundvoraussetzungen für eine erfolgreiche Besteigung und eine gesunde Rückkehr.

Als Diego und ich nun erneut abstiegen, versuchten wir immer wieder die heraufkommenden Seilschaften zu umgehen, ohne sie zu behindern, und ich war überrascht, was sich da einige so alles zutrauten. Die Rettungseinsätze der weltberühmten Air Zermatt füllen im Laufe eines Jahres ganze Aktenschränke. Wieviele Unfälle mit tödlichem Ausgang es am Matterhorn seit der Erstbesteigung am 14. Juli 1865, die mit drei Toten ebenfalls schon in einer Katastrophe geendet hatte, wirklich gab, vermag niemand ganz genau zu sagen. Über fünfhundert geborgene Leichen wurden immerhin namentlich registriert.
  Während wir den Liongrat hinuntereilten, entsetzte Diego und mich ein italienischer Bergführer, der mit seinen Gästen in Richtung Carell-Hütte abstieg. Mit einem aggressiven, ja fast brutalen Ton trieb er seine Gäste vom Berg nach unten. Für mich war es beschämend anzusehend, wie er mit seinen Kunden umging. In deren Gesichtern war nicht mehr

Unterkunft: Carell-Hütte am Fuß des Liongrates

zu erkennen, ob sie nun mehr Angst vor dem Berg oder vor ihrem Bergführer hatten. Diego zuckte ratlos die Schultern und schüttelte den Kopf. Diese Bergsteiger waren im Urlaub und hatten doch wieder nur Streß.

So mancher Matterhorn-Besteiger kann sich hinterher an den Gipfel fast nicht mehr erinnern. Ein Wunder ist das kaum, denn für einen ausgiebigen Rundblick ist praktisch keine Zeit. Schon auf den letzten Metern nehmen manche Bergführer häufig ihren Kunden die Kamera vom Hals, drücken oben zwei-, dreimal auf den Auslöser und beginnen gleich wieder den Abstieg. Unten gibt es einen festen Händedruck, dann ist der Bergführer verschwunden. Wenn er nicht gleich ins Tal absteigt, setzt er sich an den Stammtisch zu seinen Kollegen. Der Gast aber bleibt mit der Freude und der Suche nach ein wenig Anerkennung seiner Leistung oft völlig allein.

Als wir über den Liongrat zur Carell-Hütte gelangten, gönnten wir uns eine zwanzigminütige Rast. Das war schon ergiebig im Vergleich zur Länge der Pausen, die wir vorher gemacht hatten. Essen war nicht so entscheidend. Wir stopften uns ab und zu eine Banane oder ein Stück Schokolade in den Mund, das genügte. Aber wir mußten trinken, trinken, trinken. Und wir mußten weiterklettern, jetzt den Liongrat hinauf.

Tiefblick: Solvayhütte über den Dächern von Zermatt

Technisch war das längst Routine, und im oberen Teil rannten wir fast. Die Wolken kamen inzwischen bedrohlich nahe. Die ersten Graupeln prasselten bereits herunter. Im Laufschritt wechselten wir vom Italienergipfel hinüber zum Schweizergipfel und stiegen über die Schneeschulter des Hörnligrates ganz schnell wieder abwärts. Noch immer kamen uns Gruppen entgegen, an denen wir vor Stunden schon einmal vorbeigestiegen waren. Viele sprachen uns an. Etliche schüttelten verständnislos den Kopf. Einige regten sich ernsthaft auf. Sie fühlten sich gestört, weil immer wieder ein Kamerateam angeflogen kam, um unsere Bemühungen im Kampf gegen die Zeit zu filmen. Ich konnte diese Leute gut verstehen. Die meisten kamen einmal in ihrem Leben zum Matterhorn, und nun flog ihnen der Hubschrauber um die Ohren.

Als wir nach unserer dritten Überschreitung des Matterhorns am Hörnligrat die kleine Solvay-Hütte erreichten, war uns klar, wir könnten schlimmstenfalls dort bleiben, wenn das Wetter zu sehr Kapriolen schlagen würde. Die Angst vor Gewittern steckte tief in mir, nachdem ich schon ein paar sehr unangenehme Erfahrungen mit Blitzschlägen gemacht hatte, bevor am Manaslu alles in einer Tragödie geendet hatte.

Die Solvay-Hütte ist unbewirtschaftet und wirklich nicht mehr als eine Notunterkunft auf 4003 Meter Höhe, in der man eigentlich nur dann übernachten sollte, wenn es anders nicht mehr geht. Es ist auch nicht sonderlich einladend dort oben, denn die vielen Bergsteiger haben die direkte Umgebung der kleinen Felskanzel zu einer Notdurft-Einrichtung gemacht, und der Gestank der Fäkalien ist fast unerträglich.

Ich war im Kopf schon beinahe bereit, die Tour zu beenden, als auf einmal die Wolken auseinanderfetzten und die Sonne herauskam. Im ersten Moment war ich angesichts des besseren Wetters fast ein wenig enttäuscht, denn wir hatten in den vergangenen Stunden sehr viel Tempo gemacht, und ich spürte, daß ich unendlich müde geworden war. Aber ich mußte diese Trägheit in Kopf und Gliedern überwinden, weil ich doch zu Ende bringen wollte, was wir begonnen hatten, und außerdem mochte ich lieber nicht in der Solvay-Hütte inmitten dieser infernalischen Kloake übernachten.

Etwas langsamer setzten wir unseren Abstieg fort. Ich war überrascht, daß immer noch so viele Seilschaften unterwegs waren. Es war schließlich mittlerweile schon fast siebzehn Uhr. Ohne weitere nennenswerte Ereignisse oder Probleme erreichten wie die Hörnli-Hütte, wo eine Handvoll Freunde und auch Brigitte auf uns warteten. Wäre ich nach all diesen Anstrengungen allein gewesen, hätte ich wahrscheinlich aufgegeben. Aber so wurden neue Energien frei. Die anderen munterten uns auf, spornten uns an und versorgten uns mit warmen Getränken. Die Hüttengäste beobachteten uns derweil eher argwöhnisch.

Klettern ist wohl der einzige Hochleistungssport, der, einmal abgesehen von Indoor-Wettbewerben, fast immer ohne Publikum auskommen muß. Das bedeutet aber auch, daß Leistungen nicht kontrolliert werden können, und dies ermöglicht Manipulation. Es ist leicht, eine Leistung in einer Wand zu erschwindeln. Es fehlt ein Schiedsrichter, und eine Kamera ist selten dabei. Kein Wunder, daß heute viele Scharlatane mit nie erbrachten Leistungen prahlen. Am Matterhorn hatten wir viele Zuschauer, aber denen waren wir einigermaßen suspekt.

Gegen neunzehn Uhr machten wir uns zum vierten Mal an diesem Tag auf, den selben Berg zu besteigen. Es gab Phasen, in denen erschien mir unser Tun wie ein schlechter Witz mit miserabler Pointe. Wir waren inzwischen schon zweimal im Abstieg den Hörnligrat heruntergekommen, und nun mußten wir dort hinauf. Die Angelegenheit begann sich zu strecken, sie bekam unangenehme Längen und entwickelte sich zu einem zähen Kaugummi. Zu diesem Zeitpunkt waren wir bereits neunzehn Stunden unterwegs. Immer noch stiegen wir an Kletterern aus allen Nationen vorbei. Wir blickten in erstaunte und überraschte Gesichter. Ich überlegte, was die anderen sich wohl dachten. Und ich war froh darüber, daß niemand die Frage nach dem Warum stellte, sondern sich die meisten ihre Antwort wohl selbst gaben. Es war uns auch einerlei, wie sie ausfiel. Hätte einer gesagt, wir seien Idioten, ich hätte ihm nicht einmal widersprechen können.

Als wir erneut den Gipfel erreichten, wurde es wieder Nacht. Wir setzten die Stirnlampen auf unsere Helme. Es ging längst nur noch darum, den Weg zu beenden. Mir war es mittlerweile egal, ob wir unser gesetztes Zeitlimit von 24 Stunden halten konnten oder nicht. Die Müdigkeit machte mich dafür mehr und mehr gleichgültig. Aber ich wußte, unser Ziel liegt am Wandfuß. Dort könnten wir essen und trinken, sitzen und rasten, lachen und uns freuen, die Schuhe ausziehen und endlich schlafen.

Starker Sturm war aufgekommen. Vom Gipfel des Matterhorns wehte eine lange Schneefahne Richtung Italien. Wir machten schnell ein Foto und stiegen sofort wieder hinunter. Wie sinnlos, dachte ich mir. Was für ein Schwachsinn! Was willst du hier eigentlich? Die Müdigkeit nährte die Zweifel an unserem Tun. Doch auch dieses Gefühl kannte ich. Ein paar Stunden, ein, zwei Tage nur, und die Zufriedenheit würde sich einstellen. Diese Leistung würde mein Selbstbewußtsein heben und mich an höheren Bergen stärker machen. Es würde am Ende dieses Tages nur ein Gefühl von Sicherheit bleiben. Einer Sicherheit, die mir sagte, was mein Körper kann. Zu viel mehr taugte diese Mammuttour nicht.

Noch etwas oberhalb der Solvay-Hütte befand sich eine italienische Seilschaft ebenfalls im Abstieg. Den beiden Männern und der Frau begegneten wir jetzt bereits zum vierten Mal. Die Frau war mit ihren Nerven am Ende. Sie schimpfte lautstark: »Warum habt ihr mich nur hierher geschleift?« Sie tat mir leid, denn ihr war der Spaß am Klettern restlos vergangen. Wir halfen ihr, das Seil einzuhängen, und seilten sie vor die Tür der Solvay-Hütte ab. Dann wollte sie nicht mehr. Sie hockte sich hin, zwischen die stinkenden Haufen und Urinlachen, und weinte. Der Leichtsinn fand dort oben ein vorübergehendes Ende – die drei blieben über Nacht in der Hütte.

Für uns war der Abstieg selbst in der Dunkelheit nicht mehr außergewöhnlich. Es galt nur noch, die Konzentration nicht zu verlieren, denn mit dem Ziel dicht vor Augen war die Gefahr groß, daß Kraft, Koordination und Aufmerksamkeit nachließen. Und das ist stets eine gefährliche Phase beim Bergsteigen.

Um 23.30 Uhr beendeten wir vor der Hörnli-Hütte unseren Marathon am Matterhorn. Ich sank auf die Bank vor der Hütte. Die Gratulationen unserer Freunde hörte ich kaum. Hose und Hemd klebten verschwitzt am ausgelaugten Körper, doch wie ein warmer Strom floß das Blut durch meine Adern. Diego setzte sich neben mich. Er grinste. Viel sprachen wir nicht mehr.

Das ganze Chaos der vergangenen 24 Stunden konnte ich nicht verdrängen. An keinem anderen Berg hatte ich je zuvor soviel Streß, soviel Ärger und soviel Mißstimmung erlebt. Optisch ist das Matterhorn für mich immer noch einer der schönsten Gipfel der Welt, und auch meine Kritik am heillosen Treiben dort wird daran nichts ändern. Der Berg kann nichts dafür. Denn die Träume und die Voraussetzungen für den Wahnwitz am Matterhorn werden unten im Tal geschaffen. Auch und gerade in Zermatt, wo es zugeht wie auf einem türkischen Bazar, wo Strandkleider, Stöckelschuhe und Souvenirkitsch einen Teil der Stimmung ausmachen und wo das Matterhorn ausverkauft wird.

Ich schwor mir damals, in jenen Minuten vor der Hörnli-Hütte, daß ich nicht mehr zum Matterhorn zurückkehren würde. Und schränkte mich doch gleich wieder ein: Ich würde im Sommer nicht mehr zurückkehren, im späten Herbst oder im Winter, wenn der Berg schläft und die Verhältnisse es erlauben, vielleicht schon.

Kapitel XIV
Eine Nabelschnur und andere Seile –
Shivling, das Matterhorn Indiens

Am 20. Mai 1993 erreichten wir hoch droben im Norden Indiens, auf einer Höhe von rund fünftausend Metern, am Fuße des Shivling das Basislager für unsere Expedition.

Eine abenteuerliche, drei Tage dauernde Fahrt im Kleinbus von New Delhi nach Gangotri lag hinter uns. Der Fahrer hatte sich alle nur erdenkliche Mühe gegeben, uns das Fürchten zu lehren. Mit der Präzision eines Zielfernrohrs visierte er punktgenau die besten Schlaglöcher an. Wenn wieder einer von uns aus seinem Sitz katapultiert wurde und mit dem Kopf der Blechdecke gefährlich nahe kam, hatte der Fahrer seine helle Freude. »No problem, Sir, no problem«, rief er dann voller Begeisterung und lachte über das ganze Gesicht.

Die Verstrebungen unseres Reisegefährts ächzten und knirschten bedrohlich unter den hohen Anforderungen. Aber das interessierte den Fahrer nicht. Grundsätzlich trat er vor einer Kurve das Gaspedal voll durch, ließ den Bus in die Biegung hineingleiten, riß das Lenkrad herum und bremste abrupt ab, um uns wenigstens vor dem Umkippen zu bewahren. Dann schaute er erwartungsvoll nach hinten und war begeistert, wenn sich eine riesige Staubwolke bildete. Gelang ihm dies nicht, schob er enttäuscht die Unterlippe ein wenig vor und konzentrierte sich auf die nächste Kurve. Mit Vorliebe nahm er Linkskurven. Warum, blieb mir ein Rätsel.

So wurden wir drei Tage lang durchgerüttelt und geschüttelt. Wir klammerten uns an den Rückenlehnen der Vordersitze fest, wenn der Motor wieder aufjaulte, die nächste Kurve nahte und der Fahrer einen starren Blick bekam. Es konnte vorkommen, daß er bereits vor einer Kurve »no problem« rief. Dann ging es meist nach links. Es gab keinen Zweifel, der Mann war mit Leib und Seele Busfahrer. Wenn er endlich anhielt, um unseren spürbar erregten Magenwänden eine kurze Erholungspause zu gönnen, öffnete er die Motorhaube und wischte mit einem öligen Lappen über das Herzstück seines klapprigen Gefährts. Als ich

Heiliger Quell: Ursprung des Ganges an einem unscheinbaren Gletscherbruch

Reinheit: Am heiligen Fluß Ganges unterziehen sich fromme Pilger den rituellen Waschungen (Bild rechte Seite).

einen besorgten Blick auf seine abgefahrenen Reifen warf, sah er mich erstaunt an und sagte natürlich: »No problem, Sir, no problem.«

Als wir Gangotri endlich erreichten, ächzten meine Knochen wie die Verstrebungen des Busses, und mein Kopf dröhnte wie der Motor, den der Fahrer so liebevoll pflegte. Ich dachte: no problem. Immerhin waren wir, ohne weiteren Schaden zu nehmen, an einem der wichtigsten Pilgerorte der Hindus angekommen. Den zentralen Mittelpunkt des altehrwürdigen Dorfes Gangotri bildet ein aus grauen Steinen gemauerter Tempel aus dem 18. Jahrhundert. Um dieses auffällige Gebäude mit seinen vier nach den Himmelsrichtungen angeordneten Türmen gibt es kaum mehr als einige kleine Hotelunterkünfte und ein paar Geschäfte.

In den wenigen schmalen Gassen von Gangotri aber herrschte ein quirliges Treiben. Fliegende Händler boten ihre Waren an, die Frauen trugen bunte Gewänder, und trotz der sichtbaren Armut wirkte alles ein wenig feierlich. Die meisten Gläubigen übernachteten in Gangotri. Uns stand nun ein gemütlicher viertägiger Fußmarsch bevor, der uns hinauf ins Gebirge nach Tapovan bringen würde. Dieser Flecken Erde konnte es, das wußte ich bereits, fast mit der vielgerühmten Märchenwiese am Fuße des Nanga Parbat aufnehmen. Wir freuten uns auf das, was vor uns

lag. Christoph Hainz, ein Bergführerkollege aus Gais im Tauferer Tal, der bei dieser Expedition mein Partner war, schien auch einigermaßen erleichtert, dem Bus entkommen zu sein und sich fortan auf den Füßen bewegen zu können.

Der Fußmarsch leitete uns auf schmalen, zum Teil in den Felsen gehauenen Pfaden an den Ufern des oberen Ganges entlang. Wir passierten kleine Ansiedlungen mit freundlichen Menschen, stiegen über Geröll und mächtiges Blockwerk immer weiter hinauf bis hin zum Ursprung des Ganges auf etwa 4200 Meter über Normalnull. Aus dem ewigen Eis des Gangotri-Gletschers schoß mit Getöse der milchige Quell hervor. Hier hat der drittgrößte Strom Vorderindiens seinen Ursprung, durchbricht die südlichen Randketten des Himalaya und strömt durch das hindustanische Tiefland, ehe er mit dem Brahmaputra zusammenfließt und im größten Delta der Erde mit zahllosen Armen in das Bengalische Meer mündet. Der Ganges ist der heiligste Strom der Inder, sein Wasser, so heißt es, reinigt von allen Sünden.

Die endlose Kraft des Gletschers und des Wassers hat die Granitfelsen gleich unterhalb der Gangesquelle glattpoliert, ausgewaschen und zu bizarren Formen modelliert. An den Ufern meditieren die Shadus, heilige indische Männer, wandernde Bettelmönche, die in Askese und völ-

*Partner am Shivling:
Christoph Hainz*

liger Armut leben. In kleinen Blechkesseln sammeln sie in den Häusern ihr karges Mahl. Stundenlang verharren sie, tief in sich gekehrt, in Yoga-Stellungen; sitzend, kauernd, waagerecht schwebend, nur auf die Hände gestützt oder stehend auf einem Bein am Ufer des Ganges. Sie waschen ihr Haupt- und Barthaar nur mit feuchtem Sand und Asche und schneiden es nie. In 4200 Meter Höhe, dicht an der Grenze zum ewigen Eis und oft bei klirrender Kälte, tragen viele nicht mehr als einen knappen Lendenschurz.

Für mich waren es aufregende Stunden, während denen ich die Shadus und andere tiefgläubige Hindus auf ihrer Wanderung zum Ganges-Ursprung beobachtete. Aber es waren auch Stunden eigener innerer Einkehr. Immer wieder bin ich bei meinen Expeditionen mit sehr viel Bewunderung den Pilgern, ganz gleich welchen Glaubens, begegnet. Sie quälen sich oft wochenlang durchs Land, um dann, am Ende ihrer langen Reise, den Quell eines heiligen Flusses zu erreichen. Ich kann nicht erklären, was solche Wanderungen diesen Menschen geben. Aber in mir entsteht fast immer so etwas wie ein Neid, weil ich diese tiefen Gefühle in meiner Religion längst nicht mehr finden kann.

Ich wurde daheim streng katholisch erzogen. Wir mußten als Kinder jeden Tag Rosenkränze beten. Dann knieten wir vor dem Fenster auf den harten Holzdielen, unser Vater betete vor, und wir mußten ihm nachsprechen. Ich verstand damals nicht einmal, was mein Vater da runtergesummt und gebrummelt hat. Erst als ich älter wurde, hörte ich mehr auf den Inhalt dieser Worte und konnte ihn doch nicht begreifen. Und als ich anfing zu begreifen, begann ich zu zweifeln.

Diese ganze Prozedur, egal ob in unserem Haus, bei Beerdigungen oder während der Prozessionen, empfand ich als Last und völlig unnötig. Der Zwang zum Glauben, mit dem wir erzogen wurden, hat mich im Laufe der Jahre immer mehr von meiner Kirche entfernt. Die Stütze, die Pilger auf ihrer Wanderung empfinden, kam mir abhanden. Dazu hat jedoch auch die Kirche selbst in beträchtlichem Maß beigetragen, denn die Meinung der irdischen Vertreter der katholischen Kirche vermag ich in vielen Punkten nicht mehr zu teilen. Als ich neun Jahre alt war, nahmen mich meine Eltern mit nach Maria Weißenstein. Das ist eine Wallfahrtsstätte im Bozener Unterland. Dort ging es zu wie auf einem Jahrmarkt. Es wurden Tücher und Wässerchen, Kruzifixe und Heiligenbilder verkauft, wie in einer Metzgerei Wurst und Käse. Und das sollte ein Ort der Ruhe und der Besinnung sein? Ich verstand die Welt nicht mehr, und am darauffolgenden Sonntag empfand ich die scharfen, belehrenden Worte, die unser Pfarrer von der Kanzel rief, um so mehr als Bedrohung.

Und nun stand ich am heiligen Quell des Ganges. Ich sah die Erleichterung, die unendliche Freude in den Gesichtern der Hindus und ließ das bunte, fast fröhliche Treiben auf mich wirken. Für all diese Menschen ging eine der wichtigsten Lebensaufgaben in Erfüllung. Und doch wirkte an diesem Ort nichts aufgesetzt oder pompös. Es gab dort keine erkennbaren Regeln für den Ablauf, keinen Zeitplan für den Glauben, keine Glocken, die zum Gebet riefen, und keine vorgeschriebene Disziplin. Es herrschte zwar ein ständiges Kommen und Gehen, aber es ging gewiß nicht zu wie auf dem Jahrmarkt von Maria Weißenstein. Außer den Menschen war dort nichts. Kein teurer Altar, kein aufwendiges Gotteshaus, keine Priester und kein Opferstock. Nur ein Gletscher, aus dem trübes, sandiges Wasser hervorquoll. Ein Stück Natur im Nordosten Indiens, nicht sehr weit weg von der nepalesischen und der tibetischen Grenze. Ein ganz schlichter Ort des tiefen Glaubens.

Voller Interesse und mit gebührendem Abstand verfolgte ich die bescheidenen und demütigen Zeremonien der Hindus. Die Gläubigen rieben sich die Haare mit Sand ein und spülten sie im eiskalten, heiligen Wasser des jungen Ganges. Das taten sie immer und immer wieder. Dazwischen murmelten sie leise ihre Gebete und tranken dann von dem kalten Naß. Die meisten Hindus blieben für ein paar Tage, bevor sie sich wieder auf ihren langen und beschwerlichen, oft monatelangen Heimweg machten.

Matterhorn Indiens: der 6543 Meter hohe Shivling in seiner ganzen Pracht

Ich konnte alte Menschen beobachten, die bereits an ihren Kräften zu zweifeln schienen und doch glücklich und zufrieden diesen Ort wieder verließen. In mir breitete sich eine große innere Ruhe aus. Die Hindus glauben, je näher sie der Quelle des Ganges kommen, um so heiliger wird das Wasser. In diesem Wasser waren sie untergetaucht, hatten sich gewaschen und davon getrunken. Ihr Glaube sagte ihnen, daß sie nun von allen Sünden befreit waren. Ein einfacher, aber sichtbar zufriedenstellender Glaube. Ich bin kein Fachmann in Sachen Hinduismus und kann mir eine tiefergehende Bewertung nicht erlauben. Der Augenblick jedoch, in dem die Menschen die Quelle erreichten, gab den Gläubigen sehr viel von dem, was ich nicht mehr in mir spüre. Für mich ist heute jeder Meter in der freien Natur ein Stück Lebensglück, aber nicht mehr eine Kirche, ein Dom oder ein Wallfahrtsort.

Unser bergsteigerisches Ziel am 6543 Meter hohen Shivling war der rund 1100 Meter hohe, größtenteils noch unberührte Nordpfeiler. Der Shivling wird in Europa auch als das Matterhorn Indiens bezeichnet, denn er ist nicht minder formgewaltig und beeindruckend. Freistehend

*Traumplatz: Basislager am Fuß des Shivling,
im Hintergrund das Bagiratis-Massiv*

und steil ragen seine Wände in den Himmel. Sie wirken wie vergoldet, wenn die Sonne untergeht. Die geneigten Flanken sind mit ewigem Schnee bedeckt. Großes kombiniertes Gelände also erwartete uns.

Unsere Idee war, den Shivling nicht nur über eine neue Route zu versuchen, sondern sie auch im Alpinstil zu begehen. Wir wollten nach einer guten Akklimatisation vom Basislager aus aufbrechen und Tag für Tag weiter nach oben klettern. Vor allem aber wollten wir am Berg keine Fixseile anbringen. Es ging erneut darum, auf die Nabelschnur zu verzichten. Fixseile bringen natürlich eine Menge Sicherheit und ermöglichen jederzeit eine eher problemlose Flucht nach unten. Doch mit einem Fixseil werden dem Berg Fesseln angelegt, und das prickelnde Abenteuer bleibt auf diese Weise weitgehend auf der Strecke. In den vergangenen Jahren hatte ich mich immer wieder auf die Suche nach Erlebnissen und Abenteuern begeben. Es waren längst nicht mehr unbedingt nur die Gipfel, die mich anzogen, es war vielmehr die Herausforderung, jene Logik zu erkennen, die ein Berg für eine saubere Besteigung anbietet. »Klettern mit fairen Mitteln«, so sollte es auch am Shivling sein.

Zwei Tage nach unserer Ankunft im Basislager zogen wir zum ersten

Mal los, um den Weg zum Einstieg des Pfeilers zu erkunden. Doch wir waren viel zu spät dran. Zu lange hatten wir uns faul in den Zelten gerekelt, im Basislager gebummelt, das Frühstück unnötig ausgedehnt, und nun brannte gnadenlos die Sonne auf uns nieder. Sie brachte das Hirn zum Glühen und weichte den Schnee auf. Manchmal sanken wir bis zum Bauch ein und mußten uns mühsam wieder aus dem Loch herausschinden. Wir hätten uns die Getränke auch direkt über den Kopf schütten können, so schnell schwitzten wir sie wieder aus. Die letzten hundertfünfzig Höhenmeter bis zum eigentlichen Einstieg führten in kombiniertem Fels-Schnee-Gelände durch eine fast fünfzig Grad steile und objektiv gefährliche Rinne. Steinschlag und schwere Naßschneelawinen sorgten dort für ständige Bedrohung von oben und bei uns für gewaltige Adrenalinausstöße. Zuletzt mußten wir diese etwa 40 Meter breite Rinne queren. Es bedurfte einer fast nicht mehr zu verantwortenden Risikobereitschaft, um sich dort hineinzuwagen. Für ein paar Minuten hörte ich einfach auf zu denken.

Am Pfeilerfuß markierte ein altes Fixseil, das von einem früheren Versuch dort hängengeblieben war, den Einstieg. Dieser erste Aufschwung machte einen erschreckend steilen Eindruck. Mit unseren großen, schweren Rucksäcken kletterten wir wie zwei ungelenke Elefantenbabys höher. Die knisternde Spannung war deutlich spürbar, und als ich einen Sicherungsplatz einrichten wollte, unterlief mir ein kleiner, aber folgenschwerer Fehler. Ich war – warum auch immer – mit Unterstützung des alten Fixseils hinaufgestiegen, legte nun einen Klemmkeil, wie man ihn heute meist anstelle von Haken verwendet, in einen Felsriß. In das Fixseil hängte ich einen Laufkarabiner, der mich vor einem tiefen Sturz bewahren sollte. Mit Hilfe des Klemmkeils und unseres eigenen Seils wollte ich nun Christoph im klassischen Stil nachsichern.

Er befand sich schon im Nachstieg, als ich ein gutes Fotomotiv entdeckte – Christoph in einer spektakulären Kletterposition. Ich rief ihm zu, er solle einen Moment ausharren, zog die kleine Kompaktkamera aus der Jackentasche und schaute durch den Sucher. Doch der Bildausschnitt erschien mir nicht gut genug. Also streckte ich mich ein wenig höher. Weil ich den Klemmkeil nun nicht mehr nach unten belastete, sondern ihn hochzog, rutschte er folgerichtig aus dem Felsspalt. Ich war dadurch nicht mehr fixiert und stürzte im selben Augenblick rückwärts und fast kopfüber mitsamt dem schweren Rucksack aus der Wand. Wie an einer Seilbahn glitt ich an dem alten Fixseil entlang bis zur nächsten Verankerung. Christoph befand sich etwa fünf oder sechs Meter unter mir. Ich flog an ihm vorbei und wurde erst zwei Meter unterhalb wieder gebremst. Christoph schaute verdutzt, dann mußte er lachen. Während ich meine Schürfwunden begutachtete, sagte er schließlich: »Also, ich habe beim Klettern ja schon einiges erlebt, aber nicht, daß der Sichernde von oben mitsamt dem Standplatz an mir vorbeifliegt.« Ich ärgerte mich über diesen im Leichtsinn geborenen Fehler, verfluchte meine Dummheit und am meisten Christoph, weil er so dämlich lachte.

Etwa 100 Meter weiter oben schlug ich eine knappe Stunde später zwei Haken zur Sicherung in die Wand, hängte mich ein, sicherte Christoph nach, und bald darauf kletterte er an mir vorbei. Dann trafen wir wieder auf ein Fixseil. Christoph hängte die Seilklemme ein und wollte sich nach oben ziehen. Zwanzig Meter über ihm verschwand das Plastikseil hinter einer scharfen Felskante, und sein Mantel war beschädigt. Ich sagte: »Paß auf, das Seil ist aufgescheuert.« Das Erlebnis mit Werner Beikircher in der Matterhorn-Nordwand hatte ich nicht vergessen. Nie mehr danach hatte ich echtes Vertrauen zu irgendwelchem alten, morschen Gelump, wie es oft in Wänden herumhängt. Ich weiß nicht, welcher Teufel uns an diesem Tag ritt, daß wir nun schon zum zweiten Mal an einem Fixseil klettern wollten, über dessen Herkunft wir nichts wußten. Glücklicherweise beherzigte Christoph meinen Einwand. Mit einem kräftigen Ruck zog er an dem Fixseil, und prompt kam es ihm entgegen. Er flog krachend zu mir in den Standplatz, und hinter ihm her kam das Seil, das sich von oben um uns ausbreitete wie ein Fischernetz. Zappelnd versuchten wir uns aus dieser unwürdigen Gefangenschaft zu befreien. Doch es war vergebens, der Seilsalat ließ sich nicht entwirren. Schließlich mußten wir uns mit einem Messer herausschneiden.

Das alles passierte binnen einer guten Stunde und auf einer Erkundungstour. Der Berg hatte uns ein paar Fallen gestellt, und wir waren blindlings hineingetappt. Leicht verunsichert kehrten wir zurück ins Basislager. Uns wurde rasch klar, daß wir an diesem Pfeiler anders, vor allem viel sorgfältiger vorgehen mußten. Mehr klettern und weniger fliegen. Wir hatten uns dem Shivling zwar nicht unbedingt wie zwei ahnungslose Chaoten genähert, aber dennoch waren haarsträubende Dinge passiert, die nur mit erhöhter Vorsicht und ein bißchen mehr Respekt zu vermeiden waren. Wir gelobten Besserung.

Unsere einzige Chance an diesem steil aufragenden und endlos langen Pfeiler lag in der Schnelligkeit. All unsere Vorgänger waren bei ihren Versuchen gescheitert. Sie schleppten Seile, Biwakausrüstung und Zelte mit. Wir wollten es mit leichtem Gepäck versuchen und dafür das Tempo erhöhen. Doch Schnelligkeit und Sicherheit miteinander zu kombinieren ist keine einfache Angelegenheit. Wir waren in unserem Übereifer überhastet und auch etwas leichtfertig vorgegangen. Wir mußten mehr sichern, unsere eigene Route legen und durften uns vor allem nicht mehr auf den alten Schrott anderer Seilschaften verlassen. Hatten nicht wir selbst den Anspruch einer sauberen Besteigung des Shivling erhoben? Was mich indessen überraschte, war die Tatsache, daß Christoph von all dem nicht sonderlich beeindruckt schien.

Aber war das ein Wunder? Christoph war mehrfacher italienischer Sportklettermeister der Bergführer. Er hatte fast alle großen Top-Routen in den Dolomiten geklettert und einige sehr schwere Erstbegehungen gemacht, bei denen alle Wiederholer abgeblitzt waren. Seine Moral und seine mentale Stärke in lotrechten Wänden waren so gefestigt wie der kompakte Fels, in dem er mit Vorliebe kletterte. Und ein lustiger, aufgeweckter Kerl war Christoph obendrein. Es gab kaum etwas, das er unkommentiert ließ, und um einen guten Spruch war er nie verlegen. Für mich war und ist so eine lockere Einstellung meiner Partner wichtig. Ich mag diese aufgesetzten Nordwandgesichter nicht, die alles zerreden und doch nicht viel wissen. Eine Expedition muß jede Menge Spaß und nur wenig Streß bringen.

Zurück bei den Zelten, ruhten wir drei Tage lang aus. Wir schliefen viel, lasen und spielten Karten. Stundenlang suchten wir mit einem Fernglas den Pfeiler mit seinen riesigen Plattenfluchten, schmalen Bändern, kleinen Verschneidungen und überhängenden Wänden nach einer logischen Linie ab. Es schien möglich, eine Ideale zu finden.

Als wir wieder loszogen, waren wir klüger. Wir standen schon um drei Uhr in der Nacht auf und nicht mehr erst um neun Uhr am Vormittag. Nicht die Sonne, sondern der Schein unserer Stirnlampen begleitete uns zum Einstieg. Problemlos kletterten wir zu unserem Depot hinauf, das wir angelegt hatten. Am Nachmittag ließen wir auch die letzten Spuren von Begehungsversuchen anderer Seilschaften hinter uns. Nun war der Fels jungfräulich. Niemand zuvor hatte hier jemals Hand angelegt oder einen Fuß in die kleinen Tritte gesetzt. Jetzt begann der

Adlerhorst: Eine wacklige Felsplatte, nicht größer als ein Campingtisch, war der Biwakplatz in 6000 Metern Höhe.

große Reiz einer Erstbegehung, die Auseinandersetzung mit dem Unbekannten.

Wir stiegen in wechselnder Führung weiter hinauf. Mal ging Christoph voran, mal ich. Der erste kletterte ohne Rucksack, der zweite kam mit der Unterstützung einer Steigklemme am Seil nach oben, anschließend zogen wir gemeinsam den Rucksack zu uns herauf. So ging das Seillänge um Seillänge, in fast sechstausend Metern Höhe und in anhaltenden Schwierigkeiten zwischen dem fünften und siebten Grad. Unsere Motivation schien grenzenlos. Und doch konnten wir nicht ewig klettern. Um 19 Uhr hatten wir immer noch keine geeignete Stelle für ein Biwak gefunden. Die Suche nach einem Plätzchen für die Nacht wurde nun fast fieberhaft. Wir sahen uns bereits in einem Schlingenstand hängend die Nacht verbringen, ohne eine Chance auf Schlaf und Erholung.

Kurz bevor es endgültig dunkel wurde, stieß Christoph auf eine etwa drei bis vier Zentimeter dicke, nur gut einen Quadratmeter große Felsplatte. Sie ragte wie ein Klapptisch aus der Wand heraus. Tausend Meter über dem Wandfuß, unglaublich ausgesetzt und doch so etwas wie ein

Geschenk des Himmels. Tief unter uns waren ganz klein die Lichter des vergleichsweise komfortablen Basislagers zu sehen.

Ein Campingtisch hätte uns mehr Komfort geboten. Aber wir mußten nehmen, was da war. Einer von uns konnte an die Wand gedrückt auf der Seite liegen, der andere mußte die Beine anziehen und hing doch mit dem halben Kopf über dem gähnenden Abgrund. Wir trafen alle möglichen Sicherheitsvorkehrungen und schlugen mehrere Haken in die Wand über uns. Dort hängten wir die Rucksäcke und unser Material auf. Und von dort aus lief das Seil zum Klettergurt. Wir banden uns sogar an den Füßen fest und legten uns eine Schlinge um die Schultern, um im Halbschlaf nicht von unserem Tisch zu kippen.

Nein, dieser Ort war gewiß nichts für schwache Gemüter. Die Nacht befreite uns zwar von dem schaurigen Tiefblick zum Wandfuß, aber die Nerven wurden immer noch reichlich strapaziert, weil die Platte bei jeder Bewegung wie ein wackliger Stuhl leicht kippelte. Ich wurde die ganze Nacht über, zwischen Wachen und Dösen, nie das Gefühl los, daß dieses Ding jeden Moment unter unserem Gewicht abbrechen könnte. So fieberten wir dem Morgengrauen entgegen und ließen uns schließlich von der aufgehenden Sonne auftauen. Wir ließen das Biwakzeug auf der Felsplatte zurück und seilten uns wie geplant zum Wandfuß ab.

Wieder verbrachten wir drei Tage der Erholung und Regeneration im Basislager. Dann standen wir erneut um drei Uhr nachts auf und erreichten schon um 14 Uhr unsere kleine Kanzel. Wir setzten uns hin, kippelten vorsichtig auf der Platte herum und beratschlagten, wie wir vorgehen sollten. Für sofortiges Weiterklettern sprach, daß wir dem Gipfel so ein ganzes Stück näherkamen. Der Nachteil wäre, daß wir uns wieder, beladen wie die Maultiere, mit der ganzen Biwakausrüstung in dieser schweren Wand hätten abschinden müssen, um ein neues Plätzchen für die Nacht zu finden.

Das würde enormen Kräfteverschleiß bedeuteten. Wir standen vor einer schwierigen Entscheidung, denn wir wußten auch nicht, wie es weiter oben klettertechnisch aussah und wie es vor allem um einen Biwakplatz bestellt war. Es war uns jedoch klar, daß der Erfolg auch dieser Expedition, wie so oft, ganz entscheidend von der richtigen Taktik abhing. Wir wogen Für und Wider ab und kletterten schließlich noch 60 Meter hinauf. Dort ließen wir die Seile hängen für den nächsten Tag und schwebten an heißen Abseilachtern hinunter auf unseren Camping-

Gegenlicht: in den mauerglatten Wandfluchten des Shivling

tisch. Wir verbrachten eine weitere Nacht unter dem Sternenhimmel, schliefen diesmal sogar ein wenig, und schon um vier Uhr hangelten wir uns recht ausgeruht an den Seilen nach oben. Wir hatten die richtige Entscheidung getroffen. Da waren wir ganz sicher.

Doch schon in der Nacht hatte mir die Wetterentwicklung zunehmend Sorgen bereitet. So schön die Sterne anzusehen waren, mir funkelten sie zu sehr, und außerdem umgab den Mond ein ausgeprägter Hof. Folgerichtig bildeten sich bereits im Morgengrauen die ersten kleinen Wolkenfelder. Gegen neun Uhr standen wir unter der zweihundert Meter hohen, stark überhängenden Gipfelwand und mußten erkennen, daß es eine Schnapsidee war, uns einzubilden, diesen Teil direkt durchsteigen zu können. Am Himmel bildete sich schnell eine geschlossene, zunehmend düster werdende Wolkendecke, und schon tanzten die ersten Schneeflocken um uns herum. Der Gedanke an eine gerade Linie starb ohne große Überlegung. Auf die Montage einer endlosen Reihe von Bohrhaken waren wir nicht eingerichtet, und außerdem entsprach das auch ganz und gar nicht unserem Stil. Wir wollten uns nicht technisch diese schöne Wand hinaufschlossern.

Zwei Seillängen weiter rechts verlief eine japanische Route. Wenn wir unsere Gipfelchance wahren wollten, mußten wir dort hinüber ausweichen. Vorsichtig begannen wir im stärker werdenden Schneetreiben auf steilen, mit feinem Wassereis überzogenen Granitplatten zu queren.

Dreißig Meter legte ich mit nur einer einzigen und äußerst zweifelhaften Zwischensicherung zurück. Auf meiner Stirn bildeten sich dicke Schweißperlen, die mir beißend in die Augen flossen. Sie rührten ganz bestimmt nicht von der Anstrengung her. Zentimeter um Zentimeter tastete ich mich weiter. Es schneite immer stärker. Dann endlich erreichte ich einen soliden Standplatz.

Die nächste Seillänge ging zu meiner Erleichterung an Christoph. Sie sollte ihn jedoch ebenfalls vor ein heikles Problem stellen. Christoph kletterte querend auf höchstem Niveau in äußerst kompaktem, steilem Fels. Ein paar Mal legte er Klemmkeile kleiner Größen in die feinen Risse im Fels. Diese Sicherungen waren zwar gut für die Moral, aber für die Sicherheit brachten sie eher wenig, denn noch bevor er den Standplatz erreichte, waren sie fast alle herausgefallen und einige sogar am Seil entlang zu mir gerutscht. Unterdessen wurde der Schneefall immer heftiger, und aus dem oberen Wandteil fegten bereits die ersten Staublawinen herunter. Die Situation begann sich langsam zuzuspitzen. Ich schloß zu Christoph auf und begann sofort die nächste Länge. Nach etwa zwanzig Metern gab es jedoch kein Weiterkommen mehr. Rundherum war alles spiegelglatt, und wir befanden uns längst in einer tief verschneiten Winterlandschaft.

Christoph kam nach und sollte in den nächsten Minuten auch dieses zweifelsfrei schwierigste Problem der heiklen Querung auf seine Weise lösen. Nachdem er sich ebenfalls vergeblich bemühte hatte, einen direkten Durchstieg in die Japanerroute zu finden, griff er in die alpine Trickkiste. Aus dem Stand ließ ich ihn fünfundzwanzig Meter tief hinunter. Dort baumelte er nun und begann am Seil hin und her zu pendeln wie eine Glocke, bevor sie zum ersten Mal am Klöppel anschlägt. Immer weiter holte er aus, und es dauerte, bis er endlich genug Schwung hatte, um mit einer Hand in einen für mich gar nicht sichtbaren Riß zu greifen. Da hing er nun, gesichert am Seil, eine Hand am Fels und rastete für einige Momente aus. Dann langte er auch mit der anderen Hand zu, zog die Füße nach, kletterte gewandt wie ein Affe im Baum diesen Riß hinauf und verschwand schließlich im Nebel.

Ruckartig lief nun das Seil durch meine Hände. Meine Nerven waren bis zum äußersten gespannt. Ich kannte zwar Christophs Fähigkeiten und schätzte sie hoch ein, aber an einen Sturz in diesem Gelände mochte

Wettersturz: Binnen weniger Minuten verschlechterten sich die Verhältnisse dramatisch, die Route verlangte einen schwindelerregenden Pendelquergang im Gipfelbereich.

ich lieber nicht denken. Jeder Stein oder schon ein kleiner Schneerutsch aus dem Gipfeleisfeld konnte ihn aus der Wand katapultieren. Und mein Standplatz war alles andere als wirklich solide. In diesen bangen Minuten wurden mir die Ausgesetztheit und die Größe dieser Wand voll bewußt. Und mehr noch die Tatsache, daß wir keinerlei Hilfe zu erwarten hatten, wenn uns hier etwas passierte.

Plötzlich hörte ich einen Freudenschrei von Christoph. Eigentlich war es nicht mehr als ein kurzes, herausgepreßtes »Ja«. Er hatte ein Fixseil der japanischen Expedition erreicht und damit die Route gefunden. Ich atmete tief durch. Und doch stand mir gleich darauf der kalte Schweiß auf der Stirn. Wie sollte ich dort hinüber zu diesem Riß kommen? Ich haßte Pendelquergänge. Kaum etwas beim Klettern war mir so zuwider. Und besonders arg ist das für den Seilzweiten, weil der sich nicht abseilen und dann pendeln kann. Er muß springen und hoffen. Hoffen, daß das Seil hält, was meist der Fall ist, hoffen, daß die Sicherung gut ist, was nicht immer zutrifft, und hoffen, daß er sich nicht vor Angst in die Hosen macht, was schon vorgekommen sein soll. Ich dachte einen Moment lang an die Gangesquelle und an die Hindus. Wäre ich in meinem Glauben nur halb so gefestigt gewesen wie diese Menschen, hätte ich sicherlich nicht soviel Angst gehabt.

Der Schweiß rann mir den Rücken hinunter, und kalte Schauer überkamen mich. Ich schaute hinüber und suchte noch einmal nach einer Möglichkeit, die Passage vielleicht doch noch klettern zu können. Nein, es gab keine Chance. Ich blickte hinunter und versuchte auszurechnen, wie tief ich fallen würde. Tief genug, um mir ein paar Knochen zu brechen, dachte ich. Es kam mir ewig vor, bis ich mich endlich überwand. Ich ließ den Fels los, ging leicht in die Knie und sprang hinaus. Sekundenbruchteile später straffte sich das Seil, ich schlug gegen die Wand und blieb erleichtert hängen. Vorsichtig horchte ich in mich hinein. Kein Schmerz, der nicht zu ertragen gewesen wäre. Ich konnte klar denken, und Arme und Beine ließen sich auch noch bewegen. Ich griff in den Riß, zog mich hoch und begann zu klettern. Bald darauf war ich oben beim Standplatz und bei Christoph. Dort lehnte ich mich mit dem Kopf an den Fels und versuchte mich zu beruhigen.

Christophs Aktion beeindruckte mich sehr, sie erschien mir geradezu tollkühn. Meinen Teil empfand als ich hingegen als Mutprobe, an deren Wiederholung mir nicht gelegen war. Wir kletterten die letzten sechzig Meter in der Japanerroute und trafen dabei auf viele Expeditionshaken, auf alte Fixseile, Keile und Schlingen. Auch die Japaner hatten diese mächtige Wand nicht gerade in einem sehr fairen Stil durchstiegen, auch sie hatten dem Shivling Ketten angelegt und ihn so gefügig gemacht. Sie mußten wochenlang und mit großen Personalaufwand an dieser Tour gearbeitet haben.

Wir hingegen waren zu zweit gekommen, hatten uns akklimatisiert und waren in die Wand eingestiegen. Wir kletterten wie in den Alpen. Mit dem einen Unterschied, daß die Kletterei am Shivling an einem Punkt begann, an dem es auf den Bergen der Alpen schon nicht mehr höher geht. Ich hatte schon einige Achttausender in diesem Stil bestiegen, aber kein anderer Berg zuvor hatte mir soviel Nervenkraft abverlangt wie der Shivling. Es ist eine Frage des Kopfes und der inneren Verfassung, wenn man an so einer Riesenmauer die Verbindung nach unten, die Nabelschnur, einfach abschneidet und sich nicht mehr auf Fixseile verlassen kann.

Doch das wird die Zukunft des Bergsteigens sein, die nächste Generation, die jetzt heranwächst, wird diesen Alpinstil auch an den hohen Bergen der Erde konsequent und kompromißlos durchsetzen. Sie wird knallharte Durchsteigungen großer Wände leisten, und die Ziele werden vielleicht nicht mehr auf achttausend Metern Höhe, sondern zweitausend Meter darunter liegen. Es gibt jede Menge ungelöster Kletterprobleme, die mit Phantasie und Mut auch ohne gigantische Expeditionen und ohne eine Verkabelung des Berges zu meistern sind.

Noch immer jedoch läßt die Angst, unter dem Gipfel zu scheitern, bei den meisten Bergsteigern nicht den Mut aufkommen, die neuen Wege zu beschreiten und damit die entscheidenden Schritte in die Zukunft zu tun. Obwohl längst der Beweis angetreten wurde, daß es geht. Jeder, der sich mit einem großen Berg messen will, muß sich lange auf so ein Unternehmen vorbereiten. Er muß trainieren wie ein Hochleistungssportler und viel Geld investieren. Viele jedoch können sich das nur ein- oder zweimal im Leben leisten, und dann muß der Erfolg um jeden Preis her. Wer will angesichts der hohen Kosten und der langen Vorbereitung schon gern zurückkommen, ohne am Gipfel gewesen zu sein, und sich dann die Frage stellen, ob alles umsonst war? Das ist einer der Hauptgründe, warum nach wie vor von vielen Expeditionen im aufwendigen Stil der fünfziger Jahre vorgegangen wird, obwohl das längst nicht mehr zeitgemäß ist.

Die meisten, die sich intensiv mit den Bergen beschäftigen, haben geglaubt, die großen Schlosserarbeiten beim Klettern seien überwunden. Sie dachten, es müsse sich niemand mehr mit allen nur erdenklichen technischen Hilfsmitteln eine Wand hinaufmogeln. Bis an den Bergen des Himalaya wieder von vorn begann, was nun so schwer zu beenden ist. Sauerstoff aus Flaschen und Hunderte Meter Fixseile scheinen vielen Höhenbergsteigern wie eine Art Lebensversicherung zu sein. Doch die Taktik des wirklich extremen Bergsteigens reduziert sich immer mehr auf die beiden wesentlichen Faktoren klein und schnell. Mit einem Minimum an notwendiger Ausrüstung blitzschnell aufsteigen und, wenn nicht alles zusammenpaßt, genauso rasch wieder hinunter – dies ist die beste Chance zu überleben und nicht gefährlicher als das hergebrachte Höhenbergsteigen. Im Gegenteil, je kürzer man am Berg ist, desto weniger ist man Lawinen, Steinschlag, Wetterstürzen und den Gefahren der Höhenkrankheit ausgesetzt.

Am Shivling ist uns das alles bis auf ein paar wenige Meter gelungen, und es machte mich glücklich. Denn wenn ich der nächsten Klettergeneration etwas hinterlassen möchte, dann ist das der Ansatz für einen modernen Stil und den Beweis, daß er funktioniert. Moderner Stil heißt für mich natürlich: minimaler Aufwand auch und gerade in den Himalaya-Bergen, Aufstieg mit den wenigen, wirklich wichtigen Dingen im

Rucksack und weg mit all dem Sinnlosen, das Komfort vorgaukeln mag und doch kein Mehr an Sicherheit bringt. Die Zukunft kann nur eines bringen: weg vom Rudelbergsteigen und hin zu leistungsfähigen Zweierseilschaften, denn auch an den hohen Bergen sind Besteigungen möglich wie in den Alpen. Wenn ich irgendwann abtreten kann und die Bergsteigerei ist dem allen ein Stück näher gekommen, werde ich mich mit einem guten Glas Wein und einem Lehnstuhl auf den Balkon meines Hauses zurückziehen und zufrieden allen zuschauen, die nachkommen. Es ist mir nicht daran gelegen, Regeln festzuschreiben, sondern von einem Gigantismus wegzukommen, der mir überholt erscheint, kein echtes Abenteuer mehr bietet und der obendrein auch noch die Natur nachhaltig schädigt.

Der Weg zum Gipfel des Shivling schien für uns nach der gewagten Querung frei. Nur noch das obere Eisfeld, etwa zweihundert Meter hoch und 60 bis 65 Grad steil, bäumte sich über uns auf. Normalerweise wäre das für uns kein allzugroßes Problem gewesen. Doch von den Frontalzacken unserer Steigeisen hatten wir im kombinierten Gelände wenigstens einen Zentimeter an den rauhen Granitplatten abgerieben, und nun griffen sie im harten Wassereis fast gar nicht mehr. Mühselig werkelten wir uns nach oben. Das Wetter schlug immer heftigere Kapriolen. Es hörte zeitweilig kurz auf zu schneien, nur um ein paar Minuten später noch heftiger wieder einzusetzen. Manchmal wurde der Himmel so hell, daß wir sicher waren, jeden Moment käme die Sonne durch. Kurz danach war es wieder fast so dunkel wie in der Nacht. Kurz nach 16 Uhr erreichten wir den höchsten Punkt auf 6543 Meter. Wir standen da, eingehüllt in alles, was wir an warmer Kleidung dabei hatten. Wir waren der Wand zwar entkommen, aber nun schauten wir mit bangen Blicken die Normalroute hinunter, soweit es der Nebel und das Schneetreiben erlaubten.

Dort würde es zwar viel leichter werden als in der Route, die wir heraufgekommen waren, denn die Kletterschwierigkeiten überschritten selten den dritten Grad. Doch wir wußten auch um die Lawinengefahr, um die turmhohen Seracs in den mächtigen Eisbrüchen und um die gefährlichen Spalten. Bei diesen Verhältnissen und der nahenden Nacht wären wir in einen Höllenschlund gestiegen. Uns grauste beiden bei diesem Gedanken. Unsere Körper waren ausgepumpt wie nach einem Marathonlauf, und unsere Lage spitzte sich weiter dramatisch zu. Wir durften bei diesem Wetter keine Minute länger am Gipfel ausharren.

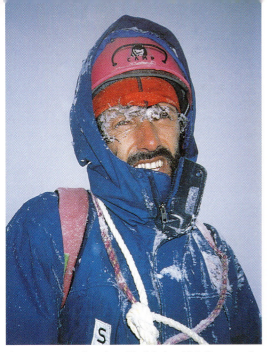

Ausweg gesucht: Am Gipfel des Shivling packte uns das Unwetter mit seiner ganzen Wucht.

Wir beschlossen, uns mit der kleinen verbliebenen Ausrüstung über unsere Aufstiegsroute wieder abzuseilen. Das würde schwerer werden als am Normalweg, aber zumindest kannten wir den Verlauf und liefen weniger Gefahr, uns im Nebel zu verirren. Es begannen endlose Abseilmanöver und Quergänge. Wir schnitten aus den alten Seilen der Japaner Stücke heraus und knoteten Abseilschlingen. Wir erbeuteten einige alte Haken, mit denen wir unsere Piste nach unten einrichteten.

Plötzlich schreckten uns ein gewaltiges Donnern und ein nicht enden wollendes Nachgrollen. Wir standen wie angewurzelt und warteten, was passieren würde. Ich habe seit meinem traumatischen Erlebnis am Manaslu eine noch panischere Angst vor Gewittern als früher. Aber es geschah gar nichts. Kein Blitz, kein weiterer Donner. Es blieb ruhig. Wir setzten unsere Abseilmanöver fort.

Noch oberhalb der 6000-Meter-Grenze tauchten wir in die Dunkelheit, die vom Tal heraufgekrochen kam. Stunde um Stunde verrann. Vom Abziehen der Seile bekamen wir Krämpfe in den Armen. Zum Glück verhängten sich die Seile nicht ein einziges Mal, was uns einen erneuten Aufstieg ersparte. Aber die Seile wurden immer kürzer, weil wir Abseilschlingen daran abschnitten. Kraftlos erreichten wir schließlich den Pfeilerfuß, dann erloschen unsere Stirnlampen. Die Batterien hatten den Geist aufgegeben. Wir stolperten mühsam über Eis und Geröll und erreichten schließlich um vier Uhr morgens unser Lager. Die Augen taten weh. Wir waren den ganzen vorangegangenen Tag ohne schützende Brillen im Schneesturm geklettert, weil die beschlagenen Gläser uns nur behindert hatten. Die Strafe folgte auf dem Fuß. Ein paar Stunden später waren wir beide schneeblind. In meinen Augen brannte es wie Feuer, und wenn ich die Lider bewegte, hatte ich das Gefühl, Glasscherben würden auf den Augäpfeln reiben. Zusammengekauert wie zwei blinde Welpen lagen wir so zwei Tage lang im Zelt und hielten uns rohe Kartoffelscheiben an die Lider. Das kühlte und linderte wenigstens ein bißchen die Qualen. Schneeblindheit ist eine vorübergehende Erscheinung, und nach einiger Zeit konnten wir wieder vorsichtig die Augen öffnen und sehen.

Als wir zwei Tage später unser Basislager zusammenpackten, kamen die Mitglieder einer indischen Expedition von der anderen Seite des Berges bei uns an. Von ihnen erfuhren wir, was es mit jenem Donner auf sich hatte, der Christoph und mich im Abstieg so erschreckt hatte. Gleich unterhalb des Gipfels war eine riesige Eislawine losgebrochen. Sie hatte auf ihrem langen Weg nach unten fast die komplette Normalroute weggerissen und alles zerstört, was sich ihr in den Weg stellte. Auch zwei Hochlager der Inder, die glücklicherweise nicht besetzt waren. Uns hatten nur der Nebel und der Schneesturm davor bewahrt, dort hinunterzusteigen ...

Kapitel XV
Im Netz der Bürokratie –
Broad Peak, der neunte Achttausender

Es war mir inzwischen längst zu einer guten Gewohnheit geworden, mich im Frühjahr aufzumachen, in ein Flugzeug zu steigen und zu den hohen Bergen zu fliegen. Seit 1982, seit dem ersten Versuch am Cho Oyu, ist bis auf 1987 und 1988, als ich in Patagonien kletterte, praktisch kein Jahr mehr vergangen, in dem ich nicht wenigstens einmal in den Himalaya-Bergen unterwegs gewesen wäre. Ich wollte diese Reisen auch nicht mehr missen.

Mein Bekanntheitsgrad war in einem Maß gestiegen, daß ich mein Leben finanzieren konnte. Meine Diavorträge waren gut besucht, denn die Leute mochten offenbar die Art, wie ich meine Erlebnisse erzählte. Im März und im November eines jeden Jahres startete ich regelmäßig zu einer kleinen Tournee. Überdies hatte ich einige Verträge mit Firmen abgeschlossen, die ich bei der Entwicklung von Ausrüstungsgegenständen beraten konnte. Es war ein Geschäft auf Gegenseitigkeit. Ich testete die Produkte und gab aus der Praxis heraus Tips, was man verbessern könnte. Die Firmen gaben mir Geld, mit dem ich meine Expeditionen finanzierte. Dafür durften sie ihre Produkte mit meinem Namen bewerben. Eine saubere Sache. Mein Freund Sigi Pircher half mir beim Aushandeln der Verträge, denn das war und ist mir noch immer ein Greuel.

So bekamen die Jahre fast so etwas wie einen geregelten Gang. Die Natur ordnet die Dinge für mich, ich muß mich ihr nur anpassen. Wenn daheim die Skisaison zu Ende geht, wenn der Schnee auf den Pisten in der Frühlingssonne zum braunen Brei wird, wenn bald danach auch keine Skitouren im freien Gelände mehr möglich sind, wenn die Eisfälle auftauen und wieder zu Wasserfällen werden, dann beginne ich mit dem intensiven Lauftraining. Das ist wie ein Startschuß. Klettern am Dolomitenfels ist längst noch nicht möglich, aber in den Himalaya-Bergen beginnt schon im März die Vormonsunsaison. Wenn ich dann von einer Expedition zurückkomme, wird das Wetter in den Alpen gerade langsam stabil, und ich kann dort unterwegs sein. Färbt schließlich der Herbst in

Südtirol die Lärchen gelb und werden die Tage wieder kürzer, fängt im Himalaya die Schönwetterperiode nach dem Monsun gerade an.

Als ich 1993 zufrieden vom Shivling zurückkehrte, hatte ich für dieses Jahr noch nicht genug. Ich wollte noch einmal zurück, vielleicht ins Khumbu-Gebiet in Nepal, wo die Sherpa daheim sind, wo ich Freunde wußte, wo sich die Traumberge auf engstem Gebiet ballen. Ich stellte eine kleine Gruppe von sechs Freunden zusammen, und wir bestiegen die Ama Dablam. Matterhorn, Shivling und Ama Dablam, es machte sogar einen Sinn, die drei Gipfel nacheinander zu besteigen, denn sie zählen sicherlich zu den formschönsten Bergen der Erde. Die Ama Dablam mißt zwar »nur« 6856 Meter, aber sie dominiert das Khumbu-Tal am Fuß der Everest-Südseite zwischen Namche Bazar und Pheriche derart eindrucksvoll, daß der Gipfel längst zu einem begehrten Ziel für Bergsteiger aus der ganzen Welt geworden ist.

Dieses Leben zwischen Ahornach, Nepal, Pakistan oder Indien gefiel mir. Ich war hier so gern wie dort. Und ganz gleich, wo ich gerade war, ich freute mich darauf zurückzukehren. Wenn ich im Himalaya von einem Berg heruntersieg, halb verwildert und endlos müde, dann begann ich vom warmen Dolomitenfels zu träumen. Kam ich von einer Klettertour in Südtirol zurück, schmiedete ich Pläne für einen Achttausender oder eine Trekkingtour in Nepal. Saß ich daheim in der Wohnstube, sehnte ich das Leben im Zelt herbei, und tobte in einem Hochlager der Sturm, dann hoffte ich darauf, bald wieder unter eine warme Bettdecke schlüpfen zu können. Nun war es ganz gewiß nicht so, daß ich mir immer gerade das wünschte, was ich nicht hatte. Im Gegenteil, ich befand mich seit Jahren in der glücklichen Lage, mir die Dinge so einteilen zu können, wie ich es wollte. Ich war frei geworden. Frei wie ein Vogel. Getragen von den Flügeln der Begeisterung.

Warum also sollte 1994 vergehen ohne einen großen Berg? Ich ertappte mich dabei, daß auch ich begann, die Achttausender zu zählen. Warum auch nicht? Die Anzahl der Gipfel, die ich von den vierzehn höchsten Bergen noch nicht bestiegen hatte, nahm stetig ab. Sie war inzwischen kleiner geworden als die Anzahl derer, die bereits hinter mir lagen. Es stand acht zu sechs. Cho Oyu, Gasherbrum II und Hidden Peak, Annapurna und Dhaulagiri, Makalu, Lhotse und Nanga Parbat standen schon in meinem Tourenbuch. Es wäre schön, nun auch noch die Gipfel des K 2, der Shisha Pangma, des Broad Peak, des Kangchendzönga und, trotz allem, die von Manaslu und Everest zu erreichen. Alle vierzehn Achttausender – ich wollte es für niemanden tun. Nur für mich. Internationale Statistiken waren mir im Grunde einerlei, was zählte, war allein das Erlebnis, die Auseinandersetzung mit der gestellten Aufgabe. Ich war inzwischen 37 Jahre alt, hatte Zeit genug, als Bergsteiger noch etwas zu leisten, und war doch niemandem mehr Rechenschaft schuldig. Auch das machte meine Freiheit aus.

Ich kaufte mich in eine deutsche Expedition ein, die unter Leitung des deutschen Spitzenbergsteigers Ralf Dujmovits stand. Sie hatte den K 2 zum Ziel. Ralf, den ich von einigen Zusammentreffen her kannte, war im Besitz einer Genehmigung, und ich wollte auf den zweithöchsten Berg der Welt. Ich hatte gelernt, daß sich alles irgendwie zusammenfügt. Am K 2 wollte ich, wenn möglich, einen Alleingang versuchen, benötigte aber eine perfekte Organisation bis ins Basislager. Ralf hatte, was ich suchte. Um meinen Plan jedoch realisieren zu können, brauchte ich eine sehr gute und intensive Vorbereitung. Ich wollte auf keinen Fall wochenlang im Basislager des K 2 verbringen und, nur um mich zu akklimatisieren, immer wieder gegen einen Berg anrennen, der als der schwierigste aller Achttausender gilt. Das würde mich nur unnötig aufreiben.

Und so nahm die Idee Gestalt an, einen anderen Achttausender dazu zu nutzen, mir die nötige Form für den K 2 zu verschaffen. Einen besseren Ort als das Karakorum-Gebirge in Pakistan gibt es dafür kaum. Vom Broad Peak bis hinüber in das Basislager des K 2 war es nur etwa eine Stunde Fußmarsch. Auf einmal erschien es mir vollkommen logisch, diese beiden Berge miteinander zu verbinden. Ich wollte mich am Broad Peak in Form bringen, dann zum K 2 wandern und dort in einer Blitzaktion auf den Gipfel gehen.

Mir war das Sammeln der höchsten Berge der Welt nie wirklich wichtig. Was bringt es, wenn man in einer Bestenliste als der sechste oder achtzehnte Mensch geführt wird, der alle Achttausender bestiegen hat? Für Reinhold Messner und jene, die bald nach ihm kamen, war das noch ein erstrebenswertes Ziel. Aber wer, außer dem kleinen inneren Zirkel der Höhenbergsteiger, kennt auf Anhieb die fünf Namen jener Spitzenleute, die dem von Reinhold Messner in der Rangliste folgen?

Doch noch immer hat dieses Ziel für viele Bergsteiger eine geradezu magische Anziehungskraft. Spanier haben versucht, alle vierzehn Achttausendergipfel binnen zwölf Monaten zu erreichen. Nach sechs Mona-

*Partner am Broad Peak:
Hans Mutschlechner*

ten waren sie an fünf Bergen gewesen und überall gescheitert. Auch eine Gruppe tibetischer Bergsteiger, gelenkt und geleitet von Chinesen, peilt alle Gipfel an. Alles gut und schön, doch um den Superlativ wahren zu können und das Besondere herauszukitzeln, wird es irgendwann vielleicht heißen, daß der erste Japaner mit Tirolerhut sie alle geschafft hat, und nach ihm ein Kletterer von den niederländischen Antillen kam, der sich einen erbitterten Wettlauf mit einem norwegischen Fischer lieferte. So allerdings könnte das Achttausender-Bergsteigen zur Farce geraten.

Mein Partner für den Broad Peak wurde Hans Mutschlechner aus Bruneck. Er war schon 1991 mit mir am Manaslu gewesen, als die Südtiroler Expedition so tragisch endete und sein Bruder Friedl tödlich vom Blitz getroffen wurde. Ich hatte schon lange eine enge Beziehung zur Familie von Hans und wußte, daß es ihn trotz der schrecklichen Ereignisse von 1991 noch einmal zu einem Achttausender zog. Wir redeten lange über meine Idee, und er war von der Möglichkeit einer Besteigung des Broad Peak begeistert. Wir planten unser Vorgehen. Wir versuchten vorauszudenken und alle Probleme in den Griff zu bekommen. Hans Mutschlechner hatte den Broad Peak im Kopf, und ich richtete bereits meine ganze Energie auf den K 2, der nicht nur der zweithöchste Berg der Erde ist, sondern mit seiner wuchtigen Pyramidenform auch zu den schönsten Himalaya-Bergen gehört. Der K 2 ist der König der Achttausender.

Sorgsam packten wir unsere Ausrüstung in stabile Säcke und blaue Plastiktonnen. Ich packte diesmal gleich für zwei Expeditionen. Wir saßen schon auf Sack und Pack und sehnten den Tag herbei, an dem wir endlich fliegen würden, als sich in meinem Büro das Faxgerät in Bewegung setzte. Ganz langsam, Zeile für Zeile, schob sich dort ein hochoffizielles Schreiben der pakistanischen Regierung heraus. Der Inhalt war ernüchternd und niederschmetternd zugleich. Man erlaubte mir nicht, zum K 2 zu gehen.

Die Begründung war nur schwer nachvollziehbar. Pakistan hatte mir etwas genehmigt, was gegen die Statuten verstößt, die das Bergsteigen im Karakorum regeln. Diesen Auflagen zufolge ist es nicht gestattet, zwei Gipfel mit zwei verschiedenen Expeditionen zu besteigen. Einen Wechsel der Mannschaft sehen die starren Vorschriften nicht vor. Das wußte ich nicht, als ich mein Permit für den Broad Peak beantragt hatte und mich in das Unternehmen von Ralf Dujmovits am K 2 einkaufte. Und die Beamten in Pakistan merkten das selbst auch erst lange nachdem sie mir die Genehmigung erteilt hatten. Auf dem Papier stand ich zuerst auf der Teilnehmerliste einer italienischen Expedition am Broad Peak und war dann für eine deutsche am K 2 gemeldet. Höflich, aber bestimmt, teilte man mir nun, wenige Tage vor dem Abflug, per Fax mit, daß dies alles so nicht möglich sei.

Ich stand vor einem Scherbenhaufen. Motiviert wie selten zuvor, hatte ich trainiert bis an den Rand der Erschöpfung, einen Haufen Geld in dieses Unternehmen gesteckt und mich total auf dieses Vorhaben fixiert. Und nun war alles mit ein paar Zeilen zerstört. Mein schöner Plan, vernichtet von Bürokraten. Aber so einfach wollte ich nicht aufgeben. Ich dachte: Flieg hin, versuche die Dinge mit ein paar hundert Dollar zu regeln, du brauchst doch nur einen einzigen Stempel. Wenn ich den hatte, würde mich niemand mehr fragen.

Mit immer noch großen Hoffnungen flogen wir nach Rawalpindi, dem pakistanischen Zentrum der Bergsteiger-Bürokratie. Jede Expedition muß dort zum Ministerium, wo in einer schier endlosen Litanei genau erklärt wird, was man darf, und noch intensiver, was man nicht darf. Als diese nervtötende Prozedur endlich vorbei war, stand ich vor dem zuständigen Minister. Spätestens da wurde mir klar, daß der K 2 vorerst ein Traum bleiben würde. In diesem Jahr würde ich jedenfalls keine Chance bekommen. Man hatte mir tatsächlich die Genehmigung entzogen. Endgültig. Mein taktisch so gut ausgeklügelter Plan war das Papier nicht mehr wert, auf dem er stand.

In diesen Stunden in den Büros des Ministeriums habe ich reichlich menschliche Kälte und Arroganz gespürt. Ich konnte mich in meiner ganzen Enttäuschung des Eindrucks nicht erwehren, daß dort ein Men-

schenschlag am Werk war, der es sich zum Hobby gemacht hat, andere herumzukommandieren. Irgendwie wehte dort eine militärische Luft. Und die war mir schon immer zuwider. Ich wollte Rawalpindi so schnell wie möglich verlassen. Weg aus dieser Stadt, weg von diesem unsensiblen Beamtenapparat. Nicht, daß ich die Regeln eines fremden Landes nicht akzeptieren will, aber diese Vorschrift war so sinnlos. Was geschähe Schreckliches in den Bergen, wenn ich nach Abschluß der einen Expedition zu einer anderen wechseln und zu einem anderen Berg gehen würde? Niemand konnte mir das erklären.

Mit einer ganz kleinen Gruppe fuhren wir mit vollgepackten Lastwagen und Jeeps auf dem wilden Karakorum-Highway in Richtung Askole, dem letzten größeren Dorf am Fuß von Broad Peak und K 2. Dort verließen wir die Zivilisation, dort begann der sechs- bis achttägige An-

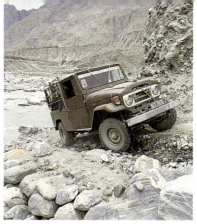

*Im Herzen des Karakorum:
das Massiv des Broad Peak
(großes Bild)*

*Abenteuerlich: Der Karakorum
Highway verlangte den Fahrern
und den Fahrzeugen alles ab, die
angeschwollenen Flüsse waren
zum Teil nur mit wilden Seilbahn-
Konstruktionen zu überqueren,
während die schwankenden
Brücken ein Spiel mit der Balance
forderten.*

marsch zu den Basislagern. Wir waren – außer zwei Fahrern des Jeeps, die sich abwechselten – nur zu viert: der Begleitoffizier, ein Koch, Hans Mutschlechner und ich.

Trotz aller Warnungen vor brutalen, bewaffneten Banden, die sich damals seit einigen Monaten auch nicht davor scheuten, auf Jeeps mit Touristen zu schießen und ganze Expeditionen auszurauben, gingen wir das Risiko ein und brachen noch am Nachmittag in Rawalpindi auf. Die Fahrer hatten sich einverstanden erklärt. Immer wieder passierten wir nun militärische Kontrollposten. Schon beim ersten wurden wir wieder gewarnt, und die Wachposten wollten uns gar die Weiterfahrt untersagen, wenn wir nicht wenigstens zwei Soldaten als Begleitschutz akzeptierten. Da erst wurde mir die ganze Tragweite dieses gefährlichen Unternehmens bewußt. Die Uniformierten erzählten uns wahre Schauergeschichten über Vorkommnisse der letzten Zeit.

Schwer bewaffnet, mit seiner entsicherten Maschinenpistole im Anschlag, lag nun einer der Soldaten auf dem Dach unseres Jeeps, der andere saß im Wageninneren. Er trug am Gürtel eine Handgranate und hockte zwischen mir und den Seesäcken. Dieses kleine schwarze Ding drückte mir fortan in jeder Kurve bedrohlich in die Seite. Das steigerte nicht gerade mein Wohlbefinden. Wir wollten doch eigentlich nur zum Bergsteigen, und auf dem Weg dorthin wurden wir nun von zwei bis an die Zähne bewaffneten pakistanischen Soldaten bewacht.

Meine Magengrube signalisierte Alarm, und ich begann, wie unsere Begleiter auch, intensiv Ausschau nach potentiellen Straßenräubern und skrupellosen Mördern zu halten. Die einbrechende Dunkelheit behinderte das Absuchen der Straßenränder erheblich, was mein ungutes Gefühl natürlich weiter steigerte. Das alles erinnerte mich stark an eine harte Biwaknacht, in der ich meist auch keinen Schlaf finden konnte und stundenlang den Morgen herbeisehnte. Wir ratterten, wie in Asien üblich, in einem kaum den Straßenverhältnissen angepaßten Höllentempo über diesen sogenannten Highway, und direkt neben mir baumelte eine Handgranate.

Die Straße Richtung Karakorum-Gebirge ist in den vergangenen Jahren mit Nachdruck und reichlich Aufwand in das Landesinnere vorangetrieben worden. Inzwischen kann man dort bis nach Askole fahren. Die Reise dauert einen Tag und eine Nacht, was eigentlich alles über die Beschaffenheit der gerade zweihundert Kilometer langen Piste aussagt. Am Anfang war die Straße noch einigermaßen asphaltiert. Am Ende jedoch verwandelte sie sich in eine löchrige Schotterpiste, die sich an steilen Hängen entlangschlängelte. Auf der rechten Seite zog sich über weite Strecken fast senkrecht der Berghang hinauf, links ging es Hunderte Meter tief hinunter in die Schlucht. Die fragilen Befestigungsmauern, die den Hang zurückhalten sollten, schienen zu vibrieren, wenn ein Kraftfahrzeug vorbeifuhr. Im Kriechgang nahmen die Fahrer mit eingeklapptem Außenspiegel die engen Kurven. Manchmal stand die Hälfte eines Reifens über dem Abgrund. Aber unsere beiden Fahrer erwiesen sich als echte Künstler ihres Fachs. Ab und zu, wenn es ganz brenzlig wurde, ließen sie uns alle aussteigen. Dann ging es mir wenigstens für ein paar Minuten besser. Doch kaum saß ich wieder im Wagen, schien es, als würde zwischen mir und der Handgranate auch ständig die Angst vor einem Absturz in diesem Jeep sitzen.

Der lange Flug, die endlose Bürokratie und nun die nervenaufreibende Fahrt mit dem Jeep – Hans Mutschlechner und ich holten tief Luft, als das alles vorbei war und wir uns den Bergen näherten. Wir wähnten uns bereits in einer besseren Welt, als wir sie endlich sahen. Doch vor uns lagen immer noch die zähen Verhandlungen mit den pakistanischen Trägern. Sie sind deshalb besonders unangenehm, weil man sich auf nichts verlassen kann. Was heute ausgemacht ist, zählt morgen schon nichts mehr. Unten im Tal sind die Träger mit den Löhnen, die die Regierung vorschreibt, einverstanden, aber in der Wildnis wird klar, daß diese Statuten die Träger nicht im geringsten interessieren und der Begleitoffizier, der die Einhaltung überwachen sollte, die Ohren auf Durchzug stellt.

Bei all meinen Expeditionen war ich immer darum bemüht, die Träger gut zu behandeln, denn das ist das geringste Gebot des Anstandes. Ich habe meine Mannschaften immer deutlich über Tarif entlohnt, weil ich der Meinung bin, daß die normalen Honorare überhaupt nicht dem angepaßt sind, was die Träger leisten. Sie verdienen zwar bei Expeditionen so viel wie ein normaler Arbeiter im ganzen Jahr. Doch für die Leistung und im Vergleich zu unseren Verhältnissen sind sieben bis acht Mark am Tag immer noch sehr wenig. Das unterscheidet die Träger in Pakistan in nichts von denen in Nepal oder Tibet.

In Pakistan jedoch ist es ungleich schwieriger, mit den Trägern umzugehen, als in Nepal. Sie feilschen endlos lange zwischen Tarif, Angebot und Forderung. Und kommen selten zu einem Ergebnis. Jedem einzelnen Träger muß man schließlich mit der Waage beweisen, daß die Last nicht zu schwer ist. Die Expeditionen aber sind von den Trägern abhängig, und das wissen diese ganz genau. Wenn sie dann endlich einen Preis ausgehandelt haben und das Gepäck verteilt ist, machen sie ihren Job für einige Stunden oder auch ein paar Tage. Doch kaum ist die Zivilisation verlassen und sie erkennen, daß sie nun in der stärkeren Position sind, beginnen sie Forderungen zu stellen, die nicht mehr fair sind. Sie drohen mit Streik oder gar damit, einfach alles stehen und liegen zu lassen und zurückzugehen. Nicht, daß sie dann das Doppelte des vereinbarten Lohnes verlangen würden. Das wäre ja noch zu akzeptieren. Bei schwierigen Verhältnissen oder schlechten Witterungsbedingungen fordern sie auch schon mal das Fünffache.

Wir, mit unserer kleinen Expedition, freuten uns auf die ersten Tage. Doch auch für unsere Träger galt kein Wort mehr, nachdem wir dem letzten Dorf ein paar Gehstunden den Rücken gekehrt hatten. Am zweiten Tag schon begannen sie am frühen Morgen mit düsteren Gesichtern mehr Geld zu fordern. Mehr als das Dreifache verlangten sie für ihre Leistungen. Mit jedem Nein, das ich ihnen zunehmend wütend entgegenschleuderte, erhöhten sie den Betrag. Auch der Begleitoffizier konnte nicht vermitteln. Schließlich begannen die Träger auch untereinander zu streiten. Ich versuchte verzweifelt, alle beisammen zu halten und eine Lösung zu finden. Ich mußte etwas tun, wenn ich dieses Unternehmen nicht gefährden wollte. Ich bot den Trägern mehr Geld an, aber längst nicht soviel, wie sie forderten. Sie akzeptierten natürlich nicht.

Als das alles nichts half, griff ich in die Trickkiste, die sich im Laufe der vielen Expeditionen gut gefüllt hatte. Ich versammelte alle um mich und sagte ganz ruhig:»Ihr müßt uns nicht begleiten. Es ist kein Problem für mich zurückzugehen. Laßt einfach alles stehen.« Die Träger schauten mich entgeistert an. Ich sagte:»Ja, ihr habt richtig verstanden, ich gehe zurück nach Askole und fordere einen Hubschrauber aus Rawalpindi an. Der fliegt uns mitsamt dem Gepäck bis hinauf in das Basislager.« Das lag auf fünftausend Metern Höhe, und wir waren noch zwei Stunden vom Baltorogletscher und fast drei Wandertage vom Basislager entfernt.

Ich wußte genau, daß dieser Tag und dieses Problem auf uns zukommen würden. Es gab schon damals kaum noch eine Expedition im Karakorum und mittlerweile auch verstärkt in Nepal, bei der solche unerfreulichen Auseinandersetzungen ausblieben. Und ich wußte auch, daß die Drohung mit dem Hubschrauber allein nicht genügen würde. Also setzte ich noch eins oben drauf:»Wenn ihr jetzt geht, wird das jedoch

Sechzig Kilometer fließendes Eis: der Baltorogletscher im zentralen Karakorum

nicht ganz ohne Folgen bleiben. Wir drehen nämlich einen Film, der in Europa im Fernsehen gesendet wird. Ich werde in diesem Film ganz offen die klare Empfehlung aussprechen, daß im Karakorum die einzige Möglichkeit, dem ständigen Ärger mit den Trägern zu entgehen, der Flug mit dem Hubschrauber ist.«

Schlagartig wendete sich die Situation. Voller Eifer packten die Träger die Lasten und rannten förmlich den nächsten Hügel hinauf. Traurig genug, daß ich gezwungen war, diese Menschen, vor denen ich sonst großen Respekt habe, derart unter Druck zu setzen. Aber ich konnte gar nicht anders, denn sonst hätten wir mit all unserem Gepäck allein mitten in der Wildnis gesessen. In den nächsten Stunden begannen die Träger mit uns zu lachen und herumzualbern. Aus einer kritischen, kaum noch kontrollierbaren Situation war auf einmal so etwas wie eine respektvolle Freundschaft geworden. Im Basislager erhielten alle ein üppiges Trinkgeld, wie ich es immer zahle. Nur mit einer List war es mir gelungen, diese berechnenden Burschen auf den Boden der Realität zu holen. Als sie gingen, kam einer zu mir und flüsterte: »Please, Sir, no helicopter.« Doch das war auch für mich das letzte, was ich wollte.

Der Zustieg zum Basislager des Broad Peak bietet ein grandioses Spektakel. Denn gerade dort scheint die Natur ihr Füllhorn ausgeschüttet zu haben. Aus allen Schluchten und Tälern schießt das Wasser heraus. Wir wanderten vorbei an den goldgelben Trangotürmen, den sechzig Kilometer langen Baltorogletscher hinauf, und die Ausblicke zu den Achttausendern des Karakorum wurden spektakulärer. Diese Stunden sind selbst für all jene immer wieder aufs neue überwältigend, die schon mehrmals dort waren. Da stehen die Gasherbrum-Gipfel I, II und IV, der Broad Peak und schließlich die gewaltige Pyramide des K 2, die wie ein schwarzweißes Ungetüm alles überragt.

Je näher wir kamen, um so kleiner wurden die anderen Berge, und noch viel kleiner kamen wir uns vor. Der K 2 hat ein derart gewaltiges Volumen, daß das Matterhorn dreißigmal hineinpassen würde. Was für ein Berg und dann so ein Name, dachte ich. K 2, das paßte viel eher auf den Rücken eines staubigen Aktenordners, aber gewiß nicht als Name für den großartigsten aller Achttausender. Bei der Vermessung des Karakorum wurde er seinerzeit jedoch als K 2 in den Karten registriert. Und dieser Name ist ihm geblieben wie eine häßliche Schmeißfliege, obwohl ihn die einheimischen Balti klangvoll Chogori nennen und die Engländer den Namen des ersten Erforschers des Gebietes vorschlugen – Mount Godwin Austin.

Vom Baltorogletscher aus gesehen, zieht von rechts her der markante Abruzzigrat pfeilgerade hinauf zum Gipfel. Über diese Route gelang 1954 einer italienischen Großexpedition unter Leitung von Professore Ardito Desio die erste Besteigung des K 2. Am 31. Juli erreichten damals Lino Lacedelli und Achille Compagnoni den höchsten Punkt. Weil der Herzog von Abruzzi schon 1909 eine Expedition zum K 2 geleitet hatte, sahen es die heißblütigen italienischen Bergsteiger ein für allemal als ihr alleiniges Anrecht an, auch als erste den Gipfel betreten zu dürfen. Und da in den fünfziger Jahren die Erstbesteigungen der Achttausender rasant vorangingen, wollten sie kein Risiko eingehen. Sie rüsteten eine gigantische Expedition aus. 16000 Kilogramm Ausrüstung, 30 italienische Bergsteiger und Wissenschaftler und schließlich 600 Träger waren die Voraussetzungen für den Erfolg Lacedellis und Compagnonis am K 2. Es wäre wahrscheinlich einer nationalen Tragödie gleichgekommen, wenn diese Expedition mißlungen wäre.

Mich schmerzte der Anblick, denn ich mußte diesmal mit dem Anschauen zufrieden sein, und das war beinahe unerträglich für einen

*Aufgepackt:
Die Lasten für jeden einzelnen Träger sind genau abgewogen.*

*Ausgepackt:
Während der Rast kochen sich die Balti ein karges Mahl.*

*Durchgebacken:
Teigfladen sind ein unentbehrliches Grundnahrungsmittel.*

Besessenen, den die Gestalt eines formschönen Massivs bis in den Schlaf verfolgt. Mit der Genehmigung in der Tasche hätte ich den K 2 mit ganz anderen Augen betrachtet. So aber mochte ich meinen Wunschkandidaten gar nicht länger sehen.

Wie eine riesige Zunge aus Eis wälzt sich sechzig Kilometer lang der Baltorogletscher bis hinunter in das karge Gerölltal oberhalb von Paiju. Wir waren in das Herz des Karakorum-Gebirges vorgedrungen. Kara heißt schwarz und Korum Geröll. Ein schwarzes Geröllherz, das zu schlagen scheint. Oft bis zu sechzig Zentimeter schiebt sich der Gletscher täglich nach unten. Er schläft nie. Und wenn man genau hinhört, kann man ihn ächzen und stöhnen hören. Besonders nachts gibt er Laute von sich, die sich anhören, als würde in einer Tiefgarage mit Wucht eine Autotür zugeschlagen.

Kapitel XVI
Alles verloren, alles gewonnen –
Schlemmermenü im Karakorum

Der Weg zu den Basislagern von Broad Peak und K 2 ist im Gegensatz zu einigen anderen Achttausendern konstant ansteigend. Zu den höchsten Gipfeln in Nepal geht es meist beständig auf und ab, hinein in immer neue Täler und über endlos erscheinende Vorgebirge. Im Karakorum aber gewinnt man stetig Höhe, ohne sie gleich wieder zu verlieren. Jeden Tag ein paar hundert Meter weiter nach oben zu gelangen und dort zu schlafen ist die ideale Anpassung für den Körper.

Zur selben Zeit wie wir war auch eine tschechische Expedition auf dem Weg zum Basislager. Die Tschechen hatten es auf einen Wettlauf abgesehen. Doch wir bissen nicht an. Als sie merkten, daß niemand auf ihr Spielchen einstieg, begannen sie untereinander zu konkurrieren, wer das Tagesziel zuerst erreicht. Dabei ließen sie die wichtigsten Regeln des Höhenbergsteigens außer acht. Sie liefen, was die Beine hergaben, ignorierten Kopfschmerzen und Kurzatmigkeit, bis sich der Organismus wehrte.

Unweit des Basislagers starb einer der tschechischen Expeditionsteilnehmer ein paar Tage nach seiner Ankunft am Fuß des Berges qualvoll an akuter Höhenkrankheit. Er hatte alles falsch gemacht, was man beim Anstieg in solche Höhen nur falsch machen kann. Wenn wir oft erst am späten Nachmittag am Ziel eintrafen, weil wir den halben Tag herumbummelten, fotografierten und ausgiebig rasteten, waren die Tschechen stolz, wenn sie uns berichten konnten, daß sie bereits um elf Uhr angekommen waren. Sie wollten mit ihrer Rennerei ein Top-Training absolvieren. Doch wenn man sich auf dem Anmarsch zum Berg befindet, ist es dazu viel zu spät. Dann geht es nur noch darum, sich vorsichtig zu akklimatisieren und einen bereits guten Trainingszustand zu erhalten.

Als es diesem Bergsteiger immer schlechter ging, kam einer seiner Freunde zu uns und stellte sich als der medizinische Begleiter der Expedition vor. Bei einer Tasse Tee stellte sich allerdings schnell heraus, daß er studierter Tierarzt und ein starker Ausdauersportler war. Einen Tag später war sein höhenkranker Patient tot.

Im Basislager des Broad Peak campierte auch eine Expedition mit Südtirolern, Deutschen und Schweizern unter Leitung von Herrmann Tauber aus Bruneck, bei dem ich fünfzehn Jahre zuvor meine Bergführerprüfung abgelegt hatte. Sie wurde von einer erfahrenen Höhenmedizinerin begleitet, die mit allen notwendigen Medikamenten und Geräten ausgestattet war. Auch in einer Gruppe aus Oberösterreich befand sich eine Ärztin. Diese beiden Medizinerinnen hätten leicht helfen können, wenn man sie nur über die Tragweite der Erkrankung in Kenntnis gesetzt hätte und es vor allem nicht schon fünf nach zwölf gewesen wäre, als die Tschechen endlich mit der ganzen Wahrheit herausrückten.

Der Kranke wäre da noch leicht zu stabilisieren gewesen, und man hätte einen sofortigen Abtransport mit dem Hubschrauber organisieren können. Im letzten Moment hatten die Tschechen noch versucht, ihren Freund in tiefere Lagen hinunterzutragen. Doch auf den ersten Etappen zurück gab es nur wenig Höhenverlust. In tiefere Lagen abzusteigen ist aber bei Höhenkrankheit die einzige sinnvolle Hilfe. Die dramatische Rettungsaktion hatte nicht nur viel zu spät begonnen, sie dauerte auch viel zu lange. Nach einer Stunde war der Mann gestorben, und seine Freunde, allen voran der Tierarzt, blieben fassungslos zurück.

Im Kreis der Südtiroler Expedition befand sich auch Kurt Brugger aus St. Georgen bei Bruneck, ein guter Freund von mir. Und auch der Schweizer Kari Kobler war dabei. Beide verfügten über ein großes Maß Bergerfahrung, und sie konnten das Verhalten der Tschechen genauso wenig verstehen wie wir. Kurt Brugger hatte die Teilnahme an dieser Expedition als Geschenk von seiner Heimatgemeinde für den Olympiasieg im Rodeln bei den Olympischen Winterspielen in Lillehammer erhalten. In Norwegen war Kurt mit seinem Partner Wilfried Huber im Doppelsitzer schneller als alle anderen den Eiskanal hinuntergerast.

Es war förmlich zu spüren, was dieses Geschenk für Kurt bedeutete. Er war voller Begeisterung und fiel in dieser ohnehin schon sehr fähigen und aufgeweckten Gruppe besonders auf. Er war ein glücklicher Mensch. Und dieses Geschenk schien ihm mehr wert als jede Ehrung oder Plakette, die ihm irgendein Politiker um den Hals gehängt hatte.

Wir hatten unsere Genehmigung gemeinsam mit einer Mini-Expedition erhalten, deren einzige Mitglieder die Spanierin Magda King, ein pakistanischer Koch und ein nepalesischer Sherpa waren. Zu ihrem britischen Nachnamen war Magda durch die Hochzeit mit einem Engländer gekommen. Als wir im Basislager ankamen, waren Hans Mutschlechner und ich sehr überrascht, daß dort tibetische Gebetsfahnen zwischen den Zelten aufgehängt waren und lustig im Wind flatterten. Magdas Sherpa, der sich in den folgenden Wochen als phantastischer Bursche erweisen sollte, hatte sie aufgehängt. Mir gefällt dieser Brauch der Sherpa, doch in Pakistan ist er nicht üblich, und ich vermißte ihn dort immer, genau wie das fröhliche Singen der Nepali. Nun war auf einmal alles da.

Magda King, eine kleine, eher zierliche, aber zähe und expeditionserprobte Bergsteigerin, war an den Fuß des Broad Peak gekommen, um sich ebenfalls am Berg zu versuchen und obendrein noch das Basislager vom Müll zu reinigen. Es war ihr gelungen, eine spanische Parfümfirma als Sponsor zu gewinnen, die die Expedition finanzierte. Dem noblen Duftwasserhersteller hatte sich Magda verpflichtet, fünfhundert Kilogramm Unrat aus den Karakorum-Bergen ins Tal hinunterzubringen.

Als Magda eintraf, mußte sie jedoch mit einigem Entsetzen feststellen, daß sie ein Jahr zu spät dran war. Eine andere internationale Reinigungsexpedition war dort bereits tätig gewesen. Auch als wir am Broad Peak ankamen, hatten wir das Gefühl, wir seien die ersten, die dort ein Basislager aufschlugen. Alles war sauber, es gab keinerlei Hinterlassenschaften von Menschen. Das war außergewöhnlich im Vergleich zu dem, was ich bislang schon alles gesehen hatte.

Was für uns sehr angenehm war, erwies sich allerdings für Magda als gewaltiges Problem. Sie fand keinen Müll und konnte damit ihren Sponsorenvertrag nicht erfüllen. Brachte sie ihre fünfhundert Kilo nicht zusammen, müßte sie das Geld wieder zurückzahlen. Während unserer Akklimatisierungsphase schickte sie immer wieder ihren Koch und den Sherpa aus, um Müll zu suchen. Möglichst in großen Mengen. Die beiden gingen herum, drehten jeden Stein um und suchten alle Winkel ab. Sie benahmen sich wie italienische Pilzsammler. Wenn hinter einem Felsen einer einen Fetzen Plastik fand, rief er laut nach dem anderen, und beide begannen intensiv zu stöbern, freudig erregt von der Hoffnung auf mehr. Sie waren mit großen Säcken unterwegs und suchten systematisch das Gelände ab. Schon eine rostige Blechdose wurde mit einem halben Freudenfest gefeiert, eine alte Batterie sorgte für einen Jubelschrei. Aber damit bekamen sie ihre Säcke nicht voll. Schließlich setzte unsere kleine spanische Freundin eine Prämie von einen Dollar pro Kilo Müll aus. Das hätte sie besser nicht getan.

Der Koch und der Sherpa gingen nun nämlich auch in der Nacht auf Streife. Beliebtes und vornehmliches Ziel wurden die Zelte der anderen Expeditionen. Dort begannen sie kurzerhand den Müll fremder Menschen zu stehlen. Damit aber machten sie sich keine Freunde. Schlimmer noch, sie machten sich Feinde. Denn der andauernde Mülldiebstahl wurde für die anderen Expeditionen zum ernsthaften Problem. Jede Expedition in Pakistan muß vor Beginn des Unternehmens in Rawalpindi zweitausend Dollar Kaution hinterlegen. Dieses Geld erhält man nur dann zurück, wenn man hinterher Säcke mit dem Müll in entsprechender Menge vorweisen kann. Wer keinen Müll mitbringt, kann die Kaution in den Wind schreiben.

Mich hat diese merkwürdige, teilweise belustigende Situation im Basislager fast glücklich gemacht. Es war kaum zu fassen, daß jemand in dieser unwirtlichen Gegend anderer Leute Müll stiehlt. Und noch weniger zu begreifen war, daß die geschädigten Expeditionen, als der nächtliche Mülltourismus schließlich aufflog, peinlich genau auf ihre Abfälle achteten, sie fast wie einen Augapfel hüteten. In den Basislagern der Himalaya-Berge ist es viel normaler, daß die meisten Expeditionen ihren Unrat kurzerhand hinter einen Felsen oder in eine Spalte kippen.

Der nepalesische Sherpa von Magda und ihr Koch aber gaben nicht auf. Da es an den unteren Hängen des Broad Peak weder etwas zu finden noch etwas zu stehlen gab, mußten sie woanders hingehen. Sie zogen ihre zerschlissenen Wanderschuhe an und stapften bis zum Basislager des K 2. Dort war die Beute zwar etwas größer, aber auch nicht wirklich nennenswert. Denn auch da hatte, ebenfalls ein Jahr zuvor, die internationale Aufräumgruppe zum Großreinemachen angesetzt und ganze Arbeit geleistet, wie Magdas Männer enttäuscht berichteten. Die drei wurden immer verzweifelter. Magda wähnte sich schon ruiniert und schlief nachts schlecht.

Bevor sie jedoch vollends verzweifelte, kam uns der geradezu geniale Einfall, den Koch und den Sherpa hinunter zum Concordiaplatz zu schicken. Der lag etwa eine Stunde von unserem Lager entfernt. Gleich in der Nähe gab es, im Grenzgebiet zwischen Pakistan und Indien, ein Militärcamp, ein schäbiges Überbleibsel der Grenzkonflikte beider Län-

Eisige Zeiten: Der Weg zum Einstieg am Broad Peak führt durch einen mächtigen Eisbruch.

der. Als ich 1984 mit Reinhold Messner die Gasherbrum-Überschreitung machte, hausten dort fünfundzwanzig Soldaten, deren Geschützfeuer bis weit in die Berge zu hören war. Bei diesem Camp gab es wahrhaft gewaltige Müllberge. Im Nu hatte die Spanierin ihre fünfhundert Kilo beisammen. Und es war Müll von der unverrottbaren Sorte, die dort nie ein Mensch, am allerwenigsten das Militär, entsorgt hätte.

Wir paßten uns ruhig und bedachtsam an die Höhe an, wie ich es schon oft getan hatte. Ein Stück den Berg hinauf und wieder zurück ins Basislager. Wieder hinauf und oben schlafen. Wir profitierten von den Vorarbeiten der Schweizerisch-Südtiroler Expedition, die im unteren Teil der Broad-Peak-Flanken einige Steilstufen gesichert hatte. Aber die Zeit unserer Freunde ging zu Ende, sie planten den Aufbruch. Die Tschechen hatten durch den Todesfall große Probleme mit sich und mit ihrem Zeitplan. Jedenfalls waren wir auf einmal fast allein am Berg.

Der Broad Peak mit seinem gewaltigen Doppelgipfel wirkt von unten, als sei er mit einem mächtigen Schwert zweigeteilt worden. 1998 wollten einige Übereifrige dort einen fünfzehnten Achttausender ausrufen. Der Westgipfel liegt genau auf dem Grenzkamm zu China. Und als 1997 neu vermessen wurde, ergab sich, daß auch ein Nebengipfel dieses Kammes etwas über achttausend Meter hoch ist. So hätte man einen neuen Berg daraus machen können, weil zwischen beiden Gipfeln eine Scharte liegt, die tiefer ist als zweihundert Meter. In dem Fall hätte man die Spitze als eigenständigen Gipfel bezeichnen können. Es entstand eine weltweite und angeregte Diskussion. Zu einer Anerkennung kam es dennoch nicht.

Wenn man jedoch so verfahren würde und die Scharten zwischen den Gipfeln zum Maß aller Dinge nähme, dann müßte man gegebenenfalls auch die drei Gipfel des Kangchendzönga separieren, den Lhotse vom Lhotse Shar trennen und so weiter. Doch wo fängt das an, wo hört es auf? Die Chinesen wollten unbedingt einen eigenen Achttausender, der klar auf ihrem Gebiet liegt. Sie wußten längst ganz genau, daß die Shisha Pangma fast weltweit nach wie vor Tibet zugeordnet wurde und daran auch kaum etwas zu ändern war. Zumindest in jenem Teil der Welt nicht, der Chinas Vorgehen in Tibet mißbilligt. Die Chinesen hätten auf diese Weise einen Gipfel mehr verkaufen können, nachdem sie die Gebühren für die Shisha Pangma ohnehin einstreichen. Doch es wäre kaum zu erwarten gewesen, daß dieser neue Gipfel sehr häufig bestiegen worden wäre, weil der Hauptgipfel einfacher zu erreichen ist.

Licht und Schatten: Abendstimmung am Broad Peak

Unsere Besteigung des Broad Peak sollte technisch so unproblematisch verlaufen wie kaum eine andere meiner Achttausender-Besteigungen vorher. Einzig die Lawinenhänge im Mittelteil des Anstieges machten uns ein paar Sorgen. Mein Plan war, den Gipfel mit so wenig wie möglich Biwaks zu erreichen. Nonstop war es nicht möglich, dazu lag viel zu viel Schnee. Also wollten wir es mit zwei Zeltnächten versuchen. Hans und ich gelangten ohne große Schwierigkeiten hinauf auf siebentausend Meter. Dort stand ein Zelt, das wir den Südtirolern abgekauft hatten. Sie sparten sich dadurch das Heruntertragen und wir das Hinaufschinden.

Schon früh am Morgen waren wir von unserem ersten Biwak in 6200 Meter Höhe aufgebrochen. Im Gegensatz zu Hans Mutschlechner hatte ich die Ski bei mir. Ich wollte von so weit oben wie irgendwie möglich abfahren. Im ersten Lager hatten wir Tage zuvor ein winzig kleines, aber sturmfestes Zelt aufgestellt. Das leichteste Zelt, das ich je besessen hatte. Es wog weniger als ein Kilogramm, und ich verwendete es später immer wieder, weil ich im Laufe der Jahre zu einem richtigen Fanatiker in Sachen Gewichteinsparung geworden bin.

Es war ein herrlicher Tag. Am Nachmittag saßen wir auf 6200 Metern in der Sonne, und ich las einen völlig blödsinnigen Roman, dessen Titel ich genauso schnell vergaß wie den Inhalt. Ich Depp hatte die Stunden nicht mit Filmen oder Fotografieren verbracht, sondern mit einem Krimi, dessen Figuren nicht einmal im Ansatz die Spannung erzeugen konnten wie diese gewaltige Kulisse um uns herum. Doch als ich aufblickte und das Buch endlich zur Seite legte, waren die Berge von der Abendstimmung gerade in ein wunderbares Licht getaucht worden. Ich ließ den Blick langsam hinüber zur Chogolisa wandern und war in Gedanken sofort bei Hermann Buhl, diesem großartigen und außergewöhnlichen Bergsteiger. Unten im Tal war es fast schon dunkel geworden, und über uns, im Gipfelbereich des Broad Peak, wurde der markante Schneegrat ausgeleuchtet, als sei ein roter Scheinwerfer darauf gerichtet.

Vier Jahre nach seinem spektakulären Alleingang am Nanga Parbat war Hermann Buhl 1957 ins Karakorum zurückgekehrt. Der kleinen österreichischen Expedition gehörten neben diesem Ausnahmebergsteiger aus Innsbruck auch die drei Salzburger Markus Schmuck, Fritz Wintersteller und Kurt Diemberger an. Niemand konnte ahnen, daß Hermann Buhl nicht mehr zurückkehren würde, als die vier den Broad Peak ins Visier nahmen. Buhl war in seiner Jugend ein eher schwächliches Kind gewesen. Das ging so weit, daß er sogar vom Militär befreit wurde. Und doch prägte er bis zu seinem Tod die alpine Geschichte maßgeblich mit. Nicht nur sein Solo am Nanga Parbat, das einzig von dem Makel behaftet war, daß er Pervitin, ein Aufputschmittel, eingenommen hatte, um die Strapazen durchzustehen, sondern auch viele andere Besteigungen schwieriger Gipfel machten ihn über die Grenzen seiner Heimat hinaus bekannt. Buhl war ein Einzelgänger und galt als Außenseiter.

Beim Abstieg vom Nanga Parbat, am Rand der völligen Erschöpfung und eine ganze Nacht lang auf einem schmalen Band stehend, hatte er sich schwere Erfrierungen zugezogen. Nun, 1957 am Broad Peak, war er stark behindert. Und doch erreichten Buhl, Schmuck, Wintersteller und Diemberger beim zweiten Anlauf am 9. Juni den 8047 Meter hohen Gipfel ohne großen Aufwand, ohne Hochträger und ohne Sauerstoffgeräte. Es war dies der Tag, an dem das alpine Bergsteigen an den Achttausendern begann. Markus Schmuck und Fritz Wintersteller erreichten ein paar Tage später den 7360 Meter hohen Skil Brum. Buhl und Diemberger versuchten sich 18 Tage nach dem Erfolg am Broad Peak an der damals noch unbestiegenen Chogolisa (7654 m). Sie kamen bis etwa 350 Meter unter den Gipfel, mußten dann aber im aufkommenden Sturm

Schritt für Schritt: Aufstieg zum Lager II am Broad Peak

umkehren. Beim Abstieg brach am Grat eine riesige Wächte, und Buhl stürzte in die Tiefe. Seine Leiche wurde nie gefunden. Nur eine Handbreit weg vom Tod sagte Hermann Buhl damals zu Kurt Diemberger: »So habe ich es mir immer vorgestellt: in drei Tagen auf einen Siebentausender, nicht in drei Wochen...« Ich hatte die Einstellung dieses Mannes immer bewundert. Früher als alle anderen hatte er erkannt, daß die Besteigung hoher Berge auch mit minimalem Aufwand möglich ist.

Nun saß ich da in der untergehenden Sonne und sah das Bild von Hermann Buhl mit seinen schwarzen Lederschuhen und den Wickelgamaschen vor mir. Unvorstellbar, heute so auf einen großen Berg zu steigen. Wir hatten ein Ultra-Leichtzelt dabei, traumhafte Schlafsäcke und warme Aviolit-Thermo-Innenschuhe. Kaum zehn Kilogramm wogen unsere Rucksäcke. Buhl war mit dem dreifachen unterwegs gewesen.

All dies wog ich gegeneinander ab, als mein Blick hinüber zu unserem Zelt ging, das wie ein Adlerhorst ganz vorn auf einer großen Wächte stand. Es konnte nicht weiter hinten stehen, denn dort gab es eine breite Lawinenbahn. Die Nächte in einem Biwak kamen mir immer endlos vor. Und ich war stets froh, wenn jemand bei mir war. Diesmal lag Hans Mutschlechner neben mir, ein einfühlsamer und doch sehr lustiger Mensch, der viele Jahre zur See gefahren ist. Nun steckte er in seinem Schlafsack, während es draußen längst dunkel geworden war, und erzählte mir in 6200 Metern Höhe von den Schiffen, von riesigen Tankern und von dem Leben auf dem Wasser, vor dem ich einen heiligen Respekt hatte, seit ich am Moosstock in den See gefallen war. Die Nacht blieb sternenklar, kalt und windstill. Es waren gute Vorzeichen für den nächsten Tag. Wir dachten nicht im Traum an eine Verschlechterung.

Am Morgen, schon mit dem ersten Licht, brachen wir in Richtung Lager II auf. Dorthin, wo die Südtiroler ihr kleines Zelt für uns zurückgelassen hatten. Die Lawinenhänge schienen gefährlich, aber das Risiko, das wir eingehen mußten, war kalkulierbar. An diesen hohen Bergen muß man bereit sein, ein gewisses Wagnis einzugehen, sonst kommt man nie auf den Gipfel. Die große Gefahr aber besteht darin, daß man sich an die Gefährlichkeit des Höhenbergsteigens gewöhnt und dann die Dinge falsch einschätzt. Doch wir waren dort oben nicht zum ersten Mal und querten nun bedenkenlos die steilen Hänge genau an den Stellen, an denen wir vor Tagen noch mit einem flauen Gefühl gestiegen waren.

Es war später Vormittag, die Sonne schien längst auch in die Täler, als wir aus der Gefahrenzone herauskamen. Wir hockten uns hin und rasteten. Im Rucksack befanden sich neben den Dingen, die wir für den Aufstieg benötigten, auch etwas zu essen und eine Trinkflasche. Wir mußten viel Flüssigkeit zu uns nehmen. Als ich meine dicke Daunenjacke herauszog, stieß ich auf den Sack mit dem Essen. Ich wollte ihn vorsichtig neben mich legen, um ihn gleich wieder einzupacken. Doch er glitt auf dem Schnee weg wie auf einer Rutschbahn und verschwand in der Tiefe. Eine einzige Sekunde der Unachtsamkeit nur, und schon war es passiert. Jetzt hatten wir nichts mehr zu beißen. Hans saß da und lachte, während ich mich maßlos ärgerte und laut vor mich hinfluchte. Mir war klar, daß uns dieser Fehler unter Umständen noch in eine sehr schwierige Lage bringen konnte.

Wir entschlossen uns dennoch weiterzugehen, weil wir darauf hofften, oben im Zelt unserer Freunde irgend etwas Eßbares zu finden. Die weitere Spurarbeit erwies sich als äußerst mühsam und kräfteraubend. Am frühen Nachmittag kamen wir schon etwas müde an der Stelle an, wo eigentlich das Zelt stehen sollte. Doch da war nichts. Nur noch ein Stück des beige-gelblichen Überzeltes flatterte zerfetzt im Wind. Das Innenzelt, die Stangen, die Matten und alles andere hatte der Wind davongetragen. Das Zelt hatte zwar absolut lawinensicher auf einem Gletscherrücken gestanden, war aber voll dem Sturm ausgesetzt gewesen und hatte ihm nicht standgehalten. Die kümmerlichen Reste der Plane waren mit den Fixierschnüren am Boden vereist.

Wir standen da wie begossene Pudel. Nach dem Mißgeschick mit dem Eßbeutel waren wir doch noch mit einer Portion Hoffnung aufgestiegen. Und nun hatten wir nicht einmal mehr ein Zelt. Die Enttäuschung war grenzenlos. Es schien, als hätte jemand unser Haus niedergebrannt. Wir fluchten und schimpften. Nun fühlte sich auch Hans nicht mehr sehr wohl in seiner Haut. Eines war klar: Wir konnten in dieser Höhe unmöglich ungeschützt biwakieren. Das wäre ein fast schon selbstmörderisches Unterfangen, ein sinnloses und viel zu riskantes Biwak geworden. So konnte man allenfalls beim Abstieg übernachten, wenn es gar keinen anderen Ausweg mehr gab, aber niemals, wenn man noch einen Aufstiegstag vor sich hat. In mir machte sich auf einmal eine bleierne Müdigkeit breit.

Schließlich kam uns ein Gedanke. Wir hatten dreihundert Höhenmeter weiter unten das Depot einer niederösterreichischen Expedition gefunden, die einige Tage nach uns das Basislager erreicht und bei einem Akklimatisationstag einen Sack mit Ausrüstung unter einen Felsen gelegt hatte. Ich dachte, das wäre eine Chance. Ich könnte dort hintersteigen, ein Zelt aus den österreichischen Beständen holen und es bei uns oben aufbauen. Aber würde uns nach dieser zusätzlichen Anstrengung dann noch die Kraft für den Gipfelanstieg am nächsten Tag bleiben? Wir überlegten lange hin und her.

Allerdings war es erst früher Nachmittag. Wir hatten eine tiefe Spur heraufgelegt. Ein erneuter Anstieg würde leichter sein. Schließlich stand ich auf und ging. Ich stapfte abseits der Aufstiegsspur hinunter, um den guten Weg nicht zu zerstören. In weniger als einer halben Stunde war ich bei dem Sack und machte mich über ihn her. Unterdessen schaufelte Hans Mutschlechner oben im harten Schnee einen neuen Lagerplatz. Ich nahm das Zelt und stieg mühsam wieder hinauf. Als ich bei Hans ankam, waren knapp zwei Stunden vergangen.

Ich war zwar unglaublich müde, aber bis auf ein paar kleine Zweifel, den nächsten Tag betreffend, schien nun alles soweit in Ordnung. Vor allem hatten wir nun ein Dach über dem Kopf, auf etwas zu essen konnten wir notfalls verzichten. Zwei knurrende Mägen würden zwar zu einem Konzert anheben, aber das war zu verkraften. Wir hatten immerhin noch einen Gaskocher und einen Topf. Doch damit, so sollte sich gleich herausstellen, konnten wir auch nicht viel anfangen. Der Tee und der Süßstoff nämlich steckten in dem Beutel, der jetzt irgendwo in den Flanken des Broad Peak einfror.

Hans hatte während meiner Abwesenheit einen geräumigen Platz ausgeschaufelt und hohe Schneewände errichtet, die den Wind abhalten sollten. Wir breiteten das neue Zelt aus, fixierten es mit Firnankern und steckten die Zeltstangen ineinander. Als ich die erste dieser Alustangen in die Plane einfädeln wollte, gab es ein neues Debakel. Sie waren nicht mehr dort, wo ich sie eben noch hingelegt hatte. Ich sah sie gerade noch über die Wächte in den Abgrund verschwinden. Wie erstarrt standen wir beide da.

Der abgestürzte Eßbeutel war allein unser Problem. Aber dieses Zelt gehörte uns nicht. Wenn die Österreicher in ein paar Tagen heraufkämen, hätten auch sie kein funktionstüchtiges Zelt mehr. Wir konnten nicht einmal Kontakt mit ihnen aufnehmen, da wir kein Funkgerät bei uns trugen. Ich hatte mit meiner Unachtsamkeit einen Gipfelgang der Österreicher unmöglich gemacht. Diese Anhäufung von Pech und Unvermögen war mittlerweile am Rande des Erträglichen.

Langsam ging ich hinaus bis an das Ende der Wächte. Als ich vorsichtig hinunterblickte, traute ich meinen Augen nicht. Da steckten, nur gut dreißig Meter von mir entfernt, die Zeltstangen im steilen Firn. Sie waren nicht die ganze Wand hinuntergerutscht, sondern hatten sich wie Pfeile in den Schnee gebohrt. Aber dieser Abhang war durch den abgelagerten Triebschnee extrem lawinengefährdet. Von der Seite aus war es unmöglich, dort hineinzuqueren. Wir legten in der Nähe des Wächtenrandes eine Verankerung mit einem Pickel. Ich stieg, am Seil gesichert, langsam hinunter. Als es sich spannte und nicht mehr nachgab, war ich immer noch gut und gern zwei Meter von den Zeltstangen entfernt. Ich sah keine Chance, sie zu erreichen, so sehr ich mich auch nach ihnen streckte. Ich schaute tief unten in die offenen, gierigen Mäuler mehrerer großer Spalten und traute mich nicht, mich aus dem Seil loszubinden, um den Rest frei abzusteigen. Ich stand da und suchte nach den kläglichen Resten meines Mutes.

Nach einer Zeit, die mir endlos erschien und Hans oben langsam nervös machte, löste ich doch den Knoten an meinem Klettergurt, steckte am Ende des Seils einen sogenannten Hausfrauenknoten, hielt mich daran fest und streckte meinen Körper vor. Es fehlte immer noch ein Stück. Hans sah das von oben mit Besorgnis. Doch dann löste auch er das Seil aus der Pickelverankerung, machte ebenfalls einen ganz einfachen Knoten, hielt sich mit der einen Hand am Pickel und mit der anderen das Seil fest. Ich streckte mich wieder. Jetzt endlich langte es. Ich packte die Stangen, und ein paar Minuten später fädelten wir sie vorsichtig in die Plane ein. Wir bauten unser Hotel zu Ende. Als ich schließlich wieder in die schützende Hülle kroch, tropfte es vor mir rot auf den Boden. Ich hatte nach all den Anstrengungen starkes Nasenbluten bekommen.

Wir hatten zwar unsere leichten Schlafsäcke, aber keine Isoliermatten, die uns vor der kriechenden Kälte von unten geschützt hätten. Wir stellten uns auf eine kalte Nacht ein und auch darauf, daß wir hungern mußten. Es war nichts daran zu ändern. Der Gipfel lag etwa tausend Höhenmeter über uns, und noch war es warm, denn noch immer schien die Sonne. Wir begannen sofort unsere Schuhe, Strümpfe und Handschuhe zu trocknen. Als sich meine Blase regte, wollte ich den Gang nach draußen unbedingt erledigen, bevor der Schatten und mit ihm die Kälte käme. Während ich so dastand und mich des Druckes entledigte, sah ich etwa fünfzig Meter von unserem Lagerplatz entfernt einen Metallstab aus dem Schnee ragen. Ich zog den Reißverschluß meiner Hose hoch, ging näher und erkannte eine Zeltstange. Wo eine Stange ist, könnte auch ein Zelt sein, dachte ich. Ich ging also zurück, holte meinen Eispickel und begann eher lustlos als wirklich gespannt dort zu graben, wo die Zeltstange herausschaute.

Schnell stieß ich auf eine Zeltplane. Sie war zwar zerrissen, aber die Farbe war noch nicht ausgebleicht. Dieses Zelt konnte noch nicht allzulange dort gestanden haben. Hastig riß ich die Plane weiter auf und traute meinen Augen nicht, als ich sah, was da alles unter dem Schnee, wie in einem natürlichen Kühlschrank, begraben lag. Lauter wunderbare Dinge. Ich war so aus dem Häuschen, daß ich wie ein Wilder begann, den Schatz freizulegen. Wie ein Goldgräber stieß ich in immer neue Hohlräume vor und fand dabei immer neue Sachen. Drei blaue Isoliermatten fielen mir als erstes in die gierigen Hände.

Ich rollte sie zusammen und schaffte sie hinüber zu unserem Zelt. Dort zog ich den Reißverschluß hoch und warf die Matten wortlos hinein. Die Augen von Hans Mutschlechner werde ich nie vergessen, als ihn die erste am Kopf traf. Als die zweite Matte flog, war er schon auf den Beinen, die dritte zog ich ihm lachend über den Rücken, als er aus dem Zelteingang schlüpfte. Fassungslos stürmte er mit mir hinüber zu meinem Fund. Wir feierten Ostern und Weihnachten an einem Tag. Derart phantastische Lebensmittel hatte ich noch in keinem Hochlager gesehen. Da waren Kaffee und Tee in Hülle und Fülle. Gefriergetrocknete Nudelgerichte, Honig und vakuumverpacktes Brot und vieles andere mehr. Wir stießen auf luftgetrockneten Lachs, fein säuberlich in Streifen geschnitten. Vor uns breitete sich ein Sortiment wie im Einkaufskorb eines Supermarktes aus. Mit all dem Zeug hätten wir sicherlich eine Woche lang in dieser Höhe leben können und uns mit der Auswahl der Menüs dennoch schwergetan. Wurst, Käse, Marmelade, Brot in Dosen, Schokolade, kleine Plastikbeutel, gefüllt mit Cognac und Rum. Den Aufschriften nach mußte das alles von einer koreanischen Expedition stammen.

Dies alles war fast unglaublich. Wir waren einige Stunden lang in einer unwirtlichen Gegend durch sämtliche Wechselbäder der Gefühle gegangen – Wut, Enttäuschung, Verärgerung, Ohnmacht hatten uns gebeutelt. Und nun erlebten wir erst mit den Zeltstangen und dann mit diesem Lebensmittellager auf 7200 Metern Höhe Glück und Freude, die uns nicht weniger fassungslos machten. Wir schleppten unsere Reichtümer hinüber zum Zelt und begannen ein koreanisches Schlemmermenü zu kochen, daß uns das Wasser im Munde zusammenlief. Satt und ziemlich erschöpft von soviel Mühe, schlummerten wir schließlich in die lange Nacht hinein. Hans erzählte diesmal nichts von Schiffen und vom Meer. Er lag selig neben mir und schnarchte.

Es war uns klar, daß der Rest des Anstiegs bis zum Gipfel wegen der schweren und anstrengenden Spurarbeit im Schnee mühsam werden und uns Zeit kosten würde. Deshalb brachen wir schon im Morgengrauen auf. Natürlich nicht, ohne uns noch einmal den reichhaltigen Genüssen aus dem gesegneten Korea hinzugeben. Als wir noch müde und ungelenk die ersten Schritte vom Zelt wegtappten, begann über dem Karakorum gerade wieder von neuem das Spiel des Lichtes. Wieder sah ich, wer der wahre König dieses Gebirges ist. Über allen umliegenden Bergen herrschte noch die Dunkelheit, nur die Spitze des K 2 strahlte golden. Er stieß am höchsten in den Himmel, ihn traf zuerst die Sonne.

Farbkasten der Natur: morgendlicher Aufbruch zum Lager II, im Mittelpunkt der König der Achttausender, der K 2

Langsam plagten wir uns nach oben. Niemand, der jemals auf einem Achttausender gestanden hat, wird allen Ernstes behaupten, daß es schön ist, sich dort hinaufzuschinden. Der Atem wird immer kürzer, während die Rastpausen immer länger werden. Es ist elendig kalt, und langsam scheinen die Sinne zu schwinden. Aber es steigt dort oben auch das Wissen oder zumindest die Hoffnung mit, daß diese Stunden das Härteste von allem bleiben werden.

Auf 7800 Metern Höhe kehrte Hans um. Es war extrem kalt. Hans hatte Angst vor Erfrierungen, und seine Füße begannen bereits gefühllos zu werden. Er ließ die Vernunft siegen. Es tat mir leid für ihn, er hatte all die Strapazen auf sich genommen, um einen Achttausender zu besteigen, und jetzt drehte er dem Berg den Rücken. Ich stand um 13 Uhr auf dem Gipfel und spürte einen Moment lang eine große Erlösung. Das kannte ich bereits von anderen Achttausendern, und doch war es diesmal etwas anderes. Ich suchte nach einem Grund. Und schließlich kam ich darauf, daß das Glücksgefühl, mit dem ich am Abend zuvor die Matten und dieses riesige Freßpaket ausgegraben hatte, meine Empfindungen auf dem Gipfel übertraf.

Ich stieg ab bis auf 7000 Meter. Hans war mir bereits vorausgeeilt in Richtung Basislager. Ich legte die Ski an und fuhr ab bis in das nächste Lager. Dort stand inzwischen ein neues Zelt. Die beiden ersten Bergsteiger der tschechischen Expedition hatten doch noch einen Versuch unternommen und boten mir jetzt Tee an. Nach einer kurzen Rast verabschiedeten wir uns voneinander, ich wünschte ihnen Glück beim Aufstieg und begann in den unteren, sehr schwierig zu befahrenden Teil der Flanke hineinzuqueren. Ich mußte mich entscheiden, denn ich hatte zwei Möglichkeiten. Entweder fuhr ich den Aufstiegsweg, der inzwischen im Schatten lag. Oder ich wählte die Westseite des Berges. In unserer Anstiegsroute war der Schnee hart und bockig, die Westseite hingegen kannte ich nicht. Schließlich wählte ich den bekannten Weg.

Im Basislager trafen wir auf das völlig schockierte Team der österreichischen Expedition. Sie berichteten, daß nicht einmal eine Stunde vor unserer Ankunft einer der beiden Tschechen abgestürzt sei. Sie hatten ihr Zelt, wie wir auch, auf die Wächte gestellt. Beide standen vor ihrer Behausung, und als einer von ihnen ein paar Schritte nach vorn ging, brach die Spitze der Wächte ab und riß den Mann tausend Meter über die Westflanke des Broad Peak in die Tiefe. Wäre ich dort abgefahren, wäre es wahrscheinlich zu einer schrecklichen Begegnung gekommen.

Als wir ein paar Tage später unser Lager abbauten und dem Broad Peak den Rücken kehrten, sahen wir in direkter Nachbarschaft noch einmal die wuchtige Gestalt des K 2 – wieder in ein wunderbares Licht getaucht. Noch einmal überkam mich Wehmut. Für diesen Berg hatte ich so intensiv trainiert und war dann an der Bürokratie gescheitert, noch ehe das Abenteuer überhaupt beginnen konnte.

Zwei Wochen später erreichte mich daheim die Nachricht, daß die deutsche Expedition, deren Mitglied ich immerhin auf dem Papier einmal für kurze Zeit gewesen war, den Gipfel erreicht hatte.

Kapitel XVII
Die Augen des Lama –
Von Mustang zur Shisha Pangma

Spätherbst 1995. Mit einer Gruppe, die sich über meine Alpinschule Südtirol zusammengefunden hatte, flog ich zu einer erneuten Besteigung der Ama Dablam. Ich freute mich darauf, ins Everest-Gebiet zurückzukehren. Obwohl ich die Möglichkeit gehabt hätte, ein Permit zu bekommen, hatte ich mich im Frühjahr einfach nicht dazu entschließen können, einen dritten Anlauf auf den Mount Everest zu unternehmen. Es fiel mir schwer, mich aufzuraffen. 1989 und 1992 hatte ich mich viele Wochen mit diesem Berg der Superlative beschäftigt. Doch die Erlebnisse, an die ich mich erinnern konnte, standen alle im Zusammenhang mit meinen Begleitern und Freunden und nicht direkt mit dem Berg. Was die Besteigung betraf, hatte ich dagegen nur negative Erinnerungen an diesen Riesen, die mich mehr belasteten als motivierten.

Ich fühlte aber auch noch etwas anderes. Nach dem zweiten mißratenen Versuch am Everest war in mir nie mehr wieder richtige Freude an anderen Besteigungen aufgekommen, trotz aller Erfolge der folgenden Jahre. Ich hatte Ziele erreicht, die mir einiges bedeuteten, saß auf Gipfeln, die ich mir vorgenommen hatte, war durch schwere Wände gestiegen – aber ich empfand tief drinnen keine Befriedigung, fühlte mich zerrissen und unausgeglichen. Jedes neue Unternehmen schien mir wie eine Flucht vor dem Everest. Mir war, als würde ich vor dem höchsten Berg der Welt davonlaufen. Die anderen Ziele wirkten wie Ausreden. Und je länger ich über all das nachdachte, um so bewußter wurde mir: Ich drückte mich.

Ich hatte seit 1992 das Matterhorn binnen 24 Stunden über alle vier Grate bestiegen, ich war auf den Shivling geklettert und auf den Gipfel der Ama Dablam. Ich hatte den Broad Peak bestiegen und damit meinen neunten Achttausender. Daheim in den Dolomiten waren mir einige sehr schwierige Wände gelungen. Doch richtig zufrieden war ich nie. Im Geiste stand ich wieder und wieder am Fuße des Everest, ich träumte von der Nordwand und vom Gipfel.

Die Ski-Kombination grub sich tiefer und tiefer in meine Gedanken. Und an der Ama Dablam reifte schließlich mein Entschluß: Ich wollte doch einen neuen Versuch starten. Bevor ein anderer auf die Idee käme, ein paar Ski auf den höchsten Berg der Erde zu schleppen, sie oben anzuschnallen, ins Tal auszurichten und da hinunterzufahren. Schritt für Schritt ließ ich den Plan reifen. Skifahren war meine große Leidenschaft und stand auf einer Stufe mit dem Klettern. Schon in meiner Jugendzeit war ich mit Ski steile Rinnen und gefährliche Flanken hinuntergefahren. Draußen im Gelände, wo es wild und schwerer berechenbar war, wo Erfahrung bei der Einschätzung von Gefahren nötig ist, gefiel es mir. Nun begann ich in der Rieserfernergruppe und den Zillertaler Alpen den ganzen Winter über für eine Ski-Abfahrt vom Mount Everest zu trainieren. Wenn ich nicht auf Ski stand, lief ich oder kletterte an Eisfällen.

Ich wußte längst, daß eine Abfahrt vom höchsten Berg der Welt machbar sein könnte. Mehr noch, ich war mir auf einmal ganz sicher. Ich hatte den Berg zweimal völlig verschneit erlebt und stundenlang mit dem Fernglas nach Möglichkeiten gesucht. Und ich hatte diese Möglichkeiten gefunden. Es ging, es mußte gehen, weil ich wollte, daß es geht. Ich war wie vernarrt in diese Idee. Daß ich einen Eintrag im Buch der alpinen Geschichte bekommen würde, war mir dabei einerlei. Ich wollte es für mich tun. Eine blitzsaubere Besteigung über die Nordseite des Everest und dann mit Ski wieder hinunter.

All diese Überlegungen begünstigten meinen Entschluß. Ich war überzeugt, daß die Aktion Erfolg haben könnte, wenn die Verhältnisse stimmten. Doch mit der Gewißheit leben zu müssen, daß etwas machbar ist, ohne es selbst versucht zu haben, war mir unerträglich.

Die engsten Freunde und Bergsteigerkollegen durchschauten mich längst. Sie lächelten vielsagend, wenn wir am Abend bei einem Gläschen Rotwein beisammen saßen und ich wieder mal diese Idee vom Everest breittrat. Sie lachten nicht über die Verrücktheit der Idee, sie lachten über meinen ständigen Nachsatz: »Irgendwann kommt einer daher und fährt mit Ski vom Everest ab, ihr werdet schon sehen.« Denn meine Freunde wußten genau, daß ich dieser Jemand sein würde, der es versucht.

Durch meine Überlegungen geisterte noch ein anderer, viel wilderer Plan. Ich wollte mit dem Rad von Südtirol bis nach Tibet ins Basislager fahren und dann auf den Gipfel des Everest steigen. Doch diese Verrücktheit verwarf ich wieder. Dafür machte es ein anderer. 1996 fuhr der

Pforte zum Everest: die formschöne Ama Dablam

Schwede Göran Kropp mit dem Fahrrad 11279 Kilometer von Stockholm nach Nepal. Seine komplette Ausrüstung zog er in einem zweirädrigen Wagen hinter sich her. Im Mai erreichte er das Basislager des Mount Everest und stieg anschließend ohne Verwendung von künstlichem Sauerstoff auf den Gipfel. Als er ins Basislager zurückkehrte, schwang er sich wieder auf sein Rad und strampelte los, Richtung Heimat. Doch er kam nur bis Karatschi. Dort mußte er seine Fahrt unterbrechen, denn einer seiner Sponsoren erwartete ihn auf einer Messe in Deutschland. Also eilte er zum Flughafen, jettete nach München und reiste weiter an den Bodensee. Es wäre nun ein leichtes gewesen, heim nach Schweden zu fliegen. Doch Göran Kropp flog zurück nach Pakistan, nahm seinen Drahtesel und radelte fast zehntausend Kilometer zurück nach Stockholm.

Als im späten Herbst 1995 an der Ama Dablam mein Blick zum Everest wanderte, als meine Gedanken wieder scharfgestellt waren und ich mit dem Training begann, war ich erleichtert. Die Flucht war beendet. Ich fühlte mich befreit. Fortan war ich ein anderer Mensch. Zentnerlasten fielen von mir. Ich wurde wieder lockerer, und vor allem das Training machte mir Spaß. Bevor der Schnee kam und ich auf die Ski konnte, fuhr ich viel Fahrrad und lief. Am liebsten bergauf. Meine Hausstrecke auf den Großen Moosstock bewältigte ich schließlich bei optimalen Verhältnissen in einer Stunde und acht Minuten. Nun wurde ich wieder still. Und vor allem zufrieden.

Einer meiner engsten Vertrauten in Südtirol sollte bei diesem schwierigen Unternehmen am Mount Everest mein Partner sein. Ich wollte, daß Hans-Peter Eisendle mit mir kommt. Er sollte das wichtigste Glied in meiner logistischen Kette sein. Ihm traute ich zu, mir bei dieser gewagten Expedition eine echte Unterstützung zu sein. Im Februar 1996 legte ich Hans-Peter meinen ausgeklügelten Plan vor. Eine Trekkingtour im nepalesischen Mustang sollte der Akklimatisierung und Einstimmung dienen, danach wollte ich die Shisha Pangma, den kleinsten Achttausender, besteigen und dann zum Everest gehen.

Hans-Peter war begeistert. Schon nach kurzer Bedenkzeit entschied er sich, mich zu begleiten. Es war wie damals, als ich ihn mit der Idee Ortler-Drei Zinnen konfrontiert hatte. Mir tat die offene Freude gut, mit der Hans-Peter Eisendle nun auch auf den Everest-Plan reagierte. Jetzt war ich nicht mehr allein. Nun konnte ich mich mit jemandem austauschen, und wir würden bei der Planung zusammenwirken. Ich hatte einen Partner gefunden, meinen Wunschpartner, einen der ganz wenigen, die ich mir vorstellen konnte.

Einen Monat später wurde meiner euphorischen Stimmung ein harter Schlag versetzt. Eines Nachmittags rief mich Hans-Peter an. Er wollte sich mit mir treffen und machte es sehr dringend. Ich bat ihn, zu mir nach Ahornach zu kommen. Dort eröffnete er mir dann, daß er nicht mitgehen werde. Er hatte offenbar lange mit sich gerungen und das Für und Wider abgewogen. Allein und mit seiner Frau. Den Grund, mit dem er mir seine Absage begreiflich machte, konnte ich gut verstehen. Seine Söhne Moritz und Daniel waren gerade zwei und vier Jahre alt, und Hans-Peter trennte sich nur ungern von seiner Familie. Er sagte: »Ich habe noch einmal über alles nachgedacht. Ich kann nicht für so lange Zeit weggehen. Ich wäre in Gedanken zu oft daheim, bekäme den Kopf nicht frei und könnte dann auch keinen hundertprozentigen Einsatz bringen.« Klare, deutliche Worte, auch wenn sie für mich sehr schmerzlich waren. Aber auch in diesem schwierigen Moment schätzte ich Hans-Peters Ehrlichkeit und sein scharfes Urteilsvermögen. Mit einer jungen

Durchgeschwitzt: Trainingslauf auf den Großen Moosstock, 1500 Höhenmeter in einer guten Stunde

Familie konnte er sich vielleicht wirklich nicht voll auf so ein großes Unternehmen konzentrieren.

Nun stand ich also wieder allein da. Allein mit mir und meinem kühnen Plan. Ich versuchte auf dem Papier neue Pläne zu machen. Ich schrieb alles auf. Aber ich brachte es nicht zum Ende. Nie stand irgendwo »Gipfel«. Nach einiger Zeit saß ich vor Bergen von zerknülltem Papier. Es fiel mir spontan auch niemand ein, den ich mir als Partner vorstellen konnte. Und ich wollte schon gar keine Notlösung, denn dafür war mir das Unternehmen zu riskant. Irgendwann schrieb ich an einem Nachmittag auf ein Blatt Papier: »ALLEIN«. Es stand nichts anderes da. Nur »Allein«. Und so wurde ich Ende März 1996 mein eigener Partner für den Everest. Ich wollte es solo versuchen. Begleitet bis zu einem bestimmten Punkt nur von einem Kamerateam.

In der letzten Phase des Trainings, kurz vor dem Aufbruch nach Nepal, war ich sehr angespannt. Es fehlte mir auf einmal erheblich an Zuversicht und schmerzlich an Gesprächen mit einem Partner, die mir jetzt Motivation hätten sein können. Ich fühlte mich allein. In meiner Phanta-

Vorbereitung: Kondition und der Sinn für Gleichgewicht gehören zum täglichen Programm

sie sah ich riesige Gletscherspalten, aber ich sah keinen Freund vor oder hinter mir, der ein Seil in der Hand gehabt hätte. Ich sah gigantische Wandfluchten und konnte mit niemanden abstimmen, ob wir besser rechts oder links gehen könnten. Ich sah mich auf Ski in steilen Flanken, und niemand war bei mir, der mir ein moralischer Halt hätte sein können. Ich durchlitt in meinen Träumen Nächte im Biwak in eisiger Kälte und infernalischen Stürmen. Ich bekam es mit der Angst zu tun und fühlte mich aufgerieben, bevor es überhaupt losging.

Kurz vor Ostern war das Wetter daheim wunderschön. Die Wiesen begannen zu blühen, und die Luft erwärmte sich rasch. Es war Frühling geworden. In diesen Tagen flog ich mit einer Gruppe von Freunden nach Kathmandu und weiter nach Jomsom im oberen Kali-Ghandaki-Tal zwischen Dhaulagiri und Annapurna. Wir wanderten gemütlich hinauf nach Kagbeni und hinein in das »verbotene Königreich Mustang«. Dieses Gebiet, ein Königreich im Königreich Nepal, war viele Jahre für Touristen gesperrt. Dann wurde es von der Regierung für Trekkinggruppen geöffnet. Dort sind die Berge zwar nicht ganz so hoch, aber die Landschaft in diesem kargen, endlosen Hochtal ist von berauschender Schönheit.

Im Mustang-Gebiet fand ich Ruhe und mein inneres Gleichgewicht wieder. Die Gruppe, mit der ich unterwegs war und mit der ich schon andere Reisen gemacht hatte, hatte eine positive Wirkung auf mich. Sie fing mich, genervt wie ich war, wie in einem Kokon auf. Die grandiose Weite des Mustang mit seiner intakten tibetischen Kultur, mit uralten Bräuchen, mit freundlichen, immer fröhlichen Einheimischen wirkte beruhigend wie Balsam. Bis 1790 war Mustang ein autonomes Königreich, in dem fast ohne Kontakt zur Außenwelt tibetische Buddhisten lebten, ehe nepalesische Gurkha-Soldaten es in einem blutigen Handstreich eroberten. 1950 wurde die Grenze nach Tibet aus Angst vor den Chinesen geschlossen. Wegen der Auseinandersetzungen im folgenden Grenzkonflikt mit China und der Angst vor fremden Einflüssen blieb Touristen der Zugang nach Mustang bis 1991 verwehrt. Die dort lebenden Tibeter, die vor Jahrhunderten über die Kämme des Himalaya eingewandert waren, haben sich über Generationen ihr traditionsreiches Leben bis heute bewahrt. Tag für Tag gingen wir dahin. Manchmal redeten wir gar nichts, manchmal viel. Das ausgelassene Lachen der Tibeter, die ich im Laufe der Jahre schätzen gelernt hatte, gab mir spürbar Energie und vermittelte mir vor allen Dingen wieder ein positives Denken. Zuversicht und Mut kehrten zurück. Die nur mäßig schweren Tagesetappen brachten meine körperlichen und seelischen Kräfte zurück.

Zwei kleine Ereignisse, an die ich mich gut erinnere, erwiesen sich später im Rückblick als ganz besonders wichtig. Einer meiner Freunde, der mich seit vielen Jahren kannte, kam nach ein paar Tagen Trekking zu mir und sagte: »Hans, du machst auf einmal einen ganz anderen Eindruck wie noch bei unserer Abreise. Du wirkst sehr ruhig und gelassen.« Dies zu hören tat mir gut, es war wie ein Beweis, daß meine innere Wandlung nun auch nach außen hin spürbar und sichtbar geworden war.

Die endgültige Balance aber fand ich in Lo Mantang wieder. Lo Mantang ist der Hauptort von Mustang. Es ist der Sitz des Königs, der allerdings kein König nach unserem Verständnis ist. Er verfügt nicht über einen prunkvollen Palast, eine Sänfte und einen Hofstab, sondern ist ein ganz normaler Bergbauer. In Lo Mantang erzählten uns einige Bewohner von einem steinalten Lama-Doktor. Er hauste ein wenig außerhalb in einem halbverfallenen Haus, das wenigstens doppelt so alt schien wie er selbst. Ich ging mit unserer ganzen Gruppe dorthin. Ich weiß nicht, warum, aber etwas zog mich magisch an. Wir betraten die dunkle, rau-

chige Hütte, die eigentlich fast eine Höhle war. Mir fiel sofort der tibetische Altar auf, wie es ihn in fast jedem Haus in Mustang gibt. Der Lama-Doktor saß an einem kleinen Feuer, das fast nur noch aus Glut bestand. Er war tatsächlich uralt, und in dem schwachen Schein des glühenden Holzes erschien er noch älter.

Mit ruhigem Blick schaute der Lama schließlich auf, blies dann, ohne ein Wort zu sagen, kurz in die rote Glut, und es wurde ein wenig heller. Dann stellte er einen Topf auf, schwarz vom Ruß des offenen Feuers. Darin kochte er tibetischen Buttertee, der aus schwarzem Tee, ein wenig Yak-Milch und ranziger Yak-Butter besteht. Daß die Butter erst dann verwendet wird, wenn sie ranzig wird, ist wichtig. Denn erst damit bekommt der Buttertee seinen unverwechselbaren, unvergleichlichen Geschmack. Wenn Europäer dieses Gebräu trinken, bekommen die allermeisten einen Geschmacksschock. Doch in dieser bemerkenswerten

Nepal soll die Menschen verändern, nicht die Menschen Nepal: Im einst verbotenen Königreich Mustang haben sich Kultur und Lebensfreude erhalten wie kaum sonst in den Himalayabergen.

Situation war es für mich ein Gebot der Höflichkeit, ja fast eine Verpflichtung, eine Schale des angebotenen Tees zu nehmen.

An dem Lama beeindruckte mich vor allem seine Langsamkeit. In unserem hektischen Alltag kann Langsamkeit etwas Nervendes an sich haben. Doch hier, in dieser düsteren Behausung, in dieser ruhigen Umgebung wäre jede hektische Bewegung, jede unnötige Betriebsamkeit fehl am Platz gewesen. Mit einer sehr langsamen Handbewegung also wies der Lama auf einen windschiefen, wackligen Hocker, der mindestens ebenso schwarz war wie der Kochtopf. Dann wurden wir der Reihe nach »untersucht«. Der Lama tat dabei nichts anderes, als jedem von uns den Puls zu fühlen und uns eindringlich anzusehen. Es schien, als würden seine dunklen, wachsamen Augen die Körper durchbohren.

Ganz gelassen, mit einer alten, tiefen und sonoren Stimme, erklärte er jedem aus unserer Gruppe seine Probleme. Probleme, gegen die manch einer schon seit Jahren vergebens kämpfte. Er war sehr genau in seinen Ausführungen. Die meisten von uns saßen da wie gelähmt. Das hätte keiner für möglich gehalten. Naturärzte sind gerade in Europa in den vergangenen Jahren in Verruf geraten, denn zuviele Scharlatane betätigen sich auf dem Gebiet der Naturheilkunde, und ihr Tun wird oft mit Hokuspokus und Betrug gleichgesetzt.

Ich will Naturärzten nicht das Wort reden, doch in dieser Situation blieben wir nicht unbeeindruckt. Da saß ein alter Mann, der keinen von uns kannte, der nichts von uns wußte, und diagnostizierte Beschwerden, ohne auch nur eine Frage gestellt zu haben. Bei einem aus unserer Gruppe stellte er gar ein Magengeschwür fest, das schon in Europa erkannt worden war. Einem anderen meiner Freunde erklärte er mahnend, er solle dringend absteigen, denn er könne in seinen Augen eine beginnende Höhenkrankheit und aufkommendes starkes Fieber erkennen. Der Freund verließ kopfschüttelnd die höhlenartige Behausung des ehrwürdigen Alten. Er fühlte sich kerngesund. Doch zwei Tage später bekam er tatsächlich völlig überraschend hohes Fieber und litt auch an der gefürchteten Höhenkrankheit. Er mußte rasch in tiefere Lagen zurückkehren, um dort auf unsere Rückkehr zu warten.

Ich hatte den Lama während der ganzen Zeit beobachtet. Nun war die Reihe an mir, er bat auch mich auf den Hocker. Er schaute mir lange in die Augen und fühlte sicherlich eine Minute lang meinen Puls. Ich war sehr aufgeregt auf diesem wackligen Stuhl. Immer noch sah mich der

Lama mit seinen wachen Augen an. Dann attestierte er mir mit einem freundlichen Lächeln absolute Gesundheit. Ich bin ganz gewiß nicht abergläubisch, aber als dieser weise, betagte Mann, der bei all den anderen treffsicher Probleme und sogar Krankheiten erkannt hatte, mir erklärte, daß ich kerngesund sei und voll leistungsfähig, gab mir das in diesem Moment ein Gefühl der Sicherheit und der Gewißheit. Tief beeindruckt verabschiedeten wir uns und ließen den alten Mann zurück in seiner bescheidenen Behausung.

Drei Wochen nach unserem Aufbruch in Kathmandu wanderten wir gut gelaunt hinaus ins Land. Die Ängste, die an mir genagt hatten, wichen endgültig der Freude. Alles Negative ließ ich auf dieser Trekkingtour zurück. Wir alberten viel herum bei dieser Wanderung, für ernste Themen blieb nur wenig Zeit. Und das war gut so. Denn ich mußte den Kopf für mein großes Ziel völlig frei haben.

Zurück in Kathmandu, sagte ich der einen Gruppe Servus und nahm am Flughafen die nächste in Empfang. Sie setzte sich aus Südtirolern, einer Österreicherin und einem Deutschen zusammen, die ich alle von gemeinsamen Expeditionen und Klettertouren her kannte. Das nächste Ziel war die Shisha Pangma, mit 8012 Metern Höhe der niedrigste der vierzehn Achttausender. Wieder war ich sehr gespannt. Weniger auf den Berg, den kannte ich von zahlreichen Fotografien, aus Büchern und Fachmagazinen. Ich war vielmehr neugierig auf die Gegend, denn dieser Teil Tibets war Neuland für mich. Ich steckte voller Zuversicht und war mir sicher, daß ich mich an diesem Berg gut akklimatisieren würde. Die neue Gruppe wirkte wie ein Tapetenwechsel. Die Witze der Trekkinggruppe waren erzählt, nun kamen neue mit dem Expeditionsteam.

Wenn meine Planung richtig war, konnte ich bei ungestörtem Ablauf auf den Punkt hin topfit und im Vollbesitz meiner Kräfte sein. Ich spürte, wie ich immer besser wurde, immer spritziger und vor allem immer schneller. Und Schnelligkeit sollte die entscheidende Trumpfkarte am Mount Everest werden. Nicht, daß ich mit Gewalt einen Rekord aufstellen wollte. Ich hatte jedoch im Laufe der vielen Expeditionsjahre eines längst gelernt: Schnelligkeit an den hohen Bergen ist von entscheidender Bedeutung für den Erfolg und für die Sicherheit. Es gibt immer noch Expeditionen, die sich tagelang, manchmal wochenlang in großen Höhen aufhalten. Dabei ist längst durch die Erkenntnisse der Höhenmedizin bewiesen, daß man sich weit oben nicht besser auf die Höhe einstellt, sondern im Gegenteil mit jeder Stunde wertvolle körperliche Substanz verliert.

Daß mit der neuen Gruppe auch meine Frau Brigitte kam, freute mich besonders. Trotzdem war die Ankunft der Freunde nicht ganz unproblematisch. Ich war inzwischen seit Wochen in Nepal und hatte die Langsamkeit des alten Lama-Doktors in Lo Mantang für mich entdeckt. In mir war längst diese tiefe innere Ruhe, die Nepal über nahezu alle Reisenden legt. Ich lebte nicht mehr nach der Uhr an meinem Arm, sondern nach meinem inneren Rhythmus. Sonnenaufgänge und Sonnenuntergänge bestimmten meinen Tagesablauf, ich ging schlafen, wenn ich müde war, und stand auf, wenn ich das Gefühl hatte, weiterwandern zu wollen.

Nun aber standen die Freunde vor mir und trugen den Bazillus europäischer Hektik in sich. Sie waren voll Unruhe, innerlich angespannt und voller Auftrieb. Es fehlte ihnen noch an der Gelassenheit, zu der man in den Himalaya-Bergen wie von selbst findet. Binnen weniger Tage reisten wir weiter nach Tibet und in das Basislager der Shisha Pangma. In den tibetischen Bergen geht das so schnell, weil Jeeps oder Lastwagen und nicht die Träger den Transport übernehmen. Auf der nepalesischen Seite des Himalaya sind die Expeditionen hingegen viele Tage zu Fuß unterwegs, bis sie einen der hohen Berge erreichen. Das hat jedoch den unschätzbaren Vorteil, daß man sich langsam an die Höhe gewöhnt und nicht auf fünftausend Meter plötzlich aus einem Auto aussteigt. Mein Shisha-Pangma-Team fand also kaum Zeit, sich an die fremde Küche und noch weniger an die zunehmende Höhe zu gewöhnen. Einige meiner Freunde wurden krank. Sie wurden von Durchfall und Magenproblemen gequält.

An der tibetischen Grenze hatten wir wieder die üblichen Probleme bei der Einreise. Zusätzliche Schwierigkeiten machte uns aber auch die Tibetean Mountaineering Assosiation (TMA). Wir hatten von Kathmandu aus drei Jeeps angefordert und im voraus bezahlt. Doch als wir ankamen, standen nur zwei Fahrzeuge da, und eine Geld-Zurück-Garantie gab es nicht. Die Helfer von TMA begannen die Ausrüstung auf zwei Jeeps zu laden. Doch es gab nicht den Hauch einer Chance, unser gesamtes Gepäck dort unterzubringen. Mir wurde schnell klar, was da vorging: Ich hätte Wetten abgeschlossen, daß der dritte Jeep hinter einem Haus unter einer Plane verborgen stand und die geschäftstüchtigen Organisatoren das Geld in die eigene Tasche stecken wollten.

Stundenlang gab es ein ausgiebiges Palaver, das schließlich in einen unergiebigen Krach mündete. Ich war nicht bereit nachzugeben und diesen Zirkus zu akzeptieren, ich bestand auf dem bezahlten Fahrzeug. Vorher wollte ich den Ort nicht verlassen. Und plötzlich, ehe wir uns versahen, rollte der dritte Jeep vor.

Nach einem Tag an der Grenze rief man uns und eröffnete mir, daß noch zwei weitere Expeditionen, ein mexikanisches Ehepaar und eine französische Gruppe mit zehn Bergsteigern, zur Shisha Pangma fahren würden. Die Verantwortlichen von TMA erklärten, daß wir nun einen weiteren Jeep chartern müßten, damit jemand die rund 150 Kilometer lange Strecke vorausfahren könne, um mehr Yaks zu organisieren. Nach dem strengen Winter sei es sehr schwierig, genügend Tiere für den weiteren Transport vom Ende der Straße bis ins 5600 Meter hoch gelegene vorgeschobene Basislager zu finden.

Diesen vierten Jeep sollten wir komplett vorfinanzieren. Die TMA veranschlagte einen Kilometer mit einem Dollar. Die Männer auf der anderen Seite des Verhandlungstisches machten Druck. Sollten wir ihrer Forderung, die eigentlich mehr ein Befehl war, nicht umgehend nachkommen, würde sich unsere Anreise um wenigstens eine Woche verzögern. Doch ich war mir ganz sicher, daß sie nie einen Jeep losschicken würden, um im Shisha-Pangma-Gebiet Yaks zu organisieren. Nachdem schon der Trick mit dem dritten Jeep nicht geklappt hatte, wollten sie nun offensichtlich über ein viertes Fahrzeug zu ihrem »Taschengeld« kommen.

Wir diskutierten lange mit dem mexikanischen Ehepaar und dem Expeditionsleiter der Franzosen, was zu tun sei. Unser Begleitoffizier, ein Tibeter mit chinesischer Linientreue, mußte sich stark beherrschen, daß ihm nicht ein Siegerlächeln über das Gesicht huschte, als er merkte, daß ich mich nicht durchsetzen konnte. Unter dem Druck der Mexikaner und der Franzosen gaben auch wir nach und bezahlten. Ich mußte einsehen, daß wir keine andere Chance hatten, möglichst schnell aus diesem Nest rauszukommen. Dennoch wollte ich loswerden, was ich wirklich dachte, und erklärte dem Begleitoffizier sehr offen, daß ich das Spielchen durchschaute. Von diesem Moment an herrschte eine frostige Atmosphäre. Doch das war mir egal, denn ich hatte kein Interesse, mich weiter mit diesem Mann auseinanderzusetzen. Fortan sprachen wir nur noch das Nötigste miteinander.

Trotz aller Beschwerlichkeit hatte die Jeep-Reise durch Tibet durchaus ihre Reize. Wir holperten durch das karge, braune Hochland, vorbei an Yak-Herden und Nomadenstämmen. Die Schneereste des Winters, die tiefblauen Bergseen und, weit draußen, die gleißenden Gletscher der Shisha Pangma waren fast die einzigen Farbtupfer in der faszinierenden Szenerie. Genau so hatte ich mir diesen Teil Tibets vorgestellt.

Kurz vor unserer Ankunft im unteren Basislager mußten wir immer wieder Altschneefelder queren. Das war gefährlich und mit den schweren Fahrzeugen äußerst problematisch, zumal die Fahrer allem Anschein nach nur Zweiradantrieb kannten. Zumindest nutzen sie den Allradantrieb nie, und wir blieben deshalb immer wieder im Schlamm oder im Schnee hängen. Die Motoren heulten und jaulten erbärmlich, wenn die Fahrer in der Hoffnung, so aus einem Loch herauskommen zu können, die Räder hochtourig durchdrehen ließen.

Als wir wieder über einen dieser Schneestreifen fuhren, mußte Michl Aichner aussteigen, weil der Jeep, in dem er saß, schon in eine bedrohliche Schräglage abgekippt war. Kaum setzte er den Fuß auf den Schnee, brach er auch schon ein und stand bis zur Hüfte in einem eiskalten Gebirgsbach, der sich unter der Schneebrücke seinen Weg gebahnt hatte. Das Lachen verging uns schnell. Wir waren zwar nur noch zehn Fahrminuten vom Basislager entfernt, und doch brauchten wir über eine Stunde, um dort hinzukommen. Durch ständiges Schalten vom Vorwärts- in den Rückwärtsgang ruckte der Fahrer den Jeep in endlosen und immer neuen Anläufen aus der mißlichen Lage. Michl stand unterdessen völlig durchnässt auf knapp fünftausend Meter Höhe im Freien und fror im kalten Wind erbärmlich. Er hatte im ersten Jeep gesessen, unsere gesamte Ausrüstung aber, vor allem die trockenen Kleider, die Michl jetzt dringend gebraucht hätte, waren in den letzten Jeep gepackt, und der war wenigstens eine Stunde hinter uns zurück. In den folgenden Tagen wurde Michl krank. Er bekam Fieber und eine starke Erkältung. Der Reihe nach steckten wir uns alle an.

Kaum im Basislager angekommen, wurde auch meine düstere Vermutung bestätigt. Natürlich waren keine Yaks organisiert. Der Krach mit den Begleitoffizieren fand eine wortgewaltige Fortsetzung. Bei der Abrechnung der Jeep-Kosten mußten wir feststellen, daß sie nun den Versuch unternahmen, uns ein Drittel Kilometer mehr auf die Rechnung zu setzen und eine kräftige Nachforderung zu stellen. Ich hatte aber bei unserer Abfahrt auf den Kilometerzähler geschaut und konnte nachweisen, daß sie uns mit ihrer falschen Rechnung erneut finanziell übervorteilen wollten. Die TMA-Leute gaben kleinlaut nach. Diesmal hatte ich den Trumpf in der Hand.

Doch es dauerte nicht einmal einen Tag, ehe es neuen Ärger gab. Mit einem professionellen Kamerateam wollten wir einen Film über die Doppelbesteigung Shisha Pangma – Mount Everest drehen. Wir begannen mit ein paar Einstellungen im Basislager. Schon beim ersten Knopfdruck holten die Begleitoffiziere zum nächsten Schlag aus. Sie erklärten uns, die Filmaufnahmen müßten sofort gestoppt werden, denn wir hätten keine Kameragenehmigung. Es schien mir nichts leichter, als auch hier den Gegenbeweis anzutreten. Ich ging zu meinem Zelt und suchte ein Papier aus den Unterlagen, das meine Zahlung von fünftausend Dollar für eine Drehgenehmigung bestätigte. Die hielt ich den Begleitoffizieren unter die Nase. Sie studierten das Schreiben ausführlich. Ausschweifend bestätigten sie die Amtlichkeit meines Dokumentes und erklärten, daß damit alles in Ordnung sei. Wir wollten wieder an die Arbeit gehen. Doch nun sagte einer in amtlichen Tonfall: »Die Drehgenehmigung ist in Ordnung. Aber Sie haben keine Genehmigung für die Kamera.« Kopfschüttelnd fragte ich, wie denn bitte das eine ohne das andere funktionieren solle. Eine Antwort erhielt ich nicht. Es hieß nur: »Stoppen Sie sofort Ihre Aufnahmen, Sie haben nicht alle erforderlichen Genehmigungen.«

Das wollte ich gern schriftlich haben. Doch die Tibeter weigerten sich beharrlich, etwas zu unterschreiben. Statt dessen wurde in den folgenden Stunden deutlich, daß sie auf einen Kuhhandel aus waren. Normalerweise, so erklärten sie in einer der zahlreichen Verhandlungsrunden, koste eine Kameragenehmigung viertausend Dollar, doch sie wären bereit, mir das Papier auch schon für die Hälfte zu geben. Auch dafür verlangte ich etwas Schriftliches und sagte, daß ich mit diesem Papier nach unserer Expedition im Ministerium vorsprechen wolle. Nun erst gaben sie kleinlaut auf, denn sie wußten genau, daß ihnen ein solcher Vorgang die größten Schwierigkeiten einbringen würde. Ich hatte auch dieses Spielchen gewonnen, und wir durften endlich drehen.

Nach ein paar Tagen traf ein Teil der angeforderten Yaks ein. Es war natürlich längst nicht die Anzahl, die wir bezahlt hatten, und viel zu wenige, um unsere Lasten auf einmal zu transportieren. Die Erklärung, es gäbe nicht mehr Yaks, paßte durchaus zur längst frostigen Atmosphäre. Wir mußten uns damit abfinden und richteten einen langwierigen

Der Kleinste unter den Riesen: Die Shisha Pangma ist der einzige Achttausender, der vollständig auf tibetischem Boden steht.

Pendeldienst ein, während die Begleitoffiziere im Basislager zurückblieben. Damit hatten wir gerechnet, denn sie steigen nur ganz selten weiter hinauf, obwohl ihr Job das eigentlich vorsieht. Mit den tibetischen Helfern in unserer Mannschaft und den paar wenigen Yaks ging es zwar langsam, aber wenigstens reibungslos hinauf in das vorgeschobene Basislager.

Auf einer Höhe von 5600 Metern stellten wir unsere Zelte auf und richteten uns einigermaßen häuslich ein. In unmittelbarer Nähe campierte noch eine slowenische Expedition, und auch Schweizer und deutsche Bergsteiger waren dort. Wir feierten Wiedersehen: Mein Freund Norbert Joos, mit dem ich schon zweimal vergebens den Everest versucht hatte, leitete nämlich die kommerziell organisierte schweizerisch-deutsche Expedition. Die Slowenen planten nicht nur eine Besteigung, sondern auch eine Ski-Abfahrt von der Shisha Pangma.

Auf 5800 Metern errichteten wir in den folgenden beiden Wochen unser Lager I und auf 6400 Metern Lager II. Das Wetter war unterdessen launisch. Es stürmte und schneite, war meist kalt und ungemütlich. Der

*Endlos lang, aber technisch nicht sehr schwer:
in den Flanken der Shisha Pangma*

kleinste und von vielen auch als der am einfachsten eingestufte Achttausender zeigte mächtig seine Zähne. Einige aus unserer Gruppe waren zum ersten Mal in diesen Höhen. Alles erfahrene Bergsteiger zwar, aber eine Hauruck-Aktion war unter diesen Umständen nicht möglich, zumal wir längst noch nicht ausreichend akklimatisiert waren. Die Gruppe bestand aus meiner Frau Brigitte, Michl Aichner, Hans Mutschlechner mit seiner Freundin Karin Weichard, die auch unsere Expeditionsärztin war, Robert Gasser, Günter Schweizer, Rudi Renner, Stefan Plangger, mit dem ich schon am Manaslu gewesen war, und Maurizio Lutzenberger. Überdies begleiteten uns der erfahrene Schweizer Berg-Kameramann Fulvio Mariani und seine Assistenten, die Bergführer Dario Sperafico und Floriano Castelnuovo, sowie der Südtiroler Fotograf Heini Gruber, die später auch mit zum Everest gehen sollten.

Während wir etappenweise nach oben stiegen und wieder ins Basislager zurückkehrten, um unsere Körper an die Höhe zu gewöhnen, brach Norbert Joos in einer Höhe von 7100 Metern bereits mit einem seiner Partner zum Gipfel auf. Eine Stunde zuvor waren auch zwei Slowenen gestartet. Wir konnten den Anstieg der Bergsteiger mit unseren

Ferngläsern gut beobachten. Die beiden Schweizer kamen zügig voran, schlossen auf, überholten dann die Slowenen und enteilten ihnen schließlich. Trotz mühseliger Spurarbeit im Schnee erreichten Norbert Joos und sein Begleiter schon um 13 Uhr den Gipfel. Auch dort konnten wir sie durch die Ferngläser noch gut erkennen. Vom Abstieg sahen wir nicht mehr viel. Aus dem Tal stiegen starke Quellwolken auf und hüllten den Berg in ein dichtes grau-weißes Nebelkleid. Gegen 18.30 Uhr erreichten Norbert Joos und sein Begleiter das Basislager. Er kam an meinem Zelt vorbei und zog den Reißverschluß hoch. Ich gratulierte ihm zum Gipfelerfolg und erkundigte mich nebenbei auch nach den beiden Slowenen. Norbert war ihnen vor Stunden beim Abstieg in einer Höhe von 7600 Metern begegnet. Sie befanden sich da noch immer im Aufstieg. Norbert hatte den beiden dringend geraten aufzugeben und zur sofortigen Umkehr gemahnt, darauf aber nur eine ruppige Abfuhr erhalten.

Nun standen wir vor meinem Zelt und freuten uns über seine Rückkehr und den Erfolg an der Shisha Pangma. Norbert erzählte bei einer Tasse Tee von seinem Gipfelgang. Als nun die Wolkendecke für einen Moment aufriß, konnten wir durch die Ferngläser sehen, daß sich die beiden Slowenen noch immer im Aufstieg befanden. Sie waren etwa sechzig, siebzig Meter unter dem Gipfel und kamen nur noch ganz langsam voran. Es gibt jedoch eine ernstzunehmende Spielregel an Achttausendern, die besagt, daß selbst bei besten Verhältnissen eine Besteigung spätestens um 15 Uhr abgebrochen und der sofortige Abstieg begonnen werden sollte. Norbert Joos geriet in Aufregung. »Diese Deppen, was wollen die noch da oben«, rief er und ballte die Faust so fest, daß man das Weiße der Knochen unter seiner Haut erkennen konnte. Sein ohnmächtiger Kraftakt war noch nicht beendet, als der Wolkenvorhang wieder zuzog. Das Drama nahm ohne Publikum seinen Lauf.

Zwei Tage später, im Basislager waren längst alle in heller Aufregung, kam einer der beiden Slowenen völlig geschockt vom Berg zurück. Er hatte mit seinem Kameraden total erschöpft fünfzig Meter unter dem Gipfel eine Nacht im Notbiwak verbringen müssen. Am Morgen danach war sein Freund verschwunden. Auf die Frage, wie und warum das geschehen sei, wußte er keine Antwort und keine Erklärung. Über dem Basislager der Shisha Pangma lag mit einem Schlag eine gedrückte, niedergeschlagene Stimmung.

Eine Woche später unternahmen wir einen Gipfelversuch. Auf 7400 Metern erlebten wir eine eiskalte und knochenharte Sturmnacht. Wir saßen die meiste Zeit mit den Rücken gegen die Zeltwände gestemmt, während der Wind mit unglaublicher Macht am Gestänge rüttelte und alles zu zermalmen drohte. Temperaturen um vierzig Grad unter Null ließen den Atem sofort gefrieren. Und zu allem Überfluß hatten die Jungs vom Kamerateam auch noch ihren Kocher vergessen, so daß wir nicht für genügend Flüssigkeit sorgen konnten. Meinen Freunden machte diese höllische Nacht schwer zu schaffen, und am nächsten Morgen blieben sie zurück. Maurizio Lutzenberger hatte schon tags zuvor den höchsten Punkt erreicht, Stefan Plangger war bis knapp unter den Gipfel gekommen und dann umgekehrt.

Um acht Uhr kroch ich aus dem Zelt und stieg in weniger als zwei Stunden die 650 Höhenmeter bis zum Gipfel der Shisha Pangma hinauf. Kurz unterhalb des höchsten Punktes fand ich zuerst den Rucksack des Slowenen und bald darauf auch seine Ski, die ihn vom Berg hätten herunterbringen sollen. Von ihm selbst fehlte jede Spur. Es tat mir leid um den slowenischen Bergsteiger, und ich dachte darüber nach, ob er wohl eine Familie hatte. Ich war wie Norbert davon überzeugt, daß dieses Unglück mit ein wenig Vernunft zu vermeiden gewesen wäre. Beide Slowenen trugen eine Uhr bei sich und einen Höhenmesser. Und sie hatten überdies noch den Rat eines erfahrenen Höhenbergsteigers bekommen. Doch den Gipfel vor Augen, ignorierten sie alles – und bezahlten einen hohen Preis.

Es dauerte, bis sich am höchsten Punkt der Shisha Pangma in mir so etwas wie Zufriedenheit über das breitmachte, was ich geleistet hatte. Ich hatte ganz auf Schnelligkeit gesetzt, denn ich wollte vermeiden, daß mir kalt wurde, weil mich das Substanz gekostet hätte. Mein Plan am Berg war aufgegangen. Nun stand ich da oben bei schneidend kalten Temperaturen und machte schnell ein paar Fotos, bevor die Batterie in meiner kleinen Kamera ihre energiespendenden Geister aushauchte. Ich selbst war fit in Körper und Geist. Topfit, sonst hätte ich den Gipfel nie in dieser kurzen Zeit erreicht. Jede Faser in mir schien bereit, nun gleich zum Mount Everest weiterzuziehen.

Vom Gipfel der Shisha Pangma nahm ich einen Pickel mit, an dem ein Wimpel hing und den ein anderer Bergsteiger dort zurückgelassen hatte. Er war der Beweis dafür, daß ich tatsächlich oben war. In weniger als einer Stunde kehrte ich wieder zum Hochlager zurück. Dort warteten das Kamerateam und Brigitte auf mich. Die anderen waren bereits abgestiegen. Wir ließen die Skibindungen zuschnappen und fuhren hinunter ins Basislager. Dort kamen wir am späten Nachmittag an – im dichten Schneegestöber und bei heftigem Sturm. Unübersehbar zogen die Vorboten des nahenden Monsuns heran. Unsere beiden Sherpa-Freunde, die jeden Tag die Nachrichten und den Wetterbericht im Radio verfolgten, bestätigten unsere Vermutungen. Fürs erste konnte ich mich darüber freuen, daß ich den Gipfel der Shisha Pangma so schnell und problemlos erreicht hatte, ehe die Tür zum Berg zugefallen war. Aber alles deutete darauf hin, daß der Monsun in diesem Jahr früher kommen könnte als erwartet. Doch das konnte ich überhaupt nicht gebrauchen, denn er würde die Himalaya-Berge wochenlang in Wolken hüllen, gewaltige Regenmassen bringen und in den Höhenlagen meterhohen Schnee.

Das Wetter blieb auch an den folgenden Tagen launisch wie eine Diva. Im dichten Schneetreiben waren wir damit beschäftigt, unser vorgeschobenes Lager ins Basislager zurückzubringen. Die Wolken hingen tief, sie verhießen nichts Gutes und schon gar keine Besserung. Der nahende Monsun warf meine Pläne völlig über den Haufen. Praktisch über Nacht sah ich keine Chance mehr für die lang ersehnte Besteigung des Mount Everest. Schneemassen würden die Anstiegsroute und damit auch all meine Hoffnungen unter einem weißen Teppich begraben.

Es war schwer für mich, als die Freunde und vor allem Brigitte in die Jeeps stiegen und davonfuhren. Für sie war das Unternehmen beendet, und die Flüge zurück nach Europa waren längst gebucht. Aber ich hatte noch ein Ziel, das auf einmal in immer weitere Ferne zu rücken schien. Ich spürte in diesen Minuten des Abschieds zum ersten Mal in meinem Leben so etwas wie Heimweh. Am liebsten wäre ich hinter den anderen hergerannt, aufgesprungen und mitgefahren. Am liebsten hätte ich den Everest ein für allemal vergessen und aus meinem Kopf gestrichen.

Und dennoch blieb ich. Mit dem dreiköpfigen Kamerateam und zwei Sherpa-Freunden ging ich zurück zu den Zelten. Den entscheidenden Beitrag dazu hatte Brigitte geleistet. Sie ist eine willensstarke Persönlichkeit. Die Enttäuschung, daß sie den Gipfel der Shisha Pangma nicht erreicht hatte, daß sie aufgeben mußte in diesem Wetterchaos, nachdem die Biwaknacht auch sie aufgerieben hatte, das alles hatte sie schnell überwunden. Ihr war meine Motivation viel wichtiger. Während ich noch mit der Entscheidung rang, ob ich nicht auch zurückfliegen sollte, ob es nicht besser sei, das Unternehmen Ski-Abfahrt vom Everest bei diesen Witterungsbedingungen aufzugeben, sagte sie zu mir: »Schau, du hast dich auf diesen Berg vorbereitet, wie du es noch bei keinem anderen zuvor getan hast, du hast all deine Kraft und all deine Energie in diese Expedition gesteckt. Und du hast alles vorfinanziert, du bekommst kein Geld zurück. Wenn jetzt, vor dem Monsun, noch einmal schönes Wetter kommt, wirst du grantig und vielleicht dein ganzes Leben enttäuscht sein. Versuch es doch wenigstens.«

Nun waren die anderen weg. Abgefahren in Richtung Kathmandu. Und wieder war ich hin- und hergerissen. Halbherzige Aktionen waren nicht mein Ding. Ganz oder gar nicht, das war schon seit vielen Jahren meine Einstellung. An den beiden folgenden Tagen, während wir von der Shisha Pangma hinüberfuhren zum Everest und wieder durch die geheimnisvolle tibetische Landschaft schaukelten, war ich aufgewühlt und mein Kopf voller Gedanken. Ich sah mich chancenlos einem unerreichbaren Ziel entgegenfahren. Meine Motivation schwamm den dreckig-braunen Bach neben unserer Schotterpiste hinunter. Am deutlichsten mußten das wohl meine Sherpa-Freunde Saila und Lakpa gespürt haben. Am zweiten Abend der holprigen Reise kam Saila zu mir, hockte sich hin und redete auf mich ein. Das war ein eher untypisches Verhalten für einen Sherpa. Sie sind ein lustiges, umgängliches und zuvorkommendes Volk. Aber sie reden selten aus eigenem Antrieb mit den Expeditionsmitgliedern – es sei denn, es geht um wichtige organisatorische Dinge.

Saila kauerte in typischer Haltung vor mir, tief in der Hocke, die Arme um die angewinkelten Knie geschlungen. Er versuchte mich aufzumuntern. Er wollte offenbar meine Zuversicht wieder wecken. Ich verzog zweifelnd das Gesicht und gab nur karge Antworten. Irgendwann sagte er mit fester Stimme: »Mister Hans, das ist noch nicht der Monsun. Mach dir keine Sorgen um die Wolken. Sie sind die Vorboten, aber noch nicht der Monsun.« Ich schaute auf. Saila fuhr fort: »Bevor der Monsun richtig losbricht, gibt es in fast jedem Jahr drei oder vier wunderschöne Tage.« Wenn ich nur die Geduld hätte und den Mut fände, darauf zu warten, würde alles gutgehen. Saila stand auf und ging ohne ein weiteres Wort.

Dieses sehr einseitige Gespräch verfehlte seine Wirkung nicht. Wenn Saila recht hatte, dann mußte ich mich nur auf ein Spiel mit der Natur einlassen. Dabei hatte ich zweifellos die schlechteren Karten, denn ich konnte nichts beeinflussen. Aber allein schon der Gedanke, daß es vielleicht doch noch eine Chance gab, verschaffte mir neuen Auftrieb. Ich schaute hinauf in die Wolkenfronten, in dieses endlos graue Meer am Himmel, und sah keine Insel. Aber ich spürte deutlich, wie ich innerlich einen neuen Anfang machte. Ich begann mich aus dem schwarzen Loch herauszuwinden, in das ich immer tiefer abzugleiten drohte.

Wieder einmal nahm ich Papier und Bleistift zur Hand, zog hinter mir den Reißverschluß meines Zeltes zu und begann Pläne zu machen. Ich verwarf die meisten Ideen schnell wieder und saß am späten Abend erneut vor einem Haufen zerknüllter Zettel. Ich wußte nur eines: Wenn ich den Berg sähe, wenn ich dem Everest endlich gegenüberstünde, würde alles anders sein.

Kurz vor dem Basislager, das ich nur zu gut kannte, lichteten sich plötzlich die Wolken. Es schien, als hätte der Wind die Wangen aufgebläht und sie einfach weggeblasen. Das bißchen blauer Himmel genügte schon, um auch in mir alles Düstere zu vertreiben. Die Freude und die innere Spannung kehrten zurück. Der Mount Everest rückte ganz nahe.

Doch als der Blick auf die tibetische Nordseite des Everest frei wurde, stand vor mir ein anderer Berg. Ich kannte ihn von den vorangegangenen Versuchen 1989 und 1992 als einen mächtigen weißen Koloß. Nun war er schwarz. Schwarz wie die Nacht. Die wochenlang andauernden extremen Höhenstürme hatten dem Mount Everest sein unschuldiges weißes Kleid vom Leib gerissen. Die Flanken und Wände, Grate und Bänder waren blitzblank gefegt. Nur hier und da sah man noch ein paar weiße Streifen Schnee und Eis. Der Rest war düster und wirkte bedrohlich. Ich sah sofort, daß die Aufstiegsverhältnisse kaum besser sein konnten. Aber die Kombination mit einer Ski-Abfahrt würde unter diesen Umständen schlecht möglich sein.

Kapitel XVIII
Drama unter dem Dach der Welt –
Wahnsinn am Mount Everest

Nicht weit vom Basislager des Mount Everest entfernt steht das tibetische Kloster Rongbuk. Besser gesagt, dort steht, was davon noch übriggeblieben ist. Denn auch dieses Kulturdenkmal wurde während der chinesischen Kulturrevolution fast gänzlich zerstört.

Nur ein alter, inzwischen halbblinder Mönch hatte die Geschehnisse während des Großreinemachens der Volksrepublik China fast unbeschadet überstanden, zumindest körperlich. Gut möglich, daß er zum Zeitpunkt der sinnlosen Zerstörung durch die Chinesen gerade Lebensmittel holte oder sich weit oberhalb des Klosters in den Bergen bei den Tschörten, den Gebetsplätzen, aufhielt. Er sprach nicht darüber. Dieser Mann hatte sich, nachdem die Chinesen abgezogen waren und ihr Werk vollbracht sahen, in die Ruinen zurückgezogen und sich dort ein kleines, karges Zuhause geschaffen.

Ich kannte diesen Mönch bereits von meinen vorangegangenen Besuchen am Everest. Dieser alte und weise Mann hatte 1992 zu mir gesagt: »Geht nicht auf diesen Berg. Es ist zu gefährlich. Es ist das Jahr der Schlange nach dem tibetischen Kalender. Es wird in diesem Jahr Schlimmes passieren.« Er riet mir damals eindringlich davon ab, die Hänge des Everest zu betreten. Wir näherten uns dem Berg dennoch und erlebten wochenlang Schneestürme von ungeheurem Ausmaß, Lawinen und große Kälte.

Nun ging ich wieder nach Rongbuk. Der Mönch lebte immer noch dort. Am elenden Zustand seiner Behausung hatte sich fast nichts verändert, nur das Kloster war teilweise wiederaufgebaut worden. Die Augen des Mannes wirkten noch ein wenig müder und trüber. Doch als er mich sah und schließlich wiedererkannte, huschte ein gütiges Lächeln über sein zerfurchtes Gesicht. Wir unterhielten uns, und ich fragte ihn nach dem Wetter. Er antwortete nur: »Gut. Jetzt wird alles gut werden.« Er hob dabei kurz die Hand gegen den Himmel, und weil ich viel von den Urteilen der weisen Männer in Tibet hielt, glaubte ich ihm.

Der alte Mönch sah mich mit seinem angenehmen, warmherzigen Blick noch lange an. Und auf einmal war ich überzeugt, doch noch eine Chance zu haben, die Chance, mir endlich meinen Jugendtraum zu erfüllen. Der Everest hatte mich nicht mehr losgelassen, seit ich viele Jahre zuvor aus der Enge in Ahornach aufgebrochen war in die Alpen, zu den großen, klassischen Nordwänden und schließlich zu den hohen Bergen des Himalaya. Im Laufe der Zeit war ich zu der festen, beinahe unumstößlichen Überzeugung gelangt, daß ich es auf den Gipfel des Everest schaffen könnte. Daß ich körperlich und geistig in der Lage sein würde, diese Aufgabe zu bewältigen – wenn die äußeren Umstände stimmten. Und nun signalisierte mir ein tibetischer Mönch, der die Gipfel der Berge als die Throne der Götter ansieht und für den der Everest etwas Heiliges ist, daß ich beruhigt gehen sollte. Dieses Zusammentreffen hatte eine fast mystische Wirkung auf mich.

Im unteren Basislager auf rund 5000 Meter Höhe standen ein paar vereinzelte Zelte anderer Bergsteiger. Ich wußte, daß einige Expeditionen an der Nordseite des Everest tätig waren. Weit mehr Genehmigungen jedoch waren für die Südseite erteilt worden. An der nepalesischen Seite des Everest ging es in diesen Tagen hoch her, denn dort hatten sich im Laufe der dreimonatigen Saison achtzehn Gruppen versammelt. Der höchste Berg stand hoch im Kurs.

Wir schrieben den 17. Mai 1996, als wir am Fuß des Berges ankamen. An den Hängen des Mount Everest hatte sich eine Katastrophe von ungeheurem Ausmaß ereignet, und die Tragödie sollte noch nicht zu Ende sein. Bis zum 25. Tag des Monats würde der Berg zwölf Todesopfer gefordert haben. Die Ereignisse sollten den Everest und mehr noch das Höhenbergsteigen in Verruf bringen. In der Folge würde der US-amerikanische Journalist Jon Krakauer ein Buch mit dem Titel »In eisige Höhen« schreiben und damit einen Bestseller landen. Fachwelt und Laien sollten so ausgiebig wie kaum jemals zuvor über den kommerziell organisierten Wahnsinn am Everest diskutieren. Und nur zwei Jahre später, am 20. Mai 1998, würden trotz allem fünfundzwanzig Bergsteiger an einem Tag den Gipfel erreichen – und allesamt unbeschadet wieder ins Tal gelangen.

Mit unseren Yaks wanderten wir am nächsten Tag hinauf in das vorgeschobene Everest-Basislager auf 6400 Meter. Dort stand eine große internationale Zeltstadt. Inder, Japaner, Italiener, Deutsche hatten sich

häuslich eingerichtet, und wie selbstverständlich war auch Norbert Joos mit seinem österreichischen Freund Gerold Ennemoser da. Sie waren vier Tage vor uns eingetroffen. Ich sah mich außerstande, sämtliche Sprachen herauszuhören, die auf diesem Rummelplatz gesprochen wurden, und fühlte mich wieder einmal nachhaltig an den Turmbau zu Babel erinnert, denn ich wähnte mich mehr auf einer internationalen Baustelle als am Fuß des Mount Everest.
Im Camp herrschte eine geradezu unglaublich schlechte Stimmung. Insgesamt acht Expeditionen war die Genehmigung für eine Besteigung von der tibetischen Nordseite erteilt worden. Zu vielen, um alles in geregelte Bahnen zu lenken. Es ging zu wie am Mont Blanc oder am Großglockner, nur mit dem Unterschied, daß die Everest-Besteigung beginnt, wo am Mont Blanc längst der höchste Punkt erreicht ist. Auf der Südseite des Everest mußte es allerdings noch viel ärger sein. Dort hatte das nepalesische Ministerium achtzehn Permits verkauft. Der Berg wurde von allen Seiten regelrecht belagert. Über den Zelten der verschiedenen Expeditionen flatterten die Nationalflaggen im Wind. Und die Gruppen belauerten einander wie Feinde. Wer wagt den ersten Schritt? Wer macht den ersten Versuch? Wer verlegt Fixseile? Wer hat künstlichen Sauerstoff, wer nicht? Von einem Miteinander war nichts zu spüren. Neid, Mißgunst und Argwohn bis an den Rand von Haß bestimmten die Gefühlswallungen der Alpinisten, die alle nur von einen Gedanken getrieben wurden: hinauf auf den höchsten Berg der Erde. Ganz egal wie.

Längst war von der Südseite her die Kunde durchgedrungen, daß dort zwei kommerzielle Expeditionen des Neuseeländers Rob Hall und des US-Amerikaners Scott Fischer in einen katastrophalen Höhensturm geraten waren. Nicht nur die Expeditionsleiter Hall und Fischer waren darin ums Leben gekommen, sondern auch der Bergführer Andy Harris sowie zwei von Halls Kunden, die Japanerin Yasuko Namba und der US-Amerikaner Doug Hansen, die den Everest per Katalog gebucht hatten. Einige andere hatten schwere Erfrierungen erlitten. Die beiden konkurrierenden kommerziellen Abenteuerveranstalter Fischer und Hall waren mit Bergführern, einigen Sherpa und ihren Kunden am 10. Mai in Richtung Gipfel aufgebrochen. Am Nachmittag hatte sich das Wetter dramatisch verschlechtert, und die Bergsteiger gerieten im Höhensturm in eine Bedrängnis, die schließlich in diese Tragödie mündete. Doch damit war es noch nicht vorbei.

Ausblicke: das gewaltige Hufeisen mit Everest, Lhotse und Nuptse (von links nach rechts)

Am 17. Mai starb auf der tibetischen Seite der Österreicher Reinhard Wlasich. Er hatte auf knapp 8300 Metern Höhe mit seinem ungarischen Partner übernachtet. Schon zu diesem Zeitpunkt war Wlasich sehr erschöpft und hoffte darauf, sich in den folgenden Stunden zu erholen. Doch in diesen Höhen gibt es keine Erholung mehr für den Körper. Im Gegenteil, dort oben verliert er selbst in Ruhephasen ständig weiter an Substanz. Am nächsten Morgen litt Wlasich unter extremen Kopfschmerzen, fühlte sich matt und war nicht mehr in der Lage, das Zelt zu verlassen. Zu diesem Zeitpunkt befand sich auch ein Arzt aus Norwegen in der Nordflanke. Er diagnostizierte ein akutes Lungen- und ein Gehirnödem. Er versorgte Wlasich mit Medikamenten und gab ihm Sauerstoff aus der Flasche. Am Abend war der Österreicher tot.

Am 23. Mai erreichten sechzehn Bergsteiger den Gipfel des Everest, darunter auch die Mitglieder des IMAX-Teams, die vor, während und nach der Katastrophe einen vielbeachteten Film drehten und überdies halfen, eine dramatische Rettungsaktion zu starten.

Am 25. Mai schließlich stiegen drei Mitglieder einer südafrikanischen Expedition nach oben. Fünfzehn Tage zuvor waren sie am Südsattel

Augenzeugen der dramatischen Ereignisse um Rob Hall und Scott Fischer geworden. Während zwei Bergsteiger aus der südafrikanischen Gruppe gegen Mittag gemeinsam mit drei Sherpa, die den Sauerstoff trugen, den Gipfel erreichten und umgehend den Rückweg antraten, mühte sich der Brite Bruce Herrod weiter Richtung Spitze, obwohl die Zeit längst zu weit fortgeschritten war. Er gelangte erst um 17 Uhr auf den höchsten Punkt. Eine Viertelstunde später funkte er noch einmal in das Basislager auf der Südseite. Danach meldete er sich nicht mehr und gilt seitdem als verschollen. Fünf Tage später endete am Everest die Frühjahrsaison 1996, und in der Statistik mußten die Namen von zwölf toten Bergsteigern notiert werden.

An jenem 18. Mai, als wir das vorgeschobene Basislager auf 6400 Meter an der Nordseite erreichten, war die Atmosphäre dort längst am Tiefpunkt angelangt. Eine brodelnde Mischung aus Ohnmacht, Verzweiflung, Trauer, Wut und wilder Entschlossenheit, es nun erst recht zu versuchen, lag über dem ganzen Camp. Kaum ein Gruß wurde erwidert, kaum ein Wort zwischen den Expeditionen gewechselt. Ich blickte in all die frustrierten Gesichter und sah, daß die Bergsteiger keine große Freude mehr an dem hatten, was sie taten.

Einige Expeditionen »kämpften« schon seit drei Monaten mit dem Berg. Zwar hatten bis dahin 22 Bergsteiger den Gipfel von der Nordseite her erreicht. Doch sie alle mußten mit widrigen Bedingungen kämpfen und viele warteten noch in ihren Zelten, um diesen Kampf aufzunehmen. Die starken Höhenstürme, die den Everest seit Wochen umtosten, ließen den Bergsteigern kaum eine Chance. Einige der 22, die vom Berg zurückkehrten, hatten sich schwere Erfrierungen zugezogen und warteten nun mit verbundenen Händen und Füßen auf den Abtransport.

An jenem 10. Mai, als sich Hall und Fischer mit ihren Klienten vom Südsattel her in Richtung Gipfel bewegten, kämpften sich auf der anderen Seite des Mount Everest drei Inder über den Nordostgrat nach oben. Sie lagen zu diesem Zeitpunkt gewissermaßen »in Führung« in einem völlig chaotischen und sinnlosen Wettstreit mit einer japanischen Expedition, der ebenfalls in die Katastrophe führen sollte. Die Inder waren schon Wochen zuvor mit 39 Mann, darunter zehn Gipfelaspiranten, im Basislager angekommen – fast zeitgleich mit einer Gruppe von drei Japanern, die von drei nepalesischen Sherpa unterstützt wurde. Die beiden Expeditionen verfolgten jedoch nicht nur das Ziel Everest, jede wollte auch die Nation sein, die 1996 als erste den Gipfel über die Nordwandroute erreichen würde. Die Japaner und die Inder, angetrieben von nationalem Stolz, leisteten sich vor diesem Hintergrund in den folgenden Wochen den tödlichen Luxus eines Wettrennens am höchsten Berg der Welt. Zum grausamen Finish kam es am 10. und 11. Mai, zwischen 8400 und 8700 Metern Höhe.

Die indischen Bergsteiger gehörten der indisch-tibetischen Grenzpolizei und in ihrer Expedition einem straff organisierten Unternehmen an, dessen Leiter im Basislager saß und seine Gruppe in militärischem Befehlston kommandierte. Als den Indern weit jenseits der Achttausendmeter-Marke der Reihe nach der Sauerstoff zur Neige ging und sie das nach unten funkten, erhielten sie die knappe Anweisung: »Masken zudrehen und weitergehen.« Die Inder gehorchten, obwohl ihre Chancen, den Gipfel zu erreichen, schon da längst bei Null waren. Sie rappelten sich wieder hoch und krochen weiter. Daß sie längst am Rande der Erschöpfung dahintaumelten, kümmerte niemanden. Kurz nach 18 Uhr tibetischer Zeit, als im Gipfelbereich längst der Höhensturm tobte, der auch den Gruppen von Hall und Fischer auf der anderen Seite enorme Probleme machte, erreichte abermals ein Funkspruch das Basislager. Die drei Inder meldeten, daß sie den Gipfel erreicht hätten. Sie glaubten wenigstens dort angelangt zu sein. Tatsächlich aber befanden sie sich noch über zweihundert Meter unterhalb des höchsten Punktes.

Die Inder hielten sich nicht lange oben auf. Der Expeditonsleiter befahl einen raschen Abstieg und verkündete umgehend den vermeintlichen Erfolg per Satellitentelefon in die Heimat nach New Delhi. Kurz nach 21 Uhr meldeten sich die Inder erneut. Sie waren im unteren Teil der Nordostflanke nicht mehr in der Lage, weiter abzusteigen. Es halfen nun keine Befehle und auch kein gutes Zureden mehr. Die Bergsteiger waren am Ende ihrer Kräfte. Sie berichteten noch, daß sie nahe der zweiten Steilstufe seien und den Schein zweier Stirnlampen erkennen könnten, wenn die Nebelschwaden gerade einmal Sicht ermöglichten. Danach brach der Funkverkehr ab.

Zu dieser Zeit befanden sich tatsächlich zwei Mitglieder der japanischen Expedition im Aufstieg. Sie wurden von drei Sherpa unterstützt, die ihnen den Sauerstoff trugen. Sie schlugen ein Biwak auf und übernachteten, ohne die Inder zu bemerken. Am nächsten Morgen gelangten die Japaner zur zweiten Stufe des Grates und trafen dort auf die Inder, die nun schon seit Stunden, ohne Biwakausrüstung und längst ohne künstlichen Sauerstoff, ausharrten. Sie passierten die Stelle, ohne sich um die Inder zu kümmern. Es wurde kein Wort gewechselt, obwohl die Japaner später sehr genau den Zustand der erschöpften, stöhnenden und halberfrorenen Inder beschreiben konnten. Sie stellten keinen Sauerstoff und nichts zu trinken zur Verfügung, denn sie wollten den eigenen Gipfelerfolg nicht gefährden. Ungerührt zogen sie vorüber und erreichten etwa gegen 14 Uhr den Gipfel, wo noch immer und ungemindert der Sturm tobte.

Bei ihrem Abstieg kamen die Japaner wieder bei den Indern vorbei. Einer sei mittlerweile wohl gestorben, gaben sie später zu Protokoll, der andere habe phantasiert, von dem dritten fehlten Hinweise über seinen Verbleib. Ins Basislager zurückgekehrt, diktierte der japanische Bergsteiger Eisuke Shigekawa einem anwesenden britischen Journalisten in den Notizblock: »Wir waren zu erschöpft, um ihnen zu helfen. Oberhalb von 8000 Metern ist nicht der Ort, wo man sich so etwas wie Moral leisten kann.« Am 17. Mai, dem Tag vor unserer Ankunft im Basislager, starteten weitere sechs Inder zum Gipfel. Sie stiegen an ihren toten Freunden vorbei, und diesmal erreichten fünf von ihnen tatsächlich den höchsten Punkt der Erde.

Dies alles bekam ich unten im Basislager hautnah mit. Es wurde kaum noch von etwas anderem gesprochen. Die Ereignisse, die der US-Journalist Jon Krakauer später in seinem Buch schilderte, deckten sich mit all dem, was ich im Basislager auf der tibetischen Seite erfuhr und erlebte. Meine Versuche, mich von diesen schrecklichen Ereignissen und Berichten fernzuhalten, schlugen fehl. In den Basislagern der Achttausender kann man nichts und niemandem ausweichen.

Die meisten anderen Expeditionen befanden sich inzwischen in einer dumpfen Aufbruchstimmung. Der Gipfel war für die Mehrzahl der noch anwesenden Bergsteiger passé. Es war kein gutes Frühjahr am Everest. Als sich die Expeditionsleiter nun auch noch lautstark um die Yaks zu streiten begannen, die unser Gepäck herauftransportiert hatten, erschien mir das wie ein tragisch-komischer Höhepunkt in dem ganzen Chaos.

Unterdessen hatte Norbert Joos in etwas über 7000 Meter Höhe ein Depot angelegt. Er klagte schon die ganze Zeit über den erbärmlichen Zustand des Basislagers und nun noch mehr über die Verhältnisse im wichtigen Hochlager, von dem er gerade zurückgekehrt war. Manche Expeditionen richten dort ihr Lager I, andere auch bereits ihr Lager II ein. Das hängt vom Stil der Besteigung ab. Doch ganz gleich, welchen Stil man wählt, ist dieser Platz auf 7000 Meter ein strategisch wichtiger Punkt, dort kommt niemand ohne Rast oder Übernachtung vorbei. Dementsprechend, berichtete Norbert, sah es da oben aus. Alte und neue Zelte standen dort herum, der Müll türmte sich, Fixseile und Sauerstoffflaschen waren achtlos zurückgelassen worden. Norbert wirkte zunehmend aufgewühlt. Wütend drohte er den noch anwesenden Expeditionen mit massiven Interventionen in Lhasa bei den Verantwortlichen der Tibetean Mountaineering Association.

Jede Expedition muß in Lhasa eine ihrer Größe entsprechende Anzahl Müllsäcke kaufen. Die Begleitoffiziere, gleichermaßen hochbezahlt wie inkompetent, sind eigentlich dafür verantwortlich, den Abtransport des Mülls zu kontrollieren. Aber die Offiziere, in der Regel staatliche Angestellte der Volksrepublik China, befinden sich alle im unteren Basislager, wo die Jeeps stehen und wo das Leben nicht ganz so beschwerlich ist. Verglichen mit dem Lagerleben der Bergsteiger, leben sie dort fast in Saus und Braus. Es fehlt ihnen an nichts. Die Expeditionen achten sehr genau darauf, daß es den Begleitoffizieren gut geht. So verbringen sie, im Auftrag der Regierung und bezahlt von den Expeditionen, einen schönen Urlaub in den Bergen am Fuß des Mount Everest. Mit ihren Aufgaben befassen sie sich selten, und um die wahren Probleme machen sie einen möglichst großen Bogen.

Der Betrag, den sie als Honorar kassieren – meist rund zweitausend Dollar – ist praktisch frei verhandelbar. Die Summe ist aber um ein Vielfaches höher als jene, die Hochträger für ihre weitaus schwerere Tätigkeit erhalten. Vergeblich versuchen namhafte Bergsteiger aus der ganzen Welt seit Jahren diesen Mißstand zu korrigieren. Die Begleitoffiziere erhalten eine volle Expeditionsausrüstung vom Plastikschuh über Socken bis hin zu Schlafsack, Steigeisen und einem eigenen Zelt. Die Träger dagegen werden oft gar nicht oder aber nur ungenügend ausgerüstet. Die Ausrüstung der Begleitoffiziere hat einen Wert von weiteren zweitausend Dollar. Doch kaum sind die Vertreter des Staates zurück in der Stadt, verkaufen sie sofort alles, denn für die nächste Expedition werden sie wieder komplett neu ausgerüstet. Kaum einer der Begleitoffiziere war allerdings jemals höher als auf 5000 Meter.

Die Aufgaben der Begleitoffiziere indes sind in Vorschriften klar umrissen. Sie sollen kontrollieren, daß die Träger und Sherpa den vereinbarten Lohn erhalten. Was jedoch fast überflüssig ist, weil die meisten Expeditionen ohnehin immer mehr zahlen, als ausgemacht wird. Sie müssen überwachen, daß die Expedition nicht von der genehmigten Route abweicht. Was allerdings unmöglich ist, weil sie von 5000 Meter aus nicht sehen können, was auf 8000 Meter Höhe passiert. Sie sollen darauf achten, daß beim Anmarsch keine strategisch wichtigen Punkte der Landesverteidigung fotografiert und die Grenzbestimmungen nicht verletzt werden. Neben diesen Aufgaben gibt es jedoch nur eine Pflicht: Die Begleitoffiziere müssen mitgehen bis zum Basislager.

1998, am Kangchendzönga, wurde unsere Mini-Expedition von einem Begleitoffizier aus Kathmandu eskortiert. Dieser Mann begleitete uns auf dem Flug von der nepalesischen Hauptstadt nach Biratnagar und am nächsten Tag beim Weiterflug nach Taplejung. Dann verabschiedete er sich mit dem Hinweis von uns, er wolle noch für ein paar Tage Bekannte besuchen. Er kehrte wohl direkt nach Kathmandu zurück, denn wir sahen den Beauftragten der nepalesischen Regierung nie mehr wieder.

Norbert Joos führte im Basislager des Everest ein aufgeregtes Streitgespräch mit einer britischen Expedition. Die hatte ihr Hochlager in einem Zustand zurückgelassen, den er mit Worten kaum beschreiben konnte. Leere Dosen, Kartons, Plastik, Verpackungen, Aluminium, leere Gaskartuschen, Batterien und anderes mehr lagen nach Norberts Angaben wild um den Lagerplatz verteilt. Die Bergsteiger hätten es nicht einmal für nötig befunden, ihre Fäkalien einzugraben. Und ganz oben auf all diesem Müll lägen, ordentlich zusammengefaltet, die Müllsäcke der TMA aus Lhasa. Norbert war nicht mehr zu beruhigen: »Egal, was hier noch passiert und wie sich das Wetter entwickelt, ich bestelle die Yaks und die Jeeps und gehe heim.« Er mochte sich auch von unserer vorsichtigen Zuversicht hinsichtlich des Wetters nicht mehr anstecken lassen. Daß bis hinunter ins Basislager das unheimliche Dröhnen der Höhenstürme wie ein fernes, schweres Gewitter zu hören war, schien ihm fast recht zu sein und unterstützte nur noch seine Gedanken an eine baldige Abreise.

Meine Aktion am Everest war auf nur sieben Tage angelegt. Für den 27. Mai hatte ich die Yaks bestellt. Ich wollte, wie so oft in den Jahren zuvor, schnell sein und den Berg auf diese Weise überlisten. Alles, was in diesen Wochen am Everest geschah, war auch damit zu erklären, daß die Bergsteiger viel zu lange benötigt hatten, um auf den Berg und vor allem wieder herunterzukommen. Ich fürchtete besonders die aufkom-

menden Ängste und die zunehmende Unsicherheit, die mich stets dann überkam, wenn ich mich zu lange in großen Höhen aufhielt oder zu sehr mit einer Aufgabe beschäftigte. Und diesmal würde ich auch noch die längste Zeit allein sein. Meine Taktik sah nur drei Schritte vor: gut akklimatisieren, ganz schnell rauf und ruck-zuck wieder runter.

Ich wußte in diesen düsteren ersten Tagen im Basislager bald, daß ich dort nicht bleiben konnte. Ich dachte immer wieder: »Hier wirst du verrückt, sie werden dich anstecken mit all ihren negativen Gedanken.« Die Erlebnisse der anderen würden bald auch auf mich zu wirken beginnen. Ich fürchtete, die gesamte gute Vorbereitung in Mustang und an der Shisha Pangma könnte verlorengehen, wenn ich all das näher an mich herankommen ließe. Ich ging also zu unserem Materialzelt, holte die blauen Expeditionstonnen und unsere Säcke heraus und begann mit einer Feinauswahl der Ausrüstung. Ich mußte mich mit mir selbst beschäftigen und mit dem, was ich vorhatte.

Nicht weit vom Basislager entfernt standen dicht beieinander einige kirchturmhohe Eisspitzen. Sie entstehen, wenn ein Gletscher abschmilzt und gleichzeitig Wasser, Wind und Kälte ihr Werk verrichten. An diesen fast senkrechten Eistürmen begannen wir spielerisch hinaufzuklettern. Beim Umgang mit den Eisgeräten und den Steigeisen an diesen prächti-

Kirchtürme: Eisspitzen in der Nähe des Everest-Basislagers. Dort ist spielerisches Klettern eine willkommene Abwechslung.

gen Gebilden der Natur mußte ich mich konzentrieren und kam damit auf andere Gedanken. Wenn wir dann am Nachmittag in das Basislager zurückkehrten, fanden wir immer öfter leere Zeltplätze vor. Die Expeditionen kehrten dem Everest den Rücken.

Norbert Joos war trotz seiner Verärgerung über die deprimierenden Zustände immer noch da. Ebenso eine Gruppe Deutscher und zwei Mexikaner sowie eine kleine japanische Gruppe, die allerdings nichts mit jenen Japanern zu tun hatte, die sich mit den Indern den tödlichen Wettlauf geliefert hatten. Irgendwann hatte ich aufgegeben, die vielen Grüppchen zuzuordnen. Es war in dem Geflecht der Zeltstadt kaum zu unterscheiden, ob es sich um Expeditionen handelte oder um eine Trekkinggruppe, die das alles nur mal aus der Nähe anschauen wollte.

Am 18. Mai starteten drei der Japaner, um den Gipfel zu versuchen. Am 20. Mai brach ich zu einer Erkundungstour auf. Meine Freunde begleiteten mich mit der Kamera. Es war mir längst klar, daß ich die Zeit blitzschnell nutzen mußte, wenn sich das Wetter wirklich noch einmal für ein paar Tage beruhigen sollte. Ich wollte keine halbherzige Aktion und war nun bereit, alles zu riskieren, was irgendwie kalkulierbar erschien. Die Kletterei an den Eisspitzen hatte mich motiviert, und ich war wieder von meiner Leistungsfähigkeit überzeugt, psychisch wie auch physisch.

Mount Everest: die höchstgelegene Müllkippe der Welt

Mit dem Kamerateam stieg ich also bis hinauf zum Nordcol, und dort legten wir ein kleines Depot an; Material für die Filmaufnahmen, ein Zelt, einen kleinen Kocher, ein Paar Ski und ein Paar Tourenstiefel. Wenn mein Vorhaben klappen sollte, mußte ich beim Abstieg vom Gipfel hier die Schuhe wechseln, wenn ich auch am sehr steilen Nordcol eine Chance haben wollte. Dort oben auf 7000 Meter konnte ich Norbert Joos noch besser verstehen. Überall waren die Spuren der anderen Expeditionen zurückgeblieben. Es war tatsächlich unglaublich, wie es dort aussah. Nicht weniger fassungslos über dieses nachlässige Verhalten der Expeditionen, stiegen wir wieder hinunter ins Basislager, um dort auf sturmfreies Wetter zu warten.

Doch das Wetter blieb schlecht, unbeständig und unkalkulierbar. In den Hochlagen des Mount Everest war es weiterhin stürmisch, es schneite und war bitterkalt. Die Verhältnisse waren alles andere als optimal. Am 20. Mai kehrten zwei der Japaner zurück. An Händen und Füßen hatten sie schwere Erfrierungen erlitten. Ihre Gesichter waren gezeichnet von den Anstrengungen, und sie kamen eben nur zu zweit. Unter Tränen berichteten die beiden, daß sie ihren Expeditionsleiter vermißten. Er war in einem heftigen Schneesturm allein vorausgestiegen, um die Route zu erkunden. Danach blieb er verschollen.

Die beiden Japaner schienen am Ende ihrer Kräfte, und um ihre Nerven war es nicht besser bestellt. Sie hatten einen Freund verloren. Mühselig bauten sie aus Steinen eine Gedenkstätte und verabschiedeten sich in einer großen, anrührenden Zeremonie vom Leiter ihrer Gruppe. Der Everest schien keine Ruhe zu geben. Mir fiel der alte Mönch in Rongbuk wieder ein. Was hatte er gemeint, als er sagte: »Jetzt wird alles gut.«? Er hatte, so fiel mir nun erst auf, die Betonung stark auf das »jetzt« gelegt. Hatte er tatsächlich eine Ahnung, was bereits alles geschehen war, als er mit mir sprach?

An diesem 20. Mai schien sich das Wetter endlich zu bessern. Die Wolken gaben den Gipfelbereich frei, und bald darauf schien die Sonne. Nun stiegen zwei deutsche Bergsteiger hinauf in ihr erstes Hochlager, schliefen im Zelt und stapften am nächsten Tag weiter bergauf in Richtung Lager II auf 7800 Meter. Als sie die Zelte erreichten, trauten sie ihren Augen nicht. Wie ein schwer Betrunkener kam ihnen der vermißte japanische Expeditionsleiter entgegen. Er war kaum noch in der Lage, sich auf den Füßen zu halten. Er litt an schweren Erfrierungen im Gesicht, an den Händen und Füßen und war überdies akut höhenkrank. Er konnte nicht einmal mehr seinen Namen sagen. Fast drei Tage war er ohne Schutz in der Höhe herumgeirrt, außerstande, den Weg nach unten zu finden. Es glich einem Wunder, daß er überhaupt noch lebte. Die deutschen Bergsteiger mußten ihn regelrecht einfangen, denn er versuchte in seiner Verwirrung immer weiter zu gehen. Sie packten ihn in ein Zelt, gaben ihm künstlichen Sauerstoff und behielten ihn über Nacht bei sich.

Am frühen Morgen des 22. Mai verließ der Japaner, dem es nur unwesentlich besser ging, das Zelt. Mühsam und umständlich zog er seine Schuhe an und wollte gehen. Doch die Richtung, die er einschlug, war der Weg zum Gipfel. Von diesem Vorhaben war er nur mit Mühe abzubringen. Auf 7800 Meter Höhe, in der Nordflanke des Mount Everest, mußten die Deutschen den Japaner quasi gefangennehmen, damit er nicht erneut in Gefahr geriet. Das ging solange, bis endlich zwei Sherpa der japanischen Expedition nach oben kamen, den desorientierten Japaner in ein Seil banden und ihn mit sanfter Gewalt in tiefere Lagen hinunterzerrten.

Die beiden Deutschen retteten dem Japaner das Leben. Ohne sie wäre er binnen weniger Stunden dort oben erfroren oder an den Folgen der

Höhenkrankheit gestorben. Dies geschah keine zwei Wochen, nachdem japanische Bergsteiger fast über die in Not geratenen indischen Bergsteiger gestolpert waren und erklärt hatten, daß in diesen Höhen kaum der geeignete Platz für Moral sei. Für die beiden Deutschen war der Traum vom Gipfel mit ihrer Rettungsaktion ausgeträumt. Einen weiteren Versuch ließen die Kräfte nicht mehr zu. Sie kamen vom Berg herunter, bauten die Zelte ab, packten zusammen und verließen das Basislager. Inzwischen waren die beiden Mexikaner seit zwei Tagen unterwegs in Richtung Gipfel. Nun wurde es im Basislager ganz still, und das Wetter beruhigte sich.

Am 22. Mai, meinem fünften Tag im Basislager, fiel schlagartig die Schneefahne am Gipfel in sich zusammen. Es hatte aufgehört zu stürmen, und es wurde etwas wärmer. Kaum zeigte der Himmel ein freundlicheres Gesicht, eilten Saila und Lakpa, meine beiden Sherpa-Freunde, zu meinem Zelt. »Mister Hans, Mister Hans«, riefen sie schon aus einiger Entfernung, »jetzt ist es soweit, jetzt kommen die letzten guten Tage vor dem Monsun. Wir sollten uns beeilen.« Durch meine Adern floß ein warmer Strom. Es kribbelte im Magen wie bei einem Jungverliebten. Was für ein Stimmungswechsel, was für eine herrliche positive Anspannung. Balsam für meine Motivation. Die Chance war da. Endlich.

Kurz und knapp sprachen wir noch einmal durch, was ich mir an Taktik zurechtgelegt hatte. Ich bat Saila und Lakpa – sollte das Wetter schön bleiben –, bis zum Nordcol und noch ein wenig höher hinaufzusteigen. Dort sollten sie ein kleines Zelt aufbauen, sich hinlegen, rasten und warten. Ich wollte dort oben eine Insel haben, eine Art Tankstelle, eine Anlaufstation wenigstens auf diesem langen Alleingang.

Am 23. Mai, gegen fünf Uhr morgens, hörte ich vor meinem Zelt die Stimmen von Saila und Lakpa: »Mr. Hans, the weather is very good today. No problem. We are going now. See you.« Ich kroch aus meinem Zelt, blinzelte in den erwachenden Tag und sah den noch blaßblauen Himmel. Keine Wolke weit und breit. In mir stieg ein Gefühl der Zuversicht auf. Noch ein kurzes taktisches Gespräch, dann gab ich den beiden ein kleines, leistungsstarkes Funkgerät mit, sie warfen sich ihre Rucksäcke über und stapften los. Der Startschuß war gefallen.

Ich zog mich an, ging hinüber in unser Küchenzelt, frühstückte und suchte nach innerer Ruhe und Ausgewogenheit. Ich mußte diese Aufregung und die Anspannung in positive Energie umwandeln. Mit dem

Startsignal: die Wände des Everest endlich von Wolken befreit

Fernglas beobachtete ich meine Freunde, bis sie hoch droben am Nordcol meinen Blicken entschwanden. Als sie auf 7500 Meter angelangt waren, hatten wir kurzen Funkkontakt. Oben war alles in Ordnung, die Verhältnisse gut. Ich war beruhigt und ließ mir alles noch einmal durch den Kopf gehen. Ich mußte meine Kräfte einteilen und vor allem langsam gehen, allerdings nicht zu langsam. Wer sich am Everest zu früh verausgabt, hat keine Chance, den höchsten Punkt zu erreichen. Und zudem wird der Abstieg zur Hölle – der Gipfel gehört dir erst, wenn du wieder unten bist, vorher gehörst du ihm.

Während ich meine Gedanken ordnete, an daheim dachte und mir im Geiste die Gesichter meiner Freunde vorstellte, pumpte ich mich mit Flüssigkeit voll wie ein Kamel vor einem ausgedehnten Wüstenritt. Ausreichend Flüssigkeit ist ein wichtiges Thema an den hohen Bergen. Und so trank ich und trank und trank. Bis mir Tee und Fruchtsaft Oberkante Unterlippe standen. Auch meine Freunde vom Kamerateam waren in Aufbruchstimmung: Floriano Castelnuovo, ein gutmütiger, bulliger Typ, und der drahtige Spitzenkletterer Dario Sperafico konnten es kaum noch erwarten. Beide stammen aus Lecco in Norditalien und verfügten ebenso über hinreichend Höhenerfahrung wie der Fotograf Heini Gruber aus dem Ultental. Mit dem Österreichischen Fernsehen gab es eine Vereinbarung, einen Film von meiner Everest-Besteigung und der Ski-Abfahrt zu drehen. Aber Fulvio Mariani, unser Kameramann, hatte sich beim Abstieg von der Shisha Pangma das Sprunggelenk angebrochen und war frühzeitig nach Lugano zurückgekehrt. Floriano und Dario, seine Assistenten, bekamen einen Crashkurs im Filmen und sollten nun, soweit es ginge, Richtung Nordcol aufsteigen, dort ein Zelt beziehen und später mit einem starken Teleobjektiv wenigstens ein paar Bilder einfangen. Ich war froh über die Anwesenheit der Freunde, weil ich mich dann doch nicht ganz so allein fühlen würde.

Um 17 Uhr an diesem 23. Mai starteten wir zu viert im Basislager. Mit einem Mal war ich mir ganz sicher, wie alles laufen sollte. Ich wollte mich auf einen ganz neuen Stil an einem Achttausender einlassen. Das hätte ich mit etwas weniger Sorge um den Erfolg auch an einem anderen Himalaya-Gipfel versuchen können, doch nun stand ich unter dem Everest und wollte es wissen. Meine Taktik war auf kontrollierte Geschwindigkeit ausgelegt, und ich wollte keine Sicherheit mit mir tragen. Kein Zelt, kein Schlafsack, kein Kocher, nichts zu essen, keine Biwakausrüstung, kein Seil und keinen Eispickel. Letzteres sollte sich noch als Fehler erweisen.

In meinen Rucksack packte ich nichts weiter als einen Liter Tee in einer eloxierten Leichtflasche mit Thermohülle, ein Paar Steigeisen und ein winziges Funkgerät, mit dessen Hilfe ich die Einsamkeit bekämpfen könnte, wenn es ganz arg käme. Ich nahm es mit, um ab und zu mit den Freunden sprechen zu können, nicht um eventuell Hilfe zu rufen, denn in dieser Hinsicht hatte ich in der Höhe nichts zu erwarten. Den Klettergurt trug ich direkt am Körper, genau wie sämtliche Kleidungsstücke, die ich mitnahm. In den Händen hatte ich speziell umgebaute Teleskopstöcke. An den Griffen waren im rechten Winkel zwei Spitzen angebracht, die den Pickel ersetzen und mir später bei der Abfahrt in den extrem steilen Hängen etwas Halt geben sollten. Die nur 1,60 Meter langen Ski wollte ich teilweise am Rucksack befestigt tragen oder sie mit Hilfe eines kleinen Karabiners an meinem Klettergurt hinter mir herschleifen.

Jahrelang hatte ich mich mit diesem Berg beschäftigt. Und nun stand der Aufbruch kurz bevor. Schlagartig wurden Kraft und Motivation in einem bis dahin nicht gekannten Ausmaß frei. Zweimal war ich an diesem Berg bereits gescheitert. Eigentlich genug, um zu sagen: Laß es,

Zeltplatz: Das Kamerateam verfolgte vom Nordcol (7000 m) den weiteren Aufstieg.

vergiß es, geh woanders hin. Nun war ich durch das verbotene Königreich Mustang getrekkt und in einer Zeit auf die Shisha Pangma gestiegen, die mich noch immer überraschte. Endlich sollte es nun losgehen. Hinauf auf den Berg meiner Träume.

Es gab nichts Halbherziges mehr, nicht Zögerndes und nichts Zauderndes. Ich bestand nur noch aus Konzentration und Willensstärke. Es war, als hätte ich tage-, monate-, jahrelang alles oben in einen Trichter hineingepreßt. Und nun kam geballt die ganze Ladung Mut, Ausdauer, Selbstvertrauen und die Erfahrung von zehn Achttausendern heraus. Mir war, als würden mich Flügel tragen. Doch das sollte sich ändern.

Die ersten Schritte waren noch unsicher, tapsig und ungelenk. Doch das war normal mit den klobigen und unnachgiebigen Plastikschuhen. Es kostete mich immer Überwindung, in sie hineinzusteigen und die Füße in ein so enges Korsett zu zwängen. Aber ich war erleichtert, denn jetzt konnte ich gehen und die ganze Energie herauslassen. Nichts hätte mich in diesem Moment mehr aufhalten können. Es zog mich davon, als sei ich in einen Sog geraten. Diese Entschlossenheit resultierte auch daher, daß ich Non-stop vom Basislager auf den Gipfel steigen und von dort aus sofort wieder dorthin zurückkehren wollte. Kein Hochlager, kein Biwak, kein längerer Aufenthalt. So sah der neue Stil aus, den ich versuchen wollte.

Den unteren Wandteil kannte ich von meinen beiden gescheiterten Expeditionen bis hinauf auf 8000 Meter. Deshalb konnte ich mich an diesen Teil im Dunkeln, nur im Schein einer kleinen Stirnlampe, heranwagen. Mein Zeitplan schrieb mir vor, daß ich gegen Mittag den Gipfel erreichen mußte. Dann wollte ich entscheiden, ob ich mit Ski hinunterfahren oder, wie alle anderen vor mir auch, zu Fuß wieder absteigen würde. Der Knackpunkt der Aktion lag um die Mittagszeit, und die Frage hieß: Ski oder Steigeisen, klassisch oder neu?

Das Extrembergsteigen ist in den vergangenen Jahren zu einer Art Wettkampf geworden. Jeder Alpinist versucht etwas Neues. Die Basis für diese Entwicklungen ist die Erfahrung, sind geglückte und gescheiterte Aktionen. Dadurch tun sich immer neue Horizonte auf. Ich sehe das Spitzenbergsteigen heute wie andere Spitzensportarten auch. Es geht nicht ohne vollen Einsatz, ohne Profitum, nicht ohne Ideen und nicht, ohne alle Register zu ziehen. Es kommt nicht von ungefähr, daß inzwischen auch sämtliche Spitzenbergsteiger ihre letzten Tricks und Erfahrungen nicht mehr weitergeben. Im entscheidenden Moment nutzt sie jeder nur für sich und nur für den eigenen Erfolg. Ich würde alles, was ich zu leisten vermochte, in die Waagschale legen müssen.

Schon im ersten Aufschwung fand ich schnell zu meinem Rhythmus. Die Leichtigkeit, mit der ich mich nach ein paar Minuten zu bewegen begann, gab mir Selbstvertrauen. Der Rucksack, die Ski, das alles war keine Bremse. Um 20 Uhr erreichten Floriano, Dario, Heini und ich kurz nacheinander das Zelt am Nordcol. Für das Kamerateam war hier Endstation. Tief unter uns, über dem Rongbuk-Gletscher, war es Nacht geworden. Eine Stunde lang rastete ich im Zelt. Ich trank erneut viel Tee, füllte meine Flasche auf, aß ein Stück Schokolade und ging hinaus in die Dunkelheit. Ich war noch nicht weit vom Zelt entfernt, da packte mich bereits die Einsamkeit. Um mich herum war es dunkel wie in einem Sack, und ich hätte alles für eine helle Vollmondnacht gegeben. Die wenigen Sterne konnten die Hänge des Everest nicht erhellen. Vor mir bohrte sich nur der Schein meiner Stirnlampe in die Dunkelheit. Sie wurde von zwei sehr leichten, aber leistungsstarken Lithium-Batterien gespeist, und doch reichte die Leuchtkraft nicht viel weiter als sechs, acht Meter. Zwei Reservebatterien steckten in meiner Hosentasche.

Ich versuchte meine Konzentration auf meinen Herzschlag und meine Schrittfolge zu lenken. Ich fürchtete mich davor, daß die Einsamkeit meinen Mut auffressen könnte. Also wandte ich einen alten Trick an, der schon Generationen von Bergsteigern vor mir geholfen hat. Ich begann meine Schritte zu zählen. Von eins bis zehn, dann bis hundert und wieder von vorn. Das lenkte mich ab und half, den Puls auf einer Frequenz zu halten, die nicht an die Reserven geht. Ich mußte darauf achten, ein nicht zu schnelles Tempo vorzulegen. Ich durfte mich nicht selbst vorantreiben, sondern mußte mich eher bremsen.

Unter meinen Füßen knirschte hart gefrorener Preßschnee. Der Wind hatte die weiße Pracht zusammengedrückt. Immer und immer wieder war er darübergefahren, hatte die Massen verfrachtet und mit Tonnengewalt auf sie eingewirkt. Das waren Idealverhältnisse, der Wunschtraum eines jeden Höhenbergsteigers. Ich brach nicht ein bis an die Oberschenkel und mußte mich nicht nach jedem Schritt wieder aus grundlosen, weichen Schneemassen herauswühlen. Die Oberfläche trug mich wie eine Feder. Das Gelände war etwa 40 Grad steil und angenehm zu begehen.

Auch die Kälte, die ich so sehr fürchtete, kroch mir nicht in die Glieder. Im Gegenteil, in der sehr warm gewählten Ausrüstung begann ich sogar zu schwitzen. Ich trug eine Garnitur Unterwäsche aus neuestem High-tech-Material, eine hauchdünne, federleichte Daunenhose, eine Daunenjacke, einen reißfesten, windschützenden, einteiligen Überanzug, ein Paar Wollsocken, ein Paar Skitourenstiefel aus Kunststoff mit Thermo-Innenschuh und eine Wollmütze. Eine Gesichtsmaske aus Neopren steckte in meiner Jackentasche, am Arm trug ich eine automatische Uhr mit integriertem Höhenmesser. Meine Augen sollte später, wenn die Sonne käme, eine Skibrille schützen. An den Händen trug ich dicke Daunenhandschuhe. Und um meinen Hals baumelten zwei Ketten. An der einen hing ein tibetischer Xi-Stein, den mir Reinhold Messner nach meinem ersten Achttausender-Erfolg am Cho Oyu geschenkt und den ich seitdem keinen Tag mehr abgelegt hatte. An der anderen Kette hing ein kleines silbernes Medaillon, das mir meine immer etwas besorgte Schwester schon zu den ersten Bergtouren mitgegeben hatte. Ich könnte nicht sagen, warum ich es auch am Everest wieder trug.

Schon bald stopfte ich die Daunenjacke in den Rucksack. Die Uhr zeigte 23.30 Uhr und der Höhenmesser 7450 Meter an. Gleich mußte vor mir das Zelt von Saila und Lakpa auftauchen. Der Lichtkegel der Lampe wanderte hin und her. Er bohrte immer neue Löcher in die

Dunkelheit. Doch ich fand das Zelt nicht und begann weiter links zu suchen. Dann weiter rechts. Ich querte hin und her und begann laut die Namen meiner Freunde zu rufen. Aber ich erhielt keine Antwort. Enttäuschung machte sich in mir breit, und ich begann weiter hinaufzusteigen. Nach fünfzig Höhenmetern war ich der Meinung, daß ich mich viel zu weit oben befand. Ich rief lauter. Jetzt schrie ich bereits. Nichts. Ich schaltete das Funkgerät ein, in der Hoffnung, Saila und Lakpa seien auf Empfang. Doch statt der beiden meldete sich das Kamerateam, das, wie verabredet, ständig kontaktbereit war.

Die Freunde unten bestätigten mir die Höhenangabe, die Saila am Nachmittag gemacht hatte. Das konnte doch alles nicht sein. Wie ein Strick legte sich die Verzweiflung um meinen Hals. Ich hatte zwar keine wirkliche Angst, aber ich wußte, das Unternehmen wäre zu Ende, wenn ich dieses Zelt nicht fand. Um weitergehen zu können, brauchte ich die eingeplante Rast, viel Tee und auch ein paar aufmunternde Worte meiner Freunde. Die Flüssigkeit war für mich das Wichtigste überhaupt. Ohne sie würde mein Körper austrocknen und binnen kurzer Zeit seine Leistungsfähigkeit verlieren. Ich kam zu der Überzeugung, daß dieses Zelt nicht weiter oben stehen konnte. Also stieg ich die mühsam gewonnenen Höhenmeter wieder ab, fand ohne Probleme meinen dort deponierten Rucksack und die Ski wieder und ging weiter. Ein paar Minuten später stellte ich zornig und enttäuscht fest, daß ich meine mittlerweile fast leere Trinkflasche weiter oben vergessen hatte. Die brauchte ich aber dringend, denn sie mußte im Zelt aufgefüllt werden.

Also stieg ich wieder hinauf, nahm die Flasche und ging im Zickzack wieder hinunter. Immer wieder schrie ich zwei Namen in die Dunkelheit hinaus und kontrollierte ständig den Höhenmesser. Alle paar Meter hielt ich an und lauschte angestrengt in die Nacht. Ich fluchte laut vor mich hin, bis endlich eine Antwort kam. Die Stimmen waren ganz nah, und doch wäre ich fast über das Zelt gestolpert. Ein kleines silbergraues Ding – inmitten einer endlosen, weißen Eiswüste. Nach meinen Spuren zu urteilen, mußte ich direkt daran vorbeigegangen sein und hatte es doch nicht gesehen. Ein kleiner, dummer Fehler bei der Zusammenstellung der Ausrüstung hatte mich unnötig Kraft gekostet, denn ich war fast hundert Höhenmeter zu weit hinaufgestiegen. In meinen Schläfen pochte das Blut, und im Kopf hämmerte die bange Frage: Waren das die hundert Höhenmeter, die mir vielleicht am Ende fehlen könnten?

Kapitel XIX

Begegnung mit dem Tod –
8846 Meter, der höchste Punkt der Erde

Ich kroch in das Zelt. Saila und Lakpa waren überrascht darüber, daß ich so schnell so weit nach oben vorgedrungen war, und begannen Tee zu kochen. In einer endlosen Prozedur hatten sie schon seit Stunden Schnee geschmolzen. Nun brachten sie das Wasser zum Kochen. Ich trank den heißen Tee und aß ein paar Kekse. Richtigen Appetit hatte ich nicht, nur Durst. Saila und Lakpa redeten auf mich ein. Ich sollte die Ski besser zurücklassen und statt dessen noch eine weitere Trinkflasche mitnehmen. Ich dachte darüber nach. Aus den Worten der beiden sprach alle Erfahrung, die sie an den hohen Bergen des Himalaya gemacht hatten. Schließlich schüttelte ich den Kopf. Die Ski mußten mit nach oben. Es blieb bei meinem Entschluß, die Kombination zu versuchen.

Die ersten Minuten des neuen Tages brachen an. Die Uhr zeigte kurz nach Mitternacht. Vielleicht ist das die düsterste Stunde beim Höhenbergsteigen, sofern man sich überhaupt entschließt, nachts zu gehen. Ich wollte noch etwas rasten, mich ausruhen und entspannen. Während ich selbst schweigsam blieb, hörte ich die Stimmen der beiden Freunde. Das wirkte überaus beruhigend, denn für kurze Zeit war ich nicht allein.

Um 1.15 Uhr verließ ich das Zelt der Sherpa wieder und ging erneut hinaus in die Nacht. Im Schein der Stirnlampe folgte ich meinen Steigeisenspuren, kleinen, kaum sichtbaren Löchern im harten Schnee. Sie führten mich direkt zu meinen Ski, die ich bei meinem Irrgang weiter oben deponiert hatte. Auch der Rucksack lag dort.

Ich durfte meine Sachen nicht verfehlen wie vorher das Zelt. Die Sucherei hatte an meinen Kraftreserven genagt und an den Nerven gezerrt. Nach einer kurzen Strecke wiesen mir jedoch die Leuchtstreifen am Rucksack deutlich die Richtung. Ich warf mir den kleinen Sack über die Schultern und spürte sofort die Belastung, obwohl er nicht mehr als vier, vielleicht maximal fünf Kilo wog. Aber auf einer Höhe von 7600 Metern scheint jedes Gramm fast so schwer wie ein Pfund.

Einsame Stunden: nächtlicher Aufstieg am höchsten Berg der Erde

Bis zu diesem Zeitpunkt hatte ich peinlich genau auf Uhr und Höhenmesser geachtet. Ich wußte immer ganz präzise, was ich geleistet hatte, doch jetzt war mir das alles einerlei. Es brachen die kräftezehrendsten Stunden meines Lebens an, es kam die Zeit zwischen dem Sherpa-Zelt und dem Morgengrauen. Ich mußte hinein in eine unbekannte Umgebung, hinein in eine schier grenzenlose Einsamkeit, von der ich wußte, daß sie Ängste bringen und Zweifel hervorrufen würde. Ich stapfte monoton vor mich hin, und prompt wurde alles in mir düster und dumpf. Mit jedem Schritt, den ich machte, keimte immer heftiger die Frage auf: Was willst du blöder Depp hier eigentlich?

In diesen Stunden wurde mir aber auch wieder einmal klar, wie stark die Sucht geworden war, die mich im Laufe der vielen Bergsteigerjahre befallen hatte. Denn wenn ich da oben noch weiterging, obwohl längst jede Faser im Körper schrie »kehr um«, dann mußte ich süchtig sein. Aber ich wußte, wenn ich jetzt umkehrte, würde ich irgendwann wieder hierher zurückkehren und das Unternehmen von neuem beginnen. Brigitte hatte schon recht, als sie im Basislager der Shisha Pangma sagte, daß ich alles in diesen Berg investiert hatte, daß er mich nicht losließe, daß ich immer wieder zurückkommen würde. Diese Überlegung trieb mich voran. Ich wollte mein Ziel diesmal erreichen. Erst wenn es geschafft wäre, könnte Ruhe einkehren.

Aber auch alle anderen Überlegungen, die sich in meinem Kopf drehten wie ein Karussell, sprachen dafür weiterzugehen. Die Angst, die Spannung, die Anstrengung, dies alles würde bei einem weiteren Versuch wieder genauso dasein. Die Vorzeichen änderten sich nicht, wenn ich jetzt umdrehte. Und eine Umkehr wäre allein meiner psychischen Schwäche zuzuschreiben, denn eine andere Ausrede gab es nicht. Ich fand jedenfalls keinen Grund, der mich hätte entschuldigen können. Also konnte es auch nur mein Wille sein, der mich von einer Umkehr abhalten würde. Ich begann wieder zu zählen. Monoton, dumpf und über weite Strecken fast völlig leer im Kopf: eins, zwei, drei, vier ... achtundzwanzig, neunundzwanzig, dreißig. Anhalten, rasten, verschnaufen. Eins, zwei, drei ...

Immer wenn die Spannung unerträglich zu werden schien, traf ich kurioserweise auf alte Fixseile, die vorangegangene Expeditionen am Everest zurückgelassen hatten. Das gab mir zumindest die Zuversicht, in dieser Dunkelheit noch auf dem richtigen Weg zu sein.

Ich hielt meinen Plan nach wie vor für perfekt. Denn um diese Zeit aufzusteigen bedeutete, daß ich einer Biwaknacht aus dem Weg ging. Die vielen Stunden im Zelt, in denen der Körper keine Ruhe fand, gehörten an den Achttausendern für mich zu den härtesten Prüfungen. Denn in der Nacht kroch schleichend die Angst durch die Zeltwände, nistete sich im Schlafsack ein und packte schließlich mit einem Würgegriff zu. Ängste nährten die Zweifel, und die Zweifel brachten noch mehr Angst. Aber auch die physische Leistungsfähigkeit nahm stets Schaden in solchen Nächten, die kein Ende nehmen wollten. Es war mir immer unmöglich, erholsamen Schlaf zu finden. Ich erinnere mich noch gut, als mich Reinhold Messner in meiner ersten Biwaknacht am Cho Oyu mehr als nur einmal aus dem Halbschlaf weckte. Immer wieder kroch ich damals tief in den Schlafsack und drückte mich mit dem Gesicht zur Zeltwand, weil ich hundemüde war und so erbärmlich fror. Reinhold mahnte mich fast alle halbe Stunde: »Du mußt dich umdrehen, denn in der Ecke bekommst du nicht genügend Sauerstoff und dann Kopfschmerzen.«

Es kostet viel Substanz, eine komplette Biwakausrüstung in große Höhen hinaufzuschaffen. Für die meisten Expeditionen übernehmen das die Sherpa, um die Bergsteiger zu entlasten. Aber das entspricht nicht meinem Stil, denn ich will mir nicht von Sherpa den Weg ebnen lassen. Auch diesmal waren mir die beiden Freunde mehr eine moralische Unterstützung. Saila und Lakpa hatten mir Tee gekocht und mich in ihr Zelt gelassen. Würde das Kritik hervorrufen, dachte ich nun keuchend über meine Stöcke gebeugt, könnte ich damit leben.

In Kathmandu lebt seit vielen Jahren die US-amerikanische Journalistin Elizabeth Hawley. Sie beliefert einschlägige Fachmagazine, aber vor allem auch die großen Nachrichtenagenturen wie *Reuters* mit ihren Informationen aus den Himalaya Bergen. Ihre eindrucksvolle Visitenkarte weist sie als Korrespondentin des *American Alpine Journal*, des *Himalayan Journal*, von *Alp, Climber, Climbing, Klettern*, der *Neuen Zürcher Zeitung*, von *Vertical* und *Yama-kei* aus. Ich kenne sie schon seit meiner ersten Expedition mit Reinhold, an dem sie einen Narren gefressen hat. Die beiden begegneten sich immer mit großem gegenseitigen Respekt und Herzlichkeit.

Mit ihrem uralten VW-Käfer, der von einem Chauffeur gesteuert wird, sucht sie die Expeditionen in deren Hotel auf. Die Informationen über die erteilten Genehmigungen erhält Mrs. Hawley, die auch Geschäftsführerin der Himalaya-Gellschaft ist, vom Ministerium. Sie läßt die Expeditionsmitglieder vor Beginn des Unternehmens umfangreiche Fragebögen ausfüllen. Name, Alter, Beruf, Familienstand und so weiter. Kehrt eine Expedition dann nach Kathmandu zurück, fährt Elizabeth Hawley, stets frisch frisiert und in klassischem englischen Stil gekleidet, wieder mit VW und Chauffeur vor und registriert sämtliche Daten über den Expeditionsverlauf. So hat die resolute Lady im Laufe der vielen Jahre, die sie ihrer Tätigkeit nachgeht, eine gigantische Datenbank aufgebaut und verfügt damit sicherlich über die einzige nahezu lückenlose Himalaya-Statistik der Welt.

Sie erfaßt jede Besteigung und jeden fehlgeschlagenen Versuch, notiert die Route und die Anzahl der Hochlager. Ihr Wissen um die Achttausender ist wahrhaft beeindruckend. Ob die Bergsteiger jedoch mit oder ohne künstlichen Sauerstoff auf die Gipfel steigen, ist Mrs. Hawley, so habe ich zumindest das Gefühl, ziemlich einerlei. Sie registriert zwar, wer angibt, mit Sauerstoff oben gewesen zu sein, und wer ohne, aber es macht für sie keinen wirklich großen Unterschied. Oben oder nicht oben, das ist die entscheidende Frage für die Statistik.

Doch für mich ist das die elementare Frage des Höhenbergsteigens überhaupt. Ich habe keinen meiner Achttausender mit Hilfe von Sauerstoff aus Flaschen bestiegen, denn ich wollte weder den Berg noch mich betrügen. Mit »englischer Luft«, wie ihn die Sherpa nennen, wird ein Achttausender zu einem Siebentausender degradiert. Die Leistung ist nicht die gleiche. Künstlicher Sauerstoff nämlich erleichtert in diesen Höhen alles. Er wirkt wie Doping auf einen Sprinter und hat jenseits von 8000 Metern Höhe Auswirkungen, als würde ein Leichtmotorrad bei der Tour de France in Konkurrenz mitfahren. Seit Reinhold Messner und Peter Habeler am 8. Mai 1978 den Everest erstmals ohne Zuhilfenahme von künstlichem Sauerstoff bestiegen haben, hat sich die Welt des Höhenbergsteigens grundlegend verändert. Jedoch nur für jene, die einen Unterschied zwischen mit und ohne Sauerstoff machen. Für mich ist es eine Sache des sauberen Stils, nicht mehr, aber auch nicht weniger. Und sauber heißt auch, daß es bislang wohl keinen Höhenbergsteiger gab, der seine leeren Flaschen wieder vom Berg heruntergetragen hat. Es wäre mir eine Freude gewesen, wenn ich Mrs. Hawley davon jemals hätte überzeugen können.

In meinem Unternehmen am Mount Everest steckte die Erfahrung von über hundert Expeditionswochen und über zweitausend Klettertouren in den Alpen, mit all ihren Höhen und Tiefen, Erfolgen und Mißerfolgen, Fehlern und richtigen Entscheidungen. Solange es mir gelang, diese Erfahrungen in positive Energie und gebündeltes Wissen umzuwandeln, und solange die Erfahrung nicht zur Blockade und zur Fessel des eigenen Tuns würde, könnte ich meinen Weg Richtung Gipfel weitergehen. Während ich einen Fuß vor den anderen setzte, eintönig und fast roboterhaft, wurde mir an der Größe des Berges sehr wohl auch bewußt, wie klein und zerbrechlich dieser Mensch war, der sich da in den Flanken bewegte. In der Statistik von Elizabeth Hawley war ich in diesen Stunden nur ein ausgefüllter Fragebogen, eine Nummer, die in ein paar Tagen abgelegt werden würde, oben oder nicht oben, tot oder lebendig.

Zwischen 4.30 Uhr und 5 Uhr graute der Morgen. Langsam wich die Nacht dem neuen Tag. Es wurde heller, und wie schwarze Scherenschnitte zeichneten sich die ersten Berge gegen den Himmel ab. Ein großartiges Schauspiel begann, und unwillkürlich blieb ich stehen, als sich der Vorhang der Naturbühne hob. Die umliegenden Gipfel begannen zu leuchten. Zuerst nur die Spitzen, dann die Flanken und Grate.

Ein ganzer Farbkasten schien sich über den Himalaya zu ergießen. Ich suchte in meinem Kopf nach Namen. Pumori, Cho Oyu, Makalu. Ich bemühte mich nicht weiter, dieses Chaos an Kuppen und Wänden, an Gipfeln und Bergen zu entwirren. Dafür hatte ich keinen Platz in meinen Gedanken, und sie zu strapazieren fiel mir zunehmend schwerer.

Nach Stunden des gleichmäßigen Steigens in der Dunkelheit schaute ich nun zum ersten Mal wieder auf den Höhenmesser. Ich stellte fest, daß ich mich bereits auf knapp 8300 Metern befand. Viel höher, als ich in meinen kühnsten Träumen erwartet hätte. Also lagen die meisten der glühenden Gipfel um mich herum, die zu den höchsten der Erde zählen, bereits zu meinen Füßen. Ein so unbeschreibliches Naturschauspiel, verbunden mit einem über alles erhabenen Glücksgefühl, hatte ich noch nie erlebt. Es war, als hätte in einem stockdunklen Raum jemand eine Kerze angezündet, die alles in ein warmes Licht taucht und auf einmal die Größe des Raumes erkennbar werden läßt.

Ich war heraus aus dem schwarzen Loch. Ich konnte wieder weiter sehen als nur sechs, sieben Meter. Und diese hohen Berge allesamt unter mir zu wissen gab mir neue Kraft, Zuversicht und Motivation. Diese Nacht hatte stark an meinen Nerven gezehrt. Doch nun empfand ich es als ein wunderbares Gefühl, aus der beklemmenden Dunkelheit hinaus ins Helle zu gehen. So blieb allein die Frage, wie lange dieses Glück anhalten würde?

Ich befand mich knapp unterhalb der Stelle, an der andere Expeditionen ihr letztes Hochlager vor dem Gipfeltag errichten. Kurz darauf stand ich inmitten einer Geisterstadt. Zerrissene Zelte ragten aus dem Schnee, und rundherum lagen leere Sauerstoffflaschen – in 8300 Metern Höhe zur Endlagerung deponiert. Es mußten weit über zweihundert sein, und sie lagen verstreut, als hätte jemand Zündholzschachteln ausgeleert. Die Bergsteiger hatten sie fallenlassen, wo sie gerade standen, und nun glitzerten die halbvereisten metallenen Mäntel wie ein bizarres Denkmal menschlicher Ignoranz im Licht des neuen Tages. Sie waren Fremdkörper in einer eisigen Welt, von der man annehmen sollte, daß sie sich ihre Unberührtheit auf ewig bewahren kann. Der Anblick deprimierte mich.

Die Flaschen werden von den Sherpa mit Mühe und häufig unter großer Gefahr hinaufgeschleppt, damit Bergsteiger, die ohne künstlichen Sauerstoff nicht in der Lage wären, den Everestgipfel zu erreichen, ihren persönlichen Triumph feiern können. Meist sind die Flaschen-Bergsteiger in diesen Höhen schon so am Ende ihrer Kräfte, daß sie nicht einmal

Morgengrauen: nach einer langen Nacht bereits in eine Höhe von 8300 Meter gelangt

mehr einen Gedanken daran verschwenden, ob sie ihren Müll wieder mit ins Tal nehmen könnten. Und wo schon Hunderte Flaschen liegen, fällt es nicht schwer, noch zwei weitere dazu zu werfen. Sie werden wohl auf ewig dort oben liegenbleiben, daran werden auch aufwendige Reinigungsexpeditionen kaum etwas ändern können.

Auf meine Stöcke gestützt, ließ ich den Blick weiterwandern. In dieser Geisterstadt standen auch zwei sehr gut erhaltene Zelte. Ich ging auf sie zu und erschrak. Eingehüllt in einen Schlafsack, das Gesicht mir zugewandt, lag da ein Mann. Mir war klar, das mußte der österreichische Bergsteiger Reinhard Wlasich sein, der wenige Tage zuvor hier oben trotz medizinischer Hilfe an akuter Höhenkrankheit gestorben war. Ich sah nicht zum ersten Mal einen Toten an einem Achttausender, und dennoch berührte mich auch diesmal der Anblick sehr stark. Die wenigsten Opfer werden geborgen und die meisten auch nicht bestattet. Sie bleiben liegen, wie sie starben, tiefgefroren, bis sich die Naturgewalten ihrer annehmen. Aber das kann Jahre dauern.

Ich bin davon überzeugt, daß Sterben in diesen Höhen ganz leicht sein muß. Der Körper gibt seine Funktion einfach auf. Einige Male schon hatte ich bei Achttausender-Besteigungen unter extremer Belastung das Verlangen, mich hinsetzen zu wollen und nicht mehr aufstehen zu müssen. Es gab dann kein Gefühl der Angst, sondern nur die Suche nach einer abschließenden Ruhe. Oberhalb von 8000 Metern ist alles, jede Bewegung, jede Entscheidung, jeder Gedanke, jedes Wort und jede Gefühlsregung unendlich anstrengend. Dort oben muß man sich alles, was man tun will, zuerst einmal ganz fest vornehmen. Am Anfang einer Handlung steht der bewußte Vorsatz: Du mußt jetzt aufstehen, dann wirst du die Stöcke nehmen, dann steckst du sie in den Schnee, und dann mußt du einen Fuß vor den anderen setzen. Bewegungsabläufe, die unten im Tal automatisiert sind, verlangen soweit oben einen eisernen Willen und große Überwindung. Deshalb glaube ich, daß es ab einem bestimmten Punkt der Erschöpfung viel leichter ist, sich hinzusetzen, einzuschlafen und unmerklich zu sterben, als weiterzuleben.

Ich wandte mich verstört ab und glaubte gleich darauf aus einem der beiden Zelte Stimmen zu hören. Darüber erschrak ich erneut. In Höhen über 8000 Meter funktioniert nicht nur die Maschinerie der Muskeln langsamer, es dauert auch vergleichsweise lange, bis das Gehirn Dinge realisiert und vor allem verarbeitet. Sinnestäuschungen sind keine Seltenheit. Aber diese Stimmen waren wirklich zu hören, daran bestand kein Zweifel. Es dauerte, ehe mir bewußt wurde, daß lange vor mir ja die beiden Mexikaner Yuri Contreras und Hector Ponce de Leon das Basislager in Richtung Gipfel verlassen hatten.

Ich war mittlerweile dreizehn Stunden unterwegs. Die beiden Mexikaner schon drei Tage. Ich rief halblaut und fragend: »Hallo!?« Langsam öffnete sich der Reißverschluß des Zeltes. Einer der beiden Männer streckte den Kopf heraus. Was er sagte, konnte ich fast nicht verstehen. Vor seinem Mund war die Maske des Atemgerätes befestigt, und im Vorzelt lag eine Sauerstoffflasche. Doch daß ich den Mexikaner kaum verstand, lag nicht nur an der Maske. Schon im Basislager hatte er an einer schweren Entzündung der Stimmbänder gelitten, die in der eisigen Höhe noch schlimmer geworden war. Er bekam kaum noch Luft. Ich riet ihm, mit dem Eispickel die Schutzschraube an seiner Maske abzuschlagen und dadurch die Sauerstoffzufuhr zu erhöhen. Er tat es, und damit war sein Problem vorerst einmal gelöst. Sofort konnte er besser atmen.

Es war ein merkwürdiges Gefühl, sich dort oben von den beiden Mexikanern zu verabschieden, als hätten wir gerade in Kathmandu an einer Straßenecke über das Wetter gesprochen. Ich trank ein paar Schlucke aus meiner Flasche und setzte dann langsam meinen Weg fort. Das Gefühl der Einsamkeit ließ vorübergehend nach, denn ich war nicht allein an diesem riesigen Berg. Doch mit dem Schwinden der Einsamkeit stellte sich die Müdigkeit ein, und das eine belastende Gefühl ersetzte das andere. Ich weiß nicht, was in diesen Stunden schlimmer für mich war. Meine Beine schienen auf einmal Zentner zu wiegen. Ich fühlte mich bleiern und kraftlos, meine Schritte wurden schwer, und ich stapfte fast völlig gleichgültig über den harten Schnee. Meinen Gehrhythmus reduzierte ich auf nur noch zehn bis fünfzehn Schritte hintereinander. Dann mußte ich eine Pause einlegen und warten, bis sich der Pulsschlag wieder senkte. Warum, fragte ich mich immer wieder, warum tust du das alles? Natürlich fand ich keine Antwort.

Ich zwang mich, nur noch ganz selten hinauf zum Gipfel zu schauen, denn er wirkte noch so unendlich weit entfernt. Für mich zählten nur die nächsten Meter. Sie waren mein Erfolgserlebnis. Wenn ich stehenblieb, konzentrierte ich mich darauf, daß ich während der folgenden Schritte richtig ausatmen mußte. Nur wenn ich die Lunge völlig leer pumpte, konnte ich genügend neue Luft einatmen. Tat ich das nicht und atmete nur flach aus, begann ich schon nach ganz kurzer Zeit unkontrolliert zu hecheln und hatte das Gefühl, überhaupt keine Luft mehr zu bekommen.

Auf 8600 Metern Höhe, knapp 250 Meter unterhalb des Gipfels, fühlte ich mich mit einem Mal völlig ausgebrannt. Mein Körper reagierte seltsam. Die Beine fühlten sich an wie aus Holz. Mehrmals war ich bereits mit dem Knie gegen Felsen gestoßen, aber ich spürte nichts. Es regte sich kein Schmerz. Von den Oberschenkeln abwärts fühlten sich meine Beine und Füße wie taub an. Ich versuchte mich zu erinnern, ob ich so etwas schon einmal gehabt hatte. Es fiel mir jedoch kein vergleichbarer Zustand ein, und es wurde immer schlimmer. Der Horizont begann vor meinen Augen zu flimmern, und mir war leicht schwindelig. Ich konnte diese Signale weder einordnen noch werten. Ich fühlte nur das eine – ich war fix und fertig.

Ich setzte mich hin, besser gesagt, ich ließ mich einfach fallen und begann zu überlegen, was mit mir geschah. Langsam, sehr langsam wurde mir klar, daß ich blindlings in eine Krise gerannt war. Ich hatte mich offenbar zu wenig mit meinem Körper beschäftigt und die Signale ignoriert, die erste Alarmzeichen meines Zustands waren. Nun wurde mir auch der Grund für meine Erschöpfung klar. Im Gefühl des nahenden Erfolges hatte ich mein Anstiegstempo nicht verringert und mich statt dessen völlig verausgabt. Je länger ich dasaß, um so bewußter wurde mir, daß ich den Endpunkt meines Aufstiegs hier an dieser Stelle erreicht hatte. Mir fehlte die Kraft, mich über meine Fehler wirklich zu ärgern. Ich war einfach nur enttäuscht und zu schwach, zu müde und auch zu willenlos, um weitergehen zu können. Gleichgültig dachte ich darüber nach, daß wieder alles umsonst war, daß ich den Gipfel auch im dritten Anlauf nicht erreichen würde.

Ich wandte den Blick nach unten und dann kurz nach oben. Aber den Gipfelbereich wollte ich gar nicht anschauen. Ich schaute nach links und nach rechts; vor mir lag kombiniertes Fels-Schnee-Gelände, technisch eher einfach, aber mühsam zu begehen. Ich befand mich kurz unterhalb des »First step«, das ist die erste Steilstufe des Gipfelaufbaus. Ich rutschte ein Stück weiter, hockte mich auf einen Felsen und wühlte das Funkgerät aus dem Rucksack. Der Kontakt war sofort hergestellt. Das Kamerateam und auch die beiden Sherpa warteten voller Spannung, denn sie hatten seit Stunden nichts von mir gehört. Ich erklärte, wie es mir ging, daß meine Kräfte aufgebraucht waren, daß ich in der Nacht doch zu schnell hinaufgestiegen war, daß mir noch etwa 250 Höhenmeter bis zum Gipfel fehlten, daß mir diese 250 Höhenmeter hier oben jedoch so endlos weit und in meinem momentanen Zustand nicht mehr möglich erschienen. Die Erfahrung signalisierte mir, daß 250 Höhenmeter hier so kräfteraubend waren wie 2500 in den Alpen. Ich sagte: »Es geht nicht mehr, ich kann nicht mehr. Ich werde versuchen, mich etwas zu erholen, und dann langsam den Rückzug antreten.«

Es dauerte eine Zeitlang, bis Reaktionen von unten kamen. Die Freunde in ihren Zelten waren genauso enttäuscht wie ich. Wir hatten alle viel Energie in dieses Unternehmen gesteckt. Nun mahnte mich das Team zur Vorsicht. Ich solle bei dem gefährlichen Abstieg aufpassen, denn Müdigkeit sei in den Bergen der schlechteste Partner.

Dann kam Heini Gruber an das Funkgerät.

Er sagte: »Hans, gib acht auf dich. Riskiere nichts. Du bist erfahren und alt genug, um jetzt für dich die richtige Entscheidung zu treffen.«

Der Lautsprecher des Funkgerätes rauschte.

Ich erzählte Heini, wie es gewesen war in der Nacht und am Morgen, als ich den toten Österreicher gefunden und gleich danach die Mexikaner getroffen hatte.

Augenblicke oben: die ganze Pracht des Himalaya

Heini unterbrach mich nicht, doch als ich den Funk freigab, sagte er: »Hans, deine Stimme wirkt aber noch überraschend frisch, du klingst eigentlich nicht müde.«

Dann rauschte es wieder.

Dieser letzte Satz wirkte nach, er fuhr wie ein Stromstoß in mein Gehirn. Auf einmal flogen die Gedanken. Ich schaute hinauf in Richtung Gipfel. So weit war er gar nicht mehr entfernt. In meinen Adern pochte das Blut. Kraft, Selbstvertrauen, Mut, Entschlossenheit, alles kehrte im Nu wieder zurück. Ein paar wenige Worte eines Freundes machten binnen Minuten wieder einen anderen Menschen aus mir. Diesen Worten verdankte ich den Umschwung, erkannte aber auch erneut, welch ein großer Unterschied es ist, ob man allein oder an der Seite eines gleichstarken Partners unterwegs ist. Daß ich das Funkgerät mitgenommen hatte, erwies sich nun als ein Schlüssel zum Erfolg. Ich blickte nach unten. Die beiden Mexikaner hatten zwar kurz nach mir ihr Biwak verlassen und doch, trotz Sauerstoffunterstützung, den Anschluß deutlich verloren.

Ich überlegte. Der ganze Tag lag noch vor mir. Es war nicht einmal früher Vormittag. Ich konnte das Aufstiegstempo um ein Vielfaches ver-

*Tod am Berg:
Im Frühjahr 1996
starben am Everest
zwölf Bergsteiger.*

langsamen, ohne ernsthaft an die Zeitreserven gehen zu müssen. Über mir strahlte ein herrlich blauer Himmel, es war fast windstill. Ich hatte an diesem sonst sturmumtosten Berg wirklich Idealverhältnisse erwischt. Es drohten keinerlei Gefahren. Warum also sollte ich umkehren? Ich blieb fünf Minuten, zehn Minuten, eine Viertelstunde lang sitzen und ruhte mich aus. Ich begann mich wieder besser zu fühlen, der Schwindel war bereits weg, und in meine Beine zog wieder Leben ein. Schließlich richtete ich mich auf, drehte mich in Richtung Gipfel, ging einige Schritte weiter – und stand schon wieder vor einem Toten.

Die Leiche war vom Bauch abwärts mit Schnee zugeweht, der Oberkörper halb aufrecht an den Fels gelehnt. Es wunderte mich, daß ich den Toten nicht schon vorher gesehen hatte. Über dem Gesicht des Mannes war noch die Atemmaske gespannt, neben ihm lag eine leere Sauerstoffflasche. Die steif gefrorenen Arme waren nach vorn gestreckt, als wolle er nach etwas greifen. An den Händen trug er blaue Handschuhe mit der Aufschrift »Sherpa«. Doch dies war kein Sherpa, sondern ein Teilnehmer der indischen Grenzschutzexpedition. Dies war einer der drei Toten, die bei dem völlig sinnlosen Nationenwettlauf mit den Japanern ums Leben gekommen waren.

An toten Bergsteigern kann man in diesen Höhen nur vorübergehen, so hart das klingen mag. Es ist unmöglich, den Körper zurück in die Zivilisation zu bringen. Hubschrauber können dort oben nicht mehr fliegen, und damit wird eine Bergung unmöglich. Ich sah den Inder an, und in mir stieg ein Gefühl von Traurigkeit über die tragischen Umstände und noch mehr Wut auf den indischen Expeditionsleiter hoch, der aus purem Nationalstolz diese jungen Bergsteiger in einen sinnlosen Wettlauf mit den Japanern gehetzt hatte. Die erneute Begegnung mit dem Tod riß mich aus meinen Gedanken. In der folgenden halben Stunde traf ich auf die beiden anderen Inder. Auch sie lagen, obwohl sie seit zwei Wochen tot waren, da, als würden sie schlafen. Nun begann mich die ständige Konfrontation mit dem Tod doch auf eine schwere Probe zu stellen. Ich versuchte mich zu beruhigen, doch das gelang mir nicht. Ich wurde von Angstgefühlen überfallen, gegen die ich mich kaum wehren konnte.

Der dritte Inder lag unmittelbar oberhalb des »Second step«, der zweiten steilen, fast senkrechten Felsstufe. Eine morsche Strickleiter mit Aluminiumsprossen, vor Jahren von Chinesen angebracht, war aus der Wand herausgerissen und lag am Fuß der Stufe. Japaner hatten sie in diesem Frühjahr durch ein Fixseil ersetzt, und dennoch hatte der Inder die knapp vierzig Meter nicht mehr hinunter geschafft. Es hatte mich unglaublich angestrengt, in dieser Höhe die Stufe hinaufzuklettern. Als ich endlich oben auf dem Absatz angekommen war, setzte ich mich neben den toten Inder und wartete darauf, daß mir jeden Moment das Herz zum Halse herausspringen würde. Es kam mir fast schon grotesk vor, neben einem Toten zu sitzen und selbst nicht mehr zu wissen, wie ich noch atmen sollte. Ich rastete ausgiebig. Vor mir lag immer noch der Gipfelaufschwung. Steil, sicher in gut fünfzig Grad ansteigend, baute sich eine weiße Wand aus hartem Firn vor mir auf. Ich fragte mich, wie ich ohne einen Eispickel da hinaufkommen sollte. Jetzt erwies sich meine spartanische Ausrüstung zum ersten Mal als echtes Problem.

Meine Gefühle begannen verrückt zu spielen. Über mir die unüberwindlich erscheinende Wand und neben mir der dritte tote Inder. Er lag da, die Atemmaske vom Gesicht gerissen, ohne Anorak, der Oberkörper nur noch mit einem karierten Wollhemd bekleidet, dessen Knopfleiste zur Hälfte geöffnet war. Offenbar hatte der Inder kurz vor dem Erfrierungstod begonnen, sich zu entkleiden. Es wurde schon häufiger von diesem Phänomen berichtet, daß völlig erschöpfte Höhenbergsteiger kurz vor dem tödlichen Zusammenbruch des Kreislaufs plötzlich ein Gefühl starker Wärme spüren, das sie dazu veranlaßt, sich auszuziehen.

Ich schaute lange auf den Mann. Neben ihm lag ein Eisbeil, dessen Hammerkopf abgebrochen war. Am Klettergurt waren viele Eis- und Felshaken befestigt. Über mir richtete sich unverändert steil die Gipfelwand auf. Damit hatte ich nicht gerechnet. Ich nahm den Pickel des Inders und empfand dabei keine Skrupel. Er konnte damit nichts mehr anfangen, mir hingegen würde das Gerät helfen. Die Spitze war noch in Ordnung. So überwand ich die nächsten hundert Höhenmeter mit unendlich vielen Unterbrechungen, in denen ich gegen den Schlaf ankämpfen mußte, der mich zu übermannen drohte. Immer wieder mußte ich anhalten und rasten. Wie beim übernächtigten Autofahren fielen mir dann für Sekunden die Augen zu, bevor ich wieder hochschreckte.

Ich gelangte, nicht immer auf den Beinen, sondern bisweilen nur noch auf allen vieren, weiter hinauf. Ich kam jetzt kaum mehr als fünf Schritte hintereinander voran, ich wußte nicht, wie spät es war, und nicht, wie weit oben ich mich eigentlich befand. Es war mir nicht einmal mehr in Erinnerung, wann ich zum letzten Mal auf die Uhr oder auf den Höhenmesser geschaut hatte. Die reduzierten Körperfunktionen schienen nur noch unterbewußt zu arbeiten. Mir war längst fast alles einerlei.

Nach der Firnwand erreichte ich einen flachen Grat, der nach etwa fünfzig Metern in eine Wächte mündete. Dort, nicht weit von mir weg, bewegte sich etwas. Aber ich konnte nicht erkennen, was es war, und machte mir auch nicht die Mühe, das Rätsel zu entschlüsseln. Nun, da es flacher geworden war, fiel es mir plötzlich leichter, mein Schneckentempo zu erhöhen und mehr Schritte mit weniger Pausen zu machen. Es kam ein leichter, frischer Wind auf.

Ich schaute über den Grat. Und da erst wurde mir klar: Ich war am Ziel, ich hatte den Gipfel des Mount Everest erreicht. Ich war angekommen, ich stand auf dem höchsten Punkt der Erde ...

Kapitel XX
Zurück nach Morgen –
Skiabfahrt vom Everest

Nun konnte ich auch erkennen, was sich da bewegte. Drei nepalesische Sherpa hatten tags zuvor von Süden her gemeinsam mit dem IMAX-Filmteam den Gipfel bestiegen und tibetische Gebetsfahnen zurückgelassen, die nun im leichten Wind wehten. Sie waren an einem etwas über einen Meter hohen Dreifuß aus Aluminium befestigt, den der Südtiroler Bergführer Oswald Santin 1992 zusammen mit einigen anderen Bergsteigern im Rahmen einer Vermessungsexpedition als Vermessungspunkt auf den Gipfel getragen hatte.

In der gesamten einschlägigen Literatur wird die Höhe des Mount Everest mit 8848 Metern angegeben. Eine Geschichte besagt, daß an einem sonnigen Tag im Frühjahr 1852 ein kleiner Angestellter in das Büro des Direktors von »Survey of India«, der indischen Landvermessungsbehörde, stürmte und aufgeregt rief: »Sir, ich habe gerade den höchsten Berg der Welt entdeckt.« Gut möglich, daß es sich vielleicht nicht ganz so dramatisch zugetragen hat. Aber ganz gleich wie, der neue Punkt wurde damals von sechs verschiedenen Stellen aus anvisiert, die allerdings mehr als hundert Kilometer entfernt lagen. Und die Berechnungen ergaben, daß er mit 8848 Metern über Normalnull der höchste bislang bekannte Punkt der Erde war. Sein Name allerdings war selbst den weitgereisten Engländern unbekannt. Hermann von Schlagintweit, der Nepal damals oft besucht hatte, vermutete, es könnte sich um den »Gaurisankar« handeln. Doch der erwies sich als nur 7145 Meter hoch, und überdies lag er auch noch sechzig Kilometer vom neuen Rekordhalter entfernt. Zu Ehren des langjährigen Leiters des indischen Vermessungsdienstes, Sir George Everest, erhielt der »Gipfel XV«, wie er in den Vermessungsunterlagen vermerkt wurde, schließlich den Namen Mount Everest. Die Tibeter nannten und nennen ihn weiterhin voller Ehrfurcht Chomolungma, »Göttin Mutter der Erde«, die Nepali und die Inder blieben respektvoll bei Sagarmatha, was soviel heißt wie »Himmelsgipfel« oder »Gipfel in den Wogen des Meeres«.

1992 wurde der Gipfel des Everest noch einmal neu vermessen, und die Angabe von 8848 Meter um zwei Meter nach unten korrigiert. Doch all dies war mir am 24. Mai 1996 einerlei. Mir ging es in diesen Minuten nicht um Meter. Ich dachte nur: Dies ist der Gipfel. Noch ein paar wenige Schritte, und ich würde das Dreibein erreichen. Ich schaute auf meine Uhr. Es war 9.40 Uhr. Noch war ich nicht fähig, richtige Gefühle zu entwickeln, ich fühlte zunächst nur Erleichterung. Vor mir breitete sich das Panorama der Himalaya-Berge aus, ich schaute einfach nur und erreichte staunend den höchsten Punkt.

Ganz langsam drehte ich mich im Kreis. Einmal um die eigene Achse. Wie war ich hierher gekommen, und wo wollte ich eigentlich hin? Meine Lunge saugte gierig nach gesättigtem Sauerstoff, der jedoch nicht mehr vorhanden war. Nicht in dieser Höhe, nicht auf 8846 Meter. Mein Herz pumpte mit ausgeprägtem Überlebenswillen Blut in meine Adern. Dieses Herz hinter meinen Rippen verrichtete Schwerstarbeit. Der Saft des Lebens war zäh geworden. Wie Kautschuk schien er durch meinen Körper zu fließen. Nie zuvor habe ich das Leben in mir so intensiv gespürt. Nein, es ließ mich nicht im Stich. Auch hier nicht. Selbst nicht an einem Ort, den Mediziner die Zone des Todes nennen.

Wie aber war ich hierhergekommen? Und – mein Hirn wiederholte dumpf die Frage – wo eigentlich wollte ich hin? Ich schaute hinunter. Dann hinauf. Über mir war nichts mehr. Es ging keinen Schritt weiter. Wenigstens keinen mehr, der mich höher gebracht hätte. Ich stand am höchsten Punkt der Erde. Langsam, schleichend fast, keimte in mir so etwas wie Freude auf. Weniger Freude darüber, daß ich hier oben stand, sondern vielmehr ein innerer Jauchzer über den Weg, der mich hierher geführt hatte. Der Gipfel des Mount Everest – und das ist kein Widerspruch in sich – hat etwas Trostlos-Tröstendes.

Ich stand da und ließ es geschehen, daß sich langsam in mir ein vorsichtiges Gefühl des Glücks breitmachte. Das Wetter konnte nicht besser sein. Ich drehte mich noch einmal im Kreis. Im Norden lag tief unter mir die braune Hochebene von Tibet, und vor mir lag noch der ganze Tag. Ich hatte meinen kleinen, federleichten Rucksack aus Gleitschirmtuch bis zum Gipfel mitgenommen. Die Flasche mit dem kläglichen Rest an leicht gesüßtem Tee hatte ich unterhalb des Gipfels zurückgelassen. Meine Ski hingen, mit einem ultraleichten Karabiner befestigt, am Klettergurt. Ich holte die Kamera heraus und machte ein paar Fotos. Dann betätigte ich den Selbstauslöser, setzte mich am Gipfel zu dem Aluminium-Dreifuß und hielt die Ski hoch über den Kopf. So entstand ein Bild, das später um die halbe Welt gehen sollte.

Ich fühlte mich unendlich müde. Doch diese großartigen Augenblicke brachten mir ein wenig neue Energie. Ich schaute die Gebetsfahnen an und entdeckte an einer der Alustangen des Vermessungsdreiecks eine Fotografie des Dalai Lama. Die Verbreitung und der Besitz von Bildern des Dalai Lama sind in seiner tibetischen Heimat seit der Kuturrevolution streng verboten. Nun hing ein Foto des Mannes, den ich so sehr bewunderte, hier oben auf dem Dach der Welt, auf dem Gipfel eines nepalesisch-tibetischen Grenzberges. Dort, wo die Tibeter ihre Götter wähnen und wo kein chinesischer Beamter je hinkäme, um dieses Bild zu beschlagnahmen. Das erfüllte mich mit einer besonders tiefen Zufriedenheit. Ich blickte auf die gütigen Augen dieses besonnenen, friedliebenden Mannes und war auf einmal froh, ganz allein am Gipfel zu sitzen. Ich mußte mit niemandem reden, keiner fragte mich, wie es mir geht, es wurde nicht gratuliert, und es war einfach nur still um mich herum.

Ich erholte mich ein bißchen von den Anstrengungen, so weit das in der kurzen Zeit und in dieser Höhe überhaupt möglich war. Mein Atem rasselte, und mein Herz schlug immer noch bis zum Hals. Etwas schneller beruhigte sich mein aufgewühltes Gefühlsleben, und ich begann nachzudenken. Innerhalb von ein paar Minuten flogen eher unterbewußt und nur bruchstückhaft wichtige Stationen meines Lebens an mir vorbei. Reinhold und der Cho Oyu – mein erster Achttausender, der mir nun direkt gegenüber stand und an dem meine Abenteuer an den hohen Bergen begonnen hatten. Die Dolomiten. Friedl Mutschlechner. Das Matterhorn. Werner Beikircher und ich in einer Eiswand. Hans-Peter Eisendle. Brigitte. Ahornach.

Ich erinnerte mich gern, aber die Gedanken schienen wie in dicke Watte verpackt. Schließlich nahm ich das Funkgerät, stellte den Kontakt nach unten her und übermittelte die Nachricht, daß ich am Gipfel saß. In den Worten der Freunde, die nach wie vor in den beiden Lagern weiter unten warteten, spürte ich deren Erleichterung. Auch für sie ging ein Teil der enormen Anspannung zu Ende. Wir waren in den vergangenen Wochen zu einem großartigen Team zusammengeschweißt worden. Mein Erfolg am Everest war auch ein Stück weit ihr Erfolg. Wir sprachen über den Aufstieg, und ich sagte ihnen, daß ich nun bald den Rückweg antreten wollte.

Auf einmal kratzte es im Lautsprecher. Norbert Joos schaltete sich vom Basislager aus in den Funkverkehr ein. Er sagte: »Hans, ich freue mich für dich und gratuliere dir von ganzem Herzen zu diesem Erfolg.« Und seine Stimme klang ehrlich und frei von Neid. Wie gern hätte ich jetzt doch einen wie ihn an meiner Seite gehabt.

Nach gut einer halben Stunde auf dem Gipfel mußte ich mich entscheiden. Sollte ich diesen Traumerfolg auf dem sichersten Weg, also zu Fuß, hinunter ins Tal bringen? Immerhin hatte ich fünf Stunden weniger bis zum Gipfel gebraucht als je ein Mensch zuvor.

Oder sollte ich dem Ganzen noch den letzten Tupfer aufsetzen und vom Gipfel aus mit Ski diesen gewaltigen Berg hinunterfahren? Das hätte meinem Plan entsprochen, und mit diesem Gedanken war ich schließlich vor über zweieinhalb Monaten in Südtirol gestartet. Die Ski

Angekommen: 9.40 Uhr auf dem Gipfel des Everest. Das Bild entstand mit Selbstauslöser (großes Bild auf den Seiten 312/313).

Unvergleichlich: Blick vom höchsten Punkt der Erde

Nur ein paar Minuten: Hans Kammerlander

waren für mich fast das geworden, was für andere ein Talisman in der Hosentasche ist. Stundenlang hatte ich sie hinter mir her bis auf den Gipfel gezogen. Ohne die Bretter, glaubte ich, würde ich mir irgendwie ärmer vorgekommen. Sie vermittelten mir jedoch vor allem das Gefühl von Schnelligkeit. Nach dem blitzschnellen Aufstieg könnte ich, mit den Ski unter den Füßen, auch rasch wieder unten sein. Ich wußte nicht, wieviel Zeit ich so sparen könnte, aber in jedem Fall würde ich nicht so lange unterwegs sein wie ohne.

Mein Blick schweifte hinunter. Was von unten betrachtet so felsig und für eine Ski-Abfahrt eigentlich ungeeignet ausgesehen hatte, zeigte von oben ein ganz anderes Gesicht. Ich sah nun schneebedeckte Bänder und Flanken, die vom Basislager nicht auszumachen gewesen waren. Ich suchte eine Linie nach unten, versuchte Teilstücke miteinander zu verbinden, und begann im Geist eine durchgehende Perlenschnur zu knüpfen.

Überwindung: Es kostet Mut, den ersten Sprung in die Tiefe zu wagen.

Dann öffnete ich den kleinen Karabiner an meinem Gurt, nahm die Ski ab, legte sie vorsichtig auf den Boden, stieg in die Bindung und wollte sie schließen. Der Schreck fuhr mir in die Glieder, denn ich mußte feststellen, daß die Bretter vor der Auslieferung frisch gewachst worden waren. Wunderbares Rennwachs offenbar. Doch was ich jetzt am wenigsten brauchen konnte, war ein schneller und rasanter Ski. Nachdem ich ohne allzugroßen Erfolg auf dem Belag herumgekratzt hatte, schloß ich die Bindung und schaute wieder mit bangem Blick hinunter in die 2500 Meter hohe Nordwand, aus der mir inzwischen ein bitterkalter Wind entgegenpfiff. Ich stellte die Ski quer zur Talrichtung und begann ganz vorsichtig hinauszurutschen in den gähnenden Abgrund. Ich versuchte den Knoten in meinem Kopf zu lösen. Es gab ein paar Dinge, deren ich mir durchaus bewußt war, Dinge, die über mein Leben entscheiden würden. Ich wußte um meine Müdigkeit und die dadurch stark verlangsamte Reaktionsfähigkeit. Ich wußte, daß ich mir keinen Fahrfehler und schon überhaupt keinen Sturz leisten konnte. Der erste Ausrutscher würde auch der letzte sein. Und ich wußte aber auch, daß ich in diesem Gelände fahren konnte, daß mir die Steilheit vertraut war, daß ich das immer und immer wieder trainiert hatte.

Doch die Ski in Bewegung zu setzen erforderte eine größere Überwindung, als ich geglaubt hatte. Einerseits fühlte ich mich stark, weil bis zum Gipfel alles relativ problemlos verlaufen war, andererseits blockierte etwas in mir, weil ich mir an diesem großen Berg so klein und allein vorkam. Ich rutschte ein Stück hinunter, stellte die Kanten auf, blieb stehen und beugte mich über die Stöcke. Ein Glück für mich, daß auf den ersten Metern niemand meine tapsigen, ungelenken und angsterfüllten Versuche beobachten konnte. Doch schon ein Stück unter dem Gipfel war ich erleichtert. Ich war die ersten Meter abgefahren. Ich fühlte mich ein wenig sicherer und wußte, es würde weitergehen – irgendwie würde es schon weitergehen.

Was ich da machte, war natürlich kein Skifahren im eigentlichen Sinn. Das war vielmehr ein extremes Abrutschen, ein Kratzen mit den messerscharfen Stahlkanten in einem sehr steilen Gelände und ein gefährliches Umspringen. Schulter und Hüfte gerieten immer wieder bedrohlich nahe an den Firnhang. Der vom Sturm zusammengepreßte, steinharte, aber nicht vereiste Schnee forderte meine ganze Konzentration. Ich mußte im richtigen Moment anhalten und völlig zum Stehen kommen, ehe ich mich neu darauf konzentrierte, vorsichtig, aber dennoch mit ausreichend Kraft aus den Knien heraus umzuspringen und sofort wieder auf der Kante das drohende Tempo abzubremsen. Steilwandabfahrten, ganz gleich, ob in den Alpen oder im Himalaya, sind gefahrvoll und risikoreich, auch wenn man die Technik des Umspringens noch so oft trainiert hat. Am Everest war ich überhaupt nicht in der Lage, am Anfang mehr als einen Sprung zu machen, so sehr strengte mich das alles an.

150 Höhenmeter unterhalb des Gipfels traf ich auf Yuri und Hector, die beiden Mexikaner. Schwer unter ihren Sauerstoffmasken atmend, gratulierten sie mir kurz und reckten in ihren dicken Handschuhen anerkennend die Daumen. Dann stapften sie weiter. Sie schienen sehr müde zu sein. Aber auch sie würden noch an diesem Tag den Gipfel erreichen. Einen Moment lang schaute ich ihnen noch nach, dann setzte ich meine wenig elegante Rutschpartie in Richtung Great Couloir fort. Meinen ursprünglichen Plan, diese Rinne hinunter bis an den Wandfuß abzufahren, hatte ich schon im Basislager verworfen, denn dort lag tatsächlich viel zu wenig Schnee. Ich mußte eine andere Möglichkeit finden. Vorerst jedoch versperrten mir riesige schwarze und vereiste Platten den Weiterweg. Ich mußte fast vierhundert Meter weit auf schmalen Schnee-

bändern in vierzig Grad steilem Gelände zu Steilstufen nach rechts hinüberqueren.

In dieser Flanke kam ich zwar weiter bis zu einer felsigen Stufe, aber dort war meine Fahrt beendet. Vor mir hing ein ausgebleichtes Fixseil, dessen Alter ich jedoch nicht genau einschätzen konnte. Es spannte sich als Geländerseil über eine sehr steile Felsplatte und war die geschickte Lösung einer früheren Expedition, die sich so die Querung ermöglicht hatte. Meine Lage als Alleingänger erlaubte mir keine Experimente, mir mußte fast jedes Mittel recht sein, denn es ging längst nicht mehr um einen Schönheitspreis. Ich schnallte die Ski ab, hängte sie mit dem Karabiner an den Klettergurt, packte das Plastikseil und begann die vereiste Platte zu queren. Ich kam nicht einmal vier Meter weit, dann rutschte ich mit dem rechten Fuß ab. Während ich seitlich wegkippte, belastete mein Gewicht ruckartig das Seil. Bruchteile von Sekunden lähmte mich die Angst, in den gähnenden Abgrund unter mir zu stürzen. Gleichzeitig brach am anderen Ende des Quergangs der als Verankerung für das Fixseil dienende Felshaken, ich verlor endgültig den Halt, fiel und pendelte zurück in die Richtung, aus der ich gekommen war.

Mit dem glatten Daunenhandschuh war ich nicht in der Lage, mich am Seil festzuhalten, und rutschte daran in die Tiefe. Ich weiß nicht mehr, ob das schnell oder langsam ging, jedenfalls umschlang ich in einem Anflug von Geistesgegenwart mit einem Bein das Seil, wie wir es als Kinder getan hatten, wenn wir uns an einem Strick von einem Heuboden hinunterließen. Trotz der aufsteigenden Panik gelang es mir, das Seil so zu verklemmen, daß ich aufhörte zu rutschen. Mit den Zähnen befreite ich mich von einem Handschuh, klemmte ihn mit der Hand unter den Arm, packte das Fixseil fest an und hangelte mich hinauf bis zu dem Punkt, von dem ich hergekommen war. Oben angelangt, wurde mir schwarz vor Augen. Ich mußte mich setzen. Wieder hatte ich einen Teil meiner Kraft verloren.

Der Blick hinüber zum Ende des Quergangs verhieß nichts Gutes. Ich war genauso weit wie noch vor ein paar Minuten, nur mit dem erheblichen Unterschied, daß sich jetzt kein Seil mehr über die eisige Platte spannte. Resigniert hockte ich da und redete mit mir selbst: »Du schaffst diese Querung nie.«

Ich blickte hinunter in die Tiefe und murmelte: »Da gibt es auch keine Chance.«

Dann wendete ich den Kopf nach oben: »Da kommst du nie wieder rauf, dazu bist du zu viel zu müde.«

Ich saß in der Falle. Und doch verspürte ich keine wirkliche Angst. Mein Gehirn weigerte sich strikt, weiterhin Achterbahn zu fahren. Ich dachte an überhaupt nichts mehr und stierte dumpf vor mich hin. Als ich den Kopf ein wenig zur Seite wandte, fiel mein Blick – wohl mehr durch Zufall – auf die Steigeisen, die ich seitlich am Klettergurt trug. In den Alpen oder an einem kleineren Berg wäre das mein erster Gedanke überhaupt gewesen, Steigeisen anlegen und die vereiste Platte ganz vorsichtig queren. Doch was in geringen Höhen reine Routine war, dauerte am Everest minutenlang, und die Lösung entsprang auch keiner logischen Überlegung mehr, sondern vielmehr dem Zufall. Nun teilte ich strenge Befehle aus. Steigeisen nehmen. Vorsichtig sein, daß sie nicht hinunterfallen. Steigeisen anlegen. Erst links. Dann rechts. Den Riemen am Kipphebel festziehen. Aufstehen. Aufstehen, nicht sitzenbleiben! Zum Fels drehen. Langsam hinüberqueren. Es funktionierte fast nichts mehr von selbst, ich mußte mir die Handlungen vorsagen. Als ich endlich drüben ankam, war ich erleichtert.

Ich starrte auf meine Hand, und wieder dauerte es, bis ich begriff. Bei dieser nervenaufreibenden Aktion hatte ich einen Handschuh verloren und es nicht einmal bemerkt. Doch ohne diesen Handschuh hatte ich keine Chance, unversehrt ins Tal zu kommen. Ganz schnell würde meine Hand erfrieren, zuerst die Fingerspitzen, und dann fräße sich die Kälte immer weiter hinauf. Am Ende könnte ich die ganze Hand verlieren. Es blies inzwischen ein eiskalter Wind, und die Temperaturen betrugen wenigstens 25 Grad unter Null.

Mein Kopf begann wieder zu arbeiten. Etwa hundert Meter tiefer lag der tote Inder, den ich an der zweiten Felsstufe gefunden hatte. Und er trug ein Paar blaue Handschuhe. Ich versteckte meine kalte Hand im Ärmel, stieg vorsichtig über Felsgelände hinunter und fuhr ein paar schmale Schneebänder mit Ski ab. Als ich bei dem toten Inder ankam, lag er unverändert auf der Stufe, und ich hatte nur den einen Gedanken: Seine Handschuhe sind meine Rettung. Ich nahm den linken und streifte ihn über meine eiskalten Finger.

Dann öffnete ich seinen Rucksack und suchte nach Dokumenten. Ich wollte sie nach meiner Rückkehr irgend jemandem, vielleicht den Behörden, übergeben. In dem Rucksack fand ich nichts dergleichen, nur viele für meine Begriffe überflüssige Dinge. Jede Menge Proviant, ein

Gefährliches Spiel: Steilabfahrt vom Dach der Welt

Abgefahren: Zwei Millimeter Stahlkante bieten den einzigen Halt.

langes Seil, eine zweite Stirnlampe, eine Reserve-Sauerstoffmaske und ein schweres Funkgerät. Lauter Ballast, der Sicherheit vorgaukelte, aber keine war. Ich versuchte Kontakt mit dem Basislager und der Expedition des Inders zu bekommen. Doch der Akku des Funkgerätes war leer. Ich steckte es in meinen Rucksack und setzte die Abfahrt fort. Mit häufigen Unterbrechungen gelangte ich über Felsstufen, Schneebänder und Rinnen gehend und abfahrend bis unter 8000 Meter. Nun endlich stieß ich auf eine geschlossene Schneedecke bis ins Tal. Das ersparte mir das lästige An- und Abschnallen der Ski. Ich kam am Zelt der Sherpa vorbei, wo mir Saila und Lakpa wieder reichlich Tee gekocht hatten. Ich zog ein Paar Reservehandschuhe an und ließ den Handschuh des Toten zurück.

Ich gelangte schließlich zu meinen Freunden vom Kamerateam, die mich von weit oben bis hierher zum Nordcol mit ihrem großen Objektiv verfolgt hatten. Dort waren auch ein Paar festere Tourenstiefel und längere Ski deponiert. Dieses Material sollte mir die weitere Abfahrt erleichtern, denn das erste Paar Ski hatte ich im felsigen Gipfelgelände längst arg ramponiert. Nun bauten wir das Zelt ab und fuhren mit ein paar kurzen Unterbrechungen für Filmarbeiten bis hinunter ins Basislager zu unseren Zelten. Dort kam uns der Koch entgegengeeilt, in der Hand eine große Thermoskanne mit frischem Tee. Ich öffnete die Bin-

dung der Ski und hockte mich auf einen Felsbrocken. Meine Konzentrationsfähigkeit war restlos aufgebraucht. Ich war wieder dort angekommen, wo ich losgegangen war, und mich befiel eine unendliche Müdigkeit. Mein Körper war völlig ausgelaugt, und im Spiegel wollte ich mich lieber nicht anschauen. Ich blickte auf die Uhr. Es war 16.30 Uhr.

Genau dreiundzwanzigeinhalb Stunden waren vergangen, seit ich diesen Platz, mein Zelt im Basislager, verlassen hatte. Heini rechnete mir vor: In 16 Stunden und vierzig Minuten war ich auf den Gipfel hinaufgestiegen, fünf Stunden schneller als jemals ein anderer zuvor. In sechs Stunden und fünfzig Minuten war ich danach überwiegend auf Ski vom Mount Everest abgefahren. Hatte ich Grund, stolz zu sein auf eine eigentlich sinnlose Leistung, die niemandem nutzte außer mir selbst? Egal. Viel wichtiger war mir, daß ich den Berg bestiegen hatte, der mir seit meiner Kindheit im Kopf herumgegeistert war, den Berg, den ich mir sehnlicher als alle anderen gewünscht hatte.

Es war der 24. Mai. Ich schlüpfte in mein Zelt und fiel augenblicklich in einen tiefen, bleiernen Schlaf. Doch er war nur von kurzer Dauer, und schon nach einer halben Stunde begann ich immer wieder aus wüsten Träumen hochzuschrecken. Ich sah mich ziellos auf schmalen Bändern absteigen und in steilen Flanken umherirren, ich sah Tote und suchte nach Wegen ins Tal. Und in meinem Kopf hämmerte immer nur der eine Gedanke: Du darfst nicht einschlafen, du darfst nicht einschlafen. Doch erleichtert stellte ich jedes Mal fest, daß ich jetzt endlich schlafen durfte.

Ein paar Tage später fuhren wir mit den Jeeps zurück in die Zivilisation. Ich blickte oft zurück. Der Berg, der Mount Everest, 8846 Meter hoch, wurde immer kleiner. An seinem Gipfel wehte wieder eine kilometerlange Schneefahne, und von Südwesten drückten düstere Wolken gegen die unteren Flanken. Der Monsun nahte mit eiligen Schritten. Im letzten Moment hatte ich mein großes Ziel erreicht, kurz bevor die Natur die Tür zuschlug. Ich hätte zufrieden sein müssen. Doch jetzt, da wir im Jeep saßen, ich die Einzelheiten der Besteigung wie ein Puzzle zu einem Ganzen zusammenfügte, meine Gedanken ordnete und an die Zukunft zu denken begann, fiel ich von einer Minute zur anderen in ein tiefes schwarzes Loch. Was sollte nun kommen? Ich hatte mich jahrelang mit Gedanken an den Everest motivieren können. Aber jetzt? Ich hatte nichts mehr, an das ich mich hätte klammern können. Jedes weitere Ziel würde nicht mehr so hoch sein und wahrscheinlich auch nicht mehr diese Faszination ausüben können.

Rumpelnd und ächzend fuhr der Jeep durch Tibet. In meinem Kopf war die Erinnerung. Und in der Hand hielt ich ein kleines Steinchen umklammert, das ich vom Gipfel mitgenommen hatte. Hinter mir lag jede Menge Leben. Und vor mir?

Kapitel XXI
Kalte Füße – *Ein Fehler am Kangchendzönga*

Der Nuptse East ist der höchste noch unbestiegene Berg der Welt. Er mißt 7879 Meter und baut sich südwestlich des Mount Everest aus dem zerklüfteten und berüchtigten Khumbu-Eisbruch heraus auf. Viele Bergsteiger aus der ganzen Welt haben sich an diesem ungehobelten, massigen Klotz versucht. Doch niemand hat es bislang bis auf den Gipfel geschafft, und mit jeder gescheiterten Expedition scheint der Reiz des Nuptse East nur noch zuzunehmen.

Der Einstieg in die riesige Südwand des Nuptse East liegt in einer Höhe, in der die Alpen fast schon ihren höchsten Punkt erreichen. Aber diese gewaltige Mauer aus Fels und Eis ist weit höher als die Eiger-Nordwand und erheblich schwieriger. Im Jahr nach meinem Everest-Abenteuer kam ich mit Maurizio Lutzenberger, einem befreundeten Bergführer aus Sterzing, in das Khumbugebiet, um den Nuptse East zu knacken. Auch mir ließ dieser Berg inzwischen keine Ruhe mehr und schien genau die richtige Aufgabe für diesen Herbst.

In einer Höhe von 6800 Metern plagten wir uns schon den ganzen Tag an einem widerspenstigen, angsteinflößenden und überhängenden Eiswulst herum. Es gelang uns einfach nicht, ihn zu überwinden, wir powerten uns aus bis zum letzten. Und am Ende beschäftigte uns nur noch die Frage, ob wir oben biwakieren oder absteigen und am nächsten Tag neu ansetzen sollten, wenn wir wieder Kraft getankt hatten. Maurizio und ich debattierten eine Zeitlang und entschieden uns schließlich für den Abstieg, weil es im Basislager bequemer war, dort etwas Vernünftiges zu essen auf uns wartete und wir unten viel besser schlafen würden. Wir verließen die Stelle, an der wir bereits einen Zeltplatz geebnet hatten, und kehrten zurück ins Basislager auf 5000 Meter.

Am nächsten Morgen saßen wir gemütlich vor den Zelten beim Frühstück. Ein Tag wie aus dem Bilderbuch: blauer Himmel, keine Wolke am Himmel und angenehm warm. Wir sprachen über die enormen Schwierigkeiten, die uns die Wand machte, und überlegten, wie wir wei-

Unberührt: Der Nuptse ist der höchste noch unbestiegene Gipfel der Welt.

ter vorgehen sollten. Unsere Blicke wanderten hinauf und blieben an der Stelle hängen, bis zu der wir am Vortag gekommen waren. Wo war der Eiswulst? Maurizio war mindestens genauso entsetzt wie ich. Der Wulst war weg, in der Nacht heruntergebrochen und irgendwo am Wandfuß zerschellt. Wir hatten das Getöse in der Nacht zwar gehört, uns aber nichts dabei gedacht, weil wir uns im Laufe der Wochen an den ständigen Krach der Eislawinen gewöhnt hatten. Unser vorgesehener Zeltplatz war von dem Eisabbruch gleich mit weggefegt worden.

Völlig geschockt saßen wir minutenlang da, ohne ein Wort zu sprechen. Doch wir dachten das Gleiche: zusammenpacken und nichts wie weg hier. Sollte den Nuptse East besteigen, wer will, uns war die Lust vergangen.

Doch kaum war ich nach Südtirol zurückgekehrt, bastelte ich schon wieder an einer neuen Idee. Aus meinem Everest-Loch war ich herausgekommen, ohne es richtig zu bemerken. Den Nuptse East hakte ich vorerst ab. Viel besser konnte ich mir vorstellen, daß mich eine »Trilogie« zu den letzten drei Achttausendern führen könnte, die ich noch nicht bestiegen hatte. Mein Plan schien perfekt. Zunächst wollte ich zum Kangchendzönga gehen, mich dort akklimatisieren, auf den mit 8586 Metern dritthöchsten Gipfel der Erde steigen und mit Ski durch die Südwand abfahren. Wenn das klappen sollte, würde ich direkt zum Manaslu hinüberfliegen. Weil die Ereignisse von 1991 aber noch immer eine enorme Belastung für mich waren, wollte ich mich dort nicht länger aufhalten als unbedingt nötig. Von Samagoun aus, dem letzten bewohnten Dorf am Fuß des Manaslu in 3800 Meter Höhe, plante ich »nonstop« bis zum Gipfel (8163 m) zu gehen. Es sollte die erste Besteigung eines Achttausenders ohne Errichtung eines Basislagers und ohne Hochlager werden.

Ich motivierte Konrad Auer, einen der jungen Südtiroler Bergführer aus meiner Alpinschule, mich zum »Kantsch« und zum Manaslu zu begleiten. Er war drei Jahre zuvor im dichten Schneetreiben und bei starkem Sturm unterhalb des Shisha-Pangma-Gipfels umgekehrt und nun begeistert, daß sich wieder eine neue Chance für einen Achttausender bot. Konny ist ein starker Felskletterer und ein Spezialist im lotrechten Eis gefrorener Wasserfälle. Viele Erstbegehungen schwieriger Eisrouten in unserer Gegend gehen auf sein Konto. Mich überzeugte er immer wieder durch seine ruhige und souveräne Art. Er verlor einfach nie die Nerven, ganz gleich, in welche Situation er auch geriet. Und er ist ein lustiger Kerl. Es dauert zwar, bis man ihm die Zunge löst, aber wenn er dann etwas sagt, bleibt kein Auge trocken.

Nach dem Manaslu wollte ich mich in Kathmandu ein paar Tage erholen und schließlich nach Pakistan fliegen, um dort den K2 über den Abruzzigrat im Alleingang und ohne Hochlager zu besteigen. Vielleicht, dachte ich mir, würde es sogar möglich sein, einen Teil des Abstiegs vom zweithöchsten Berg der Welt auf Ski zu bewältigen. Zu Brigitte sagte ich: »Wenn mir das gelingt und ich heil vom K2 herunterkomme, dann hau' ich die Ski in eine Spalte und steige nie mehr auf einen so hohen Berg.« Meine Frau lachte und sagte: »Das hast du noch jedesmal gesagt und bist trotzdem immer wieder gegangen.« Im Laufe der Jahre hatte sie sich zwar an mein unstetes, abenteuerliches Leben gewöhnt, doch war es für sie nie einfach, mit der ständigen Angst zu leben. So gesehen war es kein Wunder, daß sie zwar ein wenig hoffte, danach könnte Schluß sein mit den Achttausendern, aber wirklich geglaubt hat sie mir sicher nicht.

Ich war längst dazu übergegangen, meine Expeditionen sehr klein zu halten. Neben Konrad Auer stiegen deshalb am 8. April 1998 in München

auch nur der Bergführer Werner Tinkhauser, dessen Frau Hanna, der Kameramann Hartmann Seeber, der Alpinjournalist Walther Lücker, Brigitte und ich ins Flugzeug. Hanna und Brigitte begleiteten uns auf einer langen Trekkingtour bis ins Basislager, dann kehrten sie nach Kathmandu zurück und flogen heim. Die Aufgaben in dieser bescheidenen Fünf-Mann-Runde waren klar verteilt: Konny war mein Gipfelpartner, Hartmann drehte einen Film von der Besteigung und der Ski-Abfahrt, Werner assistierte bei den Aufnahmen, und mit Walther begann ich an meinem neuen Buch zu arbeiten.

Wir benötigten siebzehn Tage, um von Kathmandu aus in das Basislager an der Südseite des Kangchendzönga zu gelangen. Es dauerte, bis wir Höhe gewannen, denn in den beeindruckenden Vorgebirgen des Ost-Himalaya stiegen wir während einer Tagesetappe nicht selten tausend Höhenmeter auf und achthundert wieder ab. Als wir endlich in Ramje ankamen, das aus nicht mehr als zwei uralten, unbewohnten Steinhäusern besteht, fielen in der Nacht zehn Zentimeter Neuschnee. Am nächsten Tag traten die Träger in den Ausstand, und ein Teil ließ uns nach einem heftigen Streit schließlich mit dem Gepäck sitzen. Sie nahmen ihr Geld und kehrten in ihre Dörfer zurück. Die verbliebenen Helfer packten sich doppelte Lasten auf und richteten sogar einen Pendeldienst ein. Zwei Tage saßen wir in Ramje fest und dann noch einmal vier auf der unteren Gletschermoräne – nur eine halbe Tagesetappe vom Basislager entfernt.

Es verging in der folgenden Zeit kaum ein Tag oder eine Nacht ohne Neuschnee. Das Wetter am Kantsch spielte in diesen Wochen völlig verrückt. Eines Morgens maßen Werner und Walther im Basislager die Temperaturen. Wir trauten unseren Augen fast nicht, in 5100 Metern

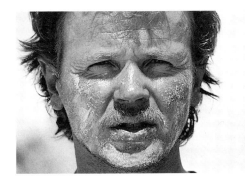

Partner am Kangchendzönga: Konrad Auer, Walther Lücker, Werner Tinkhauser und Hartmann Seeber (von links)

Meereshöhe herrschte in der prallen Sonne eine Lufttemperatur von fast vierzig Grad über Null. Dies war keine Ausnahme, sondern die Regel. Jeden Mittag ab zwölf Uhr drückten dann von Süden her dicke Quellwolken in den Talkessel des Kangchendzönga-Massivs, um drei Uhr war alles dicht, es wurde schlagartig kalt, und meist begann es gegen fünf Uhr zu schneien. In der Nacht sanken die Temperaturen deutlich unter zehn Grad minus ab, und am nächsten Morgen lagen oft mehr als zwanzig Zentimeter Neuschnee, der in der brütenden Hitze bis spätestens elf Uhr abtaute.

Dieses Wetter verschlechterte natürlich auch die Bedingungen am Berg erheblich. Der Kangchendzönga gilt als der größte Gletscherberg der Welt. Nicht umsonst bedeutet der fast unaussprechliche Name übersetzt »die fünf Schatzkammern des ewigen Schnees«. Mehr als achtzig Prozent der Oberfläche besteht aus ewigem Eis und Schnee. An keinem anderen Achttausender gibt es so viele Eisbrüche und gefährliche Spalten. Und daß der Berg unablässig arbeitet, war nicht zu überhören. Den ganzen Tag über donnerten von allen Seiten riesige Lawinen herunter. Die Gletscher ächzten unter der enormen Hitze, und es brachen Seracs in der Größe von Zweifamilienhäusern an den Eisbrüchen heraus. Während der Akklimatisationsphase errichteten wir in 6100 und 7000 Meter Höhe zwei kleine Hochlager, denn am Kantsch hatten wir keine Chance auf eine Nonstop-Besteigung. Die Kletterstrecke erwies sich als sehr lang und verlief nicht in einer direkten Linie, sondern in einem ständigen Zickzack zwischen Spalten und Eisbrüchen, unüberwindbaren Steilflanken und tiefen Gräben. Der Kangchendzönga ist nicht nur der dritthöchste Berg der Erde, er ist auch schwierig und gefährlich.

Der östlichste aller Achttausender berührt bereits die Grenze von Nepal nach Sikkim und wurde am 25. Mai 1955 von den Engländern Band und Brown im Rahmen einer britischen Expedition zum ersten Mal bestiegen. Seit diesem Tag bissen sich zahllose Alpinisten an dem eisigen Brocken die Zähne aus. Von 76 Expeditionen waren gerade 36 erfolgreich, und nur 126 Männer (keine Frau) aus 22 Nationen erreichten den Gipfel. 28 Männer und vier Frauen verloren dort ihr Leben, zwei Franzosen gelten seit 1995 als vermißt.

Aufgrund des massiven Trägerproblems mußten wir mit dem unteren Basislager vorlieb nehmen. Das obere, bereits in 5500 Metern Höhe gelegen, wäre günstiger gewesen. Doch mit am Ende nur noch zwei verbliebenen Trägern war es unmöglich, mit all dem Gepäck dorthin zu gelangen. Und so mußten wir, wann immer wir am Berg tätig waren, zunächst einmal einen steilen und kraftraubenden Schutthang überwinden. Danach erst begann der eigentliche Aufstieg über eine steile Firnschulter, die in den Gletscher mündete. Im oberen Basislager hatte eine tibetische Expedition unter chinesischer Führung ihre Zelte bezogen. Und neben den Tibetern hatte sich auf dem letzten Grasflecken auch der Italiener Fausto Destefani recht komfortabel niedergelassen. Er wollte

Wolkenpilz: Solche Wetterzeichen am Kangchendzönga richtig zu deuten, erwies sich als äußerst schwierig

Ein Hut voll: Lawinenabgänge im Minutentakt

den Versuch starten, seinen vierzehnten Achttausender zu besteigen. Fast zwei Gehstunden unterhalb unseres Lagers warteten einige Slowenen auf eine Gelegenheit, am benachbarten Jannu eine neue Route zu eröffnen. Doch sie sollten genauso scheitern wie eine spanische Expedition, die es sich zum Ziel gesetzt hatte, binnen zwölf Monaten sämtliche Achttausender zu besteigen.

In der gedachten Linie der Slowenen gingen im Stundenrhythmus Schnee- und Eislawinen ab, und die Kletterer traten schließlich den Heimweg an, ohne auch nur einen Versuch unternommen zu haben. Die drei ehrgeizigen Spanier verzweifeltem schier an ihrem Unternehmen. Nicht nur, daß sie nach sieben Monaten bereits an fünf anderen Achttausendern gescheitert waren, sie versanken jetzt auch am Kantsch im tiefen Schnee. Bis auf 8200 Meter kamen sie hinauf, dann mußten sie umkehren. Ihre High-tech-Ausrüstung war indessen fast noch beeindruckender als ihr kühner Plan, sämtliche Achttausender innerhalb eines Jahres zu meistern. Unter anderem waren sie mittels Satellitenschüssel in der Lage, live für das spanische Fernsehen zu senden. Doch nach den vielen gescheiterten Versuchen verloren sie immer mehr die Lust, sich daheim öffentlich mit ständig neuen Rückschlägen zu präsentieren. Schließlich zogen sie völlig frustriert ab.

Fausto Destefani und die Tibeter gaben indes nicht auf. Fausto mühte sich allein mit einem Sherpa, während die tibetische Expedition im Stil der fünfziger Jahre werkte. Mit fast dreitausend Metern knallgelbem Fixseil spannten sie eine endlose Aufstiegshilfe Richtung Gipfel und transportierten tagelang Sauerstoff in ihre vier Hochlager. Am 1. Mai erschien eine tibetische Abordnung in offizieller Mission in unserem Camp. Dieses Treffen nahm einen äußerst merkwürdigen Verlauf. Nachdem wir in unserem Küchenzelt viele Freundlichkeiten ausgetauscht, die beiden tibetischen Expeditionsleiter, ihr Dolmetscher und ein Rucksackträger Unmengen Zigaretten geraucht und literweise Tee getrunken hatten, kamen sie langsam zur Sache. Die Verantwortlichen der Tibeter beklagten sich, daß wir nicht mit ihnen über unsere Route diskutiert hätten.

Ich wandte ein, daß es an der Südseite des Berges nicht gerade sehr viel Auswahl gebe und wir uns dennoch wohl kaum in die Quere kommen würden. Aber, entgegneten sie nun, sie hätten immerhin Fixseile verlegt. Ich wollte wissen, was das zu bedeuten habe. Da erst kam der wahre Grund dieses Besuches auf den Tisch. Die Tibeter verlangten Geld für ihre Vorarbeiten am Berg oder zumindest Material von uns als Ausgleich, und vor allen Dingen bestanden sie darauf, daß ich ihnen helfen sollte, den Gipfelbereich in Ketten zu legen. Ich entgegnete, daß ihr Stil ganz und gar nicht meinem Stil entspräche und daß ich nicht gedachte, ihre Fixseile zu benutzen, die sie selbst an Stellen angebracht hatten, über die man leicht eine Kuh hätte treiben können. Zwei Stunden noch zog sich das Palaver hin, ehe die Tibeter verärgert und beleidigt abzogen.

Mein ganzer Zeitplan für den Kangchendzönga war darauf ausgelegt, daß ich wieder in der Nacht zum Gipfel starten wollte. Die Witterungsbedingungen mit der täglichen Verschlechterung und neuen Schneefällen am Nachmittag bestärkten mich nun immer mehr in diesem Vorhaben. Doch durch den Trägerstreik und die dadurch bedingten tagelangen Verzögerungen war der Zeitplan längst restlos durcheinandergeraten. Während der hellen Vollmondnächte, auf die ich spekuliert hatte, hockten wir im Basislager herum, weil wir längst noch nicht ausreichend akklimatisiert waren. Und als wir dann soweit waren, schien in den klirrend kalten, sternklaren Nächten der Mond nicht mehr.

Am 11. Mai geschah ein Unfall. Auf rund 5800 Metern wählte Werner beim Abstieg von Lager I den Weg des geringsten Widerstandes. Er

Vorbereitung zum Aufbruch: Material sortieren und auswählen

setzte sich auf den Hosenboden, zog die Beine an und rutschte den langen Firnrücken oberhalb des Tibetercamps hinunter. Als das Gelände etwas flacher und sein Tempo schon etwas geringer wurde, blieb er mit dem rechten Steigeisen in dem Fixseil hängen, das wenige Zentimeter unter dem Schnee verweht war. Die Wucht dieser Vollbremsung hebelte Werner aus und schleuderte ihn herum. Er hatte Glück im Unglück, denn er stürzte weder in eine der nahen Spalten, noch war sein Fuß gebrochen. Tagelang jedoch humpelte er, auf Stöcke gestützt und mit einem dicken Verband versorgt, im Basislager umher und ärgerte sich maßlos über das Mißgeschick. Hartmann war mit seinen Filmarbeiten fortan auf sich allein gestellt.

Am 14. Mai, kurz vor 15 Uhr, brachen Konrad und ich vom Basislager aus in Richtung Gipfel auf. Viele Passagen unseres Anstieges waren von unten aus einsehbar, solange sich nicht wieder der Wolkenvorhang zuzog. Hartmann begleitete uns bis zum Beginn des Gletschers und kehrte dann zurück. Gegen Abend erreichten wir auf 6100 Meter Lager I, verbrachten dort eine angenehme, recht komfortable Nacht und stiegen tags darauf weiter bis zum Lager II auf 7000 Meter. Unten im Basislager machten die anderen große Wäsche. Wenn wir die Augen anstrengten, konnten wir die T-Shirts und die Gebetsfahnen im Wind flattern sehen. Am 16. Mai, einem Samstag, erreichten wir einen günstigen Biwakplatz auf 7600 Meter Höhe und ein kleines Zelt, das uns Fausto Destefani verkauft und oben stehengelassen hatte.

Destefani leistete in diesen Tagen Unglaubliches. Sechs Wochen lang schlug er sich mit den Wetterkapriolen herum und stand ein paarmal kurz davor, die Brocken hinzuschmeißen. Doch er war in den Jahren zuvor bereits dreimal am Kangchendzönga gescheitert, und beim vierten Anlauf wollte er es endgültig wissen. Der Kantsch sollte seine Achttausender-Sammlung komplettieren. (Allerdings diskutiert die Fachwelt noch immer darüber, ob Destefani bei seiner Besteigung des Lhotse den höchsten Punkt tatsächlich erreicht hat.) Fausto war inzwischen 47 Jahre alt geworden und galt als einer der Stillen im Lande. Von seinen zahlreichen Erfolgen hörte man kaum einmal etwas. Abgeschieden lebt er mit seiner Familie in der Nähe von Brescia.

Für Fausto wurde der Kantsch zu einer unfaßbaren Schinderei. Zunächst mit den Spaniern und später mit den Tibetern baute er vier Hochlager auf, half beim anstrengenden Verlegen der Fixseile und spurte achtmal im tiefen Schnee vor den Tibetern her bis hinauf in ihr Lager IV auf 7600 Meter. Als er ohne künstlichen Sauerstoff schließlich den Gipfel erreichen wollte, zogen die Tibeter mit ihren Sauerstoffflaschen auf und davon. Sie ließen Destefani, dem sie mehr als Dreiviertel des Berges zu verdanken hatten, einfach stehen. Er gelangte mit seinem Sherpa bis auf 8400 Meter, dann konnte er nicht mehr und mußte umkehren. Die Tibeter behaupteten später, sie hätten den Gipfel geschafft, obwohl durchs Fernglas deutlich erkennbar war, daß sie den höchsten Punkt nicht erreicht hatten. Fausto stieg ab bis in seine Basis, ruhte sich einen Tag lang aus und startete aufs neue. Wieder kam er bis auf 8400 Meter, und abermals blieb er dort sitzen. Die Uhr zeigte eine halbe Stunde vor Mitternacht, und nun geschah etwas Unglaubliches. Der Sherpa, mit dem Fausto seit vielen Jahren eng befreundet war, hockte sich in den Schnee und kochte dem Italiener in dieser Höhe und unter widrigen Bedingungen einen Cappuccino. Knapp zwei Stunden später standen die beiden auf dem Gipfel. Das war am 15. Mai, und der neue Tag war gerade eineinhalb Stunden alt.

Mit wohltuender Zurückhaltung kehrte nur zwei Tage nach den Tibetern Fausto Destefani vom Kangchendzönga ins Basislager zurück. Zwei

Versuch in der Nacht: am dritthöchsten Berg der Welt in eisiger Kälte und ohne Chance, den Gipfel zu erreichen

meiner Freunde mußten ihn förmlich drängen, daß er via Satellitentelefon wenigstens seiner Frau die gesunde Rückkehr mitteilte. Dabei hatte Destefani doch gerade seinen vierzehnten Achttausender bestiegen und galt nun nach Reinhold Messner, dem Polen Jerzy Kukuczka, dem Schweizer Erhard Loretan, dem Mexikaner Carlos Carsòlio und dem Polen Krzysztof Wielicki als der sechste lebende Bergsteiger, dem diese außergewöhnliche Leistung gelungen war. Doch dies wird, wie gesagt, mancherorts angezweifelt.

In der Nacht zum 17. Mai war es stockdunkel und klirrend kalt. Um Mitternacht verließen wir das Biwak, um nun ebenfalls den Gipfel zu versuchen. Doch wir irrten wie Blinde in den labilen Schneehängen umher und erkannten rasch, wie gefährlich dieser Versuch war. Konny und ich kehrten rasch ins Zelt zurück. Wir wollten bessere Verhältnisse abwarten, nachdem nun auch starker Wind aufgekommen war, der den Schnee vor sich herwirbelte. Wir krochen wieder ins Zelt, und die Dinge begannen unaufhaltsam ihren Lauf zu nehmen.

Konny taute Schnee und bemühte sich, den Kocher nicht umzustoßen. Ich zog die Schuhe aus und schlüpfte in den Schlafsack. Die Plastikschalen der Bergstiefel stellte ich in die Ecke an meinem Fußende. Die Thermo-Innenschuhe stopfte ich zu mir in den Schlafsack, damit sie warm blieben. Wir tranken Tee, filmten uns gegenseitig mit einer winzig kleinen Kamera und redeten über das verrückte Wetter. Wir vereinbarten den Sonnenaufgang als Zeitpunkt für einen zweiten Versuch. Dann rollte ich mich zusammen und muß tatsächlich irgendwann eingeschlafen sein. Als ich wach wurde, lagen einige Zentimeter Schnee auf meinem Schlafsack, die Innenschuhe waren herausgefallen, und mir war lausig kalt.

In diesen Höhen ist es ganz wichtig, daß der Reißverschluß des Zeltes ein Stück offenbleibt. Nur so kann die Versorgung mit ausreichend Sauerstoff gesichert werden. Durch diesen Lüftungsschlitz hatte es uns jedoch während dieser ganzen turbulenten Nacht hindurch unaufhörlich feinen Pulverschnee hereingeblasen. Wie eine Decke hatte er sich über uns ausgebreitet und war natürlich auch in meine Innenschuhe eingedrungen. In der Nacht hatten wir vereinbart, daß wir den Versuch sofort abbrechen wollten, wenn sich das Wetter nicht wesentlich besserte. Als wir nun die Köpfe aus dem Zelt streckten, sah es so schlecht gar nicht mehr aus. Das ermutigte uns zu einem neuen Anlauf. Im Morgengrauen begannen wir uns mit steifen Gliedern fertigzumachen. Doch so sehr ich mich auch mühte, klopfte und kratzte, ich brachte den Schnee nicht vollständig aus meinen Innenschuhen heraus. Es blieb mir nichts anderes übrig, als den Schuh so über meine ohnehin schon kalten Füße zu ziehen. Ich glaubte, wenn ich mich bewegte und später die Sonne käme, würden sie schon warm werden.

Als am Gipfel des Kangchendzönga die Sonne aufging, begannen wir erneut aufzusteigen. Doch wir kamen nur sehr langsam voran. Die Verhältnisse waren äußerst schwierig, und wir mußten mühselig im tiefen Schnee eine neue Spur anlegen. Die Temperaturen lagen bei vierzig Grad unter Null, und der Kantsch baute sich noch immer riesig groß über uns auf. Er forderte einiges von mir, dabei sollte er nur der Auftakt für den Weiterweg zum Manaslu und zum K 2 sein. Der erste Teil unseres Aufstiegs lag komplett im Schatten, und als wir endlich in die Sonne kamen, hatte sie nicht die Kraft, meine Plastikstiefel anzuwärmen. Nachdem wir etwas mehr als die Hälfte unseres Weges zum Gipfel zurückgelegt hatten, setzte ich mich hin, zog die Schuhe aus und begann meine kalten Füße zu massieren.

Wir ruhten ein wenig aus und freuten uns auf den Gipfel. Meine innere Anspannung war nicht sehr groß, denn die gefährlichen Zonen lagen hinter uns, und es trennten uns nur noch etwa vierhundert Höhenmeter vom höchsten Punkt. Es war alles nur noch eine Frage der

Kondition. Und dennoch hatte ich weiterhin großen Respekt vor diesem Berg, an dem schon soviel passiert ist. Wanda Rutkiewicz, die außergewöhnliche polnische Bergsteigerin, verunglückte dort im Mai 1992 tödlich, und der Franzose Benoît Chamoux starb auf dem Weg zu seinem vierzehnten Achttausender knapp 50 Meter unter dem Gipfel an Erschöpfung. Reinhold Messner kam 1982 mit letzter Kraft vom Kantsch zurück, und Friedl Mutschlechner erlitt dort schwere Erfrierungen an Füßen und Fingern.

Über uns riegelte eine Wächte das Ende einer Felswand ab. Dort steckte der Teil eines Teleskop-Skistocks, und darüber war nur noch blauer Himmel. Konny schaltete in unserem Kriechtempo einen Gang höher, um zu mir aufzuschließen. Er war felsenfest davon überzeugt, daß dort, wo der Stock herausschaute, auch der Gipfel sei. Doch als er ankam, mußte ich ihn enttäuschen, wir standen nur auf einem kaum ausgeprägten Buckel, und bis zur Spitze waren es noch einmal 150 Höhenmeter. In diesen Höhen ist das unendlich viel. Konnys Enttäuschung war groß. Er war so sehr auf das Ende der Schinderei eingestellt, daß seine Motivation augenblicklich in den Keller sauste. Er mochte nicht mehr aufstehen, und ich redete auf ihn ein, daß er es schon schaffen würde. Das Ganze war nur noch eine Kopfsache, Kraft steckte noch genügend in ihm. Um 14.40 Uhr erreichte ich den Gipfel. Konny folgte wenig später. Ich freute mich sehr, als er neben mir stand, daß er doch nicht so dicht vor dem Ziel aufgegeben hatte.

Noch knapp unter dem Gipfel setzte leichtes Schneetreiben ein. Es war eigentlich harmlos, aber wenn es stärker würde, müßten wir sehen, wie wir unsere Haut ins Tal retteten. Noch während Konrad die letzten Meter zu mir heraufstieg, funkte ich die Freunde an. Im Lager I saß Hartmann Seeber mit der Kamera, im Basislager befanden sich Werner Tinkhauser mit einem dick verbundenen Fuß und Walther Lücker mit einem Computer-Display voller Eiskristalle. Als ich mich meldete, drückte Werner auf einen Knopf. Damit setzte er ein Aufnahmegerät in Gang:
»Hans an Basislager, kommen.«
Unten meldeten sich sofort die Freunde: »Hier Basislager, Hans kommen.«
»Ich bin gerade am Gipfel angekommen. Der Wind bläst ein bissel, und es ziehen Wolken um den Gipfel, aber wenn es aufreißt, hab' ich

Auf den Kopf gestellt: Freude in 8585 Metern Höhe

eine ganz wunderbare Aussicht. Es ist alles gut gegangen. Ein bissel kalt ist es hier heroben. Der Konny ist knapp unterm Gipfel, er wird gleich auch da sein. Dann werden wir am besten sofort wieder absteigen, denn jetzt drückt es die Wolken gewaltig herauf. Kommen.«
»Verstanden, wir hören dich gut. Gratuliere, Hans, bravo, bravo, eine großartige Leistung. Haut gleich wieder ab, wenn das Wetter schlecht ist! Kommen.«
»Ja, schade, schade, aber wir können uns nicht lange aufhalten. Kommen.«
»Verstanden, genieß' die paar Minuten, die du oben bist auf dem Spitz. Steigt ihr noch ins untere Lager ab? Kommen.«
»Wir versuchen es. Ich melde mich gleich wieder, denn ich hab' saukalte Finger. Ende derweil.« Für ein paar Minuten herrschte nun Funkstille.
»Hans an Basislager. Kommen.«
»Hier Basislager, wir verstehen dich gut. Kommen.«
»Jetzt hat es wieder aufgetan, ein herrliches Panorama, es ist unwahrscheinlich schön hier oben. Gleich wird der Konny ankommen. Es war einfach saumäßig heute nacht. Starten, wieder zurückgehen, kaum schlafen, wieder starten und dann diese elende Kälte. Ich habe ganz ehrlich

nicht geglaubt, daß wir es packen können, als wir losgegangen sind, weil wir derartig viel Neuschnee gehabt haben. Kommen.«

»Wir haben es von unten gesehen, daß es da oben sehr viel Schnee hat, aber ihr wart einfach brutal gut drauf. Bravo, bravo noch einmal. Haltet euch nicht mehr zu lange auf, es ist schon nach halb drei. Kommen.«

»Ich melde mich gleich wieder. Ich muß die Hände wärmen. Aber wartet, ich geb euch den Konny, er kommt in dem Moment daher.«

Nun nahm Konrad das Funkgerät. »Hoi, Basislager.«

»Gratulation, Konny, bravo auch dir, eine Superleistung. Wir freuen uns narrisch für euch.«

»So fertig bin ich noch nie gewesen in meinem Leben. Ich glaub', das war mein erster und letzter Achttausender. Sakrafix. Kommen.«

»Konny, wart' nur ab. Jetzt steigt ihr vorsichtig ab, und du wirst sehen, übermorgen hast du eine Riesengaudi, weil du da oben warst, wirst schon sehen. Kommen.«

»Wenn der Hans nicht gewesen wäre, ich wäre schon zehnmal umgedreht. Kommen.«

»Genieß noch ein paar Minuten das Erlebnis, und dann alles Gute für den Abstieg. Kommen.«

»Jetzt hock' ich mich zuerst einmal hin und schau a bissel, und dann werd' ich wieder absteigen. Wir hören uns wieder, wenn wir ein Stück weiter unten sind. Ende.«

»Verstanden. Ende aus dem Basislager, guten Abstieg.«

Wir blieben nicht viel länger als eine halbe Stunde am Gipfel, aber diese Zeit genossen wir in vollen Zügen. Ganz besonders ich. Auf sieben Achttausendern hatte ich zusammen mit Reinhold Messner gestanden, danach erreichte ich die Gipfel von vier weiteren immer nur allein. Und jetzt war Konny bei mir. Das tat gut. Wir freuten uns beide, daß wir es trotz der widrigen Umstände in der Nacht nun doch geschafft hatten. Und während die Gedanken an die Anstrengungen nachließen, wurden wir fast übermütig. Nach dreimaligem Ansetzen gelang mir ein Kopfstand. Ich wurde später oft gefragt, warum ich das tat. Es gab keinen besonderen Grund dafür, und ich hatte das schon früher auf vielen markanten Gipfeln gemacht, nur dieses Mal wurde ich dabei fotografiert. Ich mag das auch gar nicht näher erklären, denn der Versuch einer Rechtfertigung würde wahrscheinlich in dem banalen Satz enden: Man wird sich doch wohl noch freuen dürfen.

Erfroren: Die Fußzehen verfärbten sich dramatisch.

Alles zu spät: Auch warme Fußbäder halfen nach den vielen Stunden in der Kälte nicht mehr.

Wir redeten nicht viel während dieser halben Stunde. Wir versuchten ein paar andere Gipfel zu bestimmen und schauten die Nordwand hinunter. Von dort zogen frische Spuren herauf. Es mußte also an diesem Tag schon vor uns jemand von der anderen Seite aus hier oben gewesen sein. Unterwegs hatte ich bereits zwei Depots mit Sauerstoffflaschen gefunden. Sie konnten jedoch nur von den Tibetern stammen. Aber das war im Grunde alles einerlei. Wir mußten absteigen und zwar rasch, denn der Wind kam stärker auf, und die düsteren Wolken verhießen nichts Gutes.

Als wir beim Biwak ankamen, war es 17 Uhr. Konny kochte Tee, und ich zog die Schuhe aus. Da spürte ich zum ersten Mal, daß etwas nicht stimmte. Meine Füße waren noch immer eiskalt und die Zehen gefühllos. Alles deutete auf eine Erfrierung hin. Vor dem Zelt lagen meine Ski. Ich hatte sie bis auf 7600 Meter hinaufgetragen und dann zurückgelassen, weil sie im kombinierten Gelände des Gipfelbereichs nicht einzusetzen waren. Mit Hilfe der Ski hätte ich es noch bis Lager II schaffen können, aber für Konrad ohne Ski war das nach diesen Anstrengungen unmöglich. Zu Fuß wäre er im Schnee hüfttief eingesunken. Aber wir

Zurück nach Morgen ...

wollten uns auch nicht trennen, sondern gemeinsam zurückkehren. Und so entschlossen wir uns zu einer weiteren Nacht im Biwak.

Am Abend versuchte ich meine Füße in warmem Wasser aufzutauen, aber diese Eisklumpen wollten einfach nicht warm werden. Meine Befürchtungen schienen sich zu bestätigen, die Zehen mußten leicht angefroren sein. Wahrscheinlich gab ich ihnen am nächsten Morgen den Rest. Für die Ski-Abfahrt schloß ich die Schnallen der Plastikstiefel so fest, wie es überhaupt nur ging. Die Füße waren zusammengepreßt wie in einem Schraubstock. Normalerweise trug ich die Tourenschuhe bei Expeditionen wegen der besseren Blutzirkulation meist eine bis zwei Nummern größer. Diesmal hatte ich bei der Auswahl zu sehr an die Ski-Abfahrt gedacht und die Stiefel ganz eng gewählt, um mehr Gefühl für die Skiführung zu haben. Das war mein größter Fehler und einer der Hauptgründe, warum ich nie warme Füße bekam.

Als ich am 18. Mai am Kangchendzönga aus einer Höhe von 7600 Metern mit Ski ins Tal zurückfuhr und Konrad zu Fuß hinterherkam, wußte ich längst, daß meine Zehen erfroren waren, aber ich wollte es immer noch nicht wahrhaben. Im Basislager empfingen mich Werner,

Hartmann, Walther und der Koch. Sie gratulierten noch einmal zum Gipfelerfolg, gaben mir Tee, und wir warteten auf Konny. Als ich immer wieder mit den Stiefeln auf den Boden stampfte, fragten mich die anderen, was los sei. »Ich habe kein Gefühl mehr in den Zehen am linken Fuß«, sagte ich, und dann ging alles sehr schnell. Walther zog mir vorsichtig die Schuhe und die Socken aus, Werner eilte davon und holte warmes Wasser, das er auf 30 Grad erwärmte. Dann badeten sie meine Füße und erhöhten im Laufe einer Stunde die Temperatur auf 38 Grad. Doch es war zu spät. Die Zehen ließen sich nicht mehr auftauen.

Es regte sich auch nach dem Bad nichts in ihnen, sie fühlten sich an wie Holz und waren weiß wie eine Kalkwand. Eine Stunde später wurden sie rosa und am Abend rot. Am anderen Tag waren sie blau und zwei Tage später schwarz. Ich erschrak jedesmal heftig, wenn Walther den Verband wechselte, und mein Kopf arbeitete auf Hochtouren. Ich mußte aus diesem Basislager weg, ich mußte unbedingt zu einem Arzt und ins Krankenhaus nach Kathmandu. Wir begannen zusammenzupacken und bestellten für den 21. Mai einen Hubschrauber. Er kam einen Tag zu früh. Binnen einer knappen Stunde rafften wir in größter Eile unsere komplette Ausrüstung zusammen und warfen sie in chaotischer Hektik in den Hubschrauber, weil der Pilot immer wieder damit drohte zu starten, wenn wir uns nicht beeilten.

Zwei Stunden später landeten wir auf dem Tribhuvan Airport in Kathmandu. Fünfzig Minuten nach unserer Ankunft stellte Dr. Martin Springer im Travel-Medicine-Center die ernüchternde Diagnose: schwere Erfrierungen an allen Zehen des linken Fußes, leichte Erfrierungen an vier Zehen des rechten Fußes. Er könne nichts für mich tun, ich müsse nun abwarten, wie sich die Sache weiterentwickelt. Ungläubig saß ich auf dem Untersuchungstisch und fragte immer wieder, ob er nicht doch noch eine Chance sehe, daß ich zum K 2 gehen könnte. Dr. Springer schüttelte immer wieder den Kopf.

Meine geplante »Trilogie«, Kangchendzönga–Manaslu–K 2, war schon nach dem ersten Teil beendet. Am 22. Mai ergatterten Hartmann und ich Rückflugtickets über New Delhi nach München. Konrad, Werner und Walther flogen zwei Tage später. Am Abend des 23. Mai lag ich in einem Bett des Krankenhauses von Bruneck, und aus einer Flasche über mir tropfte Heparin in meine Vene. Ich hoffte inständig, daß Dr. Werner Beikircher mir keine Narkose zu verpassen brauchte und sie mir nicht die Zehen amputieren müßten …

Epilog

Ich verlor meine Zehen nicht. Nicht einen einzigen. Ich lag bis zum 31. Mai im Brunecker Krankenhaus, Tag und Nacht an den Tropf angeschlossen. Dann wurde ich nach Hause entlassen. Der dicke Verband blieb mir erhalten, und mit meinen Bratwurst-Zehen kam ich in keinen Schuh. Zwei Wochen später begann sich ganz allmählich etwas zu rühren. Zunächst bitzelte es nur ein wenig, doch dann fing es an zu kribbeln wie in einem Ameisenhaufen, und schließlich tat es sogar weh. Ich freute mich wie ein Kind über diese Schmerzen, denn sie waren leicht auszuhalten und nur der Beweis dafür, daß Leben in meine Zehen zurückkehrte. Sie waren noch immer tiefschwarz und dick geschwollen.

Nach zwei Monaten begann endgültig der Heilungsprozeß. Ich hatte Glück gehabt, denn die Erfrierungen waren nur einen halben Zentimeter tief eingedrungen und hatten den Knochen nicht erreicht. Bei Erfrierungen hört im betroffenen Gewebe das Blut auf zu zirkulieren, bis es schließlich in den Gefäßen stockt. Und weil der Blutaustausch unterbrochen ist, wird das Gewebe dunkel wie bei einem Bluterguß. Einer Nußschale gleich umgab dieses abgestorbene Gewebe meine Zehen, und plötzlich begannen sich diese Kappen an den Rändern zu lösen. Wie Fingerhüte konnte ich sie eine nach der anderen abheben. Die letzte, die des großen Zehs, der am ärgsten betroffen war, fand ich eines Abends auf dem Grund der Badewanne liegend. Für mich war es jedesmal wie ein kleines Wunder, wenn sich das tote Gewebe ablöste, denn unter der harten Schale hatte sich neue Haut gebildet, die mir nun zart und rosig entgegenschimmerte. Dieser Prozeß war gleichsam ein neuer Anfang für meine Zehen und mich.

Vorsichtig begab ich mich auf eine erste Wanderung. Sie führte mich auf einem ebenen Weg rund um den Neves-Stausee, und ich belastete in dieser Stunde nur die Ferse meines linken Fußes, um die Heilung nicht zu gefährden. Nie zuvor war ich so vorsichtig mit mir umgegangen, doch diese Verletzung nahm ich ernst. Stück für Stück nur steigerte ich die Belastung und hielt mich strikt an die Anweisungen der Ärzte. Aber es wurde ein schwerer Sommer. Ich saß unter den Wänden und sah die anderen klettern. Ich zwängte mich sogar in eine Seilbahn, nur um ein wenig Ausblick zu haben. Und schließlich landete ich Ende August an der italienischen Adria – beim Tauchen.

Am 22. September 1998 fuhr ich mit Konrad Auer zur Südwand des Piz Ciavazes in der Sellagruppe. Wir kletterten die Schubert-Route, einen alpinen Klassiker im sechsten Grad. Meine Bewegungen kamen mir recht unbeholfen vor, und meine Füße waren noch längst nicht so belastbar wie vor dem Kangchendzönga, aber es ging. Als wir schließlich an diesem außergewöhnlich schönen Herbsttag auf dem Gamsband saßen, das die gesamte Wand auf der Hälfte durchzieht, fiel mir eine Geschichte ein.

1975 fuhr ich mit einem Freund, der gerade mit dem Klettern begonnen hatte, zum Piz Ciavazes. Er wollte mich klettern sehen und stieg etwa fünfzig Meter über den Wandvorbau hinauf, um sich einen seitlichen Einblick in den linken Wandteil zu verschaffen. Ich zog meinen Klettergurt an, nahm eine vier Meter lange Reepschnur mit und stieg durch die Via Italia, eine luftige Route, die wegen ihrer mächtigen Überhänge auch die »umgekehrte Treppe« genannt wird. Vinzenz hockte in seinem Ausguck und beobachtete, wie ich mich an winzig kleinen Griffen und dünnen Haken immer höher hinaufzog. Es war eigentlich unverantwortlich, was ich da tat, aber ich hatte keinen geeigneten Partner für die Tour und von den Schwierigkeiten keine Ahnung. Ich stieg einfach, weil es mir Spaß machte.

Vinzenz war begeistert von dem, was er gesehen hatte, und bedauerte während der Heimfahrt immer wieder, daß er seine neue Filmkamera nicht mitgenommen hatte, denn das wäre ein spektakulärer Streifen geworden. Noch bevor wir ins Ahrntal abbogen, beschlossen wir zurückzukehren, diesmal mit Kamera. Schon eine Woche später wiederholten wir die Aktion. Wieder stieg ich solo durch die Via Italia, und Vinzenz filmte. Er schwärmte auf dem Rückweg und versicherte mir, daß dies der schönste Film werden würde, den er je gedreht habe. Das war kein Wunder, denn es war sein erster. Wir brachten den Film zum Entwickeln in ein Labor und warteten gespannt. Es vergingen Tage, Wochen und schließlich zwei Monate, aber der Film kam nicht zurück. Er ging irgendwo verloren.

Es gab nur eine Möglichkeit – aller guten Dinge sind drei. Und so fuhren wir im späten Herbst noch einmal zum Ciavazes. Ich stieg abermals diese schwierige Route hinauf, Vinzenz filmte mich von der Seite, und wir schafften das gedrehte Material zum Entwickeln. Nach ein paar Tagen konnten wir den Streifen abholen, rannten nach Hause, bauten den Projektor auf und spannten den Film ein. Es kamen tatsächlich bewegte Bilder. Aber in was für einer Qualität. Schemenhaft konnte man die Umrisse eines Berges erkennen, von einem Kletterer war nichts zu sehen, nur ein milchiger Brei und ab und zu ein paar Zuckungen, die wohl von den ruckartigen Bewegungen des Kameramanns herrührten. Der Film war völlig unbrauchbar und landete auf dem Müll ...

Konrad lachte herzhaft über diese kleine Episode, und dann sprachen wir über die Gefahr, in die wir Kletterer uns ständig begeben. Gesund von einer Tour zurückzukehren hat nicht allein etwas mit Können, sondern auch mit Glück zu tun. Es war dem Glück zu verdanken, daß ich damals nicht aus der Via Italia herausgefallen war, und es war Glück, daß ich am Kangchendzönga nicht meine Zehen verlor.

Doch wieviel Glück hat ein Mensch? Unzählige Male war es schon an meiner Seite, beim Abstieg vom Ortler, als wir mit der ganzen Seilschaft abstürzten, am Nanga Parbat, als die Lawine abging, am Manaslu, als zwei meiner Freunde starben, ich aber dem Inferno entkam. Glück auch in der Matterhorn-Nordwand und am Shivling, am Nuptse und in der Lhotse-Südwand. Glück sogar auf der Autobahn zwischen Mannheim und Frankfurt, als eine Krangabel von einem Lastwagen herunterstürzte und mich fast erschlagen hätte. Glück, immer wieder Glück. Doch wann ist das Potential an Glück ausgeschöpft? Wenn Können, Risikobereitschaft und Mut nicht mehr im Einklang stehen? Ich weiß es nicht.

Nur soviel ist sicher: Die Berge haben mein Leben verändert, und die Berge werden mein Leben bleiben.

Personenregister

Aichner, Michl 44, 266 ff
Arizzi, Michel 81
Auer, Konrad 13, 325 ff, 342 ff

Band, G. 104
Baumgartner, Hans 162
Beikircher, Werner 7, 10, 43 ff, 49, 115, 188 ff, 311, 340
Bonatti, Walter 54
Brandler, Lothar 51
Bridwell, Jim 75
Brown, J. 104
Brugger, Albert 118 ff
Brugger, Kurt 238
Buhl, Hermann 100 ff, 244 ff

Carsòlio, Carlos 333
Cassin, Riccardo 81
Castelnuovo, Floriano 269, 289 ff
Chamoux, Benoît 335
Comici, Emilio 163
Compagnoni, Achille 104, 234
Contreras, Yuri 302
Cormier, Bruno 81

Dacher, Michl 61
Dalai Lama 170 ff, 311
Dawa, Psan Lama 104
Demetz, Gregor 118 ff, 137, 147
Dessio, Ardito 234

Destefani, Fausto 328 ff
Diemberger, Kurt 104, 244
Dimai, Angelo 163
Doleczek, Pavel 87
Dorje, Nawang Sherpa 104
Dujmovits, Ralf 225 ff

Egger, Toni 74
Eisendle, Hans-Peter 47 ff, 80, 115 ff, 155 ff, 256 ff, 311
Everest, Sir George 309

Fischer, Scott 185 ff, 277 ff
Franco, Jean 104

Gasser, Robert 269
Giordani, Maurizio 78
Großrubatscher, Carlo 78, 118 ff, 129 ff
Gruber, Heini 269, 289 ff, 304, 321

Habeler, Peter 88, 299
Hainz, Christoph 205 ff
Hajzer, Artur 81
Hall, Rob 185 ff, 277 ff
Hansen, Doug 277
Harris, Andy 277
Hasse, Dietrich 51
Hawley, Elizabeth 298 ff

Herrligkoffer, Karl M. 105
Herrod, Bruce 279
Herzog, Maurice 104
Hiebeler, Toni 32
Hillary, Sir Edmund 71, 104, 184
Hupfauer, Siegfried 167 ff
Hussein, Saddam 129

Imanishi, J. 104

Jöchler, Sepp 104
Joos, Norbert 59 ff, 86 ff, 115, 167 ff, 268 ff, 277 ff, 314
Jossen, Stefan 100 ff

Kammerlander, Alois 24, 35 ff
Kammerlander, Brigitte 8, 9, 127 ff, 137, 147 ff, 152, 193 ff, 264 ff, 269 ff, 296, 311
Kaufmann, A. 104
Kauschke, Reiner 31 ff
King, Magda 238 ff
Kolber, Kari 238
Krakauer, Jon 276 ff
Kropp, Göran 254 ff
Kukuczka, Jerzy 65, 83, 333

Lacedelli, Lino 104, 234
Lachenal, Luis 104
Larch, Sepp 104
Leon, Ponce de 302
Lhakpa, Sherpa 273, 288 ff, 295 ff, 320
Loretan, Erhard 59 ff, 333
Losso, Roland 81, 118 ff
Lucas, Enric 81
Luchsinger, F. 104

Lücker, Walther 7, 13, 329 ff
Lutzenberger, Maurizio 268 ff, 323 ff

Maestri, Cesare 74 ff
Mao Tse-tung 171
Mariani, Fulvio 269, 290
Maurer, Rene 162
Messner, Günther 81
Messner, Reinhold 47 ff, 60 ff, 71 ff, 86 ff, 115 ff, 193, 225, 242, 293, 297 ff, 311, 335
Messner, Siegfried 81
Moravec, Fritz 104
Müller, Wolfi 73 ff
Mummery, Alfred 100
Mutschlechner, Friedl 47 ff, 66, 115 ff, 130 ff, 141 ff, 311, 335
Mutschlechner, Hans 118 ff, 137, 146 ff, 226 ff, 243 ff, 269
Mutschlechner, Marianne 127 ff, 149 ff, 152

Namba, Yasuko 277
Norbu, Gyaltsen Sherpa 104
Norgay, Tensing 104

Pircher, Sigi 7, 223
Plangger, Stefan 118 ff, 137, 148, 269 ff
Preuß, Paul 57 ff
Profit, Christophe 81 f

Rech, Ramona 193
Reiß, E. 104
Relly, Paul 57
Renner, Rudi 269
Rier, Christian 118, 137, 148

Rogger, Daniel 152
Ruedi, Marcel 65
Rutkiewicz, Wanda 335

Saila, Sherpa 273, 288 ff, 295 ff, 320
Santin, Oswald 80, 309
Schelbert, A. 104
Schlagintweit, Hermann von 309
Schlegel, Hansi 193
Schmuck, Markus 104, 244
Schoening, P. 104
Schweizer, Günter 269
Scott, Doug 65
Seeber, Erich 50 ff, 115 ff, 137
Seeber, Hartmann 13, 326 ff
Shigekawa, Eisuke 281
Siegert, Peter 31 ff
Sperafico, Dario 269, 289 ff
Stuflesser, Stefan 78, 123
Summerer, Herbert 162

Tauber, Hermann 238
Tham, Sherpa 137, 147
Thomaseth, Wolfi 68, 100 ff
Tichy, Herbert 104
Tinkhauser, Werner 13, 118 ff, 137, 147 ff, 326 ff
Travernier, Sylviane 81
Trenker, Luis 115
Tschiang Tsching 171

Uhner, Gerd 31 ff

Volgger, Sepp 30

Weichard, Karin 268
Wellig, Diego 87, 100 ff, 115 ff, 192 ff
Wielicki, Krzysztof 81, 333
Willenpart, Hans 104
Wintersteller, Fritz 104, 244
Wlasich, Reinhard 278, 301

PIPER

Hans Kammerlander
Abstieg zum Erfolg

282 Seiten mit 78 Farbfotos und 39 Schwarzweißfotos.
Serie Piper 3052

»Zum Gipfel gehört das Tal, zum Aufwärts das Abwärts, zum Ziel die Rückkehr«, sagt der weltberühmte und erfolgreiche Extrembergsteiger Hans Kammerlander. In diesem Buch erzählt er Geschichten von lebensgefährlichen Situationen, von Glück und Zufall, aber auch vom Scheitern und Aufgeben – denn die Eroberung des Gipfels allein ist nicht das Entscheidende. Er berichtet von seinen ersten Erfahrungen im Extremklettern, von den Überschreitungen der beiden Achttausender Gasherbrum I und II zusammen mit Reinhold Messner, von der Durchkletterung der Annapurna-Nordwestwand, von Begegnungen mit dem Tod in den Bergen. Ergänzt und bereichert werden seine packenden Darstellungen durch zahlreiche Fotos und durch Berichte und Erzählungen von Freunden und Weggefährten wie Reinhold Messner, Michl Dacher, Friedl Mutschlechner und dem Bruder Alois Kammerlander.

MALIK

Jon Krakauer
In eisige Höhen

Das Drama am Mount Everest. Erweiterte Neuausgabe.
Aus dem Amerikanischen von Stephan Steeger.
390 Seiten mit 20 Abbildungen auf Tafeln. Geb.

Krakauers Bericht führt den Leser mitten in die modernen Paradoxa des Alpinismus. Das »Dach der Welt« ist zum Ziel jener geworden, die das ultimative Abenteuer, den absoluten Kick suchen. Sie werden geführt von »Bergunternehmern«, die den Job haben, ihre betuchten Kunden auf den Gipfel zu bringen – manchmal sogar mit rücksichtsloser Gewalt, und oft mit tödlichen Folgen.
Minuziös beschreibt Jon Krakauer den Verlauf der Expedition von 1996, das Geflecht aus Ehrgeiz und Fehlverhalten, das in eine Katastrophe mündete. Er schildert den Komfort in den Basislagern mit täglich frischem Gemüse und Brot, mit Satellitentelephonen und Faxanschlüssen. Er berichtet vom Aufstieg, an dem sich drei Expeditionen und dreiunddreißig Bergsteiger beteiligten, die alle gleichzeitig auf den Gipfel wollten. Er beschreibt das Chaos in der Todeszone, in der der Mensch ohne Sauerstoff verloren ist...

MALIK

Erik Weihenmayer
Ich fühlte den Himmel

Ohne Augenlicht auf die höchsten Gipfel der Welt. Aus dem Amerikanischen von Maurus Pacher. 426 Seiten mit 16 Seiten Farbbildteil. Geb.

Erik Weihenmayer wurde mit Retinoschisis geboren, einer Augenkrankheit, die nach und nach die Netzhaut zerstört. Die Ärzte waren sich einig: Spätestens bis zu seinem 13. Geburtstag würde er erblinden. Aber der sportliche, lebenshungrige Junge gibt sich nicht geschlagen: Mit Humor, Charme und unglaublicher Willensstärke beweist er seinen Mitmenschen, daß er ein normales Leben weiterführen kann. Selbst als Eriks Mutter jung bei einem tragischen Unfall ums Leben kommt, bleibt seine Lust am Leben ungebrochen. Er wird Lehrer, beginnt leidenschaftlich zu klettern und dann Berge hochzusteigen. Allmählich werden seine Ziele gewagter: Er bezwingt den höchsten Berg Nordamerikas, den Mount McKinley, erklimmt die steile Granitwand von El Capitan und erreicht den Gipfel des Aconcagua in Argentinien.
Im Mai 2001 steht der 32jährige als erster blinder Mensch auf dem Gipfel des höchsten Bergs der Welt: dem Mount Everest.
Sein bewegendes Buch erzählt vom Mut zu großen Träumen, von der Blindheit der Sehenden und vom Erleben der Natur mit Sinnen, die wir allzuoft vernachlässigen.

MALIK

Nicolas Vanier
Das Schneekind

Eine Familie unterwegs durch die Schneewüsten von Kanada und Alaska. Aus dem Französischen von Reiner Pfleiderer. 352 Seiten mit 24 Seiten Farbbildteil. Geb.

Schon immer war Nicolas Vanier fasziniert von den Schnee- und Eiswelten des Nordens. Er durchquerte Lappland, Sibirien und immer wieder Alaska und Kanada. Weltberühmt wurde er mit der ersten Durchquerung des amerikanischen Kontinents mit seinem Schlittenhundegespann. Aber sein größtes Abenteuer war ein anderes: Mit seiner Frau und seiner anderthalbjährigen Tochter Montaine zog er für ein Jahr in die Wildnis im hohen Norden Kanadas. Im kurzen arktischen Sommer baut sich die Familie ein Blockhaus. Ganz auf sich allein gestellt müssen sie den grimmigen Winter bestehen. Wie die Menschen in alten Zeiten ernähren sie sich von Jagen, Fischen und Sammeln; was sie brauchen, müssen sie aus der Natur gewinnen. Überleben heißt hier Einswerden mit der Natur – es ist ein Leben von wunderbarer Einfachheit, Klarheit und Poesie.